JN292760

M. カソン

国際ビジネス・エコノミクス
―新しい研究課題とその方向性―

江夏健一
桑名義晴
大東和武司
監訳

文眞堂

ECONOMICS OF INTERNATIONAL BUSINESS
A New Research Agenda
by
Mark Casson
Copyright © Mark Casson 2000
First Published in 2000 by Edward Elgar Publishing Limited,
Cheltenham, Gloucestershire, U. K.
Japanese translation rights arranged with Edward Elgar
Publishing Limited, Cheltenham, Gloucestershire, U. K.
through Tuttle-Mori Agency, Inc., Tokyo

目　次

序文と謝辞……………………………………………………………vii
日本語版に寄せて……………………………………………………xi

第1章　多国籍企業のモデル：新しいリサーチ・アジェンダ … 1

　1.1　イントロダクション ………………………………………… 1
　1.2　新しいリサーチ・アジェンダ ……………………………… 3
　1.3　「黄金時代」の終焉 …………………………………………… 9
　1.4　変移性と柔軟性の必要性 ……………………………………12
　1.5　国の競争優位の探求 …………………………………………13
　1.6　競争力を保持するための政策 ………………………………15
　1.7　独占を回避するための柔軟性 ………………………………17
　1.8　企業の柔軟な境界：ネットワークと合弁事業 ……………18
　1.9　柔軟性と内部組織 ……………………………………………22
　1.10　企業の柔軟性と立地の柔軟性の相互作用 …………………24
　1.11　柔軟性と企業特殊的な競争優位 ……………………………25
　1.12　柔軟性のコスト：信頼をいかに高めるか …………………26
　1.13　欧米のMNEと「株主資本主義」 …………………………28
　1.14　新しい分析手法：その一例 …………………………………30
　1.15　結論 ……………………………………………………………35

第2章　海外市場参入戦略の決定：内部化理論の公式的な拡張 …41

　2.1　イントロダクション …………………………………………41

2.2 理論の歴史的発展 ……………………………………………43
2.3 モデルの公式化 …………………………………………………47
2.4 モデルの解法 ……………………………………………………55
2.5 結論に関する議論 ………………………………………………67
2.6 結論と将来の研究へのインプリケーション …………………69

第3章　企業の境界：グローバル・システムのパースペクティブ …75

3.1 イントロダクション ……………………………………………75
3.2 システム・ワイドなパースペクティブの歴史的背景 ………78
3.3 一層の検討 ………………………………………………………82
3.4 システム的視点の再考 …………………………………………84
3.5 モデルの概要 ……………………………………………………86
3.6 施設立地とリンケージの地理的配置との関係 ………………93
3.7 内部化を最適化する：「トライアングル問題」……………96
3.8 トライアングル問題の解決策 ………………………………100
3.9 単純化の範囲 …………………………………………………103
3.10 　1つの計算例 …………………………………………………104
3.11 　適用 ……………………………………………………………111
3.12 　拡張 ……………………………………………………………113
3.13 　結論 ……………………………………………………………117

第4章　限定された合理性，メタ合理性と国際ビジネス論 ……121

4.1 イントロダクション …………………………………………121
4.2 限定された合理性：空箱か？ ………………………………124
4.3 合理性：厳密な意味は何か？ ………………………………128
4.4 メタ合理性 ……………………………………………………131
4.5 手続とルーティン ……………………………………………134
4.6 記憶 ……………………………………………………………135
4.7 内部コミュニケーション ……………………………………137

 4.8 外部コミュニケーション ……………………………………140
 4.9 合理的学習 …………………………………………………144
 4.10 要約と結論 ………………………………………………147

第5章 多国籍企業の組織：情報コスト・アプローチ …………151

 5.1 イントロダクション ………………………………………151
 5.2 情報コストと取引コスト …………………………………153
 5.3 マーケティングと調達：組織構造への影響 ……………157
 5.4 中間財フローの調整 ………………………………………161
 5.5 市場創造型多国籍企業 ……………………………………163
 5.6 情報経済学の原理 …………………………………………166
 5.7 合成 …………………………………………………………170
 5.8 決定力：なぜ連鎖的手続に選択価値があるのか ………172
 5.9 意思決定手続を改善するために相関関係を活用する …177
 5.10 記憶の経済学 ……………………………………………179
 5.11 伝統対革新 ………………………………………………182
 5.12 兆候と観察誤差のコントロール ………………………185
 5.13 副産物としての情報 ……………………………………188
 5.14 経路依存性 ………………………………………………190
 5.15 分業とコミュニケーション ……………………………193
 5.16 コミュニケーション・コストと分権化 ………………197
 5.17 新しい情報技術 …………………………………………201
 5.18 結論 ………………………………………………………202

第6章 国際合弁事業 ………………………………………………207

 6.1 イントロダクション ………………………………………207
 6.2 国際合弁事業の類型 ………………………………………208
 6.3 戦略的選択肢 ………………………………………………215
 6.4 戦略的選択肢における内部化要因 ………………………218

6.5　グローバル経済におけるイノベーションのダイナミクス ……… 222
6.6　IJV の選択の公式モデル ……… 224
6.7　市場規模と変移性の相互作用 ……… 226
6.8　モデルの適用：グローバル経済における IJV ……… 232
6.9　モデルの拡張 ……… 234
6.10　研究結果の一般化 ……… 236
6.11　結論 ……… 237

第7章　国際ビジネスにおけるリアル・オプション ……… 241

7.1　イントロダクション ……… 241
7.2　リアル・オプション理論の原則 ……… 242
7.3　リアル・オプションと金融オプションの関係 ……… 246
7.4　分析手法 ……… 250
7.5　実物投資のタイミング：
　　　国際ビジネスにおける契約的なオプションの単純な役割 ……… 256
7.6　不確実な需要状況 ……… 259
7.7　投資の規模と修正可能性 ……… 263
7.8　リアル・オプションとしての情報収集への投資 ……… 265
7.9　リアル・オプションとしての国際合弁事業 ……… 267
7.10　国際ハブへの投資 ……… 271
7.11　多国籍企業の生産の柔軟性 ……… 275
7.12　広範なインプリケーション：
　　　環境変移，情報収集と柔軟性との関係 ……… 282
7.13　結論 ……… 285

第8章　企業家精神と国際ビジネス・システム：
　　　シュンペーター学派とオーストリア学派の展開 ……… 288

8.1　イントロダクション ……… 288
8.2　国民経済からグローバル経済へ ……… 290

8.3　シュンペーター学派とオーストリア学派のパースペクティブ ……293
　8.4　シュンペーター学派とオーストリア学派の限界 ……………295
　8.5　両学派の相互補完性 ………………………………………296
　8.6　国際ビジネス・システムの進化 …………………………297
　8.7　図解分析 ……………………………………………………300
　8.8　いくつかの「歴史からの教訓」……………………………309
　8.9　これからの研究領域 ………………………………………313
　8.10　結論 ………………………………………………………315

第9章　国際ビジネスにおけるネットワーク ………………319
　9.1　イントロダクション ………………………………………319
　9.2　ネットワークへの経済的アプローチ ……………………319
　9.3　基礎概念と定義 ……………………………………………322
　9.4　情報の質 ……………………………………………………324
　9.5　ネットワーク関係を設計する感情的メカニズム ………326
　9.6　機能上有用な道徳的価値観 ………………………………330
　9.7　メンバーが重複・兼務するグループ ……………………333
　9.8　企業家精神：変移する環境での判断力のある意思決定 ……335
　9.9　企業家ネットワークと国際貿易の成長 …………………337
　9.10　ネットワークの結合構造 …………………………………345
　9.11　高レベルの企業家ネットワークのための場所 …………346

第10章　結論：国際ビジネスの研究方法の重点課題 …………351
　10.1　イントロダクション ………………………………………351
　10.2　グローバル・システム的視点：要約と再説 ……………352
　10.3　国際ビジネスのモデル構築をめぐる学際的な競争 ……362
　10.4　ポーターのフレームワーク ………………………………369
　10.5　ホワイトリーのグローバル経済に対する「国家特有な
　　　　ビジネス・システム」アプローチ ………………………374

10.6　結論 ………………………………………………………385

監訳者あとがき …………………………………………………393
索引 ………………………………………………………………397

序文と謝辞

　本書がどのようないきさつで執筆されるにいたったか，そしてより重要なこととして，なぜ読んで頂く必要があるのかという問いかけに対しては，いくつかの説明の方法が考えられる。たとえば，本書はニュー・ミレニアムにおける国際ビジネスに対する1つのマニフェストであると明言することもできるであろう。このようなやり方で，自分の書物を誇大宣伝する著者もいるであろう。しかし，本書は祝福すべき21世紀があるかどうかにかかわらず，執筆されたというのが本当のところである。また本書は，5年前に出版された *The Organization of International Business* の続編であるということもできる。こうしたことは半ば事実である。だが，不幸にして続編は必ずしももとの本よりもよいということはごく稀れである。というのは，一般に続編は斬新なアイデアを使い果たした人によって執筆されるからである。本書がこのようなケースにあてはまらないことを望むが，それは読者自身でご判断していただきたい。

　全体的にいって，多分，書物を執筆するにあたって最悪の動機の1つであるが，本書は私自身のために執筆したというのが最も妥当な理由である。確かに，最終原稿を精緻化し，見失われた参考文献を探すというきわめて重要であるが，退屈な仕事を別にすれば，本書を執筆することは，まことに楽しい営みであった。私にとっては，執筆作業はある種の物理療法である——それは私の非社会的な性癖を大げさに言っているにすぎないと思っている私の家族からみればそうでないけれども——。しかし，かつてやや傲慢なある経済学者が「私は，本を書くのが好きだから，本書を書いた」と述べたが，私はそうはいいたくはない。物理療法の必要性は別にして，私はこの5年間で執筆した多くの論文が国際ビジネスの最近の動向に関するかなり首尾一貫した見解を反映していると思ってきたので，本書を執筆したのである。こうし

た見解は，紙幅が限られている一編の論文では十分に表現できないと思った。その見解を納得のいくように表現し，発展させるには一冊の本のスペースが必要であった。

本書は，全部でないが大部分が以前に公刊した論文をベースにしている。本書の資料は，執筆の準備期間中に完全に改訂され，執筆し直された。本書のもとになった論文の多くは共著であった。私は，多大な知的貢献と同時に，その論文を改訂し，本書のような形で出版することに同意してくれた共著者たちに感謝の意を表したい。その共著者たちの氏名は，各章の表題に列挙されている。私は初出論文の出版社のご協力にもお礼を述べなければならない。

第3章と第7章の論文は，初出論文であるが，第1章，第2章，第4章，第5章，第6章，第8章，第9章は既刊論文をベースにしている。その原稿について，多くの研究仲間からコメントをいただいた。とくに，私は次の方々のご支援や激励，そしてアドバイスや批判に対し，お礼を述べたい。T. ブリュワー (Brewer)，J. カントウェル (Cantwell)，J. ダニング (Dunning)，J. P. パウロ (Paulo)，P. グレイ (Gray)，S. ガイシンガー (Guisinger)，B. コグート (Kogut)，R. ムダンビー (Mudambi)，B. ピアース (Pearce)，F. ラバラ (Ravara)，A. ラグマン (Rugman)，A. タバレス (Tavares)，C. ヴァイスフェルダー (Weisfelder)，E. ウェストニー (Westney)，B. ウォルフ (Wolf)，B. イエン (Yeng)。私はまた，故G. ヘドランド (Hedlund) の知的貢献にも謝意を記したい。彼の夭折は国際ビジネスの研究者にとっては多大な損失であった。彼と私は共に，多国籍企業の内部組織について大きな関心を持っていた。そして私たちは，この課題への接近の方法論ではきわめて異なる視点からアプローチしたが，学会等で会ったときにはいつも大いに議論をたたかわせた。彼は多くの友人たちから悲しみ惜しまれている。

本書のいくつかの章のベースとなったすべての論文は，大幅に加筆・修正された。

第1章の原典は，Peter J. Buckley and Mark C. Casson (1998) 'Models

of the multinational enterprises', *Journal of International Business Studies*, 29(1), pp.21-44. である。

第2章の原典は, Peter J. Buckley and Mark C. Casson (1998) 'Analysing foreign market entry strategies: extending the internationalization approach', *Journal of International Business Studies*, 29(3), pp.539-61. である。

第4章は, おおむね Mark Casson and Nigel Wadeson (1999) 'Bounded rationality, meta-rationality and the theory of international business', in Fred Burton, Malcolm Champman and Adam Cross (eds), *International Business Organization: Subsidiary Management, Entry Strategies and Emerging Markets*, London: Macmillan, pp.119-40. をベースにしている。

第5章は, 'The organization and evolution of the multinational enterprise: an information cost approach', *Management International Review*, 39(1), 1999, pp.77-121. の改訂版である。

第6章は, Peter J. Buckley and Mark C. Casson (1996) 'An economic model of international joint venture strategy', *Journal of International Business Studies*, 27(5), pp.849-76. をベースにしている。

第7章は, 1998年9月にオックスフォードの St. Anthony's College で開催された ESRC 国際経済学研究グループの年度大会に提出した論文, Mark Casson and Mohamed Azzim (1998) 'Foreign direct investment and real options: implications for globalization and regionalism', の改訂版である。

第8章は, 1998年10月7日から10日にかけてウィーンで開催された国際ビジネス学会 (Academy of International Business) に提出した論文の改訂版である。この論文のもう1つの版は, Mark Casson (ed.) (1999) *The Emergence of International Business*, London: Routledge/Thoemmes Press の序文のベースになっている。

第9章は, 'Entrepreneurial networks in international business',

Business and Economic History, 26(2), 1997, pp.1-13. の大幅な加筆・改訂版である。

第10章は，おおむね Mark Casson and Sarianna M. Lundan (1999) 'Explaining international differences in economic institutions: a critique of the "national business system" as an analytical tool', *International Studies of Management and Organization*, 29, Special Issue をベースにしている。

マーク・カソン

日本語版に寄せて

　このたび，「日本語版に寄せて」を書くこととなり，大変嬉しく思っています。訳業に携わってくださった各位の熱意と努力に感謝の意を表したいと思います。英語版の初版を出してから1年余り経ちましたが，その僅かな間にも大きく変化しています。本書の重要なテーマの1つが「環境変移（volatility）」です。国際ビジネス環境は常に変化しています。このような環境変移にうまく対処することがビジネスに成功する秘訣です。成功する企業というのは，変化にすばやく対応する企業家スキルと，製品・プロセス・戦略を新しい状況に適応させる柔軟性とを併せ持つ企業のことです。

　この本を書いたときのことですが，原稿を読んでくれた同僚のほとんどが国際ビジネス環境に変移をもたらす主な要因はグローバル化であると認めていました。最終製品市場のグローバル化は，国際標準の進展に伴い関税引き下げや多くの非関税障壁の撤廃により進められてきました。世界中に広まった物質消費文化が，国々の消費者の好みを1つにさせたことも，預かって力があったともいえましょう。さらに，中間財貿易のグローバル化では，劇的な物流の改善，つまり製品発送のコンピュータ化，小さくて価値の高い部品の航空機利用などがあります。最後に資本市場のグローバル化ですが，多数の国々で銀行・金融サービスの規制緩和が進み，株式の取引が自動化され，株式所有に対する関心が一般に広がってきたことなどがあります。

　もともと，こうした動因はすべて経済的な性質のものであり，互いに強め合って国際分業を促進し，企業・国家の国際生産特化を高めています。しかしここ1年に起こった出来事は，環境変移を生む別の根源が将来ますます重要になるということを教えています。本書が書かれてからグローバル化に反対する政治的な抗議活動が盛んになってきました。そしてそれらは暴力的な攻撃行動を伴うようになってきています。以前よりもテロ行為が頻繁に起

こっているだけではなく，その行為に巻き込まれて命を落した人の数も非常に増えました。こうしたことは，すべて近い将来に環境変移の根源が経済的なものから政治的なものに移ることを示しています。

　もし環境変移の動因が実際に経済的なものから政治的なものへと変化すれば，本書で提示された結果は，細かい点では修正を余儀なくされるものも出てくるでしょう。しかし，本書の基本的原理（分析の土台となる基本的な概念）には影響しません。基本的なメッセージはかえって強められるほどです。たとえ環境変移の動因そのものが移ろいやすくても，基本的原理は変わらないということを意味するのです！　環境変移をコントロールするには情報を得ること，情報を得るためのコストと情報獲得によって減らせるリスクとの間のトレード・オフを見出さなければならない，という基本的な考え方は，リスクが経済的なものであれ，政治的なものであれ，変わらないのです。実際，このコストとリスクのトレード・オフはあらゆるリスクに応用できます。このなかには技術的なリスクや長期的な環境変化によって起こる国際ビジネス・リスクなども含まれます。本書は，環境変移と情報コストという概念を展開し応用するうえで，「エッセンス」を示したに過ぎません。私は，この翻訳書が刺激となって日本の読者が本書の提示した分析を拡張し，国際ビジネスに影響を及ぼすあらゆる形の環境変移に関する議論を完全なものにすることを願っています。これは新しい研究課題であり，この課題を深く掘り下げるためいっそうの研究が求められます。

2001 年 11 月
レディング大学
マーク・カソン

第1章　多国籍企業のモデル：
新しいリサーチ・アジェンダ

ピーター・J. バックレーとの共著

1.1　イントロダクション

　国際ビジネス（IB）という学問はすでに成熟期を迎えている。この分野を専ら研究する国際的研究組織——国際ビジネス学会（The Academy of International Business）——は，3,000人以上の会員を擁し，他の社会科学者からも広く引用されている機関誌 *The Journal of International Business Studies* を発行している。また同誌以外にも，この分野に関するいくつかの有名な雑誌がすっかり定着するに至っている。この分野の研究調査やその総合化を図った主要著作（Caves, 1996）の分厚い第二版が発行されるなど，ミレニアムの終わりまでには，IBの学問研究はかなりの水準にまで到達していると思われる。

　しかしながら，成熟はときに停滞を意味する。このことは，いくつかの産業の技術開発において，非常によくあてはまる。果してIB研究という「産業」での知識開発においても，同じことがあてはまるのだろうか。このような観点を支持するいくつかの証拠が存在する。すなわち，IBにおける重要なコンセプトの多くが，1960年代や70年代に始まったということである。この時期は，多国籍企業（MNE）の増加に対する社会的・政治的関心が高まった頃であり，国家主権，国際的な資本フローの不均衡，米国の技術への他国の依存などの問題を調査研究するために，大量のデータが集められた時期でもあった（たとえば，United Nations, 1973; United States Tariff

Commission, 1973; Vaupel and Curhan, 1974 を参照）。これらのデータを分析する必要性は，理論研究をかなりの程度促進させる要因となった。内部化理論はこの時期に MNE に適用された（McManus, 1972; Rugman, 1981; Hennart, 1982）。とくに，バックレー＝カソン（Buckley and Casson, 1976）では，米国の製造業 MNE による海外直接投資がなぜハイテク産業に集中したかを説明するために，内部化理論を適用している。その後まもなく，ダニング（Dunning, 1977, 1981）が折衷理論を発表し，それまでその分野で支配的な地位を確立していたハイマー＝キンドルバーガー・アプローチ（Hymer, 1960; Kindleberger, 1969）と内部化理論との統合化を試みた。

　これらの理論の強みは，政治的にかなり重要なトピックをめぐる，新たに発見された諸事実を説明することに焦点を当てた点にある。さらに論理的に正当であるだけでなく，非常に適切な理論を例示した。それら理論は経営者にとって実践的な価値の高い事実に，非常によく焦点を当てていた。

　この時代以降，多くのことが変化した。MNE の社会的・政治的インパクトはもはやそれほど議論の余地のあることではなくなった。以前は国家主権に対する脅威にこぞって抵抗を示していた政府も，いまや税制優遇や補助金で MNEs を引きつけようと躍起になっている。米系 MNE の成長率は 1970 年以来横這いで，結果として米系 MNE による世界支配に対する脅威は減少した。MNE は世界経済において，ごく当り前の制度となったのである。

　MNEs によって喚起された情熱が冷めるに従い，理論面での革新も減少してきたようである。理論的な前進は引き続きみられたけれども，その変化は急激というよりも漸進的な傾向にあった。ごく最近まで，MNE 理論の進歩は，この学問分野のなかから発展したものではなく，むしろ経済学や経営学といった他の学問分野から引用されたものであった。

　しかしながら，MNEs は変化しつづけ，理論研究に対して新しい課題を提示し続けている。本章では，1970 年代以来みられた最も重要な変化を浮彫りにする。さらに，事実の背後に存在する変化の根本的牽引力を考察する。そして，これらの変化を論理的に正当で適切な方法によって分析するために必要となる新しいタイプのモデルを明らかにする。

これらの新しいモデルは，1960年代と70年代に築かれてきた基礎をもとに構築されるべきである。これらの基礎はその信頼性が高く証明されてきている。けれども1960年代と1970年代のモデルは，十分な根拠を持つ一方で，説明し得る問題の幅が限られている。そのため，既存モデルの進化への傾倒と新しい理論開発への傾倒との双方を併せ持つような新しいリサーチ・アジェンダが必要といえる。現在勃興しつつある問題を説明するために必要となる主要な理論的革新が，本書のなかで記述されている。

本書では，IBにとって重要なリサーチ・アジェンダを提示している。これらのアジェンダをすべて解決するためには，10年あるいはそれ以上の年月を要するかもしれない。なお，以下の1.2節と1.3節に，そのアジェンダを要約している。新しいアジェンダは，グローバリゼーションによって解き放たれた経済諸力に対する反応である。これらの諸力については，1.4節から1.6節のなかで解説しているが，さらに政府政策に対するより広範なインプリケーションについても議論している。MNEsの経営戦略と組織構造に対する具体的なインプリケーションについては，1.7節から1.13節で解説している。1.14節では，いかに新しいアジェンダが展開されるかについて簡単な例を示し，1.15節では本章の要約と結論を述べている。

1.2 新しいリサーチ・アジェンダ

新しいリサーチ・アジェンダは4つの主要な項目からなる。それらは以下の通りである。
1. 企業特殊的MNE論から一般システム的MNE論への移行
2. 環境の変移性と情報コストのMNEが組織構造に与えるインパクトの分析
3. MNEの理論と企業家の理論との結合
4. これらの理論のより広範な社会的・政治的コンテクストへの埋め込み

アジェンダの1番目の項目は，1960年代と70年代に構築が始まった理論体系の完結を含んでいる。この理論の基礎は，企業の境界線に主眼をおいて

いた。MNEとは，その所有と統制の境界線がある1つの国家の地政学的境界線を超越するような企業を指す。現代の世界経済は異なる市場でお互いに競争したり協調したりするMNE集団によって支配されている。バックレーとカソンのもともとのリサーチ・アジェンダは，MNEsの境界線はどこに引かれるのかを説明することであった。彼らの長期目標は世界経済におけるMNEsの全体形態を説明することであり，このタスクを単純化するために，ある企業の境界線を設定するという短期目標に焦点を当てたのである。他の学者と同様に，彼らはすぐにこの特殊な問題に夢中になった。その後の研究は，異なる学派の主張の間で生じた論争により横道にそれたものになった（たとえば，Casson, 1986を参照）。より大きな課題が見失われたのである。今こそ，本来のアジェンダに立ち返り，より広い問題が見落とされた地点に立ち戻るべきである。

　より大きな問題を研究するためには，MNE理論を世界経済の一般システム的観点へと当てはめる必要がある。システムの動きは非常に複雑になり得る。そのグローバル・システムの動きを，論理的な透明性を持って分析するために，論理的に根拠のある方法でMNE理論を公式化する必要がある。1つの適切なアプローチは，多国籍企業の経営戦略をいくつかの異なる代替案における合理的な選択として分析することである。このアプローチは，第2章で説明されており，そこではMNEの拡大に不可欠な経営戦略の一側面に焦点が当てられている。その戦略とは，すなわち外国市場への参入についての意思決定である。

　グローバル・システムの視点自体については，第3章で述べられている。この章ではMNEというよりもむしろ，世界経済を分析の単位としている。この視座からは，MNEはグローバル・システムの制度的産物として出現する。より正確にいうと，MNEsという企業集団は，グローバル・システムのなかで各々のMNEが他のMNEsと協調し競争するなかから生じるのである。そのシステムには，また多くの単一国籍の企業が存在する。これらの企業は，相互に，またMNEsと協調し，競争するのである。このようなグローバルな視座は，単純に1つのMNEに焦点を当てているときには得るこ

とのできないさまざまな提言を与えてくれる。

　リサーチ・アジェンダの第2番目の項目は，1970年代後半に始まったMNEの組織構造における変化を理解することである。多くの他の組織と同様に，MNEは現地のニーズにより適応的になるために，より「フラット」な権限のピラミッド型組織を採用してきた。より分権化された意思決定を行い，中間管理レベルを省くことによって組織階層を削減してきたのである。なぜ，この時期によりフラットな組織が流行したのだろうか。この問いに答えるにはある問題が生じる。それは，企業の境界線はその経済的論理の観点で議論されるのが一般的であるのに対し，国際ビジネスの分野では，社会学的観点より組織的問題を分析するのが一般的になっているということである（たとえば，Boyacigiller and Adler, 1998を参照）。2つのアプローチから得られた結果を一貫した知識体系に統合することは難しいため，アプローチの仕方が異なるということは不幸な結果を招く可能性がある。

　この問いに答える1つの方法は，経済学に社会学的思考を採り入れるということである。第4章でも指摘しているように，これは見た目ほど難しいことではないかもしれない。経済分析の原則は，経済学の批判家の大部分が信じているよりもずっと融通の利くものである。多くの社会学的考察は，2つの重要な事実を認識することで経済学モデルに含めることができる。その事実とは，すなわち意思決定者は金銭的目標はもちろんのこと，非金銭的目標も同時に追求するということ，および意思決定のために必要な情報を獲得するうえでコストを被るということである。組織は個人が非金銭的欲求を満たすことを許容し，必要とする各メンバーに情報を提供する。いったん，情報コストと非金銭的報酬が経済モデルに組み込まれると，組織の経済理論の構築は容易になる。

　組織に関する経済理論の主要な考察の1つは，組織環境の変移パターンは組織構造にとってカギとなる要素を含んでいる，ということである。組織構造が環境の変移パターンの変化に効率的に適応するとき，変移性の増加は「よりフラット」な組織構造を導く。このよりフラットな構造のなかでは，個人は自身のために集めた情報にもとづいて行動するよう「権限が与えられ

る」ようである。彼らは上役に相談する必要がないため，必要とされる上司の数は少なくなる。変移性の増加が情報コストを増加するため，このときの反応は効率的になる。組織構造のフラット化は，内部の情報フローを効率化することから，情報コストを減少させるのである。これについては，第5章で詳しく述べられている。第5章では，変移性はMNE内の別々の機能分野に対して異なるインプリケーションを持つ，ということを示している。

変移性はまた，別のインプリケーションをももたらす。変移に富む環境では，柔軟性はプラスの効果を持つ。新しい情報に反応する能力は，以前の意思決定によって制約を受ける。問題を解決したり，市場機会を開発したりするために必要とされる価値ある資源は，以前の意思決定の結果として蓄積されている。不確実性が解決されるまで，意思決定に従うのが賢明かもしれない。このことは，たとえば，MNEが新しい市場へ参入する際に明らかなインプリケーションを持つ。合弁事業は，パートナー企業との契約という性質上柔軟性を提供する。変移性がない場合，政府が外資所有を禁止する場合を除き，なぜ合弁事業が完全所有のような他の契約よりも選好されるかを説明することは難しい。合弁事業がMNEの拡大において担う役割については，第6章で議論している。

合弁事業の価値は，「リアル・オプション」としての役割を反映している。追加的な情報が入手できるまで意思決定が猶予される場合，あるいは容易に逆転されるような方法で意思決定がなされている場所で，リアル・オプションはつくられる。第7章では，変移性がいかにリアル・オプションの潜在価値を高めるかについて議論している。このことは，企業が柔軟性を追求する方法に反映されており，また企業が組織を構築する方法のみならず，企業が行う意思決定の性質にも反映されている。とくに，徐々に「水のなかでつま先立ちするような」投資決定は，変移性に対して適切な対応である一方，大規模な先買投資は適切ではない。このことは，海外投資の規模とタイミングに重要なヒントを与える。

リアル・オプションの分析は，MNEの理論を静的な世界から動的なそれへと導く。MNEの長期的なダイナミクスは，新しいリサーチ・アジェンダ

の3番目の側面を形成する。長期的なパースペクティブからみると，MNEの進化と成長は，自然科学的な知識の蓄積とその商業利用，市民社会の出現とその法的制度の整備，輸送とコミュニケーションの発達，国家と国家を超えたレベルでの政治的統合といった要素と結びついている。長期的なダイナミクスの問題の分析は，社会科学理論の限界を露呈させる。たとえば，資本主義の危機について実際に起こっていない危惧は今だ存在し続けるが，その対極では現代のグローバル市場経済は，「歴史の終焉」を表しているという大胆な主張もある（Fukuyama, 1992）。

しかしながら，経済学の分析ツールは，そのような大雑把な一般化を改良することが可能である。その際，前述したような理論的に正当な経済モデルを信頼できる証拠と結びつけることがカギとなる。これは国際ビジネス理論を経営史や経済史に応用することによって達成できるかもしれない。1960年代に編集された豊富な一連のデータは，国際ビジネスにおける理論研究の主要な牽引力であった，ということはすでに述べた。MNEsのビジネス成果は，より豊富な例証の潜在的源泉を提供し得る。ある研究者は，数千年にわたってMNEの歴史を辿ったと主張する（Moore and Lewis, 1990）。他の研究者は，17世紀の勅許貿易会社に現代のMNEの起源を見出している（Carlos and Nicholas, 1988）。しかしながら，これらの歴史的出来事は，現代のMNEの形態とは少しのつながりしかなく，それは19世紀の終わりにアメリカで盛んになった経営者革命に端を発している（Chandler, 1977）。現代のMNEの進化に関する公文書的な証拠は，ウィルキンス（Wilkins, 1970, 1974, 1989）の不朽の研究において説明されている。

理論と歴史との結びつきについては，第8章で解説している。理論と歴史を結びつける方法は多々あるが，本章ではそのうちの1つに焦点を当てる。企業の成長についての歴史研究は，常に企業家に対して主要な役割を与えてきた。このような企業家精神への強調は，しばしば反理論的なスタンスへと結びつきがちで，そこにおいては，いかなるシステマティックな経済効果よりも企業家が持つ個性という特性が重要視されてきた。しかしながら，いったん非金銭的モチベーションや情報コストの重要性が認識されると，これら

の一見特異な要因の多くが，その根底にあるシステマティックな諸力を反映していることが明らかになる。非金銭的モチベーションは，企業家をして危険なイノベーションに着手させることができるし（Schumpeter, 1934），他方で，情報コストを節約する企業家の能力は，彼らが持つ「先見の明」（これは，一般に知られる企業のリーダーの資質である）を反映している（Marshall, 1919; Knight, 1921）。

世界経済の長期的なダイナミックスは，企業家精神の理論と上述のシステムの観点とを統合することによってモデル化できる。その結果として生じるモデルは，個々の企業家プロジェクトの局部的な性質と，複雑に相互依存した経済システム（そのなかでは，それぞれのプロジェクトが非常に小さな部分を形成する）との明白なコントラストを浮き彫りにする。このような緊張関係を解決する1つの方法は，成功を収めている企業家たちは，社会的に孤立して活動しているのではなく，ネットワーク内のメンバーとして動いている，ということを認識することである。これらのネットワークは，関連する経済セクターで成長しようとする場合に必要となる情報を企業家に対して提供する。事実，社会的ネットワークの価値は非常に大きいので，企業家たちはそれらの構築を先導することが多々ある。ネットワーク化は，新しい国際取引のチャネルを開発する際にとりわけ重要な要素となる。企業家精神が持つこの特別な側面については，第9章において歴史的観点から検証している。

社会的ネットワーク化の重要性は，リサーチ・アジェンダの最終側面の問題であり，それはMNE分析を社会的・政治的コンテクストのなかに埋め込むことである。MNEの経済分析は，企業を「コンテクスト化しない」としばしば主張されるが，これは最も狭い形の経済分析においてのみあてはまる。上述した情報コストと非金銭的モチベーションにもとづく経済学は，社会制度と政治制度の双方を包括する。それはこれらの制度が遂行する機能と，そのメンバーが行動する方法に対して，重要な考察を可能にする。

それゆえ，MNEの活動の社会的・政治的側面の十分な分析は，経済学的アプローチを拒否することによってのみ可能である，と考えることは大きな間違いである。実際には，まったく反対のことがいえる。すなわち，MNE

の制度的フレームワークは，経済学的アプローチを参考にせずに十分に分析することができない。なぜなら，そうしなかったとすれば，重要な考察が抜け落ちてしまうからである。この点については，国家特有なビジネス・システムについて議論している第10章で説明している。MNEsは，出自国の国内ビジネス・システムに根づいたものであり，受入国のビジネス・システムにおいては，そこでの事業の仕方を学習しなければならない。第10章では，経済学的アプローチを参考にしないで，国家特有なビジネス・システムを分析するうえで生じるコストを研究する。ただ，経済学的考察を無視すると誤りが生じるので，逆にいえば，経済原理を名前を変えてつくり直すことによって，間違いが回避できるであろう。第10章では，MNEの理論と国家特有なビジネス・システム・アプローチがいかに統合可能かという点が議論されている。

　上記のアジェンダは，ゼロから研究されなければならない，と考えるのは間違っている。すでにいろいろな研究者たちが，このアジェンダのさまざまな側面を明らかにしている（以下を参照）。なるほど，このアジェンダが彼らのアイデアを編集したものとして論述されているかもしれないが，そのように考えるのは誤りである。このアジェンダのユニークな特徴は，その要素が論理的に一貫した形で，建設的に統合されているという点にある。アジェンダは単なる理論発展における「要望リスト」ではなく，理論発展を実現するような実行可能な作業プログラムなのである。このアジェンダに含まれるさまざまな要素は，過去15年以上にわたり，国際ビジネスの文献に散見されている。しかしながら，まだ完全には統合されていないため，それらをはっきりと認識することは難しい。本書の主な目的は，一見関連性のないアイデアがいかに相互に結びついているかを明らかにする広範なパースペクティブのなかに，これらの個々の研究成果を位置づけることにある。

1.3 「黄金時代」の終焉

　新しいアジェンダの出現を促進した第一の要因は，欧米の経済成長の「黄

金時代」の終焉であった（Marglin and Schor, 1990）。欧米の経済成長の「黄金時代」の間に，貿易は UNCTAD（国連貿易開発会議）を通じて，また EEC（欧州経済共同体）や EFTA（欧州自由貿易連合）といった関税同盟を通じて自由化された。高い収入を伴ったより安価な耐久消費財は，歴史的に類をみないほどのあこがれの的となった。1973 年黄金時代は，石油ショックによって突然の終わりを迎えた。日本や東南アジアの新興工業地域（NIEs）からの製品輸入は，急速に欧米市場の国内製品に取って代わり始め，欧米の成長をこれまで高めてきた「エンジン」の 1 つであった自動車も例外ではなかった。欧米諸国は，アジア企業がかなり長い間欧米の技術を体系的に吸収し，それらを現地の状況に適応し始めてきたという事実に気づいた。国際的な技術移転と貿易の自由化の結果が，最終的に人びとに知られるところとなった。しかしながら，これらの変化の認識と解釈の遅れによって，それが国際ビジネスの研究にどのようなインパクトを与えたかが 1980 年代初期までわからなかった。

　伝統的な国際ビジネスの理論は，アジアへの技術移転がどのように遂行されたかについて，容易に説明することができる。しかし，そのメカニズムについては，初期の文献が主張するものとはいくらか異なったものであった。その移転は欧米の多国籍企業の主導（Fransmane, 1995）はもちろんのこと，政府の主導によって遂行された。ライセンシング契約と合弁事業が広く利用された。現地のパートナーは「ナショナル・チャンピオン企業（national champion）」であることが多かった。そのような企業はいったん技術をマスターしてしまえば，それを他の企業へと移転した。他の大企業への技術の伝播は，社会的ネットワーク，工場見学，共同研究を通じて行われた。小規模企業への技術移転は，かなりの教育訓練が含まれることの多い下請契約を通じて行われた。また小規模企業は，設計図から技術を盗み，「リバース・エンジニアリング」製品で，直接的な役割を演じることもできた。特許保護が弱めであったため，生産デザインは技術よりも模倣が容易であった。その結果として，「右に習え」式のデザインが急激に増えていった。

　アジア製品の価格優位は，多くの要因から生じた。たとえば，労働組合の

弱さは（しばしば政策の直接の結果として），競争力のある市場を確保できる水準に賃金を維持した（Mirza, 1986）。社会保障の範囲が制限されていることにより，働くことに対して強いインセンティブが生じた。政府支出は道路，港，空港，通信などのインフラ投資に集中し，その結果輸送のような中間インプットのコストが縮小した。大規模なコンテナ・ターミナルへの投資は，欧米市場への輸送費を削減した。国内のコミュニケーションの改善は，在庫コストを節約する「ジャスト・イン・タイム」生産を促進した。大量生産は，当初から規模の経済をフルに享受する目的で始められた。国内市場の一時的な保護は，需要を急速に増大する手助けとなり，当初から輸出が行われた。各家庭が老後のために貯蓄することを強く望んだため，長期的に国内の消費需要が輸出需要を締め出すことはなかった。

　欧米諸国との違いは明らかである。「黄金時代」には，欧米の政府支出は「冷戦」の戦いと「偉大な社会」あるいは「福祉大国」の構築に集中した。軍事支出と貧困者への移転支出は，生産性向上のための投資を抑制することになった。また，税金の上昇は，仕事とリスク負担への意欲を減じたといわれている。「企業経済（corporate economy）」（Marris, 1979）の概念は，団体交渉を制度化し，組合のストライキによる威嚇パワーを正当化した。賃金の高騰と「水増し雇用要求」はコストを上昇させた。とりわけ，高度に組合化された産業によって提供される輸送のような中間インプットのコストの高騰が目立った。

　同様の要因によって，アジアで成功した技術移転がアフリカでは失敗した理由を説明できる。（ラテン・アメリカの経験は，これらの2極の間に位置する。）欧州諸国政府の欠点は，かつてのアフリカの植民地で露出した。産業戦略は既存の技術の拡散や漸進的な改良というよりも，メガ・プロジェクトに応用される最新技術をベースとしていた（Ergas, 1987）。近隣諸国間での地位をめぐる競争は，政府支出の浪費や外国からの融資を促進した。もちろん，プロジェクトが失敗に終われば，これらの融資の返済は不可能となった。外国融資はまた，政府のエリートのはでな消費や金融戦争にも利用された。収賄は取引コストを上昇させた。「内向き」の保守主義政策は国内価格

を破壊し,農業開発を阻止した。産業は保護されていたけれども,国内市場の成長が鈍化したため,規模の経済を享受することができなかった。欧米のMNEの力が減退した1970年代には,それらMNEは母国の市場を護ることに集中するために,アフリカから退去した。

国際ビジネス理論からの教訓は非常に明確である。技術移転の成功を分析したときに適切であった方法の選択にのみ焦点を当てるだけでは不十分である。ダニング (Dunning, 1997) が強調したように,海外活動の相対的な成功と失敗を説明するにあたっては,受入国経済の構造,受入国政府の政策,現地のビジネス文化の特性といった現地の要因を十分に考慮する必要がある。

1.4 変移性と柔軟性の必要性

アジアからの競争は,ビジネス環境における不明瞭だが,非常に基本的な変化を著しく象徴する出来事であった。その変化とは,いわゆる企業が対処しなければならない環境変移の永続的な増大である。その変移性とは,ある企業に影響を与えるショックの規模と頻度の尺度である。それは利益変動の規模と頻度に反映される。

変移性は柔軟性を誘発する。柔軟性とは変化に対して,資源を迅速かつスムーズに再配置する能力である。環境の変移性が大きいほど,柔軟性の重要性が増す。黄金時代の大半の期間において,経済環境の変移性は低かった。古いリサーチ・アジェンダは,この時代の経験に大きく支配されていた。

黄金時代の終焉以降,変移性が増大してきた主な理由は,現代の生産技術の国際的な拡散が工業大国の数を増加させたという点にある。それによって,政治的・社会的混乱がグローバルな製品の供給にインパクトを与え得るような国家の数が増加した。貿易と資本市場の自由化は,その衝撃的出来事の「波及」効果が以前よりも遠くて広範であることを意味している (Casson, 1995, 第4章)。波及効果は速度も速めている。たとえば,現代の通信技術の発達により,ニュースはほぼ同時に伝達される。こうして,資本市場の投機的行動は世界中にすぐに広がっていく。ブレトン・ウッズ体制が崩壊した

後，為替レートの変動は金融の変移性という新たな次元をも生み出した。

その結果として，今やどんな国内市場も，以前よりもはるかに広範に及ぶ混乱から影響を受けている。MNE のすべての現地子会社は世界中からのさまざまな衝撃的出来事を経験している。

ある現地の子会社は，その国の市場で発生する衝撃的出来事にのみ対応すればよいという状況ではもはやなくなっている。その衝撃的出来事は，新しい輸入競争や輸出市場での新たな競争上の脅威からも生じている。衝撃的出来事によって協調のための新たな機会が見出せるかもしれない。このように，変移性の継続的な増大が認知されることで，より柔軟な組織形態が探求されるようになった。

このような探求は，個々の企業と国家の双方に大きなインパクトを与えた。国家による柔軟性の探求は，MNE が活動する政策環境を変化させた。次の2つの節では，柔軟性の探求が国家に与えたインパクトについて検討する。また，それに続く節では，その MNE に対するインパクトについて考察する。

1.5 国の競争優位の探求

脱工業化と「錆び付いた」重工業の窮状に対する欧米の第一の反応は，「競争優位」への関心であった。しかしながら，競争優位とは実際に何を意味するのかについて，かなりの議論が繰り返されている (Buckley, Pass and Prescott, 1988)。一部の経済学者は，リカードの比較優位の概念を引用し，製造業が競争優位を失ったのは経済的成熟の当然の帰結である，と主張している (Krugman, 1996)。欧米経済の強さは，すでに製造業にはなく，サービス業にある。飛行機による移動やテレビ放送のおかげで，観光，テレビ，雑誌などの娯楽といったますます多くのサービスが容易に輸出できるようになっている。さらに，サービスの消費需要は所得弾力的であるため，サービス分野の長期展望は良好といえよう。それだけではなく，多くのサービス業が本来労働集約的である一方で，製造業はますます資本集約的になっている。これはサービス業の自動化が製造業のそれよりも難しいという

ことを反映している。それゆえに，競争優位を再度獲得するためには，労働力を製造業からサービス業へとシフトさせなければならない。摩擦的・構造的失業を削減するために，労働市場に柔軟性をもたせることにより，これらのプロセスを促進させていかなければならない。

このような観点に従って，アジア諸国は工業発展の初期段階にあるにもかかわらず，労働市場の柔軟性を高め，労働力を農業から工業へと移した。農場を離れた第一世代の労働者たちは往々にして非常に勤勉であったため，未経験にもかかわらず，新興産業の生産性を飛躍的に高めた。労働市場の柔軟性を維持できるとすれば，経済発展の階段を登るに従って，他の国家との競争が激化するにつれて，労働者はある産業から別の産業，たとえば繊維から半導体へと移すことができる。日本は労働市場の柔軟性を維持している限りは，韓国や台湾からの競争に勝ち続けることができた。シンガポール，香港，日本をはじめとするいくつかの経済国家は，すでに製造段階を終え，独自のサービス経済へと移行したが，これこそがアジアの急速な発展を示している。

競争力に関するもう1つの観点は，企業特殊的な性格の競争優位を強調する。同じ産業内でも企業間で生産性にかなりの違いがあることが主張されている。比較優位の理論は，代表的な企業の観点から構築されているので，この点を無視している（Thurow, 1992）。いくつかの企業は大きな競争優位を有しているが，他の企業はそれらをいっさい持っていない。欧米のトップ企業の競争優位は，社内の欠点により浸食されてきたといわれている。欧米の労働者は製造業での比較優位を失ったのではなく，欧米の企業が経営能力を失ったのである。

企業特殊的な競争優位と国家特殊的な比較優位との区別は，本質的には分析期間の問題である。企業特殊的な競争優位は本質的には短期的な概念である。企業特殊的な優位は長期的には所与のものとして捉えることができない。なぜなら，それらは絶えず時代遅れになるものであり，常にリニューアルされなければならないものだからである（Buckley and Casson, 1976）。企業家精神において比較優位を有する国家は，継続的なイノベーションを通

じて企業特殊的優位を更新することができるが，そのような比較優位を持たない国家はそれができない。競争力の喪失に対して，企業特殊的優位の喪失を強調する説明は，長期的な観点からみれば，企業家精神における現地の比較優位が失われたという議論と同等である。企業に特殊な優位をシステム的に与えられる国は，企業家精神において国家特殊的な比較優位を持つ国である。

このような観点からすると，欧米諸国は製造業と企業家精神の双方において比較優位を失ったと主張するのはもっともらしく思われる。第一は経済的成熟の当然の帰結であるといえるが，第二は回避可能な制度的失敗と不適当なビジネス文化の結果である。国家特殊的な観点と企業特殊的な観点との対立は，現実には国家特殊的な比較優位は，製造業においてより減少したのか，それとも企業家精神においてより減少したのかという点に関する見解の相違として現れている。企業特殊的な観点に固執する人びと――おそらく大部分の国際経営学者――は，企業家精神の衰退が大きな問題であり，文化的・制度的変化がそれを蘇らせるために必要であると暗黙的に信じている。世界経済の変移性の増大と，その結果としての柔軟性の必要性の増大によって，欧米の企業家の失敗にスポットライトが当てられている。

1.6 競争力を保持するための政策

欧米諸国の政府は法律の制度を通じて労働市場の柔軟性を維持しようとしてきた。たとえば，英国では，（スト中の職場以外でのピケ行為のような）労働組合の法的特権の削減を重ね，最低賃金法を緩和した。失業手当の受け取り資格も厳格になった。その結果，企業は予測された通りの反応を示した。需要の変動に適応するために，パートタイム労働者の利用が著しく高まったし，フルタイムの労働者は労働時間に柔軟性をもって働くよう期待されている。法定の国民保険金の支払いを避けるために，仕事は下請けに出されている。労働力のみの下請け契約の増加は，18世紀の「商業革命」の特徴であった「外注」システムを喚起させた。

民営化は，産業への間接財の供給面で柔軟性を促進する目的で利用されてきた。英国は「戦略的な」重工業（鉄鋼），公共輸送（鉄道，航空），公益事業（電話通信，電気，ガス，水道）を民営化してきた。民営化は周辺事業の売却や補完的事業の統合を伴うため，企業の活動範囲に重大な変化を促す。新しく民営化された企業は，他の新しく民営化された企業を買収したり，それらと合弁事業契約を結んだりすることもできる。戦後初めて，公益事業の大部分において大規模な多国籍企業が可能になっている。

企業家精神の改善のためにも，いくつかの対策がとられてきた。ビジネス教育が強化され，リスク負担を奨励するために，所得税の上限率が引き下げられた。また成功したビジネスマンは，企業家の地位を向上させるために，公的な生活でより積極的な役割を演じるよう奨励されている。政治家は，ますます競争的な個人主義の価値観を奨励し，福祉国家の特徴である有機的連帯の価値観を軽視するようになっている（Casson, 1990, 第4章）。

製品開発と基礎研究との調和を向上させるため，大学と実業界との結びつきが強化されている。しかしながら，このことは期待されているほど国家に対して直接的な便益をもたらさないかもしれない。ある国で研究された製品は，他の国でも生産され得るし，現地の製品と競争するために研究されていた国へ逆輸出されることもあり得る。大規模な MNEs の R&D の分権化（Pearce and Singh, 1992）は，この種の移転が容易に可能な内部市場をつくり出す。かくして，米系 MNE は英国への輸出を目的として米国製製品を開発するために，英国に設置した完全所有の研究所を利用して，英国政府の資金援助で研究を実施することができた。その場合，製品のイノベーションから生じる利益も米国に帰属するだろう。この効果は，多少異なるコンテクストではあるが，ライシュ（Reich, 1990）によって強調されている。

競争力改善のための政府の施策は，過去10年間では文句なく成功してきたように見受けられる。しかしながら，MNEs が欧州市場への供給のために，欧州で生産を続けている理由は，欧州自体の立地優位よりも，欧州共同体の域外共通関税と，それによって増大する脅威とより関係があるという点を忘れてはならない。こうして，関税免除や多額の雇用創出の補助金は，ア

ジアの自動車メーカーを英国へ引きつける主要な役割を担ってきた。同様に，米国で製造している外資系企業の優位性の1つは，現地の生産拠点を利用して，その市場に対して製品デザインを適用することが容易であるという点にある。

　アジア企業は，欧米において関税障壁を超えて成功裏に生産することができるという事実は，アジア企業が持続的な企業家精神によって生じる企業特殊的優位を保有しているということを示唆している。これらの優位性の1つは，内部労働市場の柔軟性にあるといえる。欧米では，労働市場の柔軟性を企業にとって外部的のものとみなす傾向がある。これは単純に低い賃金率に反映されている。企業特殊的な教育が重視されておらず，労働者はアジア企業の労働者よりも融通がきかない。このことは作業現場において顕著である。OJTは盛んでなく，結果として品質への関心はそれほど高くない。労働者は簡単な修理すらできなかったり，生産ラインを変更する際にお互いに協力し合うことができないので，機械の停止時間は非常に長い。

　概して，アジア企業は柔軟性を生産上の問題点として，より真剣に捉えているようである。アジア企業は労働の柔軟な技能により多く投資しているだけではなく，柔軟な生産システムのための設備により多く投資している。これはアジア工場だけではなく，欧米での工場にもあてはまるのである。

1.7　独占を回避するための柔軟性

　環境の変移性の増加だけが，柔軟性への関心の大きさを説明する唯一の理由というわけではない。現代社会は，1つの独占的勢力の周囲に組織を構築する社会とはまったく正反対のものである。たとえば国家は，地域政府を擁護する者からの脅威にさらされている。国防という伝統的な国家の役割は，原則的に政治的に独立した各地域がその具体的な目的のために協力しあうという，多国間防衛条約の影響を受けている。ソ連経済圏の崩壊と，その後の加盟国間の政治的な再統合は，この種の文化的変化が作用した例とみることができるかもしれない。独占的勢力に対する不信は，以下に示すように，ま

た別の形の不信の増幅と結びついているようである。

　企業の内部的な独占に対する反感は，MNEsの組織の再構築に際して明白になる。その再構築の動きは1980年代初期に始まった。当時は，ハイテク関連のMNEの強力な中央研究所が閉鎖されたり，事業部へ移行させられたり，大学のような外部組織と競争して「内部の顧客」に対するサプライヤーとして行動せざるを得なかった時代であった（Casson, Pearce and Singh, 1991）。官僚的な本社は，組織階層の崩壊が進行した直後に批判された。企業に適した組織形態は，内部的な専門知識の情報源を共有しつつも，必要なときに各々が外部の専門知識に自由にアクセスできるような連邦的な事業部構造になった。本社の役割は事業部に対して「高くつく」ため，結果的にはそれへの欲求は低下する。その結果本社スタッフは余剰となる。広いオフィスが必要でなくなったので，都心のビルは売りに出され，本社は郊外のオフィス街のより小規模な建物へと移転される。

　どのような流行でも，ときには極端に走る傾向がある。「黄金時代」は階層的なMNEの寡占が世界市場を支配するだろうという主張で満ちていたように，1990年代には「ネットワーク企業」や「バーチャル企業」というビジョンが多く出現した。こうしたビジョンに共通の要素は，企業の境界が「あいまい」であり，そこでは各企業は持株が相対的に少なくてよい合弁事業を通じて市場に参入する。不幸にも，企業のあいまいな境界についての議論は，同じようにあいまいな理由づけにもとづいてなされている。企業のあいまいな境界は，次章で指摘されるように，多くのいろいろな方法で形成される。本書で挙げた新しいリサーチ・アジェンダは，企業のあいまいな境界についての議論を厳格な基準で行わせ，しかもそのあいまいさがそれぞれの特定のケースで登場する特殊な形態を予言するものである。

1.8　企業の柔軟な境界：ネットワークと合弁事業

　「黄金時代」の典型的な米系MNEは，水平的だけではなく，垂直的に統合化された企業であった。それゆえ，その企業の各事業部は他の事業部と強

く結びついていた。アジアでの競争が激化するにつれて，この種の統合コストが次第に認識されるようになった。

高成長のシナリオでは，どのような投資も失敗することはないので，供給や需要の源泉である特定国に投資して最大限の努力を投じても比較的低いコストで済む。しかし，より安価に原材料を調達できる場所に生産が変更されたり，販売が不況な市場から方向転換される低成長シナリオでは，それは非常にコスト高になる。したがって，柔軟性が要求される場面では，生産への後方統合であれ，流通への前方統合であれ，垂直統合ではうまくいかない。それよりむしろ，生産を下請けに出したり，販売をフランチャイズにすることはよい。生産の下請契約は，原則的には前述した労働の「外注」契約とほとんど同じであるが，下請業者がただ1人の労働者ではなく，1つの企業にあるという意味で異なっている。

「分割」は，多くの企業に蔓延した信頼性の低下という雰囲気によっても助長された。すでに説明したように，企業の内部的な独占の恐れが広がるようになった。需要低下に直面した生産担当マネジャーは，ただ一人の販売担当マネジャーを通じてしか，自分たちの生産物を販売できない事態に陥らないことを望んだ。販売担当マネジャーもまた，限られた同じ工場からしか供給物が購入できない事実に憤慨した。生産担当マネジャーと販売担当マネジャーは，お互いの能力を疑い，企業の競争力の喪失を社内のどこにでもみられる自分本位と非効率のせいにした。むしろ事業部のなかには，他の事業ユニットと取引できるようにスピン・オフされることを望む事業部もあった。他方，マネジャーは，他の事業部とのつながりを完全に断った場合に伴うリスクを心配した。

信頼を回復する自然な方法は，企業内部の事業ユニットだけではなく，外部の事業ユニットとの取引を各事業部に許可することである。内部化理論によれば，内部市場は「閉鎖的」ではなく，「開放的」である（Casson, 1990, p.37）。それは社内の弱体で無能な事業部を迂回する機会を事業部のマネジャーに与える。それは同時に，社内の移転価格に対する競争原則を示し，それによって社内の政治目的のために操作されることを防ぎ，内部価格が外

部価格と調和するようになる。その他の利点もある。内部市場が開放されると，生産の各段階の能力間のつながりがなくなる。その結果，他の企業に供給できるようになり，内部需要以上に個々の工場の能力を活用できるので，規模の経済性を追求することができる。反対に，それによって企業は，自社のニーズを超えた能力を持つ企業から供給物を購入することができるようになる。

内部価格を外部価格と突き合わせることで，事業部レベルでの収益を測定する場合の客観性が高まる。このため，事業部のマネジャーに対して，企業全体の収益よりも事業部の収益に連動した給与を支払うことができる。また経営陣は，社内の一部を売却してしまうことさえあるかもしれない。それと別のオプションとして，他の企業の一部を購入することによって自社の再構築を図るかもしれない。企業の一部を売却するにしても，他の企業の一部を購入するにしても，その最終的な効果は同じである。企業は合弁事業の連結によって構成されたネットワークのハブにほかならない（Buckley and Casson, 1988）。各合弁事業のパートナーは，自分たちの事業の日常的な管理に対する責任を負っている。その企業の本社はベンチャー間のつながりを調整する。内部取引の流れは弱い事業から強い事業へと変わるので，それが弱いパートナーが対応しなければならない価格と収益のシグナルとなる。純粋な外部市場の場合と異なるのは，パートナーが本社にある専門知識だけではなく，グループの他の部分にある専門知識も活用できることである。

当たり前のことだが，ネットワークは単一企業の周辺で構築される必要はない。むしろそれは，独立した企業のグループで構成されるだろう。これらの企業同士は，ベスト（Best, 1990），ポーター（Porter, 1990），ラグマン＝デクルズ＝バーベケ（Rugman, D'Cruz and Verbeke, 1995）がいうところの地域内産業クラスターのように，近くに立地しているときもある。「豊田市」のような工業地域は――そのような工業地域は欧州では何世紀にもわたってよく見られたのだが（Marshall, 1919）――，アジアの柔軟なマネジメントが生み出したイノベーションとして賞賛されてきた。関税と輸送コストが低下したので，ネットワークはさらに国際化していった。これは，長期契

約のもとで中間財取引が劇的に増加したことによって証明されている。たとえば，国際的な貿易会社は複数の国の独立したサプライヤーで構成されるネットワークを運営し，短期の為替レートの変動と長期の比較優位の変化に対応して，いろいろな供給源の肩代わりをしている。

　R&Dにおいても柔軟性は必要である。どこかの場所で生まれたイノベーションが，その技術全体を廃れさせる場合があるので，企業は特定の技術の改良に必要以上に熱心にはなれない。戦後，技術は拡散するようになってきたので，イノベーション能力を持つ国の数はかなり増えてきた。その結果，イノベーションは頻繁に起きるようになり，技術が急速に廃れる恐れが高まっている。それに対する当然の対応として，企業は自社の研究ポートフォリオを多様化させるが，一連のR&Dプロジェクトの管理には巨額の固定費を伴うので，相当コスト高になる。基礎研究のコストは専門家のスキルの範囲が増大するので高くなり，他方応用研究のコストはますます厳しくなる消費者保護法を満たすグローバル製品を開発しなければならないので高くなる。もう一度繰り返すが，合弁事業はその解決策として適切なものである。代替的な技術発展の流れを掴める合弁事業のネットワークを構築することによって，企業はR&Dコストを分散し，新技術に対する適切なコントロール手段を保有することができる。

　合弁事業の利点は，たとえばコンピュータ，テレ・コミュニケーション，写真撮影技術の統合のように，技術が収斂するにつれてさらに大きくなる。これは，すでに述べた代替的技術よりもむしろ補完的技術をベースにした合弁事業のネットワークを創生することを促進する (Cantwell, 1995)。

　合弁事業は，プロジェクトがどのような結果に終わるかに応じて，その採択か却下かを選択できる多数のリアル・オプションをもたらすので重要である (Trigeorgis, 1996)。合弁事業の初期の段階で，それが開始される前の調査では獲得できない重要な情報が得られる。それは，後になって成功した事業に全面的に参加する機会，——利害関係がない人には利用できない機会——を与える。したがって，合弁事業には完全所有や出資を伴わない方式よりもはるかに高い柔軟性がある。

1.9 柔軟性と内部組織

　変移の激しい環境では，不確実性のレベルは高くなるだろう。しかし，情報を収集することで不確実性を削減することができる。すでに定義したように，柔軟性とは変化に対応する能力である。その対応コストは，調整期間が長いとき，小さくなる傾向にある。その調整のための「時間を稼ぐ」1つの方法は，変化を予測することである。誰も完全に未来を予測できないが，現在と少し前の過去の情報から根底に潜む長期的傾向を診断することで，予測の精度を高めることができるかもしれない。それゆえ，情報を収集・蓄積・分析すると，変化のコストが削減されるので，柔軟性が高まるのである。

　時間を稼ぐもう1つの方法は，できるだけ早く変化を認識することである。これに関していうと，事業環境を周期的に監視するよりも継続的に監視する方が，変化が認識されるまでの潜在的なラグが短縮されるために優れている。ただし，継続的な監視は，そのマネジメントに多くの時間を割かなければならない，という点で周期的な監視よりもコストがかかる。

　優れた予測を行い，変化を迅速に認識するための投資は，情報コストと調整コストとの間のトレード・オフを高める。このトレード・オフは，とくに変移が激しいときに非常に重要になる。変移が激しくなると，柔軟性を高めるために多くの情報が収集されなければならず，そのためには多くのマネジャーを雇用しなければならなくなる。これは，間接費を削減するために，マネジャーの人数を減らすという一般的に薦められてきた方法とは逆行するものである。

　マネジャーの人数の削減と柔軟性の向上を同時に促進するには，情報コストと調整コストの間のトレード・オフを改善しなければならない。これを行うには，主に2つの方法がある。第一に，新しい情報技術（IT）を活用して情報処理コストを削減することである。第二に，工場と設備に，その設計と立地の両面で柔軟性を与えることで，調整コストを削減することである。IT投資と柔軟性の高い工場を組み合わせることで，多くのMNEが望むよ

うな方式で低い間接費で高い柔軟性を確保することができる。

　戦略的意思決定のために必要な情報は，組織全体に配分される傾向がある。重要なすべての情報が1人のCEO，あるいは本社の経営幹部全員によって処理されると仮定することは，もはや理屈に合わない。本当に重要な情報がみつけられそうな場所をあらかじめ知ることは難しい。それゆえ，すべてのマネジャーが効率的に情報を処理する能力を身につける必要がある。マネジャーは偶然手に入れた戦略的情報の重要性を認識できるとともに，それを伝達するために上級経営幹部にアクセスする権限を持たなければならない。言い換えると，普通のマネジャーが社内企業家にならなければならない，ということである。

　しかし，誰からの助言も受けることなく，優れた意思決定を行うのに十分な情報を持っている企業家はほとんどいない。伝統的な階層的企業において，助言を得ることはトップ・マネジメントの特権であった。誰かと相談をする権利が一般のマネジャーにあって，それがその結果に影響を及ぼすとすれば，社内のコミュニケーション・チャネルを増やす必要がある。その場合，垂直的なコミュニケーションだけではなく，水平的なコミュニケーションも簡単になり，その結果階層の低いマネジャーも同僚と簡単に相談できるようになる。

　組織を「フラット」にすると同時に，マネジャー同士がお互いに「ネットワーク」を形成するのを促進することが，その1つの必然的な対応である。これは，現地への対応能力と戦略的な統合能力の間のトレード・オフを改善する (Bartlett and Ghoshal, 1987; Hedlund, 1993)。ただ残念なことに，組織をフラットにしても，階層が多少なりとも残るかどうかについて若干の意見の相違がある。しかし，カソン（Casson, 1994）が示しているように，経営の効率的な情報処理には，通常ある種の階層的構造が必要とされる。重要なことは，変移の源泉が多様であればあるほど，広範囲で相談が行われる利点が大きくなるということである。どんな場合であろうと，変移の主要な源泉が予測できなければできないほどに，組織のどこにでも相談が開始される動機が大きくなっていく。実際には，これは柔軟性の要求は階層の基本的

な要素を維持しながら，組織をフラットにすることで最善に調整されるということを意味している。

1.10　企業の柔軟性と立地の柔軟性の相互作用

　柔軟性を手に入れるために，企業は環境変化に応じて生産拠点を変更できるように，複数の場所で同じ製品を生産しようとする。そのために規模の経済性がある程度犠牲になる場合でも，社内の複数の拠点から資材や部品を供給するかもしれない。デメザ＝ファン・デア・プレグ（DeMeza and van der Ploeg, 1987），キャペル（Capel, 1992），コグート＝クランティラカ（Kogut and Kulatilaka, 1994）は，為替レートの実質的な変動に対応するために，企業が生産拠点を変更できると力説してきた。その根底にある発想は，MNEs は工場の所有者として生産量を交渉するよりもむしろ自らが計画し，単一の企業よりも迅速に生産拠点を変更する場合の海外のコスト条件に関する優れた情報とそれらの能力を組み合わせて活用できるということである。

　しかしながら，この戦略には，企業が生産したいと考える場所をあらかじめはっきりさせておくことが必要となる。立地に最適な場所をあらかじめみつけることが難しいなら，柔軟性は下請契約を行うことで高められる。この方法は対応するのに時間がかかるかもしれないが，潜在的な立地の範囲は広がる。短期の環境変移が支配的な状況では，多国間での統合が企業の価値を高めるだろうが（Allen and Pantzalis, 1996），環境変移が長期にわたる場合には，企業の統合はマイナスになろう。

　企業がある生産段階で柔軟性を得ようとしているなら，それに隣接した生産段階での柔軟性を要求するようになるだろう。ここで必要な柔軟性は，生産方法ではなく，製品の出荷に関連したものである。川上段階にある各工場は，川下段階の立地拠点にも容易に製品を輸送できなければならない。反対に，川下段階にある各工場は，川上段階のすべての立地拠点から製品を入手できなければならない。この点に関連して，立地拠点のなかにはもともとそ

れが輸送ネットワークの中心点にあるために，他の立地拠点に比べて柔軟性が高いところもある。したがって，そうした立地拠点は，広範な異なる目的地に対して低い輸送コストを実現している。たとえば，生産拠点が拡散しているなら，最終製品は適切なハブ倉庫に保管されるべきである。柔軟性の要求が高まると，（東南アジアでは）シンガポール，（北西ヨーロッパではフランスの）リールなどのハブ倉庫で保管する要求が高まることになる。

供給源の面で柔軟性を得ようとするMNEは，政府の政策が自由放任で，それゆえ輸入制限のない国に立地することを選ぶだろう。さらにMNEは，生産する製品ラインで柔軟性を得ようとするだろう。これはMNEに多能工を有する国をみつけることを促すだろう。柔軟性は高い信頼性を持って機能するサプライヤーのネットワークによっても得られる。高い信頼性を得るには，現地生産は公平な法制度と強力な社会的ネットワークのなかに埋め込まれる必要がある。したがって，諸制度の仲介という「見えざるインフラ」あるいは等しく多額の「社会資本」という基本財産が整備されていることが，柔軟性の獲得に熱心なMNEの求める立地に関する特徴である。柔軟性は経営戦略の一要素だけではなく，立地優位の構成要素でもある。そのような立地優位は，現地の諸制度と文化の性質によって決まるところが大きい。

1.11 柔軟性と企業特殊的な競争優位

柔軟性は企業特殊的な競争優位にとって重要な意味がある。想像力に富んだ従業員を雇用するスキルは，社内の企業家精神が必要になるとき競争優位の源泉となる。CEOにカリスマ的なリーダーシップがあれば，主要スタッフ間で忠誠心が高められ，統合が促進されるだろう。インフォーマルで協議的な経営を伝統的に行っていると，従業員間の情報共有が高められる。これは，マネジャーの「ケイパビリティー」や「コンピタンス」という概念で表現されることもある（Richardson, 1960; Loasby, 1991）。柔軟性が非常に重要となる変移の激しい環境では，企業にとって重要となるのは社内の企業家精神を高める資源である。その企業を構成するのは，ただ1人の独裁的な

企業家ではなく，信頼性の高いコミュニケーションを促進するリーダーによって調整された企業家チーム（Wu, 1988）である。

　柔軟性が要求されるからといって，必ずしも「学習する組織」という考え方が支持されるわけではない，という議論には価値がある。もっと正確にいうと，柔軟性というのは学習する組織の従業員が実際に学習する必要のあることに対して重要な意味があるということである。ネルソンとウィンター（Nelson and Winter, 1982）によれば，学習は既存のルーティンを改善するのに役立つ。しかし，これでは誤解を招きかねない。それが示唆しているのは，企業は基本的に変移のない環境で活動し，現在でもうまく実行していることをさらに改善する方法を学習するに過ぎない，ということである。しかし，変移の激しい環境では，過去の経験から「学習した」ことの多くは急速に廃れてしまう。このような環境下で学習する必要のある本当に永続性のある知識とは，変移を扱う手法である。二度と起こりそうもない過去の状況についての一時的な情報を忘れることは，こうした手法の1つである。しかし，「学習の棄却」や「学習の忘却」は重要であるが，実行するのは難しいことが多い。非常に多くの「人員削減」や「組織階層の簡略化」において，中年の中間管理職が解雇や早期退職の対象になるのは，彼らがこれまで学習したことを棄却することが難しいからだといえよう。彼らは学習の棄却が苦手な人たちであると考えられている。彼らが下級マネジャーのときに得た「知識」は，黄金時代には通用したが，その後徐々に廃れていった。彼らのうち，再訓練ができるほど十分に柔軟性がある人もいるが，そうでない人もいる。今日のより変化の激しい状況では，黄金時代の「知識」は資産というよりもむしろ負債となるので，柔軟性がほとんどないために再訓練をしても得るものがない人たちは，退職を求められるようになっている。

1.12　柔軟性のコスト：信頼をいかに高めるか

　柔軟性の獲得にコストがかからないなら，すべての組織は最初から制限なく柔軟性を取り込むことができる。実際には，柔軟性が高いほど，取引コス

トがかかる。たとえば、すでに述べたことだが、調達する国と販売する国を柔軟に変更できるということは、顧客とサプライヤーとの関係が以前より一時的なものになる、ということを意味する。当事者間で今後取引を行う見込みがなくなりそうだと、相手を騙すという行為が行われるだろう。取引相手の忠誠心に直接訴えると信頼性を失うことにもなる。

社内の企業家精神が奨励されるようになると、これと同じ結果が起きる。社内企業家は、自分のために収集した情報にもとづいて行動する裁量権が認められている。これは騙す機会を高める。同様に、立地に柔軟性があるということは、企業が現地の経済状況に「埋め込まれる」ことが少なくなり、サプライヤーの開発のための投資が控えられる、ということである。

マネジャーが築き上げていくのに力を貸した事業活動に直接責任をもたせることは、その1つの解決策である。企業は、特定のマネジャーやマネジャー・グループが株式所有する新しい事業ユニットを育てる。もう1つの解決策は、マネジャーの誠実さに訴えることである。彼らによい処遇が与えられれば、その見返りとして、彼らの知識を歪曲することなく公開してくれることが期待できる。

ここ数年間における皮肉の1つであるが、より柔軟性の高い組織を支持するために個人間の誠実さが高くならなければならないときに、それが非常に低いレベルに落ち込むまで放置されてきた、という事実がある。伝統的な宗教の衰退、2つの世界大戦が生み出した知的シニシズム、大量消費主義の興隆は、すべてこうした事態を引き起こした要因として批判されてきた。共同生活体の信奉者は、誠実さなどの道徳的価値は、社会レベルでみると、家族、教会、学校において最も効率的に設計・教育されていると主張している。近年、こうした制度は次第に道徳的役割を果たせなくなってきている。われわれは、道徳を奨励する新しいメカニズムを探し出さなければならなくなっている (Casson, 1991; Fukuyama, 1995)。企業は適切な企業文化を醸成・奨励することで、従業員に対して誠実さと勤勉さを動機づけようとしてきた (Kotter, 1996)。企業はこれを自分たちの費用で実行しなければならなかった。したがって、公共組織や慈善団体での失敗は、従業員を動機づ

けしていく企業のコストを高めてしまい,それによって企業の競争力を必死になって強化すべきときに,それを損なってしまったのである。

1.13　欧米の MNE と「株主資本主義」

　年金基金のマネジャー,マーチャント・バンカー,市場アナリストがトップ・マネジメントに対して株主価値を最大化するように圧力をかける新しい「株主資本主義」という形態ほど,現代のシニシズムの状況を表しているものはない。乗っ取り屋は,企業を監視して経営業績が低下する兆候を探しているが,それゆえ彼らは「経営者支配のための市場」を創り出している。市場が効率性を生み出すといわれるが,それはときに「貪欲はよいことだ」という,よく引用される格言を正当化するために使われるのである。

　現代の文化における他の多くの側面と同様に,このシニシズムは行き過ぎた黄金時代に対する反動と解釈されている。1960年代から70年の初頭にかけて,多数の米系 MNE の経営者は王朝の支配者のようであった。退職する経営者は自分の後継者を指名した。部下はこのことを知っているので,上司の後釜にスムーズに座れるように,「その命令に従った」。企業が拡大している限り,人びとの昇進を可能にする多くの上級職があったが,需要が平準化すると,「昇進の梯子」を登ろうとする人の期待を裏切らないために新しいポストがつくられ続けた。トップ・マネジメントのポストが増えるにつれて,間接費が増えただけでなく,個人の責任範囲が次第に重なり合うなど,コンフリクトと混乱も生じるようになった。組織内にコンフリクトが生じると,外部の変化に対する経営者の関心は散漫になり,その結果主導的な企業でも,新しい競争の源泉の出現に対して対応が遅れてしまった。

　「王朝」の経営者は,著名な慈善事業家でもある (Whitman, 1999)。彼らは,株主の資金を地域社会のプロジェクトに配分し,自分たちの信用を獲得した。これは,公共の福祉の奨励に焦点を当てたその時代の政治的課題に対する貢献であった。彼らは,気前のよいもてなしをすることで,自分の社会的地位(および会社の名声)を維持するために,多額の必要経費を認め

た。しかし，企業の株式を所有する年金受給者は，公共の福祉に貢献する経営者の関心からは非常に低い優先順位しかなかった。ジェンセン＝メックリング（Jensen and Meckling, 1976）は，株主がその「エージェント」に責任を負わせる際に直面する現実の難しい問題点を指摘すると同時に，その問題点を理論的な視点から分析した最初の研究者であった。彼らは経営者の利己主義を仮定した上で，「エージェンシー問題」の分析に独自の政策的見解を与えた。フリードマン＝フリードマン（Friedman and Friedman, 1980）は，株主の権限に道徳基準を設定することによって，この見解を増強した。株主は自らが慈善事業家になる機会を否定されるべきではない。すなわち，経営者は利益を極大化し，それを自由に分配するべきであり，株主の権利を先取りして自分たちのために慈善事業的な要求を決定すべきでない。

　この時点までは，米系 MNE は欧州系 MNE よりも成長の速度が速かったために，欧州よりも米国において経営者の自由裁量権の乱用が多かったように思える。これによって欧州企業が米国企業を買収することが始まった。当時，欧州企業は米国の市場と技術へ接近しようとしていた。そして，米国企業の株主は彼らの企業の経営の劣悪さを認識していたので，欧州企業は低コストで米国企業を獲得することができた。しかし，株主の権限への礼讃は，すぐに大西洋を超えて欧州に広がった。その結果，欧州企業の経営者自身が米国への投資が期待したほど成功しなかったときには，その犠牲者になってしまった。

　とくに，英国の株主は米国の株主と同じくらい経営者の自由裁量権の乱用について懐疑的であった。彼らは英国企業での「人員削減」と「組織階層の簡略化」の導入を望み始めていた。こうして，米国内の問題に対処するために開発されたコスト・ダウンの手法は，直ちに英国でも積極的に応用された。

　しかしながら，それ以来株主の権限への礼讃は過熱化した。乗っ取り屋のなかには，企業の業績不振について偽りの主張にもとづいて行動するものもいる，という疑惑が高まっている。同時に，一般に買収に付随する「人員削減」と「組織階層の簡略化」の社会的影響についての関心も高まっている。「株主資本主義」という概念が再び出現し，コーポレート・ガバナンスに関

する議論が続けられていることは，こうした関心が高まっていることの徴候である。欧州のいくつかの国では，有権者が「人員削減」によって失業を招くよりも保護主義を貫くことを選好するのも当然である。とくにこの有権者が職を失う恐れのある経営者や労働者であれば，そうなるだろう。こうした動向は，行き過ぎた黄金時代に対する「反動の時代」自体が終焉しつつある，ということである。もしそうだとすれば，MNEに対応しなければならない次なる国家政策の波が到来するであろう。

1.14 新しい分析手法：その一例

新しいリサーチ・アジェンダを追求している研究者は，実際には何を行っているのか。動態モデルと静態モデルでは，モデルの公式的な記述はどう異なるのか。1つの簡単な例がその立場を明確にするだろう。

多国籍企業の事業戦略に環境変移がどのように影響するのかをモデル化する問題について考えてみよう。環境変移をモデル化する最も単純な方法は，国際ビジネス環境に無原則に影響を及ぼす衝撃的出来事の規則的な流れを仮定することである。ここでは，二種類の衝撃的出来事を区別する必要がある。1つは自発的で外生的な出来事であり，もう1つは外生的な出来事の結果として引き起こされる内生的な出来事である。

グローバル・システムをモデル化する際に単純化するのは，そのシステムにとって内生的な衝撃的出来事の多くが，外生的な衝撃的出来事であるかのようにモデル化されなければならない，ということだからである。これは非常に多くの内生的な出来事がモデルを過度に複雑にする，という理由からである。1つのモデルに内生的な要因の数が増えることが，そのモデルの複雑性を相当高め，その結果明示的な解決策の発見をいっそう困難にしている。

たとえば，グローバル・システム内の経済的要因と政治的要因が「共進化する」ということがいわれることが多い。これは外生的な衝撃的出来事との相互作用を通じて同時に変化する多くの内生的要因があるということである。しかし，そのような複雑な相互依存性に関するモデル化は，現在利用で

きる手法が多くないので，必ずしも現実的な提案ではない。こうして，経済的要因が内生的なものとして扱われるなら，政治的要因は外生的なものとして扱われなければならないだろうし，逆の場合もある。したがって，不完全とはいえ 2 つのモデルは，単一の一般モデルでは解決が非常に難しいので，それに取って代わるのである。

　たとえば，MNE の行動を分析するとき，国家体制の政治的な再編と変化は，実際には MNEs がかかわる経済的事象に対する内生的な対応であるとしても，外生的なものとして扱われるだろう。関税同盟の形成とソ連邦の崩壊は，グローバル経済に影響を及ぼす無原則の外生的な衝撃的出来事として扱われるだろう。こうした衝撃的出来事は，国家の相対的な栄枯盛衰に影響を及ぼしている。こうした衝撃的出来事はさまざまな製品市場の成長と衰退にも影響を及ぼしている。その後，このような国民所得と市場規模の変化は，MNE にとって衝撃的出来事となる。

　市場の衰退が市場の成長とほとんど同じように起こるだろう，と明示的に認識することは，新しいリサーチ・アジェンダの顕著な特徴の 1 つである。市場の成長は企業の参入を促進するが，市場の衰退は企業の退出を促進する。ひとたび市場の衰退というシナリオが描かれると，撤退が重要な戦略として検討されなければならない。MNE の戦略の静態モデルは，市場は変化しないと仮定し，他方で，バックレー＝カソン（Buckley and Casson, 1981）などの非常に単純な動態モデルは，市場が成長すると仮定しているにすぎない。変移の激しい環境下では，まず市場が成長して投資を引き付けるが，その後衰退して撤退を迫るだろう。

　また，新しいリサーチ・アジェンダでは，戦略の転換にコストがかかると認識されている。スイッチングコストは，企業の転換前の戦略と転換後の戦略の両方にかかわっている。スイッチングコストは古い戦略から退出するコストと新しい戦略を策定するコストに適切に分解できる場合もあるし，戦略の組み合わせによって異なる場合もある。そのようなコストを詳しく明記することが新しいリサーチ・アジェンダを実行する際の重要なステップである。

　柔軟性を確保するには，企業が最初の段階で退出コストの低い戦略を選択

することが重要である。たとえば，初めて海外市場に参入することを検討している企業を想定してみよう。受入国での生産は，企業が後になってその市場から撤退するとすれば，回収できないサンク・コストを発生させることになる。それより損失が少なくなるが，ライセンシング契約の交渉もサンク・コストを発生させる。他方，国内の設備を利用して輸出をする機会が増えると，サンク・コストをまったく発生させないかもしれない。海外市場に参入する場合，柔軟性の基準に照らすと，海外直接投資（FDI）よりもライセンシングが，ライセンシングよりも輸出が望ましい。市場が衰退するというシナリオが考えられる場合，FDIはリスクの高い戦略であることが明らかになる。

　意思決定の転換は，その判断基準になった情報が少ないために，間違いになることもある。予想される転換コストは，不必要な転換をしなければ削減される。戦略が異なると受入国の環境から情報を獲得し，その後の意思決定の変更のために情報をフィードバックする機会も異なる。ある段階で選択された戦略がその後の段階で利用できる情報にどのように影響を及ぼすのかを明確にモデル化することは，新しいリサーチ・アジェンダとなるであろう。

　FDIは，ライセンシングや輸出よりも情報を獲得する機会に恵まれている。というのは，資産を所有していれば，情報も所有することができるからである。たとえば，環境変移が起きて市場が予測以上に成長したとき，これを素早く認識するのは海外投資企業であろう。施設・設備を最初からつくり始めるよりも既存の施設・設備を拡張するほうが，コストはかからないことが多いので，海外投資企業は，後になって海外生産に転換する決定をした輸出企業よりも設備拡張のコストが低くなる。したがって，輸出は市場が衰退するときに柔軟性があるが，海外投資は市場が成長するときに柔軟性がある。

　輸出，ライセンシング，およびFDIよりも優れた戦略を見つけ出すことができるだろうか。国際合弁事業（IJV）がその答えとなるかもしれない（Kogut, 1991）。受入国の製造業者との折半の投資は，完全所有のFDIに伴うリスクを回避すると同時に，情報もかなり入手しやすい。予想以上に市場

が成長した場合に，施設・設備を拡張する選択もあるし，さらにパートナーの出資分を買い取ってコミットメントを高めるという選択もある。また，自社の出資分をパートナーに売却して撤退するという簡単な選択もある。この場合，パートナーは一般的な直接投資企業が持っていない市場，つまり撤退するときに海外資産を即座に売却できる市場を提供する。当然のことながら，パートナー自身が変移の源泉になるという小さいが，明白な問題点もある。この理由から，IJV では信頼が非常に重要な要素となる。こうして，新しいリサーチ・アジェンダにおいて危機管理を強調すると，新しい「折衷戦略」が考え出されることになる。その戦略は直接投資企業が変移する環境下で持っている「オプションの価値」に対するものでないとすれば，より伝統的な戦略に近いものである（第6章参照）。

　もちろん，直接投資企業が後になって IJV 契約に戻らないとすれば，IJV のオプションは一回だけ実行されることになる。これは，IJV の役割に対して，企業が合理的に対応した結果，IJV が不安定になるという有名な現象を物語るものである。そのオプションが実行できない IJV は，完全所有の投資よりも劣っているが，他方最初の段階でオプションが実行される IJV は長続きしない。オプションの価値から IJV が選択されるとき，直ちに他の戦略に転換するか決して転換しないのは，一般に効率的ではない。戦略の転換の最適なタイミングは，将来の市場の成長に関する不確実性が適当な期間に一掃されるときである。これは，平均的に IJV の存続期間がかなり短く，しかも相対的に多様である，ということでもある。新しいリサーチ・アジェンダは，一定の戦略が実行される期間に関して，そうした仮説を引き出す簡単な手段となる。

　すでに説明したように，市場のグローバル化は，環境変移の増大にとって主要な要因となっている。多くのグローバル市場の特徴は，生産と流通の地域ハブを利用する点にあり，そこでは数ヵ国の近隣諸国が同じ場所からサービスを受けることになる。IJV と同様に，地域ハブは柔軟性の高い戦略として理解することができる（第7章参照）。IJV が所有に関する折衷戦略であるのと同様に，地域ハブは立地の折衷戦略である。地域ハブは本国よりも各

市場に近いので，輸送コストを削減するとともに，質のよい情報を獲得できるようになっている。しかし，地域ハブは，いくつかの市場に近接しているので，特定の市場にだけコミットメントしないようにしている。もしある市場が衰退すれば，生産拠点を他の市場に移転することができる。もし一国の市場に影響を及ぼす衝撃的出来事が別々に発生するなら（あるいは，それらは少なくともほとんど関係していなければ），地域ハブは多様化から利益を得ることになろう。これは，非関連製品の多角化から得た金銭的利益とは対照的に，個々の株式のポートフォリオの多様性を通じて最高に利益を獲得できる企業だけが得る真の利益である。

IJV と地域ハブという2つの戦略を組み合わせることができる。IJV は所有戦略であり，地域ハブは立地戦略なので，望むならばそれらを直接組み合わせて IJV の生産ハブをつくることができる。しかし，この問題を厳密に検討すると，一般にこのモデルが最善のアプローチではないことがわかる。そのモデルが示唆するには，各国市場に IJV の流通施設に供給する完全所有の生産ハブの組み合わせがよりよい解決策である。ハブの施設・設備はグローバル戦略にとって非常に重要なので，パートナーと共同所有にした場合，損害が非常に大きくなるので，それにパートナーを参加させるようなことはしない。ハブの施設・設備を完全所有する場合でさえも，その組み合わせはどんな単一市場から撤退する場合でもかなりの柔軟性がある。この組み合わせの優れている点は，撤退するときに，流通施設をパートナーに売却でき，他方生産施設・設備を他の市場に移転できることである。こうした撤退に対するオプションは，海外進出に対するオプションと組み合わせることもできる。

以上の例は，現代のグローバル経済での多国籍企業の事業戦略を分析する際に，柔軟性と環境変移という概念がいかに重要な役割を果たしているかを示している。こうした概念がなかったとすれば，IJV と生産ハブの論理的根拠を十分に理解することができないし，そしてまた，こうした戦略が今日のような歴史的転換期に必要になってきた理由を理解することもできないだろう。

1.15 結　　論

　本章では，国際ビジネスの4つの主要な研究領域に焦点を当てて，その新しいリサーチ・アジェンダについて検討してきた。新しいリサーチ・アジェンダの特徴は，それが動態的，静態的，学際的な性格である，という点にある。新しいリサーチ・アジェンダは次の5つの要素に焦点を当てている。

- グローバル経済システム
- 環境の変移
- 柔軟性とリアル・オプションの価値
- 企業家精神
- IJVによる協力

　これとは対照的に，1960年代以来，国際ビジネスの研究を支配してきた伝統的なリサーチ・アジェンダは，次の3つの要素を強調している。

- ある特定の市場への初めての海外進出
- 短期の企業特殊的な競争優位の特性
- 単一企業の境界の決定

　伝統的なリサーチ・アジェンダは，国際ビジネスをより静態的な視点で捉えてきたことは明らかである。伝統的なリサーチ・アジェンダは，環境変化を認識するが，それを継続的な体系的プロセスというよりもむしろ，一連の独立した一度限りの事象として解釈する。

　これは静態的な分析が時代遅れであるというのではない。静態的な分析は動態的な分析よりはるかに単純であり，この理由から伝統的な静態的なアプローチは，新しい動態的なアプローチの予備的なアプローチである。たとえば，新たに市場を開放した中欧と東欧の市場への参入方式を分析するうえで，静態的なアプローチは非常に有益であることがわかった（Hood and Young, 1994）。動態的なモデルは常に特殊な事例として静態的なモデルを内包し，この特殊な事例の特性は動態的なモデルが論理的に正しいかどうかについて考える重要な手がかりとなる。実際に，第2章で例証するように，

新しい動態的なモデルの開発には，既存の静態的なモデルの精緻化が求められる。

したがって，より動態的なアプローチの必要性が高まったのは，静態的な理論が完全に解明されたからではない。まったくそうではない。静態と動態は，代替的関係ではなく，補完的関係にある。静態的な理論の一定の領域では，さらなる知的な努力に対する成果が次第に少なくなるかもしれないが，それでもその成果は依然として評価できよう。

より動態的な理論の必要性は，最近の世界経済の変化によっていっそう高まってその転換期――古いリサーチ・アジェンダから新しいリサーチ・アジェンダに移行した明確な時期――は，欧米諸国が成長した黄金時代が終焉を迎えたときであった。企業の収益力は下降し，新しい海外市場への参入から既存の市場の防衛へと戦略が転換した。新しい多国籍製造企業の参入と継続的なイノベーションへの全社的なコミットメントが，グローバル市場における環境の変移を高めた。MNEの活動はコストを削減し，供給の対応力を改善するために再構築された。

変移の激しい環境下で生き残るには柔軟な対応が必要である。これは国民国家，工業地域，個々の企業にもあてはまる。柔軟な企業は，柔軟な経済政策を持った国の柔軟な地域に立地する必要がある。こうして，柔軟性の圧力は絶え間なく世界経済を再構築し続けている。こうした理由で，現在の状況はその根底に柔軟性を有するより動態的な理論を要求している。アーパン（Arpan, 1977）が述べたように，国際ビジネス研究がその妥当性と基本的な平易性を保ち続けるべきだとすれば，それは変化しなければならない。新しいリサーチ・アジェンダでは，これがどのように行われ得るかを示すのである。

<参考文献>

Allen, L. and C. Pantzalis (1996) 'Valuation of the operating flexibility of multinational corporations', *Journal of International Business Studies*, 27(4), 633-53.

Arpan, J.S. (1997) 'Palabras del Presidente', *AIB Newsletter*, 3(3), 2.

Bartlett, C.A. and S. Ghoshal (1987) 'Managing across borders: new strategic requirements', *Sloan Management Review*, Summer, 6-17.

Best, M.H. (1990) The New Competition: *Institutions of industrial Restructuring*, Oxford:

Polity Press.
Boyacigiller, N.A. and N.J. Adler (1998) 'Insiders and outsiders: bridging the words of organizational behaviour and international management', in B. Toyne and D. Nigh (eds), *International Business: An Emerging Vision*, Columbia, SC: University of South Carolina Press, 396-416.
Buckley, P.J and M.C. Casson (1976) *The Future of the Multinational Enterprise*, London: Macmillan. (清水隆雄訳『多国籍企業の将来』文眞堂, 1993年)
Buckley, P.J. and M.C. Casson (1981) 'The optimal timing of a foreign direct investment', *Economic Journal*, 91, 75-87.
Buckley, P.J. and M.C. Casson (1988) 'A theory of co-operation in international business', in F.J. Contractor and P. Lorange (eds), *Co-operative Strategies in International Business*, Lexington, MA: Lexington Books, 31-53.
Buckley, P.J. and M.C. Casson (1996) 'An economic model of international joint venture strategy', *Journal of International Business Studies*, 27(5), 849-76.
Buckley, P.J., C.L. Pass and K. Prescott (1988) 'Measures of international competitiveness: a critical survey', *Journal of Marketing Management*, 4(2), 175-200.
Cantwell, J. (1995) 'Multinational enterprises and innovatory activities: towards a new evolutionary approach', in J. Molero (ed.), *Technological Innovation, Multinational Corporations and the New International Competitiveness*, Chur: Harwood Academic Publishers, 21-57.
Capel J. (1992) 'How to service a foreign market under uncertainty: a real option approach', *European Journal of Political Economy*, 8, 455-75.
Carlos, A.M. and S.J. Nicholas (1988) 'Giants of an earlier capitalism: the chartered trading companies as modern multinationals', *Business History Review*, 62, 399-419.
Casson, M. (1986), 'General theories of the multinational enterprise: their relevance to business history', in P. Hertner and G. Jones (eds), *Multinationals: Theory and History*, Aldershot: Gower, 42-63.
Casson, M. (1990) *Enterprise and Competitiveness*, Oxford: Clarendon Press.
Casson, M. (1991) *Economics of Business Culture*, Oxford: Clarendon Press.
Casson, M. (1994) 'Why are firms hierarchical?', *International Journal of the Economics of Business*, 1(1), 3-40.
Casson, M. (1995) *Organization of International Business*, Aldershot: Edward Elgar.
Casson, M., R.D. Pearce and S. Singh (1991) 'A review of recent trends', in M. Casson (ed.), *Global Research Strategy and International Competitiveness*, Oxford: Blackwell, 250-71.
Caves, R.E. (1996) *Multinational Enterprise and Economic Analysis*, 2nd edn, Cambridge: Cambridge University Press.
Chandler, A.D., Jr (1977) *The Visible Hand: The Managerial Revolution in American Business*, Cambridge, MA: Belknap Press of Harvard University Press. (鳥羽欽一郎・小林袈裟治訳『経営者の時代：アメリカ産業における近代企業の成立〈上〉〈下〉』東洋経済新報社, 1979年)
DeMeza, D. and F. van der Ploeg (1987) 'Production flexibility as a motive for multinationality', *Journal of Industrial Economics*, 35(3), 343-51.
Dunning, J.H. (1977) 'Trade, location of economic activity and the multinational enterprise: a search for an eclectic approach', in B. Ohlin, P.O. Hesselborn and P.M.

Wijkman (eds), *The International Allocation of Economic Activity*, London: Macmillan, 395-418.
Dunning, J.H. (1981) *International Production and the Multinational Enterprise*, London: Allen & Unwin.
Dunning, J.H. (1997) *Alliance Capitalism and Global Business*, London: Routledge.
Ergas, H. (1987) 'Does technology policy matter?', in B.R. Guile and H. Brooks (eds), *Technology and Global Industry*, Washington, DC: National Academy Press, 191-245.
Fransman, M. (1995) *Japan's Computer and Communications Industry*, Oxford: Oxford University Press.
Friedman, M. and R. Friedman (1980) *Free to Choose: A Personal Statement*, New York: Harcourt Brace Jovanovich. (西山千明訳『選択の自由：自立社会への挑戦』日本経済新聞社, 2002年)
Fukuyama, F. (1992) *The End of History and the Last Man*, London: Penguin. (渡部昇一訳『歴史の終わり〈上〉〈中〉〈下〉』三笠書房, 1992年)
Fukuyama, F. (1995) *Trust: The Social Virtues and the Creation of Prosperity*, London: Hamish Hamilton. (加藤寛訳『「信」無くば立たず』三笠書房, 1996年)
Hedlund, G. (1993) 'Assumptions of hierarchy and heterarchy: an application to the multinational corporation', in S. Ghoshal and E. Westney (eds), *Organization Theory and the Multinational Corporation*, London: Macmillan, 211-36.
Hennart, J.F. (1982) *A Theory of the Multinational Enterprise*, Ann Arbor: University of Michigan Press.
Hood, N. and S. Young (1994) 'The internationalization of business and the challenge of East European business', in P.J. Buckley and P.N. Ghauri (eds), *The Economics of Change in East and Central Europe*, London: Academic Press, 320-42.
Hymer, S.H. (1960) *The International Operations of National Firms: A Study of Direct Investment*, PhD thesis, MIT, publ. 1976, Cambridge, MA: MIT Press. (宮崎義一編訳『多国籍企業論』岩波書店, 1979年)
Jensen, M.C. and W.H. Meckling (1976) 'Theory of the firm: managerial behaviour, agency costs and ownership structure', *Journal of Financial Economics*, 3, 305-60.
Kindleberger, C.A. (1969) *American Business Abroad*, New Haven, CT: Yale University Press. (小沼敏監訳『国際化経済の論理』ぺりかん社, 1970年)
Knight, F.H. (1921) *Risk, Uncertainty and Profit*, Boston: Houghton Mifflin.
Kogut, B. (1991) 'Joint ventures and the opinion to expand and acquire', *Management Science*, 37(1), 19-33.
Kogut, B. and N. Kulatilaka (1994) 'Operating flexibility, global manufacturing, and the option value of a multinational network', *Management Science*, 40(1), 123-39.
Kotter, J. (1996) *Leading Change*, Cambridge, MA: Harvard Business School Press. (梅津祐良訳『企業変革力』日経BP社, 2002年)
Krugman, P. (1996), 'The myth of Asia's miracle', in *Pop Internationalism*, Cambridge, MA: MIT Press. (山岡洋一訳『クルーグマンの良い経済学悪い経済学』日本経済新聞社, 1997年)
Loasby, B.J. (1991) *Equilibrium and Evolution*, Manchester: Manchester University Press.
Marglin, S.A. and J.B. Schor (1990), *The Golden Age of Capitalism: Reinterpreting the Postwar Experience*, Oxford: Clarendon Press. (磯谷明徳・植村博恭・海老塚明監訳『資本主義の黄金時代：マルクスとケインズを超えて』東洋経済新報社, 1993年)

Marris, R.L. (1979) *The Theory and Future of the Corporate Economy and Society*, Amsterdam: North-Holland.
Marshall, A. (1919) *Industry and Trade*, London: Macmillan. (永沢越郎訳『産業と商業』岩波ブックセンター信山社〈製作〉, 1986年)
McManus, J.C. (1972) 'The theory of the international firm', in G. Paquet (ed.), *The Multinational Firm and the Nation State*, Toronto: Collier Macmillan, 66-93.
Mirza, H. (1986) *Multinationals and the Growth of the Singapore Economy*, London: Croom Helm.
Moore, K. and D. Lewis (1999) *Birth of the Multinational: 2000 Years of Ancient Business History—From Ashur to Augustus*, Copenhagen: Copenhagen Business School Press.
Neslson, R. and S.G. Winter (1982) *An Evolutionary Theory of Economic Change*, Cambridge, MA: Harvard University Press.
Pearce, R.D. and S. Singh (1992) *Globalising Research and Development*, London: Macmillan.
Porter, M.E. (1990) *The Competitive Advantage of Nations*, London: Macmillan. (土岐坤他訳『国の競争優位〈上〉〈下〉』ダイヤモンド社, 1992年)
Reich, R.B. (1990) 'Who is us?', *Harvard Business Review*, 68(1), 53-65.
Richardson, G.B.(1960) *Information and Investment*, Oxford: Oxford University Press.
Rugman, A.M. (1981) *Inside the Multinationals: The Economics of Internal Markets*, London: Croom Helm. (江夏健一他訳『多国籍企業と内部化理論』ミネルヴァ書房, 1983年)
Rugman, A.M., J.R. D'Cruz and A. Verbeke (1995) 'Internalisation and deinternalisation: will business networks replace multinationals?' in G. Boyd (ed.), *Competitive and Cooperative Macromanagement. The Challenge of Structural Interdependence*, Aldershot: Edward Elgar, 107-28.
Schumpeter, J.A. (1934) *The Theory of Economic Development* (trans. R. Opie), Cambridge, MA: Harvard University Press.
Thurow, L.C. (1992) *Head to Head: The Coming Economic Battle Among Japan, Europe and America*, New York: Morrow. (土屋尚彦訳『大接戦:日米欧どこが勝つか』講談社, 1992年)
Trigeorgis, L. (1996) *Real Options*, Cambridge, MA: MIT Press. (川口有一郎他訳『リアルオプション』エコノミスト社, 2001年)
United Nations (1973) *Multinational Corporations in World Development*, Washington, DC: United Nations Department of Economic and Social Affairs. (外務省監修『多国籍企業と国際開発―国際企業活動の行動基準を求めて』国際開発ジャーナル社, 1973年)
United States Tariff Commission (1973) *Report on the Implications of Multinational Firms*, Washington, DC: United States Government Printing Office.
Vaupel, J.W. and J.P. Curhan (1974) *The World's Multinational Enterprises: A Sourcebook of Tables based on a Study of the Largest US and Non-US Manufacturing Corporations*, Geneva: Centre d'Etudes Industrielles.
Whitman, M. von N. (1999) *New World, New Rules: The Changing Role of the American Corporation*, Cambridge, MA: Harvard Business School Press.
Wilknis, M. (1970) *The Emergence of Multinational Enterprise: American Business Abroad from the Colonial Era to 1914*, Cambridge, MA: Harvard University Press. (江夏健一・米倉昭夫訳『多国籍企業の史的展開:植民地時代から1914年まで』ミネルヴァ書房,

1973年)
Wilknis, M. (1974) *The Maturing of Multinational Enterprise: American Business Abroad from 1914 to 1970*, Cambridge, MA: Harvard University Press. (江夏健一・米倉昭夫訳『多国籍企業の成熟〈上〉〈下〉』ミネルヴァ書房, 1976年, 1978年)
Wilknis, M. (1989) *The History of Foreign Investment in the United States to 1914*, Cambridge, MA: Harvard University Press.
Wu, S.-Y. (1988) *Production, Entrepreneurship and Profits*, Oxford: Blackwell.

(今井 利絵・高橋 意智郎)

第 2 章 海外市場参入戦略の決定：
内部化理論の公式的な拡張

ピーター・J. バックレーとの共著

2.1 イントロダクション

　海外直接投資の実証研究について，過去 30 年を回顧すると，その研究範囲はどんどんと意欲的になってきた。1960 年代，ハイマー = キンドルバーガー理論（Hymer, 1976; Kindleberger, 1969）とプロダクト・サイクル理論（Vernon, 1966）は，主として輸出か直接投資かの選択に照準を当てていた。1970 年代に内部化アプローチが登場し，ライセンシング，フランチャイジング，下請契約がその以外の戦略的選択肢とみなされた。1980 年代になると，企業の合併・買収が再登場し，それらがしばしば企業のグローバル化への「迅速な確立した」方途とみなされ，新設事業と買収の選択にとくに光が当てられた。同時に，米国企業がますます国際合弁事業（IJV）に参画するようになり，協調的契約の役割に関心が向けられた。

　1990 年代に入ると，移行経済国群ないし新興工業経済国群（東欧，中欧，中国，ベトナムなど）での海外直接投資の役割が注目され，1960 年代に論議された古典的問題の一部でもある「海外で事業を遂行するコスト」と「心理的距離」の重要性を再認識させるに至った。ある参入方式が他の方式よりも低コストを実現するのはなぜかといったことや，特定の状況下では他の方式よりもある方式での参入が有利と思えるのはなぜかといった一般的な問題に改めて関心が向けられたのである。

　これらすべての問題を相互に絡めると，複雑さの度合いが増すばかりである。国際生産の折衷理論（Dunning, 1980）は，応用研究の焦点が変わるた

びに，それに適合するよう定期的な修正・書き換えを行っており，研究構想と仮説検証にきめ細かいアドバイスを提示するには，「パラダイム」や「フレームワーク」過ぎ，「モデル」の性格をほとんど備えていない。問題が複雑であるために，学者の間ではある程度の混乱が生じてきたように見受けられるが，そういった混乱を払拭するには公式のモデルの構築しかない。

以下に提示するモデルには3つの明確な特徴がある。第一に，このモデルは主要な市場参入戦略をすべて対象に含めた詳細な図解分析をベースにしている。既存の文献では，ここで扱われる大半の戦略は輸出ないし新設型の海外直接投資の代替案とみなされている。たとえば，ライセンシングと合弁事業の直接比較とか，フランチャイジングと下請契約の直接比較を考察する研究は稀にしかない。本章でみるモデルでは，どの戦略も他の戦略のいずれとも比較可能となっている。それゆえ，そのモデルは，議論の的になる第一候補の戦略が輸出か伝統的な対外直接投資かという選択とは関係ない場合にとくに有用である。

このモデルの第二の特徴は，生産と流通とを明確に識別しているところにある。過去の歴史をみると，初期の海外直接投資の大部分は海外の倉庫施設や流通施設の設置に関係している。たとえそうであるとしても，生産施設の設置が後になるだけである。実証研究において，こういった区別は明白であるが，今日まで理論のなかにはそれが適切に反映されていなかった。その結果，流通への投資が顕著な役割を担うような状況の説明に理論をどのように適用すべきかについて，一部混乱が生じていた。

最後に，このモデルは，外国企業の参入後における外国の参入企業と受入国の主導的なライバル企業との戦略的相互作用を考慮に入れている。産業組織論における近年の発展（たとえば，Tirole〔1988〕に要約されているように）に従えば，参入企業はライバル企業の反応を予知でき，参入の時期を決めるのにこうした反応を考慮に入れると仮定できる。このような理論の精緻化は，参入方式として新設型の投資にするか，買収にするかという選択を説明するのに，実践面からもきわめて重要であるといわれる。

なおそのモデルでは，市場参入要因で生じる海外直接投資に焦点を絞って

おり，資源志向型とオフショア生産型の直接投資を考察対象から外している。

2.2 理論の歴史的発展

　海外市場参入に関する初期の文献の多くは，輸出か海外直接投資かの選択に集中していた（既存の研究の概要に関しては，Root, 1987; Young et al., 1989; Buckley and Ghauri, 1993 を参照）。この種の意思決定にはコスト・ベースの見解があり，企業は「外国籍であることのコスト」(Hymer, 1976; Kindleberger, 1969) を克服するために，不利を相殺し得る優位性を保持しなければならないと示唆している。この結果，海外市場参入で成功するには，技術的スキルとマーケティング・スキルが非常に重要な要素になるとみなされたのである (Hirsh, 1976; Horst, 1972)。企業特殊的優位 (Caves, 1971; Rugman, 1981) におけるこのような伝統は，ペンローズ流の伝統的な考え方から生じるコア能力に関する文献 (Penrose, 1959; Prahalad and Hamel, 1990) とつながりがある。国際化の段階モデルは，バーノンの「プロダクト・サイクル仮説」(1966) によって紹介された。この仮説においては，企業は輸出段階を経てから市場探求型の海外直接投資に初めて転換するのであり，その後コスト志向型の海外直接投資に移行すると説かれる。技術要因とマーケティング要因が製品の標準化を説明するために結びつき，そしてそれは立地決定を後押しする。

内部化
　バックレー=カソン (1976) は，企業を(1)製品グループ間と(2)国別市場間で配分可能な内部化された諸資源の束として描いた。彼らは市場ベースの解決策対企業ベースの解決策に焦点を当てて，そのことで市場参入におけるライセンシングの戦略的重要性を強調した。参入に伴って，立地先とコントロール方式にかかわる2つの意思決定が相互に絡んでくる。輸出は国内立地であり，企業の経営管理方式によりコントロールされる。外国への技術供与

は外国立地であり，契約によりコントロールされる。海外直接投資は外国立地であり，企業の経営管理方式によりコントロールされる。こういったモデルは，バックレー゠カソン（1981）によって定式化され，バックレー゠ピアース（Buckley and Pearce, 1979），コントラクター（Contractor, 1984）などによって検証された。

参入の段階モデル

北欧の学者たちによる参入の「段階」モデルは，各海外市場への参画度を漸進的に高めながら，それと並行して，次々と海外市場に参入していく順序のパターンを示唆している。市場への参画度を増すことは，ウプサラ学派（Johanson and Wiedersheim-Paul, 1975; Johanson and Vahlne, 1977）の考えのなかでもとくに重要である。この段階モデルと密接にかかわっているのが，「心理的距離」という概念で，その概念化とともに，ある程度まで本国と海外市場との文化的距離を測定するといった試みもなされた（Hallen and Wiedersheim-Paul, 1979）。より最近の見解に関しては，カソン（Casson, 1994）を参照されたい。

非生産活動

海外市場への参入政策を説明する際，非生産活動の役割を明示しなければならない。研究活動の立地は，とりわけ空間上の集積に関係して幅広く議論されてきた（Kogut and Zander, 1993）。マーケティングと流通を参入の側面から論じた文献も非常に多いが（Davidson, 1980），こうした文献の多くでは取引コストのフレームワークが使われている（Anderson and Coughlan, 1987; Gatignon, 1986; Hill, Hwang and Kim, 1990; Kim and Hwang, 1992; Agarwal and Ramaswani, 1992）。

M&A か新設事業か

ストップフォード゠ウェルズ（Stopford and Wells, 1972）は，乗っ取りか買収かを多国籍企業の組織に関する分析の一部として検討している。先

進国の大半では，乗っ取りによる参入が顕著にみられ，そのことが優れた実証研究を多く生み出す誘引となっている（Dubin, 1975; Wilson, 1980; Zejan, 1990; Hennart and Park, 1993）。それらの実証研究は，内部化の視点と戦略の文献の双方に依拠している（Yip, 1982）。合併のケースで直面する適合コストと文化統合コストにとくに注意が払われている。理論的な重要問題については，近年スベンソン（Svensson, 1996）とマイヤー（Meyer, 1997）が研究している。

合弁事業か完全所有子会社か

　近年，国際合弁事業（IJV）に関する文献は膨大になり，国際ビジネス論の発展に寄与し，広範データにもとづく洞察力にあふれた実証研究（Contractor and Lorange, 1988; Beamish and Killing, 1997）も多い。バックレー＝カソン（1988, 1996）は，IJV の促進条件として，(1) 補完的資産の所有，(2) 共謀の機会，(3) 経済的・財務的・法律的ないし政治的な意味での完全統合への障壁を集約して列挙している（Beamish, 1985; Beamish and Banks, 1987; Kogut, 1988; Hennart, 1988; Contractor, 1990 も参照）。

　IJV に関する文献は，パートナーの選択，経営戦略，成果の測定にとくに焦点を当ててきた。パートナーの選択は，合弁事業の成果と関係づけて，その選択を考察したビーミッシュ（Beamish, 1987），パートナーの非対称性を検討したハリガン（Harrigan, 1988b），およびゲリンガー（Geringer, 1991）によって調査研究されている。コグート＝シン（Kogut and Singh, 1987, 1988）は，パートナーの選択を参入方式に関連づけている。IJV における経営戦略は，キーリング（Killing, 1983）とハリガン（Harrigan, 1988a）により分析されているが，ゴメス＝キャサーレス（Gomes-Casseres, 1991）は経営戦略を所有権への選好に関連させている。

　IJV の成果は，議論の絶えることがない課題である。合弁事業の終結が失敗を意味するとはいえない。厳密には，IJV はその事業目標を達成してしまうと，終わるかもしれないからである。同様に，合弁事業と提携のリストラクチャリングは，成果の悪化に対処したものではなくて，組織形態の柔軟性

をうまく活用したことを示すものかもしれない。これに関しては，フランコ (Franko, 1971)，ゴメス゠キャサーレス (1987)，コグート (1988, 1989)，ブロジェット (Blodgett, 1992) を参照されたい。IJV に関する他の分析には，ゲリンガー゠ヘバート (Geringer and Hebert, 1991)，インクペン゠バーキンショー (Inkpen and Birkinshaw, 1994)，ウッドコック゠ビーミッシュ゠牧野 (Woodcock, Beamish and Makino, 1994) がある。ニッチュ゠ビーミッシュ゠牧野 (Nitsch, Beamish and Makino, 1996) は参入方式が合弁事業の成果に関係するとし，ガラチ (Gulati, 1995) は成功に寄与するものとしてパートナー間の反復的な結束力の役割を研究している「文化的」変数を取り込む興味深い研究である。

文化的要因

　（国の）文化と参入戦略の関係は明示的に検討されている（ホーフステッド〔Hofstede, 1980〕の文化的分類をコグート゠シン〔1988〕が修正した形で用いている）（シェイン〔Shane, 1994〕も参照）。ベイクマ゠ベル゠ペニングス (Bekema, Bell and Pennings, 1996) は，海外市場参入を調査する際に文化的障壁を用いているし，ベニト゠グリプスラド (Benito and Gripsrud, 1992) は，海外直接投資の展開を説明しやすくするために，「文化的学習プロセス (cultural learning process)」の導入を提唱している。

市場構造と参入障壁

　本章の貢献の1つは，市場構造問題を参入決定モデルの構築に組み入れていることである。参入行動と市場構造との関係は，ニッカーボッカー (Knickerbocker, 1973) による寡占反応で力説された。そこでは，主要な国の市場への競争的参入に関して不完全なゲーム論的構造が設定された。フラワーズ (Flowers, 1976) とグラハム (Graham, 1978) は，欧州企業とカナダ企業による米国への投資および米国と欧州の間での2方向の投資に関する個々の調査のなかで，「脅威の交換」(exchange of threats) を強調した。より最近のものとしては，ユ゠伊藤 (Yu and Ito, 1988) が米国のタ

イヤ産業と繊維産業における寡占反応とこれらの産業への海外直接投資を調査している。グラハム（1992）は，国際ビジネスの文献が参入企業を事実上独占企業であるかのように扱っていて，競争構造を注視する姿勢に欠けているのを嘆いている（Buckley and Casson, 1981）。実際，カソン（1985）が行ったカルテル化か多国籍企業化かに関する研究は，多国籍企業の産業組織論的な経済モデルとして数少ない利用可能なものの1つである。

要約

　立地コスト，内部化要因，財務変数，信頼や心理的距離などの文化的要因，市場構造，競争戦略，（現地環境への）適合コストおよび海外事業活動コストは，すべて文献のなかでは企業の海外市場への参入決定を確定する役割を担うものとして確認されている。以下のモデルでは，これらすべての変数を含み，体系的な方法で変数間の相互作用を分析する。

2.3　モデルの公式化

　ここでのモデルは，バックレー = カソン（1976, 1981），バックレー（1983），カソン（1991）およびバックレー = カソン（1996）のなかで提示された海外直接投資の経済理論を上述の文献レビューで確認された一連の問題に応用しようとするものである。そのモデルは，一見してわかるように，制約付きの仮定を多く必要とするけれども，もし必要なら，分析に複雑性を増すという代償を払うが，これらの仮定を緩めることも可能である。海外市場参入を研究する者すべてが分析開始前から評価を下さねばならないような重要なコンテクスト上の論点を示すものとして，これらの仮定はモデルの妥当性に大きな制約を課すほどでもない。仮定の一部が馴染みのないようにみえるとすれば，それは実際，過去に仮定を十分に明示しようとした研究者がほとんどいなかったためである。

参入企業

1. 本国に本拠を置く企業は，ある海外市場で最初は販売から始めようする。初めての参入に力点を置くと，ある参入方式にかかる1回限りのセットアップ・コストとその方式で引き続き事業を営むのにかかる経常コストとを区別することが重要視される。とくに明記しない限り，安定的な環境において日常業務が行われると想定される。

2. 製品に対する海外市場の需要は，全面的に非弾力的になるようなある一定の売上数量のところまでは価格 p に対して無限に弾力的である。たとえば，顧客は p というところで製品の価値を決め，いくら価格が下がったとしても，誰もがもうこれ以上販売できる製品単位は持ち寄れないという場合に，どの顧客もその製品を1単位だけほしがるかもしれない。需要が非価格弾力的になるような売上高が海外市場の規模 x によって決められる。

3. 市場参入モデルの焦点は，生産活動（P）と流通活動（D）を適切に区別することにある。流通は生産を最終需要に結びつける。流通には倉庫保管業，運送業に加えて，可能な限り小売業などを含む。流通自体は海外市場で全面的に実施されなければならないが，生産は本国か海外のいずれかに拠点を持って行われよう。

4. 参入企業の生産は，研究開発活動（R）によって生み出された専有技術に頼っている。効果的な流通はマーケティング活動（M）に依存する。マーケティングには，顧客ニーズを調査したり，必要とするサービスを顧客に提供して製品の名声を維持することが含まれる。

5. 参入企業は参入時に海外事業活動 M をまったく持たない。その結果，市場の知識を欠いている。市場の知識は参入時に（誤りを犯すことから得た学習といった）経験をすることで入手できる。その際，1回限りの参入コスト m を負う。知識は，以下で述べるように，他の方法によっても同様に得られる。参入戦略で成功する重要ポイントの1つは，最適方法で M を確保する点にある。

6. R から P への技術フローを，このモデルでは3つの中間生産物のうちの第一のものと規定する。第二は M から D へのマーケティング知識のフ

ローである。第三は工場または生産事業単位 P から流通施設 D への卸売製品の物的フローである。(R と M の間での社内情報フローは議論されない。なぜなら,そのような社内情報フローは,このモデルで考察対象となる各市場参入形態に対して同一であるような固定費であるからである。)

7. 本国での生産は,製品の輸出が必然的に起こることを意味する。輸出には,輸送コストと関税が発生するが,これらのコストは海外生産では回避し得る。他方,海外生産には外国人労働者の教育・訓練といったような技術を伝達することに追加的コストがかかる。海外生産はまた,規模の経済性を失うような結果になる場合もあろう。輸出は国内工場の利用度を高めるとともに,国内工場の拡張を通して低い限界費用を実現する。これらの要因のすべては,本国生産の純追加的コスト z に集約される。z は,教育・訓練費と規模の経済性による節約分だけ減じたうえで,輸送コストと関税に等しい。

8. 企業は,以下の条件のいずれかを所有したりコントロールしながら海外市場に参入するかもしれない。
   - P と D;
   - P だけ;
   - D だけ;
   - P も D もない

   第二のケースでは,企業は製品の取扱いのフランチャイズ権を与える独立系の流通施設を用いる。第三のケースでは,独立系の現地施設向けに自社の本国生産施設か下請生産業者のいずれかから輸出することになる。本国内のライバル会社はただ 1 社だけなので(14 以下を参考されたい),その企業がある会社に下請けを任せたり,他の企業にフランチャイズ権を与えるような可能性は無視してよい。

9. 外部市場で事業を行うのにかかる取引コストは,通常内部市場での事業運営コストよりも大きい。値切りと売買契約の不履行によるコストを減らすことに,外部市場に代わって内部市場を利用する誘引構造がある (Hennart, 1982)。実際,ここでのモデルでは,外部のコンサルタントか

らマーケティングの専門知識を得るのにかかる取引コストは，自社のマーケティング活動からその知識を得るコストよりとてつもなく高いと想定される。参入企業が一定のマーケティング活動に踏み込めるのは，現地のライバル企業にフランチャイズ権を与えるか，現地のライバル企業と合弁事業を形成するか，現地の流通施設を買収するかによってのみである。

10. 技術を外部に移転するコストもまた高いが，受容可能な場合もある。技術移転における主な問題の1つは，契約が遵守されているかどうかを確かめるために，生産工程における生産物を監視しなければならないことである。下請契約のもとでは，技術移転が実施しやすい。というのも，ライセンシング協定のもとでは生産物の「買戻し」（bought back）が実行されにくいが，下請契約ではそれが行われやすいからである。下請契約にかかる取引コストは，自社内の技術移転コストを t_1 だけ上回るが，ライセンシングにかかるコストは自社内技術移転コストよりも $t_2 > t_1$ だけ上回る。

11. 生産施設の所有権が流通施設の所有権と異なるとき，両施設間での中間生産物のフローは外部市場を経て実現される。生産活動と流通活動が垂直統合されるといった代替案と比較すれば，上記の場合には追加的取引コスト t_3 が生じる。

12. どのタイプの参入であっても，新設型の投資か買収かによって影響が出てくる。新設型投資の場合，企業は自社資金を使って新しい施設の建設を行う。買収であれば，企業は自社資金を使って新規ではないが，継続事業体としての中古施設を購入する。以前にその施設を所有していた企業の株式を買収して施設の取得がなされる。

13. 効果的な内部市場では，組織内での信頼度が高いことが要求される。このような信頼は買収後即座に得られるものではない。生産施設を新しく取得した時の技術移転で信頼を形成するためのコストを q_1 としよう。流通施設を新規に取得するとき，マーケティングの専門知識の移転に信頼を築くためのコストを q_2 としよう。生産施設か流通施設のいずれかが新規に取得された場合（双方ともが新規取得となるケースは除く），中間生産物の移転の際に信頼を形成するコストを q_3 としよう。

受入国のライバル企業

14. 当該企業は，海外市場を以前に独占していた現地の唯一のライバル企業に直面する。参入の時点で，このライバル企業が完全統合企業として活動しているとする。現地のライバル企業は，マーケティング活動 M の恩恵を受けて新規参入企業では持てないような専門知識を有している。他方，現地のライバル企業は研究開発活動 R の欠如からくる技術劣位のためにコスト高になっている。

15. すべての交渉に際して（たとえば，買収に対して），現地のライバル企業が本質的に受身的な役割を演じるものと想定する。ライバル企業は参入企業が利潤をどう割り当てるかについて交渉しないで，単に参入企業に譲り渡した資源と引き換えに十分な事業機会利益を確実に受け取ろうとする。ライバル企業は，参入企業が優れた技術を有していることを理解しており，そのような競争企業と競争したとき，現地のライバル企業にとって最適となる戦略は，参入企業が購入したいと思う自社の資源を売却したり，またそれ以外の資源を従来になかった最適利用のために移動させることを通じて，当該産業から退出することだと考えよう。

16. 参入企業がライバル企業の生産施設を利用するならば，適合コスト a が発生しよう。これは参入企業がライバル企業から違った技術を用いるからであり，したがって機械設備は修正する必要がある。参入企業が生産施設を全面的に入手しようとも，ライバル企業に単に技術を供与したり，下請け契約を結ぶにしても，こういった修正は必要である。他方，現地のライバル企業は現地生産の専門知識を持ち合わせているとみえて，参入企業にはそれがないから，現地適合コストを相殺できるほどの節約分を提供し得よう。それゆえ，現地適合の正味コストはマイナスであるかもしれない。この状況下にあって，マイナスとなる適合コストが意味するところは，現地の条件に適合させるコストは，既存の現地工場を参入企業の技術に適合させるコストよりも高いということである。

17. 対照的に，ライバル企業の流通施設 D を用いると適合コストはかからない。こうなるのは，倉庫の方が生産工場よりも通常融通がきくからであ

る。ライバル企業の流通施設 D の利用によって，常にマーケティング活動 M と関連したマーケティングの専門知識を参入企業は取得する。

18. ライバル企業の生産施設 P と流通施設 D は，市場ニーズを満たし得る唯一の既存の施設である。他の現地企業では市場に参入できないし，ライバル企業自体が施設を増やすような投資はできない。これらの条件下で，生産施設 P か流通施設 D のいずれかを買収すると，参入企業には独占力が与えられる。すなわち，流通施設 D の買収により，参入企業は最終販売の独占権が与えられる。一方，生産施設 P の買収により，参入企業は流通施設 D 向けに供給独占権が与えられる。他方，新設型投資では独占力を付与されるに至らない。なぜなら，ライバル企業の施設を削減するに及ばないからである。流通施設 D への新設投資は最終需要源における複占を形成し，生産施設 P への新設投資は流通施設 D の供給に複占を生み出す。

19. ライバル企業は生産施設 P と流通施設 D の双方の所有権を保持しているときには，そのライバル企業は潜在的な競争企業のままである。ライバル企業は自社施設の一部を当該産業から退出すべく切り替えようとするかもしれないが，再度その切替えを元に戻すことで再び参入することも原則として可能である。下請契約の際に，ライバル企業が生産施設 P を貸し出し利用契約にしても，あるいは流通施設 D をフランチャイジング契約の下で貸し出し利用契約にしたとしても，その場合，契約が満了したら，ライバル企業は原則として再び競争に参入できるのである。下請契約においては，参入企業とライバル企業は最終製品市場で潜在的な競争企業であることに変わりはない。各企業とも自社の流通施設を所有するからである。参入企業が完全独占価格を付けようとするどんな試みも，ライバル企業にとっては下請生産よりは自社生産物を生産する方向への転換を促す結果になろう。参入企業は自社の価格を $p_2 < p_1$ とするような「指し値」へと下げることによって，ライバル企業に競争しないようにと説得しなければならない。その指し値とは参入企業がライバル企業にその産業から流通施設をなくさないために支払うものである。フランチャイジング契約の場

合，現地のライバル企業は自社の生産工場から自社の流通施設へ供給するといった元通りの選択肢を手にする。こうした行為を起こさせないようにするには，（流通コストの控除後において）参入企業は同じ指し値 p_2 に匹敵するような中間生産物の価格を設定しないといけない。フランチャイジーが唯一の流通業者であるから，最終消費者は独占価格を支払う。しかし，独占価格と指し値との差は，フランチャイジーに生じる。それゆえに，いずれのケースにおいても，参入企業にとってはライバル関係が長く続くと，$s = (p_1 - p_2)x$ といった売上収入での損失により，コストが生じてしまう。

20. ライセンシング契約の場合には，いくぶん事情が異なる。下請契約やフランチャイジングのような短期契約に反して，ライセンシングは長期契約であると想定される。ライセンスは，技術利用権の無条件の購入もしくは特許保護が延々と続きそうな期間全般にわたる長期契約のいずれかを伴うと考えられている。それゆえ，ライセンス契約は現地のライセンシーに対し効果的な独占力を付与するが，と同時に参入企業にとってはライセンス契約に合致した条件を交渉で用いて独占的レントをすべて占有しようとするかもしれない。

21. ライセンシングは別として，競争の脅威から逃れる唯一の方法とは，ライバル企業の生産施設 P か流通施設 D のいずれかを買収することであろう。これらの施設を入手できるようなコストは，新設戦略の下で新しく施設を建設するのにかかるコストと一致するものと想定される（ただし買収は，既述のように追加的な施設転換コストを発生させる）。

合弁事業

22. 合弁事業とは，2つの企業によって50％対50％で所有されるものである。生産施設 P または流通施設 D のいずれか，もしくは双方とも共有され得る。国際合弁事業が始められる場合，パートナーは常に現地のライバル企業であると想定される。もし生産施設 P と流通施設 D が共有されておれば，同じ IJV の両当事者の所有によるから，中間生産物の市場は

IJV 内に内部化されているということになる。IJV は新しい施設を要しない。現地企業に対して，参入企業が「買い入れ」しようとするものと考えられる。このことより，IJV での生産には，前述のように，適合コストが生じるわけである。新設の IJV をこのモデルに含めるのは簡単である。ただし，結果としてそれには複雑性がかなり増す。現地のライバル企業が IJV 用に自社の施設を利用に供してくれたりするので，IJV でも買収のときと同じように独占力を享受できる。

23. IJV が参入企業の完全所有活動の 1 つとつながりがある場合，関連する中間生産物市場は部分的ではあるが内部化されている。しかしながら，十分な信頼度がいったん形成されると，市場はあたかも完全内部市場であるかのように機能し得る。信頼形成関連コストとして，技術移転関連のそれを j_1 とし，マーケティングの専門知識関連を j_2 とし，そして中間生産物フロー関連を j_3 とする。

24. IJV 形態の流通施設 D 向けに供給する生産施設 P を参入企業とライバル企業の双方ともが持っていると，両社は独占価格を維持するために IJV を利用するが，そこへの供給をめぐって競争が展開されている。ライバル企業の生産施設 P からの競争があるために，参入企業は IJV に指し値で供給せざるを得ない。たとえ現実に IJV 自体に供給していないとしても，その IJV における自社保有株式を通じて，ライバルは独占レントの半分を得られる。もし参入企業とライバル企業の双方が IJV の生産施設 P をあてにした流通施設 D を所有しておれば，全生産物を取り扱うようなフランチャイズ権をめぐる競争を展開することで，独占価格を維持できる。こうなれば，IJV での出資額に応じてライバル企業との間で利潤を再び共有するために，IJV の生産物価格を吊り上げるよう参入企業に強いる。

25. 学習コストを m，適合コストを a，信頼形成コストを j_i とすると，$q_i (i=1, 2, 3)$ は所与の利子率 r で資金を借り入れ調達した場合の 1 回限りの開設コストである。対照的に，本国立地コスト・プレミアムを z とし，取引コストは各期に発生する反復コストである。

2.4 モデルの解法

戦略の規定

基本的アプローチは，考えられるすべての市場参入戦略を決めると同時に，各戦略の収益性を測定し，最も収益性の高い戦略を識別することである。戦略の次元は，以下の問題によって規定される。

1. どこに生産を立地させるのか。
2. 生産は参入企業によって所有されるのかどうか。
3. 流通は参入企業によって所有されるのかどうか。
4. 所有権は全面的に保持されるのか，IJV を通じて共有されるのか。
5. 所有権は新設投資か買収のいずれを通じて獲得されるのか。

最初の4つの問題が主要な12の市場参入戦略を決定づける。これら12の戦略は，表2.1の左側に記載され，図2.1に図解的に要約されている。これらの戦略のうち6つが，第5番目の問題によって違った変形が生じる。これらの変形は表2.1の右側に示されている。その変形の数値によって，研究開発活動 R から生産活動 P，およびマーケティング活動 M から流通活動 D への情報フローからなる連鎖と，生産施設 P から流通施設 D，および流通施設 D から最終需要への物的製品フローからなる連鎖が区別される。立地先は縦の行によって区別され，所有権は横の列によって区別される。また現地のライバル企業による所有権は黒塗りで識別される。参入企業が所有する施設は無色で表される。各々の特定の連鎖と関係する戦略は，図2.1の数1から12までで示される。

利益等式を導く

各参入戦略の各変形ごとに利益等式を導くには，図2.1の図解的説明に上記で与えられた仮定を適用するしかない。コストと収入といった確定要素は利益等式すべてに共通であり，これら2つからいくらの純益を得るかを求めるために，問題を単純化してみる。こうして，収益性を利益基準からの逸脱

の視点から表すことで，1組の簡潔な利益等式がつくられる。適切な基準とは，企業がすでに現地市場に熟知していて，現地にライバル企業が存在しないような理想的な条件の下で，戦略1を遂行する結果，生み出される利益である。利益基準とは，独占価格を付けた販売で得た収入から，新設による海外での生産コストと流通コストを差し引き，新設による海外工場への企業内技術移転コストを差し引き，さらに生産から流通への財の企業内移転コストを差し引いたものである。

各戦略の実際の利益をこうした基準と比較してみると，すべての戦略に何らかの追加的コストが発生している。その関連コストを表したものが，表2.2で示される。コストの記号 c の下の方に付いている数は，表2.1に列挙されている戦略とその変形の番号を意味している。右側の諸変数は，このモデルの仮定を紹介した際に説明した。開設コストは利子率で乗じられて，連続等式の中に1回限りのコストというように変換されている。

利益等式がどのように導き出せるかをみるために，戦略2を考えてみよう。戦略2では，生産への海外直接投資を伴い，販売はライバル企業によって行われる。この戦略には生産工場を買収するかしないかによって2つの変形がある。この戦略においては，技術が国際的な資源移転の唯一の対象となり，研究開発施設 R から生産施設 P への縦列の境界にまたがって移動がある。技術の移転が内部化されるのは，所有権の変更を伴なわないからである。所有権の変更が起こるのは，生産施設 P から流通施設 D への中間生産物のフローがその列の境界を通過するときにおいてのみである。流通施設 D から生産物が完全な海外市場に流通させられるときがそうである。生産物は流通施設 D から流れるように，外に向かうフローによって表され，海外市場全体に流通される。

この特殊な戦略の優位性には2つの面がある。この戦略は，参入企業内で技術移転を内部化するとともに，現地企業内でマーケティングの専門知識の移転を内部化する。しかしながら，こうした内部化が達成され得るのは，中間生産物を外部化することによってのみである。なぜなら，中間生産物フローは $c_{2.1}$ と $c_{2.2}$ の表示にみられる t_3 という取引コスト・プレミアムの項を

2.4 モデルの解法　57

表 2.1　12 の参入戦略とその変形

参照符号	タイプ	説明	変形
1.	通常の FDI	参入企業は海外生産施設や流通施設を所有する	1.1 両施設とも新設 1.2 両施設とも買収 1.3 生産は新設, 流通は買収 1.4 流通は新設, 生産は買収
2.	生産 FDI	参入企業は海外生産施設を所有するが, 独自の流通施設を利用する	2.1 生産は新設 2.2 生産は買収
3.	下請契約	参入企業は海外流通施設を所有するが, 独自の生産施設を利用する	3.1 流通は新設 3.2 流通は買収
4.	流通 FDI	参入企業は流通施設を所有するために輸出する	4.1 流通は新設 4.2 流通は買収
5.	輸出／フランチャイズ	参入企業は独立した流通施設へ輸出する	
6.	ライセンシング	参入企業は独立した統合企業へ技術を移転する	
7.	統合 JV	参入企業は共同で統合した一組の生産と流通の施設を所有する	
8.	生産 JV	参入企業は共同で海外生産施設を所有するが, 独立した流通施設を利用する	
9.	流通 JV	参入企業は共同所有の流通施設を所有するが, 独立した生産を下請契約する	
10.	輸出 JV	参入企業は共同所有の流通施設へ輸出する	
11.	FDI/JV の結合	参入企業は海外生産施設を所有し, 共同で海外流通施設を所有する	11.1 生産は新設 11.2 生産は買収
12.	JV/FDI の結合	参入企業は海外流通施設を所有し, 共同で海外生産施設を所有する	12.1 流通は新設 12.2 流通は買収

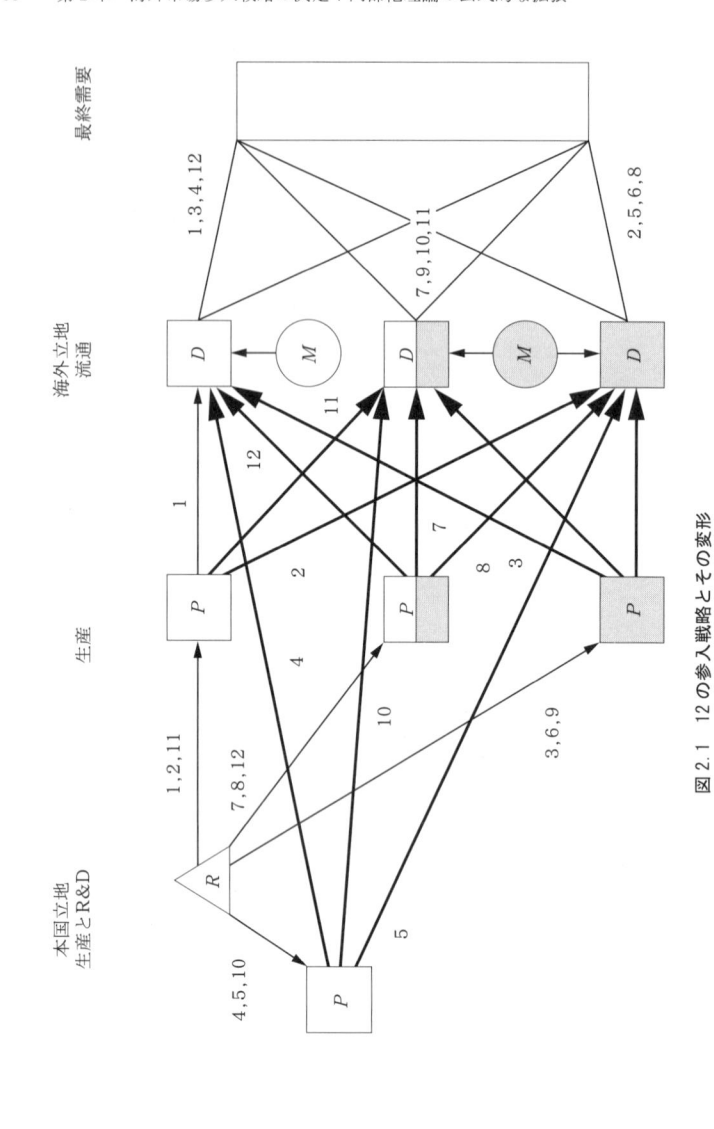

58　第2章　海外市場参入戦略の決定：内部化理論の公式的な拡張

図2.1　12の参入戦略とその変形

表 2.2 利益基準との比較による戦略のコスト

$c_{1.1}$	=					$+s$	$+rm$
$c_{1.2}$	=	rq_1	$+rq_2$		$+ra$		
$c_{1.3}$	=		rq_2	$+rq_3$			
$c_{1.4}$	=	rq_1		$+rq_3$	$+ra$		$+rm$
$c_{2.1}$	=			t_3		$+s$	
$c_{2.2}$	=	rq_1		$+t_3$	$+ra$		
$c_{3.1}$	=	t_1		$+t_3$	$+ra$	$+s$	$+rm$
$c_{3.2}$	=	t_1	$+rq_2$	$+t_3$	$+ra$		
$c_{4.1}$	$=z$					$+s$	$+rm$
$c_{4.2}$	$=z$		$+rq_2$	$+rq_3$			
c_5	$=z$			$+t_3$		$+s$	
c_6	=	t_2			$+ra$		
c_7	=	rj_1	$+rj_2$		$+ra$		
c_8	=	rj_1		$+rj_3$	$+ra$		
c_9	=	t_1	$+rj_2$	$+rj_3$	$+ra$		
c_{10}	$=z$		$+rj_2$	$+rj_3$		$+s/2$	
$c_{11.1}$	=		$+rj_2$	$+rj_3$		$+s/2$	
$c_{11.2}$	=	rq_1	$+rj_2$	$+rj_3$	$+ra$		
$c_{12.1}$	=	rj_1		$+rj_3$	$+ra$	$+s/2$	$+rm$
$c_{12.2}$	=	rj_1	$+rj_2$	$+rj_3$	$+ra$		

生成するからである。事実，これが両方の表示に唯一の共通な項なのである。残りの項はすべて，海外直接投資における新設と買収という方法の違いによって説明される。新設戦略では，既存工場を新技術のニーズに適合させていくコストaが関係しない。したがって，項raは$c_{2.2}$の表示には出てくるが，$c_{2.1}$の表示にはみられない。新設戦略はまた，技術の企業内移転が信頼の欠如によって迷うことなく実施されるという意味で解される。生産施設が新設ではなくて，買収によって獲得される場合に，信頼の欠如が生じるのである。それゆえ，企業内技術移転のときの信頼形成コストrq_1は，$c_{2.2}$ではみられるが，$c_{2.1}$には出てこない。買収戦略において，かかる信頼形成コストを相殺するだけの優位性とは，外国における全体的な生産能力を追加しなくて済むという点にある。実際，参入企業は単一の現地企業との競争に直面するから，ライバル企業の生産施設を買収する行為は，参入企業との競争にライバル企業が参加するのを未然に防ぐことになる。戦略2において，現地企業が流通を支配したままだとすれば，参入企業の工場を出荷源とするの

ではなくて,現地企業の生産工場を流通における出荷源とするのは,参入企業にとって脅威となるだろう。そこで,参入企業とすれば,現地のライバル企業との独占的フランチャイズ契約に調印することで,短期的には脅威を抑えられるかもしれないが,長期的にはこうした契約が満了するとともに脅威を再び目にするだろう。ライバル企業の施設の1つを買収してこそ,ようやく脅威を一気に取り払えるのである。このことより,新設戦略は買収戦略に比べて,収入sの喪失を生じるものと解される。

支配関係

　理論的にいうと,最低コストを実現する戦略が選ばれるであろう。いずれの戦略が選択されるかは,表2.2の右側にあるさまざまな変数の相対的重要度によって決まる。その解の一般的特性を理解する最も簡単な方法とは,まず他社によって明確に支配されているいかなる戦略をも削除し,次に大きなトレードオフに関係しているという条件で,残りの戦略を比較することである。

　戦略が支配的であるかどうかは,どのような制約が右側の変数にかかってくるかによる。これまで仮定によって示唆された制約は,$m, r, s, j_i, q_i, t_i > 0 (i=1, 2, 3)$ と $t_2 \geq t_1$ だけにすぎない。とりわけ,変数 a と z は符号的に制約を受けていない,これらの条件の下で,2つの戦略だけが支配的となる。すなわち,表2.2における下から2つの戦略である。

$$C_{12.1} > C_8; \quad C_{12.2} > C_8 \tag{2.1}$$

　これらの戦略は,IJV生産と完全所有の販売子会社を含むが,IJV生産に販売のフランチャイジングを組み合わせた戦略より劣る。こうして,参入企業がIJV生産のパートナーとなる場合,後になって生産物を流通させるために,買い戻す意義が見当たらないということが示される。いったん追加的な制限が課せられると,さらに支配関係が生じてくる。たとえば,本国生産の正味コストが正,すなわち $z > 0$ であるならば,輸出戦略はすべて新規投資の海外生産に匹敵した戦略によって支配を受けるから,以下のような関係が成り立つ。

$$C_{4.1} > C_{1.1}; \quad C_{4.2} > C_{1.3}; \quad C_5 > C_{2.1}; \quad C_{10} > C_{11.1} \tag{2.2}$$

このことは，立地先の効果がこの種のモデルにおいて内部化効果とは無関係であるという重要な点を明らかにする。

もし既存の生産施設に技術を適合させる正味コストが正，すなわち $a > 0$ であるならば，次のようになる。

$$C_{3.1} > C_{1.1} \tag{2.3}$$

(2.3)は，新設の流通施設にのみ投資を行うという戦略が，同様に新設の生産施設にまで投資を行うという戦略と比べて，効果的でないということを意味する。単純にいうと，既存工場を新技術に適合させる正味コストが正であるときには，下請契約生産はよいアイディアでない。

これまでは取引コストに対する制限を設けてこなかった。今外部市場の利用コストが買収後の内部市場での信頼形成コストを上回っていると想定しよう。このことは $t_1 > rq_1$ を意味するから，したがって以下のようになる。

$$C_{3.2} > C_{2.2}; \quad C_9 > C_{11.2} \tag{2.4}$$

最初の不等式は，流通施設の買収と連携している下請契約生産が生産施設の買収とつながったフランチャイジング流通よりもコスト高であることを示す。第二の不等式は，共同所有の流通施設と連携した下請契約生産の方が，共同所有の流通施設と結びつきのある生産施設を買収するよりもコスト高であることを表す。これらの結果は，技術市場における高い取引コストが買収後の信頼形成の容易さと結び合わさって，下請契約が推奨されず，その代わり買収が支持されるという事実の拠り所となる。

支配によって取引コストを削減していくというプロセスは，合弁事業内よりも買収後の方が信頼形成コストが低いという前提を立てる限り続いていく。すなわち，$q_i < j_i$ (i=1, 2, 3) である。このため当然のことながら，すべてというわけでないが，IJV 戦略の一部は削除されるから，次のようになる。

$$C_7 > C_{1.2}; \quad C_{11.1} > C_{1.3}; \quad C_{11.2} > C_{1.3} \tag{2.5}$$

IJV 型の流通施設を完全所有か共同所有のいずれかとなる生産施設と組み合わせるのは効率的でない。明らかなことに，信頼形成コストが IJV にお

いて比較的低いと考えられる場合，不等式は他の戦略方式に向きを変えさせるであろうし，3つの買収を基本とした戦略がIJVに代わり削除されるであろう。

支配的な関係を生むために使える手は，不等式に制約を設けることのほか，等式にも制約を用いることである。たとえば，買収後の信頼形成コストはどの内部市場においても同じ，すなわち $q_i = q$ （i=1, 2, 3）とするならば，次のようになる。

$$C_{1.4} > C_{1.2} > C_{1.3} \tag{2.6}$$

これは，流通が完全所有であるとき，生産施設を買収するのは効率的でないという意味を有する。すなわち，新設の生産を用いて，かつ流通を買収するのがより好ましいということである。加えて，IJV内の信頼形成コストもまた，すべての市場において同一であるという場合， $j_i = j$ （i=1, 2, 3）であるならば，次のようになる。

$$C_8 > C_{1.3} \tag{2.7}$$

生産をIJVで遂行してパートナー企業をフランチャイジーとして流通させるよりも，新設の生産を流通施設の買収と組み合わせる方がよい。

最後に，さらに2つの制約を考えてみよう。新設の流通施設経由で海外市場について学習するコストが，外部の中間生産物市場での取引コストを上回る，すなわち $rm > t_3$ と断定すれば，第一の制約が生まれ，次のようになる。

$$C_{1.1} > C_{2.1} \tag{2.8}$$

その結果，新設の生産を新設よりも買収による流通施設と組み合わせる方が安価である。

外部の中間生産物市場での取引コストが，買収に従って中間生産物市場で信頼を形成するコストを上回るものとしよう。そうすると， $t_3 > rq_3$ となるから，第二の制約が生まれ，以下の式が成り立つ（ただし，前出の制約から $q_1 = q_2$ を所与とする）。

$$C_{2.2} > C_{1.3} \tag{2.9}$$

その結果，生産を買収して流通をフランチャイジング方式にするよりは，

新設の生産と買収した流通の組合わせの方が安価である。

解決策の諸特性

これまでの削除の過程を経て，今後議論をしていくなかで独自の戦略として残せるのは，わずか3つに過ぎない．

- 1.3. 新設の生産と買収した流通との組合わせ
- 2.1. 新設の生産とフランチャイズ化された流通との組合わせ
- 6. ライセンシング

これらの戦略の選択は，6つの独自の変数，a, q, r, s, t_2, t_3 によって決まる．その解決策の選択条件は，以下の通りである．

1.3.　$q \leq (t_3+s)/2r$，なら　$((t_2/r)+a)/2$ 　　　　(2.10.1)

2.1.　$t_3+s \leq 2qr$，なら　t_2+ra 　　　　(2.10.2)

6.　$t_2+ra < 2qr$，なら　t_3+s 　　　　(2.10.3)

買収コスト q が低いときはいつでも戦略1.3が選択されるのがわかる．戦略1.3は3つの戦略のなかで唯一買収を伴うのであるから，これは当然といってよい．中間生産物の外部市場での取引コスト t_3 が低くて，かつ競争的な流通がもたらす独占利潤の喪失分 s が小さいときに，戦略2.1が選好される．戦略2.1は中間生産物の自由市場販売を伴う唯一の戦略であるし，現地企業の競争上の地位をそのまま残せるから，その戦略は理にかなっている．戦略6が選好されるのは，ある技術を供与する際にかかる取引コスト t_2，現地生産施設の適合コスト a が低い場合においてである．ライセンシングは既存の生産施設を利用するものであり，そのタイプは3つの戦略のうち1つしかないから，戦略6は理にかなっている．他の2つの戦略は，既存の生産施設ではなく，既存の流通施設だけを利用するものである．

一定の戦略の採択性向を導く

本章のモデルが持つ論理構造は，どの変数にも特定の戦略にかかるコストを増やすような変化があり，その変化がこれらの戦略の採択を抑制したり，当初の戦略を止めて代替戦略の採択を奨励する傾向を生むというところにあ

る。これらの代替戦略とは、コストが関係変数とは無関係であるような戦略である。実際に、利子率 r，競争コスト s とは別に、いくつかのコスト関数に入るすべての変数は、同じ方法で各々のコスト関数に組み入れられるのである。したがって、この種のいかなる変数に変化があったところで、それによってコストが変数と依存関係にある戦略間で、どのような切替えを誘発しようにも、それは不可能である。

とはいえ、r の場合、その影響が関係する特定のセットアップ・コストに応じて変わるし、違ったセットアップ・コストの相対的大きさが知られていない場合には、r がどの戦略を選択するかに及ぼす影響は決められない。r の増加は、セットアップ・コストがかからない他のいかなる戦略と対比しても、セットアップ・コストを伴う戦略の採択性向を下げる。セットアップ・コストが正となる戦略がそれに代わる最適戦略よりもセットアップ・コストで低ければ、r の増加はこの戦略の採択性向を高めるであろう。そのセットアップ・コストが最適代替案の当該コストと比べても低いので、r が高いときにこの戦略がより選択されやすい。

s の場合、その増加がもたらす影響としては、完全所有方式の新設流通施設にはマイナスに働き、流通の合弁事業を有利とするが、実はこれら双方の代償代わりに流通の買収とライセンシングに有利に作用する。したがって、合弁事業の流通戦略への正味の影響は、合弁事業に代わる最適案が新設流通であるのか、または買収、あるいはライセンシングになるのかにかかっている。

これら一般的な原理が既述の買収、フランチャイジング、ライセンシングといった戦略に対して持つ意味合いは、表2.3に要約されている。表2.3は、ある特定の変数の増加が他の2つの戦略に先行して当該戦略の採択性向を上げやすいのか、下げやすいのかを表している。疑問符は相対的なセットアップ・コストが特定化されない場合に、影響の方向性が知られていないという意味で使われている。この状況のなかで、買収後の相対的な信頼形成コスト q と、ライセンシーの生産工場への相対的な適合コスト a は、相対的なセットアップ・コストとして明示されている。もし $2q<a$ ならば、r の

増加は買収を支持し，ライセンシングを奨励しないだろう。その結果，r はライセンシングに対しマイナスの影響を与えるであろう。しかしながら，買収への影響は不確定のままであろう。というのも，ライセンシングと比べれば，買収は支持こそ集め，フランチャイジングと対比すると，買収は不利な扱いになるからである。それゆえ，影響の及ぶ方向はライセンシングかフランチャイジングのいずれかが買収に代わる最適案であるかどうかで決まってくる。もし $2q>a$ ならば，r の増加はライセンシングに有利となり，買収に不利となるであろうから，r の増加は買収にマイナスの影響をもたらすであろう。とはいえ，ライセンシングへの影響は不確定のままである。というのも，ライセンシングは買収よりも支持される傾向にあるが，フランチャイジングに比べたら支持されなくなるからである。

これらの原則が持つ幅広い示唆は，表2.4で要約されている。表2.4のなかで記された結果は，最も一般的な形態で市場参入問題にあてはまる。上記の支配関係を導き出すために用いられた追加的仮定は，今一方の側に設定されている。広範な仮説がこの表によってつくられている。それらを包括的に議論すると，その全容は1つの章では収まりきらない。かなり明らかになったものは，結果の一部に過ぎず，現存する文献のなかで直観的に出てくるものばかりである。また驚くような結果もある。モデルの単純化のためになされた特定の仮定の帰結として驚くような要素がいくつかのケースで生まれて

表2.3 3つの支配戦略の選択にかかわる説明変数の値の変化の比較静態的分析

番号	戦略	a	q	s	t_2	t_3	r
1.3	買収	+	−	+	+	+	?
2.1	フランチャイジング	+	+	−	+	−	+
6	ライセンシング	−	+	+	−	+	?

注：
- a　生産工場の適合コスト
- q　新たに買収した流通施設を通じたマーケティングの専門知識へのアクセスのための信頼構築コスト
- s　利益共有の共謀コスト
- t_2　ライセンシング技術によって被る追加的な取引コスト
- t_3　卸売製品の外部市場を利用する際に被る追加的な取引コスト
- r　利子率

表 2.4 それぞれの可能な参入方式の採択性向の説明変数の値の変化の効果に関する比較静態的分析

	a	j_1	j_2	j_3	m	q_1	q_2	q_3	r	s	t_1	t_2	t_3	z
1.1	+	+	+	+	−	+	+	+	+	−	+	+	+	+
1.2	−	+	+	+	+	−	−	+	?	+	+	+	+	+
1.3	+	+	+	+	+	+	−	−	?	+	+	+	+	+
1.4	−	+	+	+	−	−	+	−	?	+	+	+	+	+
2.1	+	+	+	+	+	+	+	+	+	+	+	+	−	+
2.2	−	+	+	+	+	−	+	+	?	+	+	+	+	+
3.1	+	+	+	+	−	+	+	+	?	+	+	+	−	+
3.2	+	+	+	+	+	+	−	+	?	+	+	+	+	+
4.1	+	+	+	+	−	+	+	+	+	+	+	+	+	−
4.2	+	+	+	+	+	+	−	−	?	+	+	+	+	+
5	+	+	+	+	+	+	+	+	+	+	+	+	+	+
6	+	+	+	+	+	+	+	+	?	+	+	+	−	+
7	−	−	−	+	+	+	+	+	?	+	+	+	+	+
8	−	−	+	−	+	+	+	+	?	+	+	+	+	+
9	−	+	−	−	+	+	+	+	?	+	−	+	+	+
10	+	+	−	−	+	+	+	+	?	?	+	+	+	−
11.1	+	+	+	−	+	+	+	+	?	?	+	+	+	+
11.2	−	+	−	−	+	−	+	+	?	+	+	+	+	+

注：
a　生産工場の適合コスト
j_1　生産合弁事業での技術移転のサポートのための信頼構築コスト
j_2　流通合弁事業を通じたマーケティングの専門知識へのアクセスのための信頼構築コスト
j_3　卸売製品のフローあるいは合弁事業からのフローのサポートのための信頼構築コスト
m　完全所有の流通施設を通じた市場にかかわる知識の獲得コスト
q_1　新たに買収した生産施設への技術移転のための信頼構築コスト
q_2　新たに買収した流通施設を通じたマーケティングの専門知識へのアクセスのための信頼構築コスト
q_3　卸売製品のフローあるいは新たに買収した施設からのフローのサポートのための信頼構築コスト
r　利子率
s　利益共有の共謀コスト
t_1　下請生産によって被る追加的な取引コスト
t_2　ライセンシング技術によって被る追加的な取引コスト
t_3　卸売製品の外部市場を利用する際に被る追加的な取引コスト
z　受入国市場での生産ではなく，輸出により海外市場に供給する正味の追加的なコスト

いる。それ以外で驚くべき要素とは，仮説自体が徹底的に考察すればもっともらしくみえても，直観で即座にはっきりといえる代物ではない，ということである。

2.5 結論に関する議論

比較的明白となった結論をいくつか挙げたら，次のようになる。
1. z の増加は，関税や輸送費が高いために生じる一方，国内生産から規模の経済性が失われたためにも生じるから，海外生産を奨励する。つまり，ライセンシングも完全所有生産も進めやすくなる。このことから，立地先効果と内部化効果とを区別することは，海外市場参入戦略を議論する場合にいつでも非常に明快さを維持できるので重要である。
2. a の増加は参入企業の技術が高度に特殊的であるのを反映し，買収とライセンシングに歯止めをかけ，新設による生産を推進しやすくする。
3. 信頼形成コスト q の増加は，買収の妨げとなり，新設型の投資か自由競争市場における契約締結のいずれかを進めやすくする。
4. 経験を通じた海外市場に関する学習コスト m が高いと，買収，ライセンシング，フランチャイジングが奨励され，下請契約とか流通への新設型の投資は進めにくい。
5. 中間生産物の取引コスト t_3 が高いと，生産と流通の垂直統合が奨励される。こうした垂直統合を達成するのは，生産にも流通にも投資している外国の参入企業とか，完全所有方式の流通施設向けに輸出している参入企業とか，垂直統合型の現地国内企業に技術を供与している参入企業のいずれかである。それはまた，垂直統合型の国際合弁事業の形成によっても達成可能となる。
6. 自由競争市場での技術移転にかかる取引コスト t_1 が高いと，下請契約のような市場での契約よりも海外直接投資の方が支持される。
7. 概して，下請契約は海外市場参入方式としてそれほど魅力的でない。現地国内のライバル企業のマーケティングの専門知識に接近できないからである。それはまた，現地国内のライバル企業を強大な競争地位にとどめておく。というのも，ライバル企業が契約を通して関与するのは短期的性格の類であり，ライバル企業の流通施設には少しも関与しないからである。

下請契約が頻繁に利用されるとすれば，海外市場参入に対する別の動機からであり，さらにオフショア加工のために安価な労働を求めるといったことに代表される。こうした動機は重要ではあるけれども，本章では論述されていない。ただし，これは国際ビジネスにおける制度的な契約を論じる際に，違った戦略動機を識別するのがいかに重要かを示してくれよう。

次に，興味深いが，それほど明白ではなかった結論は，次の3つである。

1. 多額の独占的レントの存在を，競争コスト s が高いという条件と結びつけていくと，現地国内のライバル企業の生産施設ないし流通施設のいずれかに参入企業が長期的なコントロールを行使できるような戦略が支持される。生産もしくは流通への新設型の投資に比べて，買収の方が支持される。また下請契約やフランチャイジングのような短期的な契約よりも，ライセンシングのような長期的な契約の方が好まれる。

2. 流通で合弁事業が有用な市場参入方式となるのは，経験を通じた学習コスト m が高いために，新設の流通が阻まれるケース，信頼形成コスト q_1 が高いために，流通施設の買収を思いとどまらせるケース，自由競争的な中間生産物市場でのコスト t_3 が高いために，フランチャイジングが適さないケース，自由競争市場での技術移転コスト t_2 が高くつくためにライセンシングを断念させてしまうケースである。しかしながら，生産の合弁事業については，合弁事業生産が流通も同様に取り扱うような統合化された合弁事業の一部をなす場合以外ならば，市場参入手段としてほとんど意味をなさない。

3. 一般的には，本章での分析によって，市場構造は新設型の投資と買収の選択における重大要素であるのが確かめられる。新規投資を通じた参入は，現地での生産能力を拡張させ，競争を激化させる。ところが，買収による参入はそういったことを引き起こさない。このことより，各国政府がなぜ自国内への新設型の投資の誘致競争を頻繁に繰り広げつつも，同時に自国内での買収を制限する姿勢をとるのかについて説明がつく。

2.6 結論と将来の研究へのインプリケーション

　本章でみたモデルは，仮定を修正すれば他の問題への問いかけにも簡単だという意味において，非常に柔軟性に富む。受入国のライバル企業2社と，同一市場に参入しようと相互に競争している参入企業2社を含むようモデルの拡張も可能である。このためには，複占から3社による寡占へと分析を拡張していく必要がある。第三のプレーヤーをモデルに入れると，競争の範囲が増すばかりか，新しい協力の機会も導入していける。このモデルは，参入企業が参入のタイミングを決定できるようになってこそ，より動態性を持つ——考察上とくに重要となるのは，中国とか東欧といった成長市場が関係する場合である。

　受入国政府は，このモデルのなかでは非常に受身的な役割でしか登場しない。受入国政府と参入企業との間の戦略的相互作用が導入できる。受入国政府はまた，現地での付加価値とか「雇用創出」にかかわった貢献と引き換えに，参入方式の選択に影響を及ぼす優遇税制措置を提供するかもしれない。

　受入国政府の交渉相手は現地子会社である。政治リスクは海外直接投資を抑制し，その代わり自由競争的な契約の利用を促進する。移転価格設定を通じたグローバルな税負担額の最小化可能性も考慮に入れられる。

　このモデルは，製造業だけではなく，サービス業への直接投資を考察するためにも拡張できる。それは生産に加えて，マーケティング活動と流通活動を導入して，サービス産業を分析するという方向へと既に大きく踏み出している。生産と流通の物的関係に関する仮定をさまざまな方向から修正することで，このモデルは広範なサービス産業に適用可能となる。

　そのモデル修正にも同様に細部にわたり多くの方法がある。複占的ライバル関係の分析は，バートランド（Bertrand）とクールノー（Cournot）の競争モデルを用いて精緻化されている（Gorg, 1998）。新設型の投資によるIJVの形成は，既述の買い入れ戦略を補ってからモデルとして導入され得る。最後に，受入国での生産に関する専門知識の役割を詳細にモデルに組み

入れるには,外国技術を現地の生産条件に適合させることを関数でより明示化するしかない。

＜参考文献＞

Agarwal, S. and S.N. Ramaswani (1992) 'Choice of foreign market entry mode: impact of ownership, location and internalisation factors', *Journal of International Business Studies*, 23, 1-27.

Anderson, E.M. and A.T. Coughlan (1987) 'International market entry and expansion via independent or integrated channels of distribution', *Journal of Marketing*, 51, 71-82.

Anderson, E.M. and H. Gatignon (1986) 'Modes of foreign entry: a transaction costs analysis and propositions', *Journal of International Business Studies*, 17, 1-26.

Bakema, H.G., J.H.J. Bell and J.M. Pennings (1996) 'Foreign entry, cultural barriers and learning', *Strategic Management Journal*, 17, 151-66.

Beamish, P.W. (1985) 'The characteristics of joint-ventures in developing and developed countries', *Columbia Journal of World Business*, 20, 13-20.

Beamish, P.W. (1987) 'Joint ventures in less developed countries: partner selection and performance', *Management International Review*, 27(1), 23-37.

Beamish, P.W. and J.C. Banks (1987) 'Equity joint ventures and the theory of the multinational enterprise', *Journal of International Business Studies*, 18, 1-15.

Beamish, P.W. and J.P. Killing (eds) (1997) *Cooperative Strategies* (3 vols), *North American Perspectives, European Perspectives, Asian Pacific Perspectives*, San Francisco: New Lexington Press.

Benito, G.R.G. and G. Gripsrud (1992) 'The expiation of foreign direct investments: discrete rational locational choices or a cultural learning process?', *Journal of International Business Studies*, 23, 461-76.

Blodgett, L.L. (1992) 'Factors in the instability of international joint ventures: an event history analysis', *Strategic Management Journal*, 13, 475-81.

Buckley, P.J. (1983) 'New theories of international business: some unresolved issues', in M. Casson (ed.), *The Growth of International Business*, London: Allen & Unwin, 34-50.

Buckley, P.J. and M. Casson (1976) *The Future of the Multinational Enterprise*, London: Macmillan.(清水隆雄訳『多国籍企業の将来』文眞堂, 1993 年)

Buckley, P.J. and M. Casson (1981) 'The optimal timing of a foreign direct investment', *Economic Journal*, 92(361), 75-87.

Buckley, P.J. and M. Casson (1988) 'A theory of cooperation in international business', in F.J. Contractor and P. Lorange (eds), *Cooperative Strategies in International Business*, Lexington, MA: Lexington Books.

Buckley, P.J. and M. Casson (1996) 'An economic model of international joint ventures', *Journal of International Business Studies*, 27(5), 849-76.

Buckley, P.J. and P.N. Ghauri (eds) (1993) *The Internationalization of the Firm*, London: Dryden Press.

Buckley, P.J. and R.D. Pearce (1979) 'Overseas production and exporting by the world's leading enterprises', *Journal of International Business Studies*, 10(1), 9-20.

Casson, M. (1985) 'Multinational monopolies and international cartels', in P.J. Buckley and M. Casson (eds), *The Economic Theory of the Multinational Enterprise*, London: Macmillan.

Casson, M. (1991) 'Internalisation theory and beyond', in P.J. Buckley (ed.), *New Horizons in International Business: Research Priorities for the 1990s*, Aldershot: Edward Elgar, 4-27.

Casson, M. (1994) 'Internationalization as a learning process: a model of corporate growth and geographical diversification', in V.N. Balasubramanyam and D. Sapsford (eds), *The Economics of International Investment*, Aldershot: Edward Elgar.

Caves, R.E. (1971) 'International corporations: the industrial economics of foreign direct investment', *Economica*, 38, 1-27.

Contractor, F.J. (1984), 'Choosing between direct investment and licensing: theoretical considerations and empirical tests', *Journal of International Business Studies*, 15(3), 167-88.

Contractor, F.J. (1990) 'Ownership patterns of US joint-ventures and liberalization of foreign government regulation in the 1980s: evidence from the Benchmark Surveys', *Journal of International Business Studies*, 21, 55-73.

Contractor, F.J. and P. Lorange (eds) (1988) *Cooperative Strategies in International Business*, Lexington, MA: Lexington Books.

Davidson, W.H. (1980) 'The location of foreign direct investment activity: country characteristics and experience effects', *Journal of International Business Studies*, 11(2), 9-22.

Dubin, M. (1975) 'Foreign Acquisitions and the Spread of the Multinational Firm', DBA Thesis, Graduate School of Business Administration, Harvard University.

Dunning, J.H. (1980) 'The location of foreign direct investment activity, country characteristics and experience effects', *Journal of International Business Studies*, 11, 9-22.

Flowers, E.B. (1976) 'Oligopolistic reaction in European and Canadian direct investment in the United States', *Journal of International Business Studies*, 7, 43-55.

Franko, L.G. (1971) *Joint Venture Survival in Multinational Corporations*, New York: Praeger.

Geringer, J.M. (1991) 'Strategic determinants of partner selection criteria in international joint ventures', *Journal of International Business Studies*, 22(1), 41-62.

Geringer, J.M. and L. Hebert (1991) 'Measuring performance of international joint ventures', *Journal of International Business Studies*, 22(2), 249-63.

Gomes-Casseres, B. (1987) 'Joint venture instability: is it a problem?', *Columbia Journal of World Business*, 22(2), 97-107.

Gomes-Casseres, B. (1991) 'Firm ownership preferences and host government restrictions', *Journal of International Business Studies*, 21, 1-22.

Gorg, H. (1998) 'Analysing foreign market entry: the choice between Greenfield investments and acquisitions', Trinity College, Dublin Technical Paper 98/1.

Graham, E.M. (1978) 'Transatlantic investment by multinational firms: a rivalristic phenomenon', *Journal of Post-Keynesian Economics*, 1, 82-99.

Graham, E.M. (1992) 'The theory of the firm', in P.J. Buckley (ed.), *New Directions in International Business*, Cheltenham: Edward Elgar.

Gulati, R. (1995) 'Does familiarity breed trust? The implications of repeated ties for contractual choices in alliances', *Academy of Management Journal*, 28(1), 85-112.

Hallen, L. and F. Wiedersheim-Paul (1979) 'Psychic distance and buyer-seller interaction', *Organisasjon, Marknad och Samhalle*, 16(5), 308-24. Reprinted in P.J. Buckley and P.N. Ghauri (eds) (1993), *The Internationalization of the Firm*, London: Dryden Press.

Harrigan, K.R. (1988a) 'Joint ventures and competitive strategy', *Strategic Management Journal*, 9, 141-58.

Harrigan, K.R. (1988b) 'Strategic alliances and partner asymmetries', in F.J. Contractor and P. Lorange (eds), *Cooperative Strategies in International Business*, Lexington, MA: Lexington Books.

Hennart, J.-F. (1982) *A Theory of Multinational Enterprise*, Ann Arbor: University of Michigan Press.

Hennart, J.-F. (1988) 'A transaction costs theory of equity joint ventures', *Strategic Management Journal*, 9, 361-74.

Hennart, J.-F. and Y.-R. Park (1993) 'Greenfield vs acquisition: the strategy of Japanese investors in the United States', *Management Science*, 39, 1054-70.

Hennart, J.-F. and Y.-R. Park (1994) 'Location, governance and strategic determinants of Japanese manufacturing investment in the United States', *Strategic Management Journal*, 15(6), 419-36.

Hill, C.W.L., P. Hwang and C.W. Kin (1990) 'An eclectic theory of the choice of international entry mode', *Strategic Management journal*, 11, 117-28.

Hirsh, S. (1976) 'An international trade and investment theory of the firm', *Oxford Economic Papers*, 28, 258-70.

Hofstede, G. (1980) *Culture's Consequences: International Differences in Work-related Values*, Beverly Hills, CA: Sage. (万成博・安藤文四郎監訳『経営文化の国際比較：多国籍企業の中の国民性』産業能率大学出版部，1984年)

Horst, T.D. (1972) 'Firm and industry determinants of the decision to investment abroad: an empirical study', *Review of Economics and Statistics*, 54, 258-66.

Hymer, S.H. (1976) 'The International Operations of National Firms: A Study of Direct Foreign Investment', (unpubl. 1960 PhD thesis), Cambridge, MA: MIT Press. (宮崎義一編訳『多国籍企業論』岩波書店，1979年)

Inkpen, A.C. and J. Birkinshaw (1994) 'International joint ventures and performance: an interorganizational perspective', *International Business Review* 3(3), 201-17.

Johanson, J. and J.-E. Vahlne (1977) 'The internationalization process of the firm—a model of knowledge development and increasing foreign market commitments', *Journal of International Business Studies*, 8(1), 23-32.

Johanson, J. and F. Wiedersheim-Paul (1975) 'The internationalization of the firm—four Swedish cases', *Journal of Management Studies*, 12, 305-22.

Killing, J.P. (1983) *Strategies for Joint Ventures*, New York: Praeger.

Kim, W.C. and P. Hwang (1992) 'Global strategy and multinational's entry mode choice', *Journal of International Business Studies*, 23, 29-53.

Kindleberger, C.P. (1969) *American Business Abroad*, New Haven: Yale University Press. (小沼敏監訳『国際化経済の論理』ぺりかん社，1970年)

Knickerbocker, F.T. (1973) *Oligopolistic Reaction and Multinational Enterprise*, Boston, MA: Harvard University Press. (藤田忠訳『多国籍企業の経済成長』東洋経済新報社, 1978 年)
Kogut, B. (1988) 'Joint ventures: theoretical and empirical perspectives', *Strategic Management Journal*, 9, 319-32.
Kogut, B. (1989) 'The stability of joint ventures: reciprocity and competitive rivalry', *Journal of Industrial Economics*, 38(2), 183-98.
Kogut, B. and H. Singh (1987) 'Entering the United States by joint venture: industry structure and competitive rivalry' in F.J. Contractor and P. Lorange (eds) (1988), *Cooperative Strategies in International Business*, Lexington, MA: Lexington Books.
Kogut, B. and H. Sigh (1988) 'The effect of national culture on the choice of entry mode', *Journal of International Business Studies*, 19(3), 411-32.
Kogut, B. and U. Zander (1992) 'Knowledge of the firm, combinative capabilities and the replication of technology', *Organization Science*, 3, 383-97.
Kogut, B. and U. Zander (1993) 'Knowledge of the firm and the evolutionary theory of the multinational corporation', *Journal of the International Business Studies*, 24, 625-45.
Meyer, K.E.E. (1997) 'Determinants of Direct Foreign Investment in Transition Economies in Central and Eastern Europe, PhD thesis', University of London.
Nitsch, D., P. Beamish and S. Makino (1996) 'Entry mode and performance of Japanese FDI in Western Europe', *Management International Review*, 36, 27-43.
Penrose, E. (1959) *The Theory of the Growth of the Firm*, Oxford: Basil Blackwell. (末松玄六訳『会社成長の理論』ダイヤモンド社, 1980 年)
Prahalad, C.K. and G. Hamel (1990) 'The core competence and the corporation', *Harvard Business Review*, May, 71-91.
Root, F.R. (1987) *Entry strategies for International Markets*, Lexington, MA: Lexington Books.
Rugman, A.M. (1981) *Inside the Multinationals: The Economics of Internal Markets*, London: Croom Helm. (江夏健一他訳『多国籍企業と内部化理論』ミネルヴァ書房, 1983 年)
Shane, S. (1994) 'The effect of national culture on the choice between licensing and direct investment', *Strategic Management Journal*, 15, 627-42.
Stopford, J.M. and L.T. Wells, Jr (1972) *Managing the Multinational Enterprise: Organization of the Firm and Ownership of Subsidiaries*, London: Longman. (山崎清訳『多国籍企業の組織と所有政策：グローバル構造を超えて』ダイヤモンド社, 1976 年)
Svensson, R. (1996) *Foreign Activities of Swedish Multinational Corporations*, Uppsala: Department of Economics, Uppsala University, Economic Studies 25.
Tirole, J. (1988) *The Theory of Industrial Organization*, Cambridge, MA: MIT Press.
Vernon, R. (1966) 'International investment and international trade in the product cycle', *Quarterly Journal of Economics*, 80, 190-207, Reprinted in P.J. Buckley and P.N. Ghauri (eds) (1993), *The Internationalization of the Firm*, London: Dryden Press.
Wilson, B. (1980) 'The propensity of multinational companies to expand through acquisitions', *Journal of International Business Studies*, 12(2), 59-65.
Woodcock, C.P., P. Beamish and S. Makino (1994) 'Ownership-based entry mode strategies and international performance', *Journal of International Business Studies*, 25, 253-73.
Yip, G. (1982) 'Diversification entry: internal development versus acquisition', *Strategic Management Journal*, 3, 331-45.

Young, S., J. Hamill, C. Wheeler and J.R. Davies (1989) *International Market Entry and Development*, Hemel Hempstead: Harvester Wheatsheaf.

Yu, C.-M. and K. Ito (1988) 'Oligopolistic reaction and foreign direct investment: the case of the US tyre and textiles industries', *Journal of International Business Studies*, 19, 449–60.

Zejan, M.C. (1990) 'New ventures or acquisitions: the choice of Swedish multinational enterprise', *Journal of Industrial Economics*, 38, 349–55.

(藤沢 武史)

第3章 企業の境界：
グローバル・システムのパースペクティブ

3.1 イントロダクション

　本章では幅広くシステムを捉えた，いわばシステム・ワイドなパースペクティブから企業の境界を分析する。そして，前章で取り上げた問題の一部の再検討も行う。これまでの分析をシステム・アプローチに位置づけることで，新たな仮説を生み出すことが可能である。前章では分析単位は個々の企業であった。本章での分析単位はグローバル経済である。この分析によって，所与の企業の境界がどこに描かれるのかという点だけではなく，企業がいくつ存在するのか，およびそれら企業の境界は互いにどこで接するのか，という点も予測することができるであろう。

　国際ビジネス研究では「グローバリゼーション」に関して多くの言及がなされているにもかかわらず，グローバル経済の経済的構造に関する一貫した説明をみつけるのは困難である。国際ビジネス研究者が公式モデルを用いようとするとき，国際貿易に関する標準的な経済理論を引用する傾向がある。すなわち，ヘクシャー＝オリーンの理論，ストルパー＝サミュエルソンの定理といった要素代替の理論（たとえば Kemp, 1964 を参照）とか，輸送コストや規模に関する収穫逓増にもとづく戦略的貿易政策の理論（Helpman and Krugman, 1985）などである。しかし，こうした理論は企業ではなく，産業に焦点を当てているというのはよく知られたところである。MNEをシステムとして捉えるためには，グローバル経済を産業レベルから個々の生産施設レベルにまで分解する必要があるのである。

　本章では，グローバル経済を製品フローと知識フローの複雑なネットワー

クによって連結された諸々の施設の集合体と捉える。連結される施設にはさまざまなタイプがある。まず，たとえば生産，マーケティング，R&Dといった職能によって異なる。また，施設が位置し得る場所にもさまざまな可能性がある。個々の活動は単一の立地に集中するかもしれないし，各地に分布するかもしれない。施設のタイプによっても，魅力となる場所は異なってくる。立地のパターンが異なれば，製品フローと知識フローの地理的パターンも異なるのである。

　グローバル・システムは調整される必要がある。その調整のために利用できる制度的取り決めにはさまざまなものが存在する。たとえば，企業，市場，社会ネットワーク，国家がそうである。最も単純な内部化理論では，その焦点は企業か市場かの選択にあるが，本章ではこうした特定の選択について検討する。

　1企業は，複数の施設を所有・統制するかもしれない。2つの施設が異なる企業によって統制され，かつ2つの施設の間にリンケージがある場合，各企業はそれぞれの意思決定を調整するために交渉や契約を履行しなければならない。この場合，そのリンケージは外部市場の力によって調整される。他方，2つの施設が同一企業によって統制される場合，その施設間のリンケージは，外部市場に代わって経営者によって内部で調整されることになる。もしその2つの施設が異なる国に位置するなら，その内部統制が多国籍企業を創出する。別のやり方なら，一国内に複数の施設を持つ企業ができあがる。

　グローバル経済を調整して動かすことができる企業と市場の組み合わせは，無数に存在する。その一方の極には，単一企業が全世界を調整し動かすという形態がある。つまり，その企業はすべての施設を所有し，施設間のすべてのリンケージを内部で調整し動かすのである。もう一方の極には，すべての施設が異なる企業によって所有されるという形態がある。この両極の間には，異なる企業が活動の異なるグループを統制するさまざまな形態があるであろう。しかし，異なる企業はどの程度存在し，またそうした企業はどのような活動を行うグループを統制できるのであろうか。

　この問題は以前から何度も一般的な用語を用いて取り上げられてきた。た

とえば，ロバートソン（Robertson, 1923）やコース（Coase, 1937）がそれにあてはまる。しかし興味深いことに，それに関して体系的かつ完全に言及する試みはまだまったくなされていない。その理由はおそらく問題があまりに複雑すぎると考える人がほとんどだからであろう。分析のほとんどすべては単一企業に焦点を当てており，企業が埋め込まれたシステムの構造から生じる異なる企業間の相互依存性を無視している。

　グローバル経済の形成には，2つの主要次元がある。すなわち，立地と所有である。前述した調整問題を完全に解決するには，施設の立地と施設の所有を同時に決定する必要がある。施設の立地と所有，さらにそれにかかわるリンケージのパターンの間には対応関係がみられる。施設の立地によってリンケージの地理的パターンが決まる一方で，施設の所有によって各リンケージが企業にとって内部にあるのか外部にあるのかが決まるのである。

　調整問題は，まず施設の立地と所有に焦点を置き，そこからリンケージのパターンを推論するか，もしくはリンケージのパターンに焦点を置き，そこから施設の立地と所有を推論することによって，解決できるであろう。本章では，後者のアプローチにもとづく公式の解決策を提示する。それによって，この問題がみた目ほど複雑でないことを明らかにできる。また，前提を単純化するという賢明な選択を行うことで，論理的にきわめて明確であり，かつきわめてまっすぐに筋の通った解決策を提示する定式を生み出すことができる。この選択されたアプローチのなかには，問題解決のための選択肢はまだまだ存在する。それについては，本章の後半部分で詳細に述べることにしよう。

　本章の構成は以下の通りである。モデルを提示する前に，システム的なパースペクティブの歴史的進化についてレビューする。このレビュー（3.2節～3.4節）によって，公式モデルが創出されるきっかけがつくられる。なお公式モデルは，3.5節～3.10節で論じられる。その応用と拡張については3.11節と3.12節で議論し，3.13節で結論を述べる。

3.2 システム・ワイドなパースペクティブの歴史的背景

　現代における企業の理論のほとんどは基本的な分析単位として，産業ないしは経済全体ではなく，企業そのものを捉えている．最近の関心は，企業内部で何が起こっているのかに集中している．これは企業を「ブラック・ボックス」としてモデル化した伝統的な新古典派理論に対する反動である．また今日，企業特殊的優位（すなわち能力）についても大きな注目が集まっている．その結果，「代表的企業（representative firm）」という新古典派理論の概念は否定された．新古典派理論が代表的企業の個性や性質についてあまり重視していないからである．

　しかし，新古典派アプローチに対するこの反動はあまりに前面に押し出されたかもしれない．新古典派アプローチの重要な利点の1つは，企業が活動するより広範な意味での経済的環境に注目している点にある．新古典派の産業組織論が企業のライバルに注意を向けさせる一方，一般均衡理論は異なる産業で企業を結びつける補完性と代替可能性に焦点を当てている．

　世界経済が引き続き「グローバル化」していることを鑑みれば，企業に関するより広範なパースペクティブを取り込む必要性はとくに大きい．世界経済のグローバル化は，代表的企業の環境の激変を生み出す．最近，企業の境界が変化しているのは，こうした外部環境の変化に対する合理的な対応として最もよく理解されている．したがって，企業の理論を満足できるものにするためには，企業自体の構造と，それが部分をなすグローバル経済システムの構造の双方を包括する必要がある．

　本章で論じられるシステム・ワイドなパースペクティブは，新しいものではない．それは明らかにコース（Coase, 1937）によって示唆された．コースがその論文を書いた当時，「計画対価格」の問題に関する論争が巻き起っていた．社会主義は中央による計画と同一視され，資本主義は価格を用いて意思決定を分権化した市場システムと同一視された．経済システムに関するある学派は，社会主義的な計画当局は，市場システムの価格を模倣すること

によって，いわゆる「シャドー・プライス (shadow price)」を活用できると論じた。シャドー・プライスは機会費用の基準として市場価格よりも正確であろう。なぜなら，独占による歪みが取り除かれ，外部性は補われるからである。これに反対する学派は，次のように論じた。中央計画当局は，シャドー・プライスの算定に必要な情報の重みに圧倒されるために，シャドー・プライスを算定できないだろうと (Hayek, 1935)。この学派はまた，官僚が自らの目的のために，自らの統制の下で情報を歪めるだろうとも示唆している。人間の邪悪さという根本的な問題が異なる形で再び主張されている。その問題は国家の独占力に起因する競争秩序の欠如ゆえに，中央計画経済の下ではチェックするのは困難であろう。

コースの洞察は，計画と価格の間の選択は，イデオロギー的論争が想定するほどには厳格なものではないということであった。計画単位を市場システムに埋め込むことによって，計画と価格の双方のベネフィットを結びつけることができる。実際，資本家的企業は絶えずこの計画機能を遂行してきた。そのような企業は，さもなければ市場システムを通じて決定されるような資源配分を，権限を通じて調整するマネジャーを雇用する。

コースは次のように述べている。「次の点は容易に理解されよう。それは，国家が産業の統制を行うようになると，産業の計画化を通じて，かつては価格メカニズムによってなされていた事柄を国家が行っているのだという点である。これに対して，通常理解されていないのは，いかなる実業家も自らの企業の各部署間の関係を組織化することによって，価格メカニズムを通じて組織化できたはずの事柄を自ら行っているのだ，という点である (Coase, 1937, p.389)」

それゆえ，計画と価格は経済システムの異なる部分を調整するために，各々の比較優位に従って結びつけることができる。企業は計画システムを制度化し，市場は価格システムを制度化するのである。こうして，企業と市場の境界は，資源配分の2つのシステムの接点となる。そこでは各システムの優位は等しくなる。

境界がどこに存在すべきかを決めるのは，誰であろうか。2つの可能性が

ある。市場が計画システムに埋め込まれるか，もしくは計画が市場システムに埋め込まれるかである。この取り決めはまったく異なるインプリケーションを持っている。

　市場が計画システムに埋め込まれる場合，計画当局は市場が存在すべき場所を決定し，また市場が運営されるルールを設定する。これによって，異なる部門間で相互に移転価格で取引する分権化された組織が社内に広まるという状況となる。分権化の度合いについては，種々に考えられ得る。社内価格は，社内の中央計画部門によって決定されるかもしれないし，部門長同士によって直接交渉がなされるかもしれない。後者の場合，伝統的な市場プロセスにより近い取り決めがなされることになる。

　もう1つの可能性——計画が市場システムに埋め込まれる場合——は，コースによって想定された状況である。市場システムでは，企業の境界の場所を決めるのは民間の企業家である。より具体的にいうと，企業家は多様な資源の集合を共通の所有・統制の下に置くことによって企業を創設する。これら資源を得るために，通常企業家は資金を借り入れる必要がある。こうした資金は，投資家がその資金が適切に活用されると考えれば，すぐに用意されるであろう。資金が適切に活用されることには，境界が適切な位置にあるような企業を創設することが前提になる。もし企業の境界が適さない位置にあるとみなされれば，投資家は自らの資金を回収するか，その企業の株式を他企業に売却するであろう。その結果，その企業は買収され，境界は適切な位置に置かれるであろう。このプロセスは撤退，マネジメント・バイ・イン (management-buy-in)，マネジメント・バイ・アウト (management-buy-out)，あるいは買収を通じてなされるかもしれない。

　このプロセスは利潤を追求する企業家によって促進される。こうした企業家は，さらなる効率を追求するために，企業の境界を再構成する手法を常に探索している。彼らは企業が所有する他の資産と適合しない資産を売却するかもしれないし，現存する資産を補完する資産があれば買収するかもしれない。新企業を創立することもあれば，現存する企業を買収することもある。また時には，単に資産を切り離す (asset-stripping) ために，企業を取得，

あるいは損失を生み出している事業を中止することもある。

　個々の企業家は，個々の企業ができる限り利益をあげるように運営しようとする。つまり，経営陣から権限が委譲された場合，個々のマネジャーは所有者に代わって利益を最大化する「インセンティブ」を与えられるということになる。もしマネジャーが利益を最大化させなければ，クビになるだろう。それゆえに，競争することが全体としての利益の最大化を導くと考えられよう。言い換えれば，グローバル・システムはグローバルな利益を最大化するよう駆り立てられる。

　しかしこの結論は，製品市場における競争の役割を無視している。製品市場での競争によって，平均を超過する利益はなくなってしまう。短期的には競争は値下げを促進する。また長期的には，独占企業の技術や製品を模倣・改善する新規参入者によって，独占が弱まる。大企業間での共謀が非常に強いと，企業はシステム全体で利益を最大化できると主張するのは，マルクス主義者だけである。

　しかし，この主張をもっと満足できる形に言い直すことができる。この主張を言い直すにあたり，1つの重大な修正が存在する。すなわち，競争状態が固定されたものとしてみなすべきであるというものである。実際，製品市場における競争状態がいかなる場合であっても，市場内の資本や経営者をめぐる競争によって，システム全体の利潤が最大化される傾向が生み出されるのである。どんな企業でも利潤を最大化する必要条件とは，製品市場での競争状態に左右されるものの，いかなる所与のレベルのアウトプットでも最小コストで生産されるというものである。もしアウトプットが最小コストで生産されなければ，必ずや利潤を増加させるコスト削減の変化が生じる。このことは，システム全体としては，いかなるアウトプットでも最小コストで生産される，ということを示唆している。言い換えれば，グローバル・システムではいかなるアウトプットの生産でも，それにかかわるグローバル・コストが最小化される傾向がみられるのである。

　企業によって実行されるコスト削減の変化は，生産方法の変化を伴うかもしれない。しかし，同様にまた，それは立地の変化を伴うかもしれないし，

あるいは企業の境界の変化を意味するかもしれない。その結果，システム全体のコスト最小化の原理が，生産の立地と企業の境界の双方を決定することになる。グローバル経済のアウトプット・ミックスを所与とすれば，施設の立地や企業の境界は，システム全体のコストが最小となるという原理から予測されうるのである。

したがって，個々の企業がそれぞれ最適化するだけではなく，経済内部の企業群もまた最適化されるのである。「競争的システムには，『最適』な量の計画化が存在するのである！」(Coase, 1937, p.389, 注.3)。システムの総コストを最小化するのに失敗しても，それによって，俊敏な企業家が矯正をはかるために介入し，システムのどこかで利潤の機会が創出されるであろう (Kirzner, 1973)。

3.3 一層の検討

もちろん実際には，この企業家システムは完璧に機能することはあり得ない。とはいえ，その欠点にもかかわらず，他のいかなる代替システムよりもうまく機能すると，市場システムの支持者は述べている。しかし，システム全体のコスト最小化を促す市場とは，多くの著者が誤って焦点を当てている製品市場ではなく，資本市場と経営者の市場であるということは明記する価値があるだろう。事業計画を実現できるのがどの企業家であり，実現できないのがどの企業家であるのかを決めるのは，資金面での競争と経営能力面での競争なのである。資本市場は異なる計画単位，すなわち企業の間で資金を分配する。そして企業はそれぞれ製品市場システム内に自らの境界を引く。経営者の市場は，企業が求める経営能力に従って異なる企業間で経営能力を分配する。それは，経営者が解決しなければならない内部の調整問題の複雑さを反映している。

ある企業内で完全に内部化される製品市場がある。とくに，コンポーネントや準加工財を扱う中間財市場はそうである。他方，部分的に内部化される製品市場もある。そこでは企業は社内で使用するコンポーネントを製造し，

かつ同じコンポーネントを他企業にも供給する。したがって製品市場は，市場システム支持者の多くが認識しようとしているよりもはるかに「計画的」である。グローバル経済のなかでは，こうした兆候のうち明らかなのが，企業内国際貿易が高水準にあるということである。

しかし同様に，すべての企業が完全に計画単位であると想定するのは誤りであり，前述したように，企業はその内部に市場サブシステムを含んでいるかもしれない。中間財がさまざまな生産工場でつくられ（複数からのソーシング），さまざまな組立工場で用いられる場合（複数のユーザー），サブシステムはとくに多くみられる。ちょうど企業が市場システム内にみられるのと同様に，市場も企業内にみられるのである。

さらに進もう。企業の内部市場は通常子会社間の貿易を伴い，またその各子会社は独立企業とみなすことができる。実際，子会社は法的には独立企業である。それゆえに，企業の内部市場のなかに別の企業を発見する。こうした企業は，小規模かもしれないが，親会社と類似しているかもしれない。このプロセスをさらに繰り返すことが可能である。というのも，一部の子会社内部に現地市場も存在するかもしれないからである。それゆえに，経済は企業と市場の入れ子型システムから成っているのである。資本主義システムの特徴は，市場が企業内部にあるのではなく，企業が市場内部にあるというものである。これに対して，シャドー・プライスにもとづいた社会主義システムの特徴は，市場は企業内部にあり，かつ企業は国家でもあるということである。それゆえに双方のシステムは，通常想定されているよりも折衷的なものである。また双方は，単一の制度形態に依存しているのではなく，もう一方の制度形態を取り込むことによって柔軟性を生み出している。しかし資本主義が，企業の境界がどこに引かれるのかを決めるために民間企業家に依存しているのに対し，社会主義は国家に雇用された計画者に依存している。国家は，企業家能力を持った人々を計画者として活動させるために雇用するだろう。しかし，計画者間の意見の相違は，資本主義システムのように資本競争によって解決されるのではなく，国家元首が行使する権威にもとづくのである。

3.4 システム的視点の再考

　計画か価格かに関する論争は，1930年代にその極みを迎えた。その頃は，高関税と自給自足への国家の願望が国際貿易を阻んでいたときであった。海外直接投資は高い政治リスクによって妨げられていた。したがって，その論争は閉鎖的な国家経済という状況下でなされたものであった。しかし今日，貿易や資本移動は自由化されてきているので，国家経済ではなく，グローバル経済を分析の基本単位として捉えるのがより適切である。また，知識フローの戦略的重要性を認識することも重要である。こうした事柄は，30年代の論争ではほとんど表れなかった。したがって，システム的視点を見直し，公式なものとするにあたっては，通常の製品フローだけでなく，知識フローの調整をも含めなければならない。

　この見直されたモデルは，特別なケースとしてバックレーとカソン（Buckley and Casson, 1976）の多国籍企業のモデルを含んでいる。これはまったく偶然ではない。バックレーとカソンのモデルは，以下のようなシステム的視点にもとづいているからである。

　「……現代の企業は，財とサービスのルーティン的な生産以外の活動を多く行っている。とくに重要なのは，マーケティング，R&D，労働者の教育・訓練，マネジメント・チームの構築，資金調達，金融資産のマネジメントなどである。こうした事業活動のすべては相互依存しており，中間財のフローと関連している。中間財とは，産業間で取引される通常の準加工品であることもあるが，特許，人的資本などに体化された知識・専門知識の形をとることの方が多い。事業活動を効率的に調整するためには，完全な中間財市場群があることが必要となる。しかし，ある種の中間財市場を組織するのは困難である。そこで，中間財市場の組織化を改善させる試みによって，企業組織に急激な変化が生じ，その一面が多国籍企業の成長である，というのがわれわれの主張である（p.33）。」

　ここで示されたモデルは，バックレーとカソンが展開した世界経済観を表

現している（この後の精緻化されたモデルについては，Casson, 1990, 1992を参照）。バックレーとカソンが最初にその著書を書いた当時，内部化理論のその後の発展は本章で述べた道筋をたどるだろうというのが，彼らの予想であった。しかし，この判断は間違ったものであることがわかった。事実，内部化という概念は，コースによって与えられた一般性を瞬時に失ってしまった。そのシステム的視点の洞察は失われ，その概念はより具体的な形で応用されたのであった。

　このことは，部分的には，ウイリアムソン（Williamson, 1975）とダニング（Dunning, 1977）の影響によるものである。ウイリアムソンは生産の垂直統合に分析を絞り，その後分析の焦点を戦略的な「ホールド・アップ問題（hold-up problem）」へとさらに狭めた（Klein, Crawford and Alchian, 1978; Williamson, 1985）。ウイリアムソンの分析は，主に一国内のものであり，また知識フローではなく，モノのフローの調整に焦点が当てられている。ダニングの観点は，彼が国際的視点をとっている点で，より広く，また知識フローに焦点を当てている。しかし，ダニングの観点は別の意味においては狭い。つまりダニングは当初，企業特殊的優位がライセンシングできるのかできないのかという問題だけにその理論を適用した。ダニングは，生産の垂直統合の問題を軽視したのであった。それは，後の著作で（たとえばDunning, 1983），「資源追求型投資」に対するその重要性について考慮せざるを得なくなるまで続いた。

　このように内部化理論は，それが当然埋め込まれている経済のシステム観から切り離された。内部化理論は，単一企業というコンテクストで特定の「境界」問題を扱う特別な理論という地位に追いやられてしまった。内部化論者は，コストを犠牲にして内部化のベネフィットを強調し始めた。その結果，彼らは垂直統合や海外直接投資に関して，一部の批判者に対する単なる弁明者になってしまったようである。しかし，そのシステム観はバランスがとれた内部化の見方をすることの重要性を強調している。内部化のベネフィットだけではなく，コストも認識することが必要である。というのも，企業が埋め込まれている外部市場システムのベネフィットを説明するのは，

そのコストだからである。

3.5 モデルの概要

方法論

不連続選択モデル (discrete choice model) は，多国籍企業の戦略の多くの側面に有用であるため，システム・ワイドな行動を分析するのに非常に適した手法を提供してくれる。不連続選択モデルの連続モデルに対する大きな優位性は，予想される可能性を列挙し，順番にそのそれぞれを評価し，最善のものを選択することによって，1つの解決策が常に発見できるという点である。しかし，システムの次元が増加すると，この手法による解決策を発見する効率性は急激に低下する。それは「組み合わせ爆発 (combinatorial explosion)」，つまりシステムの次元が増加するにつれて，戦略の異なる並び替えの数が急激に増加するためである (Casson and Wadeson, 1996)。このことは，他の解決策にいつも支配されるような解決策を除去することが大変重要であることを意味している。また，最善の解決策を探索プロセスの早い段階でみつけられるように，残された解決策を適切な順序で検討することも重要である。

支配的な関係を識別し，かつ被支配的な戦略のなかで適切な探索の順序を決定する際に，経済的原則が非常に重要である。このため，その経済論理にもとづいて，この問題の解決策が議論される。この原則の数学的展開は，3.10節で示される数理的事例のように，かなり単純なものである。

基本構造

単一の消費財を生産する1つの経済システムを考えてみよう。そこでは，3種類の活動，つまり R&D ($h=0$)，生産 ($h=1$)，マーケティングおよび流通 ($h=2$) がかかわっている。また，2つの立地が存在する ($i=1, 2$)。各活動は1方か双方の立地で行うことができる。このシステムを描くと，図3.1のようになる。R&D拠点は三角形で，生産する工場は四角形で，倉庫

および販売拠点はダイヤモンド型で示している。

各施設は，モノのフロー（太線で描かれている）と知識のフロー（細線で描かれている），あるいはそのいずれかによって相互に連結している。フローの方向は矢印で示されている。リンケージの3つの主なタイプが識別され，それぞれ $m = 0, 1, 2$ と表せる。第一のタイプは生産からマーケティングへの完成品のフローである（$m = 0$）。第二のタイプはR&Dと生産間の知識のフローである（$m = 1$）。第三のタイプはR&Dとマーケティング間の知識のフローである（$m = 2$）。製品のフローは一方向であるが，知識のフローは双方向である。これは，生産およびマーケティングからR&Dへの知識のフィードバックがあるためである。生産とマーケティング間には知識のフローはない。というのも，生産とマーケティング間の知識の移転は，R&Dによって完全に媒介されるからである。この単純化は生産とマーケティングはすでにモノのフローによって直接結びつけられているので，とくに重要なことではない。

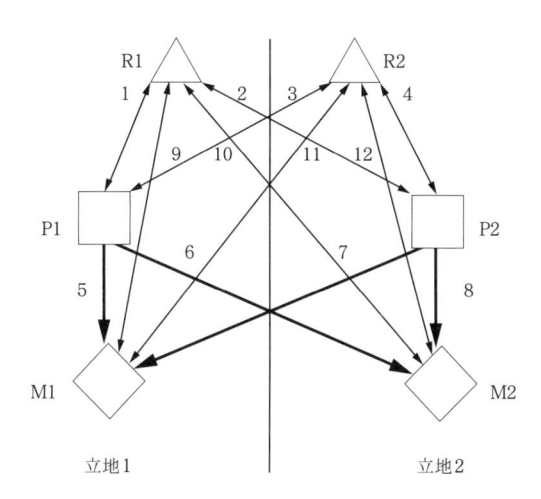

注：番号1—12は本文中のリンケージを示している。

図3.1　システムの基本的な形態

リンケージ・コスト

　調整のために用いられる情報のフローは図示されてはいない。しかし，すべてのリンケージは情報のフローによって支援されている。リンケージを維持するコストは2つの主な要素から成る。すなわち，移転コストと情報コストである。移転コストとは，ある立地から別の立地へ資源を実際に移転させるのにかかるコストである。移転コストは3つの要素から成っている。製品の場合，それは輸送コスト，関税および非関税障壁（現地の人びとの健康や安全に関する規制など）を克服するコストである。知識のような無形資産の場合，輸送コストは教育・訓練コストに取って代わる。

　情報コストは，2つの主な要素から成る。すなわち，コミュニケーション・コストと保証コスト（assurance cost）である。コミュニケーション・コストとは，その関係者が誠実で有能であるという前提の下で，移転される資源の価格と数量について合意を交わすコストと関連している。保証コストとは，その関係者の無能さのためであれ，不誠実さのためであれ，誤った情報にもとづく取引で被るコストのことである。「取引コスト」という言葉は，しばしばこの保証コストを指すために用いられるが，ここでは用いない。それは「取引コスト」が曖昧だからである。つまりそれは，不誠実ゆえに被った取引のコストのみを指すこともあれば，無能さによって被るコストのみではなく，コミュニケーション・コストも含むことがあるからである（第5章参照）。

　情報コストの2要素と移転コストの3要素を一緒にすれば，リンケージ・コストは全体で5要素から成ることになる。これらの要素は，表3.1の左列に挙げられている。リンケージ・コストの各要素は多くの要因に依存しているが，表3.1ではそのうち5つの要因を識別している。

　まず明らかに，移転される資源の性質がリンケージ・コストのなかの重要な要因である。たとえば，知識の移転にはモノの移転よりも高い移転コストがかかることが多くある。それは，知識の質が重要であるからだけでなく，チェックが困難であるからでもある。5要素のうち3つは立地特殊的なものである。第一はリンケージ間の地理的な距離である。これは明らかに輸送コ

表3.1 リンケージコストの要素に影響を与える要因

	製品のタイプ	地理的な距離	政治的相違	文化的相違	内部化
移転コスト					
輸送・教育訓練	X	X			
関税	X		X		X
非関税障壁	X		X		
情報コスト					
コミュニケーション	X	X		X	X
保証	X		X	X	X

ストに重要な影響をもたらす。第二は2つの立地が同じ国に位置していようといまいと，政治的相違と関連している。この次元は立地する国が戦争状態にあるのか平和であるのか，立地国同士が何らかの条約に参加しているのかどうか，互いに最恵国待遇を行っているかどうか，また関税同盟，自由貿易圏，通貨同盟などに参加しているかどうかを含む。政治的相違はまた，保証コストにも重大な影響を与える。立地特殊的要因の第三は文化的相違である。文化的相違はコミュニケーション・コストに大きな影響をもたらす。それは時に国家の下位レベルで現れることもある。つまり，大都市は，遠く離れた田舎の地域よりも，個人主義的で競争的な文化を持っているかもしれないといった具合である。国家間の文化的相違は，各々の政治的相違に反映されることも多いので，その関係は必ずしも単純ではない。したがって，たとえ2つの国家の文化が似ている場合でさえ，領土紛争ゆえに仲が悪いこともしばしばあるし，他方で文化が似ているからではなく，共通の政治敵国を有するがために，仲が良い国ということもある。

　リンケージ・コストへの最後の影響は，そのリンケージが企業にとって内部か外部かというものである。これは，このモデルの立場からすると明らかに最重要の要素である。それは，上述したように，主に情報コストに影響を与える。とはいえ，内部化はまた，関税の影響にもさらされる。なぜなら，それが移転価格の使用を促進させるからである。つまり社内での資源移転の価値を低く見積ることによって，企業は従価税に対する責務を軽減できるのである。こうした移転価格の経済性は，製品がその企業特有の場合にとくに

大きいものとなる。というのも，この場合，関税当局が移転価格と比較可能なアームズ・レングス価格が存在しないからである。

　リンケージの総コストは，これら5つの要素のコストの合計である。表に挙げた各要因は，1つないしは複数の要素に影響するため，総コストは5つすべての要因に依存する。また単純化のために，リンケージの総コストは移転される資源の量と正比例すると想定する。

　図3.1は，このシステムに，すべてが同時に生じるわけではないが，12の潜在的なリンケージがあることを示している。j番目（$j=1, ..., 12$）のリンケージを通じて資源を1単位移転するコストは，

$$t_j = t(m_j, d_j, n_j) \tag{3.1}$$

と表すことができる。ここで，m_jはフローのタイプを，d_jは距離を，n_jは内部化に関する決定を表している。これら3つの決定要因はすべて，離散変数（discrete variable）である。変数m_jについては，（基本構造の項で）前述した通りである。変数d_jについては，起点と終点が同じ立地である場合は$d_j=0$であり，それらが異なる立地の場合は$d_j=1$となる。距離は，表3.1に挙げた3つの基準ないしはそれらの組み合わせによって定義づけられよう。とくに注記がない限り，d_jとは政治的距離のことを指しており，それゆえにリンケージが国内であるか国際であるかを示している。立地特殊的要因は変数d_jのみによって説明できるので，距離に関連するリンケージ・コストは移動の方向いかんで変化することはない。つまり，立地1から立地2への資源フローのコストは，立地2から立地1へのそれと同じである。

　外部リンケージは$n_j=0$，内部リンケージは$n_j=1$と表される。内部化に関する選択をこのように二分法的に扱うことで，非公式的な長期的契約などの中間形態の取り決めは排除される。しかし，3.12節で説明するように，本モデルにこのような可能性を取り込むのは難しいことではない。

　リンケージ・コストの3つの決定因のうち，1つは明確な影響を持っている。つまり，距離が増加すれば，リンケージ・コストは増加する。どんな製品でも，内部化の程度がどれほどであっても，離れた立地間のリンケージ・

コストは現地間のリンケージ・コストを上回り，次のように表すことができる。

$$t（m_j, 1, n_j）> t（m_j, 0, n_j） \quad j=1, ..., 12 \qquad (3.2)$$

知識フローに関するリンケージ・コストは，モノのフローに関するリンケージ・コストに比べて高いこともあれば低いこともある。また内部化の程度によっても増加も減少もする。概して，とくに国内のフローの場合，社内の知識フローは社外の知識フローよりも安価となる傾向がある。ただし，この点は本モデルで明示的に仮定されているわけではない。

R&D コスト

知識は公共財である。したがって，1つの R&D 拠点のアウトプットを用いれば，1つの生産工場のニーズを満たすのと同じくらい容易に，2つの生産工場のニーズを満たすことができる。しかしながら，R&D 拠点がたった1つ必要だという結果にはならない。たとえば，距離関連の知識移転コストが高い場合，各工場が独自の R&D 拠点を持つことによって利益を得られるかもしれない。しかし，公共財の特性は以下のことを意味する。各 R&D 拠点は1つの生産能力とのみ協力すべきである。つまり生産拠点がどれだけ大規模であっても，2つ以上の R&D 拠点から知識が供給される生産拠点はないということである。これらの結果から，本モデルを大幅に単純化することができる。なぜなら，これらの結果は，各立地での R&D アウトプットは単に0か1の選択にすぎず，また2つの工場が運営されるとしても，2つの R&D 拠点しか存在しないということを意味しているからである。

一部の立地には，常に R&D 拠点が置かれるであろう。R&D がなければ，製品が開発・改良されないからである。その結果，このシステムでは，R&D の立地戦略には3つの可能性があるということになる。x_0 が R&D 戦略を表すとしよう。つまり3つの可能性とは，立地1にある場合が（$x_0=0$）であり，立地1と2の双方にある場合が（$x_0=1$）であり，立地2にある場合が（$x_0=2$）である。ここでは，知識は科学的労働力の使用のみによって生み出され，科学的労働力1単位が期間当たり1単位の知識を生み出すと仮

定する。w_{0i}（ただし >0）を，立地 i（$i=1, 2$）の科学的労働力の賃金としよう。この賃金はまた，R&D によって生み出される知識の単位コストでもある。こうして，R&D のシステム全体でのコストは以下の通りである。

$$
\begin{aligned}
c_{00} &= w_{01} & \text{if } x_0 = 0 \\
c_{01} &= w_{01} + w_{02} & \text{if } x_0 = 1 \\
c_{02} &= w_{02} & \text{if } x_0 = 2
\end{aligned}
\tag{3.3}
$$

生産コスト

市場規模は，各立地で単一であるとしよう。また，各立地における価格は，常に双方の市場に供給することで十分利益をあげられるように設定されているとしよう。それゆえに，総生産能力を 2 に設定することによって，システム・コストは常に最小化される。各立地における生産能力は，整数単位で利用できるとする。総生産能力は 2 を絶対に越えないので，生産戦略は立地 2 の生産能力量を用いてそれぞれ表すことができ，すなわち $x_1 = 0, 1, 2$ となる。それに対応する立地 1 の生産能力は，$2 - x_1$ である。

各立地では，生産にかかる固定費と一定の変動費がかかる。ここに限り，セットアップ・コストは無視することにしよう。モデルが強調したいのは，安定状態にある場合だからである。固定費は規模の経済性を利用することから発生する。あらゆる固定費は，資本ストックのメンテナンス，修繕，交換によって繰り返し生じるコストである。すべての生産とメンテナンスは労働集約的であり，普通の現地労働力によってなされる。資本ストックを調達する際の利子コストは無視することにする。その結果，立地 i の総生産コストは，現地の普通の労働力の賃金 w_{1i}（ただし >0）（$i=1, 2$）に正比例することになる。労働力 1 単位は製品 1 単位を生み出すが，$f > 0$ になるような労働力単位が資本ストックの維持に必要とされる。したがって，システム全体の生産コスト c_1 は以下のようになる。

$$
\begin{aligned}
c_{10} &= w_{11}(f+2) & \text{if } x_0 = 0 \\
c_{11} &= (w_{11} + w_{12})(f+1) & \text{if } x_0 = 1 \\
c_{12} &= w_{12}(f+2) & \text{if } x_0 = 2
\end{aligned}
\tag{3.4}
$$

マーケティング

各市場は常に製品1単位を供給されているため,マーケティング・コストは固定費であり,かつ避けられないものである。したがって,マーケティング・コストはコスト最小化に影響を与えないため,無視できる。

3.6　施設立地とリンケージの地理的配置との関係

この節では,グローバル・システムを調整するために用いられる一連の戦略を確認する。これらの戦略は,ある一定の企業によって追求される戦略ではなく,システム全体によって追求される戦略である。システムによって追求される戦略は,企業がシステム内に存在する数と,各企業が追求する戦略を決定づける。これは,システムが支援する他企業の行動を所与とすれば,システムはシステム全体のコストを最小化する一方で,各企業は各企業自身のコストを最小化するだけだからである。

システムの戦略を $k=1, ..., K$ と表すことにしよう。システムは,システム全体のコストを最小化するような k の値を選択することによって,最適化される。システム・ワイドな最適化には,立地戦略と所有戦略の相互作用を伴う。すでに述べてきたように,立地と所有は,リンケージの観点からも施設の観点からもみることができる。立地に関する限り,その2つのアプローチは非常に似ている。なぜなら,施設の立地とリンケージの地理的配置との関係が近いからである。実際,これまで仮定した状況の下で,施設に関する効率的な立地戦略と施設を支えるリンケージの地理的配置の間には,1対1の対応が存在することを示すことができる。

すでにR&D立地戦略はそれぞれ x_0 の値によって,生産立地戦略はそれぞれ x_1 の値によって表すことができる,ということを立証してきた。これらの各変数は3つの値しか取り得ないので,ちょうど9つの取り得る立地戦略があることになる。この9つの戦略は,表3.2の3×3のボックスにある要素と対応している。

複数のR&D施設から知識を生産ユニットに供給するのは必ずしも効率的

ではないということを先に述べた。これは，9つの立地戦略のうち，($x_0=1$, $x_1=0$)，($x_0=1, x_1=2$) の2つの戦略は常に非効率であるため，排除できることを意味している。そこで，$k=1, ..., 7$ と表される7つの立地戦略が残ることになる。表3.2で示されているセルの数字はそれを表している。

立地1と立地2の役割を交換して，7つの立地戦略から3つの「左右対称な像」を描くことによって，さらにこの問題の単純化をはかることができる。たとえば，生産とR&Dを立地1から立地2へシフトさせれば，立地戦略7は立地戦略1の左右対称となる。この対称性は表3.2の2つの要素の位置によって表される。つまり，セル7はセル1の対角線上の反対側にあることから，セル1の左右対称となる。同様に，立地戦略6も，生産とR&Dの立地を交換すれば，立地戦略2の左右対称である。これも，セル6がセル2の対角線上の反対側にあることから，セル2の左右対称である。最後に，セル5は，ボックス中段の垂直線上の反対側にあるセル3と左右対称である。このことは，R&Dの立地が変えられても，生産は左右対称のまま位置し続けることを示している。4つの立地戦略 $k=1, ..., 4$ は，図3.2に示した通りである。

表3.2 コスト構造

生産の立地	$x_0=0$	$x_0=1$	$x_0=2$	生産コスト
	1.		2.	
$x_1=0$	$t(1, 0, n_1)$		$t(1, 1, n_3)$	c_{10} $+t(0, 0, n_5)$ $+t(0, 1, n_6)$
	3.	4.	5.	
$x_1=1$	$t(1, 0, n_1)$ $+t(1, 1, n_2)$	$t(1, 0, n_1)$ $+t(1, 0, n_4)$	$t(1, 0, n_4)$ $+t(1, 1, n_3)$	c_{11} $+t(0, 0, n_5)$ $+t(0, 0, n_8)$
	6.		7.	
$x_1=2$	$t(1, 1, n_2)$		$t(1, 0, n_4)$	c_{12} $+t(0, 0, n_8)$ $+t(0, 1, n_7)$
R&Dコスト+ マーケティングへの リンケージコスト	c_{00} $+t(2, 0, n_9)$ $+t(2, 1, n_{10})$	c_{01} $+t(2, 0, n_9)$ $+t(2, 0, n_{12})$	c_{02} $+t(2, 0, n_{12})$ $+t(2, 1, n_{11})$	

3.6 施設立地とリンケージの地理的配置との関係 95

ケース k=1　　　　　　　　ケース k=2

ケース k=3　　　　　　　　ケース k=4

図 3.2　4 つのリンケージ構造

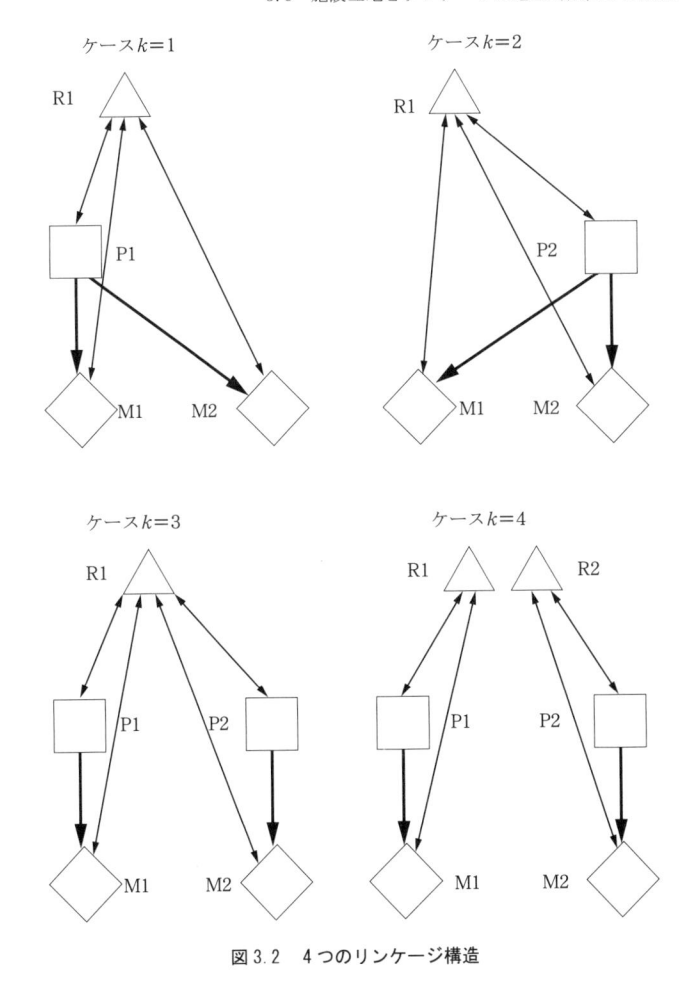

　4 つの立地戦略のうち 3 つの戦略において，施設の立地によって，それを維持するリンケージの地理的パターンが決定されることは容易に理解できる。例外は立地戦略 4 であり，これは 2 つの代替的なリンケージのパターンによって維持され得る。各工場は，その工場がある現地市場に供給するかもしれないし，他の市場へ供給するかもしれない。後者の例の場合，製品は工場と市場間で「相互交流する」ことになるが，前述の仮定を鑑みれば，これ

は非効率的である。なぜなら，2つの国内的リンケージをより費用のかかる国際的リンケージに置き換えているので，全体的にコストが高くついてしまうからである。こうして，リンケージのパターンは，この最後のケースでも施設の立地によって決定される。

立地問題にあるリンケージと施設間の1対1の対応関係を所与とすれば，リンケージや施設と協力する優位は，内部化の問題によって決定される。内部化はリンケージの属性を持っているので，リンケージがどこにあろうが内部化が作用するのは自然である。

内部化戦略を条件として立地戦略を決定するのは，非常に単純な問題である。いったん各リンケージの内部化が具体化されれば，そのリンケージのコストがわかる。したがって，7つの立地戦略それぞれの総コスト C_k は，R&D コスト（表3.2の最後の行）と生産コスト（表3.2の右側の列）とリンケージ・コスト（表3.2のボックス内のセルに示されている）を加算することによって直接計算できる。各戦略のコストは，ボックス内の適切なセルを識別し，次にそのセルの要素に，それに対応する列にある要素と行の要素を加えることで得られる。したがって，コスト C_k （$k=1, ..., 7$）を比較し，最小のものを選択することによって，効率的な立地戦略 k^* およびその戦略に関するコストを識別することができるのである。

3.7 内部化を最適化する：「トライアングル問題」

この解決策を完全なものにするためには，内部化戦略を決定する最小化コストの原則を適用することが必要である。あるリンケージに対する内部化の決定が，他のいかなるリンケージに対する内部化の決定とも無関係であれば，これは単純な問題である。システム全体のコストは，2段階の手続きを経て最小化される。第一段階は，6つの各リンケージ（$m_j=0, 1, 2$；$d_j=0, 1$）にとって最小コストである内部化戦略 n_j^* を識別することである。したがってこの情報は，内部化の決定次第であるが，図3.1に示された12のリンケージそれぞれの最小化コスト $t_j^* = t_j (m_j, d_j, n_j^*)$ を決定するのに

3.7 内部化を最適化する:「トライアングル問題」 97

用いられる。第二段階は,上述したのと同じである。つまり,各立地戦略によって形成されるリンケージを識別し,そのリンケージ・コスト,生産コスト,R&Dコストを合計することによって,最小コスト戦略を識別するのである。

しかし,これには難しい問題がある。個々のリンケージの内部化決定は,常に互いに独立してなされるわけではない。内部化決定の組み合わせによっては,企業間の境界の一貫した組み合わせと合わないものもある。立地の次元に用いられる施設とリンケージ間の1対1のマッピングは,所有の次元におけるそうしたマッピングとは同じにはならないのである。問題は,同一施設にかかわる2つのリンケージを内部化すると,連結された2つの施設間のリンケージはどんなものも必然的に内部化されることを意味するという点である。この結果の基礎的なインプリケーションの一部は,カソン(Casson, 1992)で議論されている。

たとえば,図3.3のような三角形のリンケージのパターンを考えてみよう。このパターンには,生産,マーケティング,R&D間のリンケージが含まれ,図3.2に示した4タイプの立地戦略のなかに含まれるものである。図3.3では,内部のリンケージはNで,外部のリンケージはEで示されている。

まず,図3.3の左上(ケース1)から検討しよう。R&D拠点から出ている2つのリンケージは内部化されている。このことは,R&D拠点を所有する企業はまた,生産工場(R&Dから生産へのリンケージが内部化されているために)とマーケティング施設(R&Dからマーケティングへのリンケージが内部化されているために)の両者を所有しているということを意味する。したがって,3つすべての拠点が同一企業によって所有されている。この結果,第三のリンケージ,つまり生産からマーケティングへのリンケージも必然的に内部化されることになる。それゆえに,Nが三角形の二辺に書かれている場合,残りの一辺も内部化されているわけである。

しかしながら,外部市場が関係している限り,同じ結果は適用されない。2つの市場が外部であっても,第三の市場が外部にあるとは限らない。し

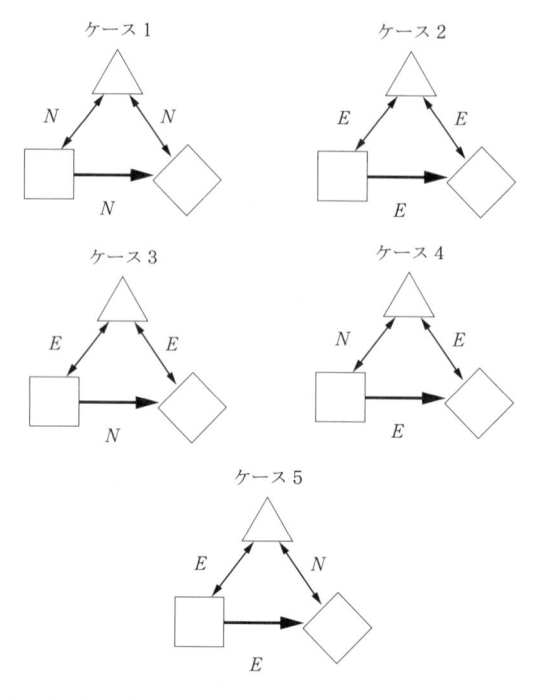

98　第3章　企業の境界：グローバル・システムのパースペクティブ

ケース1　ケース2

ケース3　ケース4

ケース5

注：N-N-N 型，N-E-E 型および E-E-E 型の形態はすべて実現可能である。
　　N-N-E 型の形態のみ実現不可能である。

図3.3　実現可能なトライアングル関係

がって，R&D からの2つのリンケージが外部にある場合，生産とマーケティング間のリンケージは内部か外部かのいずれかになり得る。第三のリンケージが外部であるケースが図3.3の右上に示してある（ケース2）。3つの活動それぞれが個々に所有されているため，活動間のすべてのリンケージが外部化される。第三のリンケージが内部化された場合がケース3である。ここでは，生産とマーケティングが同一企業内で統合されているが，R&D は別の企業に所有されている。したがって，R&D 拠点の所有者は，この統合された企業によって所有される生産とマーケティング活動に関してアームズ・レングス取引を行うことになる。2つの外部リンケージと1つの内部リ

ンケージが組み合わさったその他の例が，ケース4とケース5である。

　トライアングル問題は，かなり一般的な問題の特殊なケースである。一般的な問題では，拠点の数 n は2以上となる。施設 A_1 が施設 A_2 に連結し，施設 A_2 が施設 A_3 に連結し，これが最後の拠点 A_n まで続き，最終的に施設 A_1 に連結しているとしたら，1つの連結を除いてすべてを内部化しても，最後に残った連結も必然的に内部化されるということを意味している。本章で論じるモデルでは，その問題は $n=3$ である場合のみ生じる。つまり言い換えれば，常に「トライアングル」問題が生じるのである。

　トライアングル問題は，単なる数学的好奇心で述べているわけではない。これは経済的インプリケーションを持っている。つまり，関係施設が属するあるリンケージを内部化しようとするだけで，別のリンケージが内部化される可能性があるということである。具体的には，生産とマーケティング間の垂直的リンケージは，それに関係する2つの施設がR&D拠点とのリンケージを社内に持つ必要があるという理由だけで，内部化されるかもしれないということがケース1に示されている。これは，かなり一般的な現象の特殊なケースを示している。つまり，一般製品のフローを伴うリンケージは，知識ベースのリンケージも伴うという理由だけで，内部化され得るということである。知識ベースのリンケージの内部化から生じる利益が一般製品のフローの内部化から生じる利益より大きい場合，もし知識ベースのリンケージが存在しなければ外部化されていたはずの製品フローが内部化され得る。したがって，製品フローの垂直統合を，製品フローに影響する要因の観点のみから説明しようとすると，誤りが生じるかもしれないのである。なぜなら，こうした要因だけでは，製品フローが外部化されることになるかもしれないからである。システム観をとれないということは，知識ベースのフローが無視された場合，内部化を促進する真の要因が看過され，その代わりに製品フローの内部化を支配する見せかけの要因が強調され得るということを意味しているのである。

3.8 トライアングル問題の解決策

リンケージ・システム内にただ 1 つのトライアングルしか存在しない場合，問題の処理はきわめて容易である。 2 つの内部リンケージの 1 つを外部リンケージに取り込むか，あるいはある外部リンケージを内部リンケージに置き換えるかによって，常に解決策は見出される。これら一連の解決策はすべて複数あるリンケージのうちの 1 つだけを変換するものである。その複数あるリンケージの 2 つの変換は， 1 つだけを変換するのに比べてより多くのコストがかかるため，決して有効的ではない。実際， 2 つのリンケージを変換することは，まったく非生産的なものになるときもある。というのも，仮にある 1 つの内部リンケージが，ある 1 つの外部リンケージが内部化されると同時に，外部化された場合，それはただ単に違った形でこのトライアングル問題をもう 1 つつくり出すだけになるからである。 3 つのリンケージのうち，いずれか 1 つを変換することが問題解決になるから，この 3 つの変換のなかで最もコストのかからない変換が，最も効果的な戦略になるのである。

2 つ以上のトライアングルが関係する場合は，事態はもっと複雑になる。しかしながら，複数のトライアングルがそれぞれ独立している場合，共有のリンケージがないという意味で，それぞれのトライアングル問題は，上述した方法を用いることで個別に解決可能になる。ある 1 つのリンケージが， 2 つ以上のトライアングルを共有している場合，以下で詳細に説明するように，もっと精緻なアプローチが必要とされる。

トライアングル問題は，前述した 7 つの立地戦略のそれぞれで生じる。 2 つのトライアングルは，それぞれのケースに存在している。その理由は， 2 つの個別市場があり，それぞれの市場がそこにある 1 つのトライアングルをサポートしているからである。$k = 3, 4, 5$ では， 2 つのトライアングルは独立しており，その状況は前述した原則を 2 つに別々に適用することで解決できるものである。最も単純なケースは，図表 3.2 の右下のケース 4 である。このケースでは， 2 つのトライアングルはまったく別の施設と関係してい

る。第一に，$R2$-$P2$-$M2$ が完全に立地2に本拠を置いているのに対して，$R1$-$P1$-$M1$ は，完全に立地1に本拠を置いている。同図の左下のケース3は，2つのトライアングルが同一のR&D施設と関係しているため，やや複雑である。しかしながら，これは重要な違いではない。なぜなら，それは，トライアングル問題の原因となるのは，共有の施設ではなく，共有のリンケージだからである。2つのトライアングル，$R1$-$P1$-$M1$ と $R2$-$P2$-$M2$ は，ある1つの施設を共有しているが，リンケージは共有しておらず，それぞれのトライアングル問題は，他の問題と切り離して解決が可能である。

しかしながら，戦略 $k=1, 2, 6, 7$ では，2つのトライアングルが連結している。それぞれのケースにおいて，共有の連結は，生産とR&Dの間に存在する。その問題は，図表3.2の上にあるケース1とケース2に例証されている。ケース1では，$R1$-$P1$-$M1$ と $R1$-$P1$-$M2$ のトライアングルには，共有のリンケージ $R1$-$P1$ があり，ケース2では，$R1$-$P2$-$M1$ と $R1$-$P2$-$M2$ の2つのトライアングルに，$R1$-$P2$ という共有のリンケージがある。しかしながら，生産施設の立地を別にすれば，2つのケースは同一である。こうして，それらは立地戦略では違いがあるのに対して，それらが提起している内部化にかかわる問題は同じである。したがって，ケース1に対する解決法に焦点を当てることで十分である。ケース2に対する解決法は，$P2$ をケース1の解決策となる $P1$ に置き換えることによって導かれる。

トライアングルが相互に依存している場合には，前述した漸進的な解決法はその効力を失う。複数のトライアングルの1つに存在する問題に対する解決法が「波及」して，他のトライアングルに存在する問題を生み出す可能性がある。なぜなら，この波及によって共有のリンケージの内部化を変換することが必要となるケースがあるからである。したがって，代替的な解決法を採用するほうが良策となる。

代替的なアプローチでは，当該立地戦略と関連するすべての考えられる境界構造を列挙することになる。このアプローチは複雑なようにみえるが，実はきわめて扱いやすい。なぜ扱いやすいのかといえば，活発なリンケージの

数が少ない場合に限って，一般に二重のトライアングルが生じるためである。このことは，考えられる境界構造の数も同様に少ないことを意味している。これによって，システム的な方法でさまざまな可能性を探求することが容易となる。

　共有のリンケージが内部化されており，その結果 $R1$ と $P1$ が同一の企業に所有されている状況から考えてみよう。この場合，$M1$ と $M2$ が同様に同一の企業に所有されているかどうかということが，唯一の問題である。これには，2つの独立した意思決定がかかわっている。$R1$–$M1$ と $P1$–$M1$ の両者を内部化するのか，あるいはいずれも内部化しない，というどちらか一方を選択する必要があるのである。同様に，$R1$–$M2$ と $P1$–$M2$ の両者を内部化するのか，またはいずれも内部化しないのかといういずれかを選択する必要がある。これらの2つの戦略のコストを比較することによって，$R1$–$P1$ の内部化を条件とした最適な内部化戦略が決定されるのである。

　次に，その代わりに，$R1$–$P1$ が外部化されていると仮定しよう。ここでもまた，$M1$ と $M2$ の所有それぞれに関して，2つの独立した選択肢がある。しかしながら，この場合は，それぞれのケースについて3つの選択肢がある。その選択肢とは，$M1$ は $R1$–$M1$ を内部化し，$P1$–$M1$ を外部化することによって，$R1$ と統合することが可能であり，$P1$–$M1$ を内部化し，$R1$–$M1$ を外部化することによって，$P1$ と統合することが可能である。また，$R1$–$M1$ と $P1$–$M1$ の両者を外部化することによって，両者から独立することが可能である。同様の選択肢は，$M2$ についても適用可能である。それぞれのケースにおいて，3つの選択肢のうち最もコストの低いものを選択することによって，$R1$–$P1$ の外部化を条件とする最適な内部化戦略が提示される。後は，内部化を条件とした場合と共有のリンケージの外部化を条件とした場合の，最小コスト戦略のトータル・コストを比較するだけで，トライアングル問題は解決される。

3.9 単純化の範囲

　トライアングル問題との関連でモデルが複雑性になり，もっと単純なアプローチが発案できるかどうかという問題が提起される．そこで2つのアプローチについて議論しよう．両アプローチは，そのトライアングル問題を回避しようとするものであるが，どちらもまったく成功していない．

　第一のアプローチは，企業が関連する2つの活動を所有する場合でさえ，リンケージを展開するにあたって，市場を模倣するという選択肢を常に有しているという根拠にもとづき，トライアングル問題を擬似的なものとして片づけてしまうやり方である．たとえば，$R1$–$P1$ と $R1$–$M1$ のリンケージを内部化したいが，$R1$–$M1$ のリンケージを外部化したいと私が考えている立地に，ある企業が拠点を置いていると仮定しよう．トライアングル問題によれば，その企業はこれを実行できないということになる．なぜなら，最初の2つのリンケージを内部化することは，企業が $P1$ と $M1$ の両活動の所有者であり，したがって，それら両活動間のリンケージが同様に内部化されなければならないということを意味しているからである．$P1$–$M1$ のリンケージは，企業内に適切な内部市場を創出することによって，あたかも外部化しているのと同じように機能することができる，というそれとは逆の議論がある．したがって，最初の2つのリンケージは，両者ともたまたま知識ベースであり，本社で調整される可能性があるのに対して，第三のリンケージは，工場から倉庫までの製品フローにかかわるので，生産部門とマーケティング部門間の交渉によって調整することができる．

　この議論は，「内部市場」は外部市場のリンケージに等しいという見解によるものである．しかしながら，この見解には2つの反論がある．第一の反論は，ある企業内部の市場が，2つの企業間の市場とまったく同一の方法で機能すると仮定するのは非現実的である，というものである．なぜなら，企業は通常の外部市場に対するよりも，「内部」市場に対してはるかに大きな支配力を行使できるからである．3.12節で説明するように，確かに内部市

場をモデルに導入することは可能であるが，それらは内部化の特殊なタイプとみなされるのが最適であり，通常の外部市場と同等なものとみなされるものではない。

　第二の反論は，もし企業が外部市場とまったく同様に内部的に市場を運営できるとすると，その場合，外部市場の必要性はまったくないということである。なぜなら，企業は独力で外部市場の最も効率的な局面を再生産することができるからである。理論的には，すべての市場は内部化され，しかもその内部市場のいくつかは，外部市場を模倣して創りあげられるということが予測される。すべての市場が内部化されるという予測は，極端な仮定の平凡な帰結である。

　第二のアプローチは，トライアングルが形成されるのを防ぐために，モデルにおいてリンケージのいくつかを削除することである。製品リンケージがなければ，顧客はまったく製品の配送を受け取ることができないので，知識ベースのリンケージが明らかに削除の対象となる。技術移転が非常に重要な現象で，現代の企業理論のなかで不可欠な研究課題であるということを考えれば，R&D―生産のリンケージを維持して，その代わりにR&D―市場のリンケージを削除するのが適切であるように考えられる。この第二のアプローチは，次節で提示される計算例の特殊なケースとして議論される。

3.10　1つの計算例

条件説明

　解決の方法は，1つの計算例を用いて説明できる。グローバル経済が技術的に適度に精緻化された1つの産業から成り，そこでは生産に規模の経済の余地がほとんどないと仮定しよう。R&Dからマーケティングへの情報フローが，消費者に製品を使用する最善の方法を説明するのに決定的に重要であるのに対し，他方マーケティングからR&Dへの情報のフィードバックは，顧客の嗜好を満たすのにきわめて重要である。

　施設コストの構造は，表3.3に，リンケージ・コストの構造は表3.4に示

されている。規模に対して収益が一定の状況では、生産にかかわる固定費はゼロ、$f=0$ である。立地1はR&D面に、立地2は生産面に比較優位を持つ。これは、表3.3に示されているように、一般労働者と研究者の賃金率に反映されている。研究者の賃金は国1で比較的に低く、一般労働者の賃金は国2で比較的に低い。

　生産からマーケティングへの製品フローの外部化は最善である。これは、リンケージ・タイプ $m=0$ に対応しており、表3.4の上の2列に示されている。国内 ($d=0$) と国際 ($d=1$) のリンケージの両者については、そのコストは内部市場 ($n=1$) より外部市場 ($n=0$) で低い。内部市場であろうと外部市場であろうと、3.2節で議論したコスト格差によって、国際リンケージは国内リンケージよりコストが高い。

　知識ベースのフローがかかわる場合には、内部化のケースはより強くなる。国内技術移転は内部化から便益を得るが、国際技術移転はそうではない。技術がより精緻化されている場合には、国際技術移転の内部化は同様に便益を生むであろう。これらの特性は、リンケージ・タイプ $m=1$ に対応して、表3.4の中央の2列に示されている。マーケティングの戦略的な重要性

表3.3　設備コストの例

活動のタイプ		立地	
		$i=1$	$i=2$
R&D	$h=0$	$w01=4$	$w02=6$
生産	$h=1$	$w11=4$	$w12=3.5$

表3.4　リンケージ・コストの例

資源フローのタイプ		国内／国際	内部化	
			$n=0$	$n=1$
生産	$m=0$	$d=0$	1*	2
		$d=1$	4*	5
技術	$m=1$	$d=0$	4	1*
		$d=1$	3*	5
マーケティング知識	$m=2$	$d=0$	3	1*
		$d=1$	4	2*

は，マーケティングと R&D 間に存在する国内と国際リンケージの両者ともに，$m=2$ に対応する表の下 2 列に示されるように，その内部化が価値を生み出すことを意味している。

単純な問題の解決策

まず，マーケティングと R&D 間のリンケージを削除することによって，トライアングル問題を回避する単純なモデルを検討しよう。その解決策の第一ステップは，各リンケージのタイプに対する内部化の程度を選択することである。トライアングル問題は存在しないため，各リンケージを他のリンケージと無関係に検討することができる。その結果は，表3.4の右端の2つの欄に＊印で示されている。それぞれの＊印は，関係するリンケージの最小コストを識別している。＊印が付いている欄は，そのリンケージが内部的か外部的かを示している。

第二のステップでは，これらの最小値が表3.2にあてはめられ，表3.5に示される結果を得ることである。この場合，7つの立地戦略のそれぞれのシステム全体のコストは，番号が付けられたそれぞれのセルの値に，最下列と右側の縦の行のなかの対応するセルの値を加算することによって算定される。最小コストの立地戦略である $k=3$ は，表3.6の最小の要素，すなわち $C3=17.5$ を発見することによって識別される。

単純な解決策の特性

立地と所有の戦略の最適な組み合わせが図3.4に示されている。R&D が国1に集中し，科学的な労働に比較優位があることがわかる。生産は両国で実施される。国1に生産を集中しないという意思決定は，規模の経済が存在しないことを示している。それはまた，国に対する国際技術移転のコストと比較して，国1からの高い輸出コストや国2が生産において比較優位を有していることを表わしている。

内部化戦略には，グローバル・システムに関与する4つの独立した企業が必要になる。企業間の境界は，境界線 *AE*，*BE*，*CE*，*DE* によって示され

表 3.5　簡単な事例の全体のコスト構造

生産の立地	R&D の立地			生産コスト
	$x0=0$	$x0=1$	$x0=2$	
$x1=0$	1. 1		2. 3	$8+5=13$
$x1=1$	3. $1+3=4$	4. $1+1=2$	5. $1+3=4$	$7.5+2=9.5$
$x1=2$	6. 3		7. 1	$7+5=12$
R&Dコスト＋マーケティングに対するリンケージ・コスト	4	10	6	

表 3.6　代替的立地戦略のコスト

立地戦略 k	最小コスト Ck
1	$1+13+4=18$
2	$3+13+6=22$
3	$4+9.5+4=17.5*$
4	$2+9.5+10=21.5$
5	$4+9.5+6=19.5$
6	$3+12+4=19$
7	$1+12+6=19$

ている。企業1は黒で示される施設を所有しており，高度の技術力を持つ国内生産企業である。同社は外国企業，企業2にその技術のライセンス供与を行っており，企業2はダークグレイで示される生産施設を所有している。両社は，その流通業者——ライトグレイで示されている企業3と企業4——とアームズ・レングスの関係を維持している。これらのアームズ・レングス関係は，製品フローの外部化経済を反映するものである。その結果としての所有のパターンは，グローバル経済の全般的なパフォーマンスに対する企業家的な小規模企業の貢献度を強調する人びとの好む経済組織を反映している。前述したように，この小規模企業の構造を維持し，当該企業間の合併を阻止

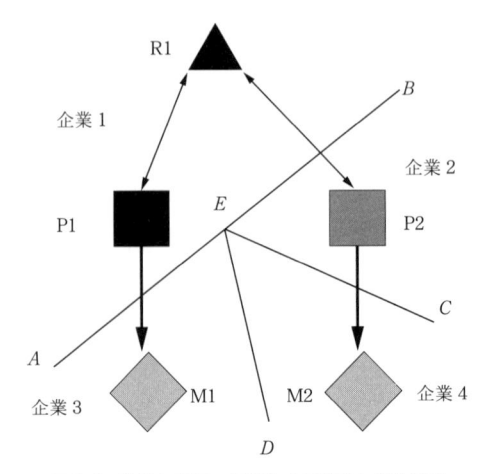

108　第3章　企業の境界：グローバル・システムのパースペクティブ

図3.4　単純な事例の最適な立地戦略と所有戦略

するのは資本市場での競争である。

フルモデルの解決策

　今度はフルモデルの解決策を検討しよう。トライアングル問題が存在するために，異なるアプローチが求められる。原則的に，それぞれの採択可能な立地戦略には，代替的な内部化戦略の評価が必要である。しかしながら，実際には最初から問題外とされる立地戦略も存在しうる。

　マーケティングの知識フローを導入することによって，リンケージ・コストのうち立地に左右される要素は影響を受けない。これはマーケティング施設の立地がすでに固定されているためである。さらに，R&D施設をある国から別の国に移動することは，マーケティング・リンケージがR&D立地と無関係な国内リンケージと国際リンケージから構成されているために，立地に左右されるリンケージ・コストに影響を与えないであろう。したがって，これらのリンケージ・コストは，知識フローの方向とは関係がない。新たに追加的なR&D施設を導入することは，施設コストとリンケージ・コストの両者を単に増加させることになり，それゆえ問題外となる。表3.5でみると，その効果は最下列に明示されている。追加的な知識フローの結果とし

て，R&D 戦略 $x0 = 0, 1, 2$ によって発生する追加的コストは，それぞれ 3，2 および 3 である．

　内部化の程度を比較的簡単に変換できる別のリンケージに代替することによって，施設の配置転換が問題解決に役立つ場合に，トライアングル問題の存在によって，立地戦略が影響を受けるに過ぎない．しかしながら，異なる地理上のリンケージを代替することによって生じる所有依存型のリンケージ・コストの節約は，きわめて小さいと考えられる．このことは，フルモデルの問題に対する解決策の探求はトライアングル問題を考慮しない場合に，コストを最小化する立地戦略から始めるべきであるということを示唆している．これまでの見解に照らせば，これは単純な問題を解決する立地戦略 $k = 3$ である．

　表 3.4 を検討すると，個別に検討した場合には，それぞれのマーケティング・リンケージは内部化される必要があることがわかる．内部化により得られる利益は，国内および国際リンケージの両者に対して 2 に等しい．図 3.4 に示されている内部化戦略を所与とすれば，トライアングル問題は国 1 の国内リンケージの局面においてのみ生じる．国 2 にはこの問題は生じない．なぜなら，生産に対するリンケージである $R1-P2$ と $M2-P2$ の両者の外部化が，リンケージ $R1-M2$ の内部化と完全に適合するからである．それは，生産を国 2 に下請けさせることを意味しているに過ぎない．すなわち，R&D 施設を所有している企業は，独立した生産企業を使用して，製品を生産させ，そこから自らのコントロールによって製品を買い戻すのである．

　$R1-P1$ と $R1-M1$ の両者の内部化は，$P1-M1$ の外部化と適合するために，トライアングル問題が国 1 で生じる．最初に投資する価値のある 3 つの簡単な選択肢がある．$R1-P1$ を外部化することは 3 だけコストを増加させることになる．$R1-M1$ を外部化することは 2 だけコストを増加させる．$P1-M1$ を内部化することは 1 だけコストを増加させる．したがって，$P1-M1$ の内部化は立地戦略 3 の範囲内で適切な対応である．

　しかしながら，立地戦略 3 のコストを 18.5（またはマーケティング・リンクの総コストの 21.5 まで）増加させると，その場合，そのコストは戦略 1

のコストを超える。したがって，戦略1がトライアングル問題に直面するか否かを決定することが必要である。そうではない場合には，戦略1が最適な立地戦略である。そうである場合には，戦略1に対するトライアングル問題を解決する付加的なコストが 0.5 よりも小さくないことを前提とする戦略3が依然として最適な戦略である。戦略1が，国1の国内リンケージに関する戦略3とまさに同一の問題に直面するということが容易に立証される。いったんトライアングル問題が解決されると，それゆえ戦略1のコストは 19（またはマーケティング・リンクの総コスト 22）にまで上昇する。したがって，最適な立地戦略は引き続き戦略3であり続けるが，所有戦略はその場合以前とは異なるものとなる。

　フルモデルの解決策は，図 3.5 に説明されている。マーケティング知識フローの内部化により，多国籍企業——すなわち，施設の所有によって黒で識別される企業1——が創出される。その企業の国内業務は完全に統合されているが，海外生産が独立の企業——生産施設がグレーで示された企業2——に下請けされている。企業間の境界は，直線 ABC で示されている。より大規模な内部化のために，新たな均衡状態が影響を及ぼすのはより少数の企業である。図 3.5 への移行は，図 3.4 の企業1，3，および4の合併によって影響を受ける。企業2のみがその変換による影響を受けない。

　その解決策は，他のリンケージと関係する要因によって引き出される一定のリンケージの内部化に関して当初指摘した要点をきわめてよく説明している。この例においては，マーケティングと R&D との間の知識フローの内部化がきわめて重要であるため，国1における生産とマーケティング間の内部化という帰結になる。この知識フローがなければ，生産とマーケティングとの間のリンクはむしろ外部的なものとなるであろう。

　その例はまた，国際ビジネスの影響の重要性を説明している。R&Dと生産間の知識フローは，それらが国内にある場合に最もよく内部化されるが，しかしそれらが国際的な場合に最もよく外部化されるという点で，地理と所有の相互作用がみられる。これがマーケティングと R&D 間の知識フローの経済的論理と結びつけられるときに，たとえ生産が国1で内部化されていた

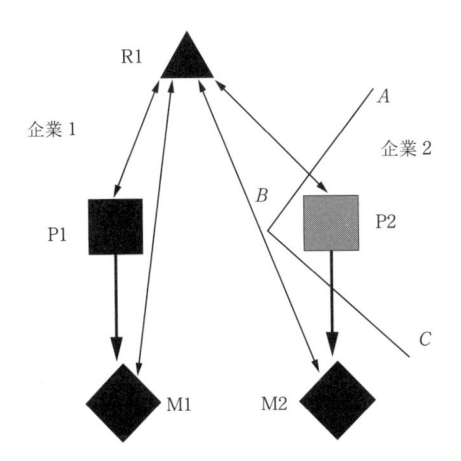

[図: R1(三角), 企業1のP1(黒四角)→M1(黒ひし形), 企業2のP2(灰四角)→M2(黒ひし形), A, B, C の線]

図 3.5 フルモデルの最適な立地戦略と所有戦略

としても，国 2 に生産の下請を行わせることになる。これは，国 1 に立地している（比較優位という理由で）R&D 研究所の観点からみると，国 2 の「外国性」を反映している。

最後に，このモデルはまた，企業 1 のような単一の企業の行動を最適化することと，グローバル・システム内での企業の個体群全体の構造を最適化することとの違いを明らかにするものでもある。単一の企業の問題からフルシステムの問題への段階は，新しいリンケージの出現が M&A を通じて所有を集中するか，それとも撤退を通じて所有を分散させるかのいずれかによって，システムにおける企業数をいかに変更できるかということを示している。

3.11 適 用

経済モデルは，通常比較静力学の方法を使用し適用される。仮説は外生変数の値を変更し，内生変数に対する影響力の方向と規模を測ることによって引き出される。このモデルでは，重要な外生変数は R&D コストの c_0，生産コストの c_1，そして——とりわけ——リンケージ・コストの $t_j\,(j=1,...,12)$

である。

　これらのコストの絶対値だけではなく，相対的コストも重要である。各国のR&Dと生産の相対コストは，立地戦略に多大な影響を及ぼす比較優位の基礎的なパターンを決定する。さまざまなリンケージのタイプの相対コストは，立地戦略と所有戦略の両者に影響を与える。したがって，所有戦略を立地戦略と連結する予測を行うにあたっては，リンケージ・コストの変化がとくに重要である。

　このモデルが最も明確に適用されるのは，グローバリゼーション・プロセスの分析である。グローバリゼーションの重要な駆動力は，リンケージ・コストの低減である。コストが低減するにつれて，ますます数多くのリンケージの持続が可能となる。これは，グローバル・システムがよりいっそう複雑になることを意味している。

　リンケージ・コストを低減させる要因のいくつかは，国内と国際の両レベルで適用可能である。これは，経済活動のグローバリゼーションがある程度国内レベルでの複雑性の増加と軌を一にしていることを意味している。したがって，精緻な在庫管理プログラムを利用したコンピュータ・システムは，非常に多くの異なる部品から成る製造設備を必要とする「ジャスト・イン・タイム」によるリーン生産システムを支援することができる。このような国内の複雑性の増大は，グローバル・システムか，ローカルな活動を緊密に結びつける都会や地域の「クラスター」または「集積」を結びつけたものであると次第にみなされている，という点に映し出されている。

　しかしながら，グローバリゼーションの焦点は，国際リンケージに明確に影響を与える種々の変化にある。その変化には，コンテナ化による国際定期船輸送の進展，出張のためのジェット機利用の増加，電子メールと衛星通信の進展などがある。しかしながら，最も大きな影響は，政治的な変化であった。その変化にはGATT，UNCTAD，WTOを通じた貿易の自由化，EC，ASEAN，NAFTA，MERCOSURをはじめとする地域的な貿易ブロックの発展と拡大がある。これらの変化のインパクトは，国内のリンケージ・コストに比較して国際リンケージ・コストを低減させることである。

こうして，そのモデルを活用するにあたって検討できる2つの相異なるが，関連する変化がある。第一は，すべてのリンケージ・コストの一般的な低減であり，第二は国内リンケージ・コストに比較した国際リンケージ・コストの追加的な低減である。前者は，一般にシステムの複雑性を増大させ，後者は，国内リンケージに比較した国際リンケージの複雑性を増大させる。本章のモデルは，とくに第二の目的を念頭において設計されている。各立地でのシステムのモデル化は，きわめて基本的であるため，国内レベルでの複雑性の程度に応じて変化を調整することができない。しかしながら，全体のシステムのモデル化は，経済統合が進展するにつれて，国際リンケージの活用の増大を捉えるのによく適合している。とくにこれは，モデルが以下に示唆する方向に拡張された場合にあてはまる。

こうした点で，モデルの適用は，いくつかの企業から成るシステムに対する単一企業の行動を適切に説明する多くの有名なIB理論の研究結果を一般化するものである。それはまた，明確にシステムの影響から生じる立地戦略と所有戦略との新しい関係をも明らかにするものでもある。たとえば，グローバリゼーションという状況のなかで，それは新たなリンケージの出現が，グローバル・パワーの全体的な集中化において実質的な変化を伴う新しい所有パターンと関係しているかもしれない，ということを示すものである。

3.12 拡 張

本章で説明しているモデルは，きわめて簡単なものであるため，多くの点で拡張可能である。これらのうち最も重要なのは，複数のリンケージの調整のために利用できる制度的な協定の範囲を拡張することである。自然な拡張によって，2つのタイプの内部リンケージと2つのタイプの外部リンケージに適用できる。

すでに述べたように，内部リンケージは中央集権化された計画システムか，市場を模倣しようとする移転価格かのいずれかによって影響を受ける。

内部移転価格の設定は，次の2つの点で外部市場とは異なる。第一は，交渉プロセスが社会的慣習によって規制されるのではなく，企業によってコントロールされ，しかも契約の遵守が外部の法制度ではなく，企業内部の権限構造を通じて実行されることである。第二は，それぞれの内部価格は異なる目的で利用され得ることである。したがって，資源の配分のために用いられる移転価格もあれば，全体の税や関税の負担の最小化のために用いられる移転価格もある。さらに一般の市場では，1つの移転価格のみで十分である。

同様に，外部市場が非人格的であるだけではなく，人格的でもあり得るということは周知のことである。人格的な市場の共通の特徴の1つは「暖簾」である。すなわち，企業は，価格に関して短期の最善の取引を求めるのではなく，一定の基準で相互に購買を行うのである。企業が行う継続的な公式の短期契約の基礎には非公式の長期契約がある。この契約はシステム全体の財産ではなく，そのシステム内の個々のリンケージの財産であるので，用語としては誤解を招くが，「ネットワーク・タイプ」と称されることが多い。内部市場が内部の契約に「市場と同様」の特性を与えるのと同じように，これらのネットワークの関係は外部の契約に対して「企業と同様」の特性を与える。

追加契約は，意思決定変数 n がとる値の範囲を2から4まで拡張することによって，モデルに容易に適用される。内部の計画設定を $n=0$，内部市場を $n=1$，ネットワーク関係を $n=2$，非人格的な外部市場を $n=3$ で示してみよう。以前のように，リンケージが独立している場合には，j 番目のリンケージに用いられる契約は，単に n_j，所与の n_j^*，および関連コスト t_j^* について (h_j, d_j, n_j) を最小化することで決定できる。リンケージが相互依存の関係にある場合には，問題は内部化と外部化に関してのみ生じ，内部化と外部化がとる形態に関しては生じない。企業が価格を用いて，または別のときには中央集権的な計画を用いて，1つのリンケージを内部的に調整できない理由，あるいは企業がネットワークベースで，または別のときには非人格的なベースで，1つの独立した企業と取引ができない理由はない。もちろん，企業が1つの内部の契約と1つの外部の契約を採用するほうが少しコ

ストが低くなる場合があることは真実である。ハイブリッドな契約の追加コストは，確かにより精緻なモデルで考慮されるかもしれない。しかしながら，この段階でそのような複雑性を組み入れることは賢明でないように思われる。

　企業は，自らが用いる外部リンケージの形態について，どのように同意できるかと問われるかもしれない。ある企業はネットワーク関係を好み，別の企業は非人格的な関係を好むが，どの見解が広く受け入れられるであろうか。非人格的な関係を望む企業は，他社の躍進を拒むことができるであろうか。現在のモデルの観点からは，その答えは非常に単純である。すなわち，企業はそのシステムの全体の運営コストを最小化する契約であれば，どれでも同意するということである。全体的なパフォーマンスを最大化する契約を好む企業は，それが獲得した多大な利益のなかから，他社の損失を補償できると想定される。

　そのモデルは，立地の観点からも質的向上が図られる。その1つの明らかな改善点は，リンケージ・コストの対称性を緩めることである。これを行う理由はいくつかある。第一に，貿易パートナー間の関税は一致調和されることが多いが，こうしたケースばかりではない。関税率の相違は，製品に対するリンケージ・コストの非対称性を意味している。第二の検討事項は，輸送コストに関係している。荷積みのない船舶や車両での製品の「帰路運賃」が，別の地域への運賃よりずっと安価な場合がある。これは，安定性を保つために底荷（バラスト）を運ばなければならない船舶輸送にとくにあてはまる。

　非対称性は知識移転にも適用できる。たとえば，2つの立地が日本とアメリカであると仮定しよう。英語を話す日本の科学者の数の方が，日本語を話すアメリカの科学者の数より多いとすれば，技術は日本からアメリカよりも，アメリカから日本へ移転する方が簡単である。外国のR&D施設で生み出された知識に対する受容度が，文化的な要素の刺激によって，アメリカの科学者より日本の科学者に高いとすれば，同じ結果となるだろう。このシナリオの意味するところは，知識ベースのリンケージ・コストは，知識フロー

がアメリカから日本へよりも，日本からアメリカへの方が高いということである。モデルの条件の範囲内でいうと，これによって，米国でR&Dを行い，日本で生産を行うことが奨励されることになる。

　非対称なリンケージ・コストを組み入れると，モデルの内容がやや複雑になるが，実質的には解決の方法には影響を及ぼさない。その唯一の影響は，内部化を最適化する場合に検討しなければならないリンケージのタイプの数が増えるということである。

　別の拡張は立地の数の増加に関係している。以前の変化と異なり，これにより立地分析がかなり複雑になる。たとえば，立地の数が2から3に増加するとすれば，潜在的な立地戦略の数は9から70に増加する。しかしながら，どんな生産工場も二重の知識源を持つべきではないという原則によって，効率的な立地戦略の数は52にまで制限される。この拡張は，前節で論じたように，国際貿易における関税同盟の役割を分析する際にきわめて有用である。それぞれの立地を別々の国とみなすことによって，2国間の提携が第三国に与えるインパクトが容易に測定できる。貿易の創出と貿易の転換の分析は，知識創出と知識転換の分析，ならびに内部化効果に誘発される多国籍活動の変化と合わせてできる。

　現在の国のなかで第二の立地を導入することによって，2国モデルの構造を保持しながら，この追加的な立地の導入を実行することができる。たとえば，首都とその後背地の間，または海岸地域と内陸地域の間に一定の区別をすることができる。国際貿易が地域の成長に与えるインパクトは，立地効果の観点から分析できるが，それは同時に首都や商業上の「中心地」，およびそれより遠い「周辺地域」との間とのリンケージの内部化に起因する「支部工場」の効果を考慮に入れている。

　拡張の最後の選択肢は，新しいタイプの施設の導入に関係している。1つの可能性は，垂直統合をより完全に分析するために，生産の川上部門と川下部門を区別することである。この選択肢はバックレー＝カソン（1976, pp.45-49）で強調され，カソンら（1983）で実証的に展開された。生産の垂直統合は，国内と国際の両面で研究できる。国内的には産業地域，または「クラス

ター」(Porter, 1990) の役割を調査できる。国際的には低賃金労働をベースにした海外生産と輸出加工区を分析でき，また原材料追求型投資の分析もできる。

もう1つの可能性は，基礎的な R&D と応用的な R&D (Pearce = Papanastassiou, 1996) のような異なるタイプの R&D を区別することである。応用的な R&D の立地と，基礎的な R&D を誘引する可能性は，多くの新興工業国やいくつかの移行経済国にとって，重要な工業化政策の重点課題である。

既存の産業における新しいタイプの活動に加えて，新しい産業を導入することも可能である。これは追加的な最終製品を明確化し，それに付随する新しいマーケティング施設を導入することが伴う。これはすでに経済学の文献で有名な産業連関リンケージ・モデル (Leontief, 1958) の方法にモデルを拡張する。これらのモデルは，アイザード (1972) などの地域研究者によって，立地コンテキストで応用されてきている。しかしながら，産業連関リンケージの主流の分析は，その分析の焦点が企業ではなく，産業にとどまっていたため，内部化理論とうまく統合されることはなかった。産業連関の経済学と内部化理論のインターフェイスの研究は，将来には大きな研究成果を生むであろう。

3.13 結 論

本章では，これまで消滅の一途にあったリサーチ・アジェンダを再び拾い上げた。実際に，それは2度消滅した。コースが最初にそのアジェンダを説明したとき，彼の同時代のほとんどの人びとは彼の功績の重要性を認識できなかった。彼の経済システムのモデル化に対する制度的アプローチは，新古典派の一般均衡システムの数学モデルの進歩のために，影が薄れてしまった。40年後，バックレー＝カソンが提示したコース的パースペクティブの「グローバリゼーション」は，その同時代の何人かの人びとから，グローバル経済全体を分析する一般的アプローチとしてではなく，ライセンスィング

や原材料追求型投資の分析に対する特殊で専門的な貢献とみなされた。その結果，「内部化理論」は伝統的には単一企業の行う意思決定の観点から説明されていた。そしてその企業の存在は効率性にもとづき推進されるシステム内での独立した意思決定の観点というよりも，むしろ所与を想定したものであり，そのシステム内では企業の存在は想定されていないが，企業の存在理由は市場を活用する便益との関係で証明されなければならないのである。

この２度にわたる消滅に対する周知の説明は，次のようなものである。すなわち，研究者たちは完全なシステム・ワイドな見方をとるとき，必ずやその存在を仮定せざるを得ない複雑性との対峙に逡巡したからである。本章は，これらの懸念が見当違いであることを立証している。不連続選択のモデル化は，効率的でシステム・ワイドな組織の問題を解決するのに実行可能なアプローチを提供する。確かに複雑性——とくにトライアングル問題——は存在するが，それらは克服しがたいものではない。

本章で開発されたモデルは，いくつかの異なる方向に拡張できるということが示された。ここで提示したモデルは，興味深いシステム効果が調査できる最も単純で実践可能なモデルとして選択されたものである。実践的な適用可能性が最大限約束できるモデルとして，その他のより複雑なモデル——とくにネットワーク効果を考慮に入れる３つの立地モデルがある。

ある１つの質問にしか答えられない研究が，別の質問を提示するということがしばしば観察される。したがって，「正しい質問」をすることが研究を成功に導くカギであるが，正しい質問は，少なくとも問題の一部が解明されるまで行うことができない。「立地と所有の戦略に関するシステム観をどのように公式に明確化できるのか」という質問に答えることによって，本章では結果として別の質問を提示した。その質問とは，「国際ビジネス・システム内にいる企業家は，実際にはどのようにして効率的な構造に到達しているのか。彼らは，ある意味では，前述したモデルで効率的な解決策を計算するのに用いるアルゴリズムを模倣するのか，それともむしろ，完全に異なるアプローチを用いるのか」ということである。この問題は，企業家がその計画を策定する方法のみならず，競争相手の企業家の提示した計画間で，資本市

場が資源を配分する方法とも関係している。この問題は本書の姉妹書で研究されている (Casson, 2000, 第3章)。

<参考文献>

Buckley, P.J. and M. Casson (1976) *The Future of the Multinational Enterprise*, 2nd edn 1991, London: Macmillan. (清水隆雄訳『多国籍企業の将来』文眞堂, 1993年)

Buckley, P.J. and M.C. Casson (1998) 'Analysing foreign market entry strategies: extending the internalisation approach', *Journal of International Business Studies*, 29(3), 539-61.

Casson, M. *et al.* (1983) *Multinationals and World Trade: Vertical Integration and the Division of Labour in World Industries*, London: Allen & Unwin.

Casson, M. (1990) *Enterprise and Competitivents: A Systems View of International Business*, Oxford: Clarendon Press.

Casson, M. (1992) 'Internationalisation theory and beyond', in P.J. Buckley (ed.), *New Directions in International Business*, Aldershot: Edward Elgar, reprinted in M. Casson (1995), *The Organization of International Business*, Aldershot: Edward Elgar, 22-46.

Casson, M.C. (2000) *Enterprise and Leadership: Studies on Firms, Markets and Networks*, Cheltenham: Edward Elgar.

Casson, M. and N. Wadeson (1996) 'Information strategy and the organisation of the firm', *International Journal of the Economics of Business*, 3(3), 307-30.

Coase, R.H. (1937) 'The nature of the firm', *Economica* (New Series), 4, 386-405.

Dunning, J.H. (1977) 'Trade, location of economic activity and the multinational enterprise: a search for an eclectic approach', in B. Ohlin, P.O. Hesselborn and P.M. Wijkman (eds), *The International Allocation of Economic Activity*, London: Macmillan.

Dunning, J.H. (1983) 'Changes in the structure of international production: the last 100 years', in M.C. Casson (ed.), *The Growth of International Business*, London: George Allen and Unwin, 84-139.

Hayek, F. von A. (1935) 'The present state of the debate', in F.A. von Hayek (ed.), *Collectivist Economic Planning*, London: George Routledge & Sons, 201-43. (迫間真治郎訳『集産主義計画経済の理論：社会主義の可能性に関する批判的研究』実業之日本社, 1950年)

Hayek, F. von A. (1937) 'economics and knowledge', *Economica* (New Series), 4, 33-54.

Helpman, E.M. and P.R. Krugman (1985) *Market Structure and Foreign Trade: Increasing Returns, Imperfect Competition and the International Economy*, Cambridge, MA: MIT Press.

Isard, W. (1956) *Location and Space Economy*, Cambridge, MA: MIT Press. (細野昭雄他訳『立地と空間経済』朝倉書店, 1964年)

Isard, W. (1972) *General Theory: Social, Political, Economic and Regional*, Cambridge, MA: MIT Press.

Kemp, M.C. (1964) *Pure Theory of International Trade*, Englewood Cliffs, NJ: Prentice-Hall.

Kirzner, I.M. (1973) *Competition and Entrepreneurship*, Chicago: University of Chicago Press. (田島義博監訳『競争と企業家精神：ベンチャーの経済理論』千倉書房, 1985年)

Klein, B.A., R.G. Crawford and A.A. Alchian (1978) 'Vertical integration, appropriable rents and the competitive contracting process', *Journal of Law and Economics*, 21, 297-326.
Leontief, W. (1953) *Studies in the Structure of the American Economy*, New York: Oxford University Press.
Leontief, W.W. (1958) *Studies in the Structure of the American Economy*, Oxford: Oxford University Press.
Pearce, R.D. and M. Papanastassiou (1996) 'R&D networks and innovation: decentralized product development in multinational enterprises', *R&D Management*, 26(4), 315-33.
Porter, M.E. (1990) *The Competitive Advantage of Nations*, New York: Free Press. (土岐坤他訳『国の競争優位〈上〉〈下〉』ダイヤモンド社, 1992年)
Robertson, D.H. (1923) *The Control of Industry*, London: James Nisbet. (井上貞蔵・大森英治郎訳『産業統制論』同文館, 1930年)
Williamson, O.E. (1975) *Markets and Hierarchies: Analysis and Anti-trust Applications*, New York: Free Press. (浅沼萬里・岩崎晃訳『市場と企業組織』日本評論社, 1980年)
Williamson, O.E. (1985) *The Economic Institutions of Capitalism*, New York: Free Press.

(小林 麻理・山本 崇雄)

第4章 限定された合理性，メタ合理性と国際ビジネス論

ナイジェル・ウエイドソンとの共著

4.1 イントロダクション

　限定された合理性の概念は，しばしば国際ビジネス行動の解明に応用されている（たとえば，Kogut and Zander, 1993 を参照）。それは，ウィリアムソン流（Williamson, 1975）の取引コスト理論のカギとなる要素であり，「ヘテラルキー」——あるいは「ネットワーク企業」——として知られるヘドランド（Hedlund, 1993）の議論の基礎となるものである。しかしながら，「限定された合理性」の厳密な意味についてのコンセンサスは得られていない。用語自体奇妙なものである。それが何でないのか，つまり完全かつ本質的な合理性でないことは示しているものの，厳密にいえば，それが何であるかについては述べていないのである。そのため，限定された合理性の因果関係があいまいであり，それは限定された合理性について，どの解釈に従うのかが明らかになっていないからである。

　本章の目的は，限定された合理性を情報コストの観点から解釈し直し，その概念を明らかにすることにある。そうすることによって，多国籍企業の組織の分析に，より必要な厳密さと正確さを採り入れることができる。限定された合理性の概念を導入することによる効果の多くは，情報コストに対する合理的反応という観点から，よりわかりやすく説明可能だからである。

　サイモン（Simon, 1947, 1982, 1992）によれば，限定された合理性は，満足化ルーティンに関連している。満足化の概念が示していることは，第一

に，意思決定が解決法の探索に関連しており，第二に，その探索は理想的な解決法がみつかる前に，終了する傾向にあるということである。選択された解決法は，単に満足できるものに過ぎず，必ずしも完全最適なものとはいえないのである。ルーティンの概念が意味することは，満足を求める問題解決者が繰り返し同一の探索手続に従う傾向にあるということである。サイモンによって提唱された行動パースペクティブは，これらのルーティンが人びとの行動にプログラムされていることを示している。それらは個人の選択の所産ではない。そうしたルーティンは，生物学的にプログラムされた先天的なものであるか，あるいは社会的に獲得されたもの，たとえば他者の行動を模倣するようプログラム化された習慣によるものなのかもわからない。

　サイモンが限定された合理性は企業内の管理行動を説明する際に不可欠であると議論しているのに対して，ウィリアムソン（Williamson, 1975）は，限定された合理性は企業自体の本質にインプリケーションを持つものであると強調している。ウィリアムソンの理論では，限定された合理性は主要な要素の1つになっている。それは，なぜ複雑な状況適応的契約を結ぶことができないのか，なぜ労働者を企業内で働かせるために雇用しなければならないのかについて説明するものである。同様の考え方にもとづいて，生産工程の統合についても説明可能である。

　ウィリアムソンに先んじて，サイアート＝マーチ（Cyert and March, 1963）は，企業の行動理論を発展させ，そのなかで経営者が価格，生産量，在庫量を設定する際に用いることができる計算法について詳しく述べている。しかしながら，これらは本質的には場当たり的なものに過ぎなかった。それらは経営者が何を行ったかについての説明にはなっておらず，彼らが典型的な企業で行ったものの描写に過ぎなかったのである。理論的内容は，管理プロセスの些細な事柄を抽象化したものに限定されていた。

　行動理論アプローチは，単純化していえば，経営者が環境変化に際しても行動パターンを変更できないことを示唆している。しかしながら，そうした行動パターンの変更が発生することを示す証拠は数多い。こうした行動変化は，根拠のないものではなく，効率的な適応の必要性によって方向づけられ

ている。成功を収める企業は，現在の環境のもと，最も効率的なルーティンを選択している。実際，ボーモル゠クォント (Baumol and Quandt, 1964) は，意思決定に際しての経営コストを適切に考慮するならば，成功するルーティンが合理的ルールとして再解釈可能であることを実証している。この点については，以下で再考する。

ネルソン゠ウィンター (Nelson and Winter, 1982) は，組織行動におけるより高度な柔軟性を許容することによって，行動理論アプローチを再活性化した。彼らは同時に，企業間競争を取り込むことによって，理論の範囲を拡大した。しかしながら，彼らの理論の枠内では，企業に許容される柔軟性の程度は，それでも相対的には小さいものであった。さらに，同理論のカギとなる要素は，場当たり的なものにとどまっていた。ネルソンとウィンターは，企業が持つ無形の知識ベースの多くはルーティンによって構成されていると論じている。これらのルーティンは暗黙的なものであり，ライセンス契約を通じて売買するために，十分成文化されたものではない。経営者は自らの合理性に完全に縛られているため，これらのルーティンを実行することによって，それらを記憶しているだけなのである。彼らはまあまあの結果が得られる限りは，ルーティンをただ習慣的に反復している。企業が始めたルーティンは根拠のないものである。経営者は失敗から学ぶが，それは近視眼的に行われる。つまり，ルーティンの予期せぬ失敗に際しても，それまでのルーティンと同程度の，もう1つのルーティンを探索するのみである。そうした探索は行動理論の満足化プロセスとして，モデル化されている。学習の漸増的効果は企業を最適状態に徐々に近づけるが，実際に最適状態に到達することはないのである。

最も効果的に学習する企業は，他社を犠牲にして，規模を拡大する傾向にあるが，それは業界を衝撃が襲うたびに，彼らが市場シェアの拡大に走る傾向にあるからである。このことの1つの結論は，業界全体がルーティン行動を合理的パターンに収斂させる傾向を持っているということである。したがって，個別企業の限定された合理性を強調しつつも，最も合理的な企業を選択する進化プロセスには，いかなる場合でも，業界レベルの合理性が貫徹

していることを意味している。このことは，正統的な合理性を批判する理論においてさえも，合理的行動の傾向が実に強固であるのがわかっていることを示している。なぜなら，そのことは進化選択メカニズムによって実証されている。

進化選択メカニズムのモデル化は，もしかすると非常に複雑なものかもしれない（たとえば，Moss and Rae, 1992 を参照）。それゆえに進化モデルは，通常シミュレーションによって解明される。これらのシミュレーションによって示される特性は，しばしば直感的に理解することが難しい。それらの短期的な動きは，長期的な動きに比べて，通常はより興味深いものであるが，解釈はとりわけ難しい。長期的な動きは，通常は解釈がより容易であるが，それがなぜかといえば，上述のように，しばしば合理的な結果に収斂するからである。複数の均衡点がある場合や均衡点がまったくない場合には，そうした収斂は発生しない。したがって，長期的な動きが最も容易に理解されるのは，モデルの均衡点の特性を問うことによってである。次に，これらの均衡点の特性は，システム内部の完全合理性を達成するうえで，障害となるものである。したがって，シミュレーションの結果をうまく解釈するためには，いかなる場合にも，合理性原則に立ち返ることが必要なのである。

4.2 限定された合理性：空箱か？

限定された合理性は魅力的な概念である。それは，われわれが目にする他の人びとの奇抜な行動のすべてをたちまちのうちに説明するように思われるからである。しかしながら，この説明は誤りである。限定された合理性は，確かにそうした行動と一致するものであるが，それは単にいかなる行動とも完全に一致するからに過ぎないのである。限定された合理性が何も例外としないため，他の仮定を併用しなければ，実際には何事も予測できないのである。

また，限定された合理性が何をも例外としないことは，通常においてすべての行動が非合理的なものとして受け止められていない現実によって強調さ

れてしまう。もし限定された合理性が実際にそのように解釈されるとするならば，少なくとも合理性という観点から説明可能なことは決して発生しないことになってしまう。しかしながら，限定された合理性に関する論者は，通常行動も時には合理的になるかもしれないという可能性を残している。彼らは，完全な合理性を予測することが誤りであることを知っている。その結果，今日の多くの論者は，行動科学主義や人工知能の研究に依存することなく，限定された合理性を引き合いに出しているのである。その主な結論は，理論の枠組みのなかでしっかりとした合理性の概念を任意に利用することである。したがって，ある目的で限定された合理性を引用した学者が，他の目的のためにしっかりと合理性を持ち出すことになるのである。たとえば，ウィリアムソン（Williamson, 1985）は，限定された合理性の観点から雇用契約によって生まれる権限関係を説明するが，しかしそのうえで，しっかりと合理的なものとして，代替可能な契約間の経営選択について分析しているのである。

　限定された合理性を仮定する便益は実体のないものであるが，そのコストは非常に現実的なものである。これらのコストは，主に冒頭で述べたあいまいさの問題点から発生するものである。異なる論者が異なる場当たり的な行動ルールを引き合いに出したり，同一の論者が同一の議論の異なる段階で，異なるルールを引き合いに出したりすることさえある。このように，限定された合理性は，他のコンテクストにおいてもそうであるが，同一のコンテクストにおいても，まったく同一の事柄を意味することはこれまでほとんどなかったのである。

　この種のあいまいさは，理論構築を阻害する。良い理論というものは，容易に理解できるものでなければならない。理論をうまく機能させる論理的透明性というものが存在する。この論理的透明性は不可欠なものである。なぜなら，限定された合理性の仮定がまさに示しているように，それなくして，人びとが理論構造を理解し，それらを適切に利用することは困難だからである。こうした見方からすると，論理的透明性は理論の理解を容易にするものであるから，限定された合理的な人びとが使用する理論には不可欠なものと

なる。合理的行動を仮定することは，良い理論に必要な，まさにある種の論理的透明性を提供するものである。人びとがあたかも合理的に行動するという仮定は必要である。なぜなら，そうでなければ，単に彼らの行動を理解するのが困難である，とわれわれが知っているに過ぎないからである。厳格な理論家であれば，合理性を仮定する必要がある。なぜなら，そうした理論を学ぶ人びとは，他のアプローチが引き起こす複雑性に対処することができないからである。合理性のパラドックスとは，合理性が真実でないことをわれわれが知っているからこそ，合理性がしばしば仮定されなければならないということである。より正確にいえば，合理性はそのモデルを研究する者にとっての真実ではないからこそ，モデルに登場するエージェントの行動の仮定として設定しなければならないことである。もし合理性の仮定が拒否されるとするなら，他の同様に単純な仮定を設定しなければならない。今のところ，満足できる代替案は発見されていないのである。

　論理的透明性は，理論構築における一貫性の欠如や矛盾を明らかにするうえでも重要である。説得上手な学者であっても，限定された合理性にあり，人間が持っている間違いから逃れられないのであり，理論構築における論理的誤りを不幸にも犯す傾向がある。合理性の仮定を引き合いに出す間違いを犯しやすい個人は，誤りを犯したときにそれを発見することが容易である。なぜなら，問題点の兆候があまりにも明快なためであり，誤りを強制的に訂正させるからである。しかしながら，合理性原則やそれに類似の仮定を拒否する人びとは，彼らの文章が明瞭でないために，誤りの探索から逃れようとするかもしれない。悪い理論家は合理性の仮定を嫌っている。なぜなら，彼らはそれを用いることによって，誤りが直ちに発見されてしまうことを知っているからである。その代わりに，彼らは限定された合理性の仮定に逃避しているのである。

　国際ビジネスには確かに多くの悪い理論がみられる。今日の国際ビジネスの組織理論は，限定された合理性の仮定に強く依存しているため，とりわけ論理的誤りを犯す傾向にある。近年，論者たちは論理的一貫性をまったく持たない理論を構築するために，合理性と非合理性の間を行ったり来たりする

自由を得ている。グローバリゼーションに関する文献からの引用は，そうしたポイントを突いたものである。バートレット゠ゴシャール（Bartlett and Ghoshal, 1987）以降，グローバル競争に対応するためには柔軟な組織構造が利点を発揮すると主張する，空想的な論文がますます多く発表されている（Hedlund and Ridderstrale, 1992）。この流れが衰える兆候は現れていない（たとえば，Hamel and Prahalad, 1996 を参照）。しかしながら，こうした考えを提唱する論者たちは，分析上の論理的一貫性を保証する合理的行動といった明らかな仮定について，誰1人として触れていないのである。代わりに，彼らの人間行動に関する仮定が，議論の進展に伴って変化することをごまかすために，限定された合理性の概念を使用しているのである。彼らの論文から人間行動の一貫した見方は生まれない。なぜなら，合理性の仮定にもとづく原則が，それぞれの論文に欠けているからである。

　より厳格なアプローチのための基礎はすでに築かれているけれども，国際ビジネス論における知的水準を維持する問題はとりわけ遺憾なものである。エゲルホフ（Egelhoff, 1991）は，多国籍企業の組織は情報処理の観点から，一貫性のある形で分析することができることを示した。このより厳格なアプローチは，第5章で詳細に取り上げる。それは合理的組織というものは，全体の情報コストを最小化するとの原則に則ったものである。この原則に従えば，組織の本質は情報処理における分業であり，上級マネジャーは，下級マネジャーからの情報チャネルを統合する役割を担う。そうすることによって，職能担当の専門家とローカル知識を持った下級マネジャーたちは，彼らが最もよく知る特定の情報源からの情報収集に特化することになる。その結果，より一般的な知識と幅広い視野を持った上級マネジャーは，意思決定のために，こうしたさまざまな情報源からの情報を統合することに特化することが可能になる。こうしてなされた意思決定は，次に実行のために，下級マネジャーに伝えられる。本社から指令を発することは，組織内で情報を一本化するけちな方法である（Casson, 1994）。このアプローチは，階層組織は柔軟な形態を採るべきであるとの議論と完全に一致するものである。実際のところ，それが階層組織は環境の激しい変移パターンに適応しなければ

ならないという，理論の直接的なインプリケーションである（Casson, 1995 第 4 章）。しかしながら，このことは，階層組織自体がなにか完全に異なる形態に代替されるということを示すものではまったくないのである。

4.3　合理性：厳密な意味は何か？

合理性と非合理性を区別するのは，実際のところ，見かけほど簡単ではない。限定された合理性が意味するものを適切に定義づけるためには，合理性の意味を正確に知ることがまず必要である。合理性の定義が異なると，限定された合理性の概念に対するインプリケーションも異なる（Elster, 1986; Hargreaves Heap, 1989）。

経済理論では，合理性についての最も有益な解釈は手段的なものである（Blaug, 1980）。合理性は所定の目的を達成するためになされる手段選択の1つの特徴である。それは目的それ自体の特性ではないのである。利己的で，実利主義的な人であれば逆に考えるかもしれないが，慈善活動に匿名で多額の寄付をする成功した事業経営者は，非合理的に行動しているのではない。利他的であるということは，非合理的であることを意味しない。その経営者は，自らの可処分所得が，そうした行為によって減ることは百も承知であろう。最もあり得る説明は，その経営者は寄付によって良心の満足を得るということである。つまり，合理的な利他主義者は，寄付金額の更なる増加によって得られる限界的な感情的満足が，物質的犠牲と同一になるところまで，寄付金額を増加させるであろうということである。

目的が所与のとき，一方の目的が他方に比べて合理的であるというのは可能なことではない。目的が合理的であることの唯一の意味は，選好は移っていくに違いないというのである。すなわち，一貫性とは，戦略 A が B に比べて好ましく，B は C に比べて好ましければ，A は C に比べても好ましいというものなのである。

しかしながら，いくつかの目的が他に比べて，より妥当であれば，人を説得することは可能かもしれない。それゆえに，カント主義哲学者は若い破壊

4.3 合理性：厳密な意味は何か？

主義者に，皆が同じことを行えば自滅行為になるのであるから，公共財の破壊は非合理的であると説得することができるかもしれない。破壊行為の累積的効果は，すべての人びとをより悪い状態にするものであり，破壊されずに残る無傷の資産は存在しないであろう。この議論は破壊主義が非合理的であるといっているのではない。なぜなら，破壊主義者は，そうすることによって多大な満足を得ており，破壊行為を行うためには他の人びとよりもより大きなリスクを背負っているからである。破壊行為者は破壊行為によって罰せられるし，したがってそうした行為がもはや心地良い気持ちにさせるものではないことはわかっているのであるから，それは選好に影響を及ぼすための試み以外の何ものでもないのである。

下手をすると，目的の扱い方によっては，合理的行動の原則を陳腐化させてしまう。なぜなら，それは独特な目的という形で，いかなる行動も「合理化する」ために用いることが可能だからである。手段としての合理性が予言可能なインプリケーションを持つとすれば，目的に制約を加える必要がある。明らかな制約は，日常的なものに関する限り，「より多くのことが常により良い」ということである。嗜好は必ずしも限定的なものではないかもしれない。つまり，人びとが消費財では単調なものよりも多種多様なものを好むことを示唆している。他方でまた，目的が固定されるという考えも重要である。意思決定者は手段が相対的に珍しいものになると，それに代わるものを考えると，経済学において予測されるのが，まさにこの仮定である。もしも目的の変更が許容されるとするなら，変更の法則は十分に明記されなければならない。それで，こうした変化の効果を方法変更の効果が考慮される以前においても，説明することが可能となる。

手段としての合理性については，異なる見方も多い。合理性についての極端に狭い見方は，合理的決定が完全な情報を基礎にしているというものである。これは，現実にはこれまでほとんど満たされなかった非常に厳しい基準である。このために，それは限定された合理性が至るところに存在するものであるとの議論を望む人びとに好ましい定義である。しかしながら，人間行動におけるもう1つのモデルを構築するうえで，このアプローチは発展性に

乏しいものである。

　合理性についてのより広範で有用な見方は，既存の情報を最大限可能な限り，有効利用するというものである。この見方では，意思決定者は不確実性のもとで行動しているが，それはある特定の方法での対応といえる。情報の欠如は主観的思考体系によって代替される。こうした思考体系は確率論的な説明である。このアプローチは現代の新古典派ミクロ経済理論において，かなり一般的なものである (Lippman and McCall, 1979)。しかしながら，それは論争の的でもある。実験による証拠をもとに，人々は確率について論理的に思考することができないと主張する人びともいる。それに対して，こうした証拠は，人びとを不自然で不慣れな状況に置いたときにつくられたものであり，慣れ親しんだ状況下では，人びとはそうした論理が妥当であるかのように行動するとも議論されている。

　この広範な見方を精緻化することによって，人びとが意思決定の前に，どのくらいの情報を収集しているか判断することができる (Marschak and Radner, 1972)。次に，意思決定は2段階プロセスをとる。第一段階では，意思決定者はどのような情報を収集するか決定し，第二段階では，発見した情報をもとにどのように行動するか決定する。そのプロセスの論理は，合理的な意思決定者に収集した情報に従って，各々のケースでどのように行動するのかを考慮するよう要求する。情報の各々可能な項目について考慮する必要があるし，その後の意思決定のためのインプリケーションを引き出す必要がある (Casson and Wadeson, 1996)。たとえ，その情報が意思決定に何ら影響を及ぼさず，それがどのようなものであれ，情報収集には特効薬はないのである。とりわけどのような発見が役に立つか知るためには，意思決定者は初めに，たとえ情報が収集できないとしても，どのような意思決定をするか知っていなければならない。この決定は主観的確率を反映するものである。収集できたさまざまな情報がどのように役に立つか判断するなかで，意思決定者はどのような情報が収集の価値があり，どれが価値がないかを判断することができるのである。

　こうした精緻化は少し込み入ってみえるかもしれないが，非常に特徴的な

インプリケーションを1つ持っている。このインプリケーションだけでも，このアプローチが非常に有用なことを示している。合理的な意思決定者は，通常継続的プロセスとして，情報収集を行うであろう。実際，もし複数の事象を直ちに観察できるような経済が物理的に存在しないとするならば，継続的な情報収集アプローチを即時的に行うことによって，よりよいものにすることは不可能である。最適な手続は，まずは常に特定の情報を収集して，その次にその価値を判断したうえで，その後の情報収集を行うことである。最初の情報は決定的なものであるかもしれない。というのは，すでに意思決定は明らかであり，更なる調査は不要だからである。もし最初の決定が決定的なものでなければ，第二，あるいはそれに次ぐ決定がそうであるかもしれない。典型的なケースでは，意思決定者は複数の情報を収集するが，すべての情報を求めるわけではない。彼はすべての情報を収集する前に，収集をやめる。なぜなら，その後に続く情報の収集・加工コストは，期待される利益よりも少ないからである。誤った決定のリスクを減少させることによって得られる利益は，追加的情報コストが加算されても，なお大きいのである。この結果の持つインプリケーションは，本章の後の節で詳細に検討される。

4.4 メタ合理性

本章の残りの節は，情報の加工にコストがかかる状況の下での合理的行動についてのインプリケーションの展開に関連している。合理的に行動する人は，直面する情報コストについて十分認識しているものとみなされる。これはメタ合理的行動として知られている。メタ合理的行動のカギとなる特徴は，意思決定者が意思決定における情報コストを認識していることである。メタ合理的行動の最も単純な例は，環境内のパラメータを1つとして十分認知せず，意思決定前に，このパラメータの価値に注目するか否かを判断する意思決定者である。より洗練されたメタ合理的行動の例は，複数の不確実性に直面する意思決定者であり，前の段階で発見された情報に従って段階ごとの進め方を定めたルールを用いて，ある特定の順序でそれらを検討すること

を決めた意思決定者である。メタ合理性のカギは，このルールが最適条件のものであって，単なる根拠のないものではないということである。それはなぜかといえば，情報コストと誤った決定のリスクとの間のあり得る最良のトレード・オフを提供するものだからである。

メタ合理性はグループ・メンバーによって共同でなされた意思決定にも適用できる。共同意思決定を行う明らかな理由は，個人の比較優位に従って，人びとが意思決定の異なる局面に特化することができるからである。経済的な意思決定は，多くの要因について検討する必要がある複雑な環境下でなされることが一般的である。これらの異なる要因に関する情報は，分散する傾向にある。分散が地理的な場合とは，たとえば異なる情報源が異なる国々に存在する場合であろう。情報が製品ごとにも分散している場合は，各市場の専門家に相談しなければならない。最後に，情報が機能分野ごとに分散している場合は，たとえば次期の生産計画をつくるために，販売・生産情報を統合化するのが，ごく一般的なやり方である。

分業が共同の意思決定を行う唯一の理由というわけではない。収集情報に誤りがあるかもしれない場合，共同の意思決定は相互にチェック・アンド・バランスを働かせ，間違いの発生可能性を低めることができる（Sah and Stiglitz, 1986）。意思決定の実行度合いを向上させることも可能である。意思決定に参画した人びとは，それに対する責任感をより強く感じるため，成功に導くべく，より勤勉に働く傾向がある。共同の意思決定の実行における有効性は，民主的政治プロセスや協議スタイルの企業経営の採用の優位性と類似しているのである。

集権化したグループでは，1人の個人，すなわちリーダーが通常意思決定の分業にもとづいて決定に責任を持つことになる。リーダーは相互に調整された個別過程を選択し，各過程の実行責任者を決定するであろう。したがって，グループは組織として機能することになる。その組織構造は特定の管理ルーティンの実行に適合するように構築される。メタ合理性は構造がリーダーによって最適化され，ルーティンは情報のコストと利益への効率的な対応として，積み上げられることを示唆しているのである。

分権的なグループでは，通常分業は交渉によって決定されるであろう。このことは，分析を著しく複雑なものにする可能性がある。幸いなことに，分権化は部分的なプロセスであることが多い。皆がそれぞれ交渉するのではなくて，少数の子会社組織の1つに帰属することになる。こうした組織は組織間連結を持ちつつ，グループ組織を構成している。各子会社組織のリーダーは，メンバーを代表して交渉に臨む。したがって，以下の例のように，すべての個人は2つの企業のうち，1つに所属することになるのである。ある企業は他社から製品を購入する。両社のリーダーたちは誰が何を検査し，誰がどのような情報を他社に伝える責任を負うのかについて交渉する。それぞれのリーダーは，自社が行わなければならない検査を適切に行う内部ルーティンについての決定を下すのである。

　メタ合理性への明らかな障害は，手続を選択する意思決定者は情報コストが何であるか知らなければならないということである。そのコストを知らなければ，計算することができない。彼は調査することによって，そのコストが何であるかわかるかもしれないが，その調査が実行するに値する価値を持つかについての疑問が生じるであろう。意思決定者は，次に無限に遡及することになろう。つまり，あらゆる決定は情報コストを知ることが必要であり，そのコストは見つけ出す価値があるか判断するために，そのコストを知るためのコストもまた明らかにする必要が生じるからである。

　この問題は，克服不能のように思われるかもしれないが，実際は見かけほど深刻なものではない。まずは，当該理論は情報コストを実際に知るべきとはいっておらず，ただ情報コストの主観的蓋然性が明らかであれば良いといっている。もし意思決定者がリスク中立的であるならば，情報コストの消失価値は単に期待価値による計算で代替することができる。この場合，問題の解決は確実な状況に比べて，不確実性の方が多少込み入っているにすぎない。しかしながら，意思決定者がリスク回避的であれば，追加計算を行う必要が生じるであろう。

4.5 手続とルーティン

　メタ合理性は，手続とルーティンの起源を説明するうえで，とりわけ有用である。最適な情報戦略が連続発生的なものであることは，すでに強調してきた。このことは，そうした戦略が明らかに高質の手続を持っていることを意味する。一般的に，ある種の情報はまず収集され，その情報がどのようなものであるかによって，その後の行動がとられるべきであることを明らかにしている。

　典型的な意思決定者が直面する多くの状況は，相互に酷似しており，それは使用される資源の価値，無視することによって発生するリスク，そして情報収集コストが大雑把にいえば，似たり寄ったりだからである。このことは，典型的な企業において，とくに合致する状況であり，それはそれらの企業が，その後同一の市場で相対するからである。こうした条件のもとでは，1つの決定に関する最適な手続は，あらゆる類似の決定にも最適な手続なのである。したがって，同一の手続はその後に続く各ケースにも適用されるであろう。この手続は頻発する状況のもとで，一時的要因を特定し，発生する可能性のあるさまざまな一時的な出来事にいかに対応するかを示すものである。最適な手続は手続的なルーティンの基礎を形成するものである。

　この結果の重要性は，最適な手続を考案するのに，初期投資が発生する場合最もわかり易い。初期投資が重要な理由は，一時的な要因に対する反応がどのような特定の形態をとるかを決定づける環境のものでは，ある種の繰り返し発生する要因が存在することである。これらの要因を調べるにはコストがかかる。一度調べることができれば，これらの要因に変更がない限り，選ばれた手続が成功裏に繰り返される。したがって，繰り返し発生する要因に関する情報収集の固定コストは，その後のすべての手続に広く分散することができる。

　たとえば，毎期製品需要が流行の変化によって，一時的に変化することを仮定してみよう。その手続は生産量がいかにその変化に対応すべきかを方向

づけるものである。たとえば，それは流行の実態を観察し，生産量をある方法で調整するよう方向づけるものである。生産量の調整方法は，繰り返し発生する状況要因にかかっている。一時的な衝撃的出来事が襲って，需要がある長期的な水準に逆戻りしたと仮定してみよう。この水準は一時的な衝撃的出来事に対する合理的対応を支配し，繰り返し発生する要因である。さらに，この水準がその製品の代替製品の有無によって支配され，その代替製品の数が当初は知られていない場合を仮定してみよう。したがって，その場合のルールを設定するための初期投資には，代替製品の数を調べるコストが含まれる。一度，この調査が行われれば，そうして得られた情報は，その後のすべての状況に適用させるべく，手続きのためにコード化される。したがって，戦略策定コストは多くの決定に広く分散することができるのである。

したがって，メタ合理性は，意思決定者が一連の同様かつ不確実な状況に直面したとき，行動は特定の手続に関して，ルーティンを適用することによって決まるであろう。このことは，手続の活用がプログラム化された行為の結果として，あるいはある広く知れわたった限定された合理性として説明する必要がないことを示している。こうした環境の下で周期的に発生する混乱が，基本的には安定的なシステムの下，一時的な問題を発生させる。こうした観点からすると，企業というものは，手続的なルーティンを基礎として，特定の意思決定プロセスの形成と実行を行う機能的に特化された組織と考えられる。

4.6 記　憶

ある手続を繰り返し適用する場合，その手続は記憶に残した方がよい。記憶コストが高いとすれば，その手続を記憶するよりは，毎回毎回発生する要因を精査した方が低コストかもしれない。一般的にいえば，意思決定者は手続を記憶に残すか，それとも必要なときにそれを「再発見する」かのトレード・オフに直面することになる (Casson, 1995, 第 6 章)。

一般に，記憶コストは手続の複雑さに依存する。次に複雑さは要素数に依

存する。とりわけ，収集情報によって特定可能な環境の異なる組み合わせ数，およびこの情報を条件とする異なる戦略数に依存する。その条件を公式化することが容易であるかどうかも重要な点である。その手続が複雑で，公式化が困難であれば，記憶コストは高くなり，手続を記憶するのではなく，その代わりに手続を繰り返し即興的に行うことの方が好まれる。

手続の再発見のためには，環境の継続要因を再度観察しなければならない。手続を記憶する場合，継続要因を一度だけ観察すればこと足りる。したがって，記憶にとどめることによって，継続要因の観察コストが不要となり，繰り返し用いられる手続に広く分散できるようになる。その手続がそれほど頻繁に必要とされなければ，記憶コストを分散することはより困難になる。より頻繁であれば，手続はより記憶化される傾向にある。継続要因の観察コストが高ければ高いほど，コストを分散するために，手続を記憶する優位性がより高まることになるのである。

組織行動に関する近年の多くの調査によれば，手続は公式文書で伝えられるのではなく，人びとの頭脳に記憶されるとの考え方が一般的である。組織内のすべてのマネジャーは，基本的に同一の手続に依存しているといわれる。マネジャーはこれらの手続に関する記憶を強化するため，相互に交流している。このことは，いかなる種類の問題も，組織内のどこででも起こり得るという見方と関連しており，手続は特定の機能や地理的地域に特有のものではなく，企業が関係するあらゆる領域に共通のものであるということである。したがって，所与の手続に継続的に従う人びとは，それらを時々にしか使用しない人びととも知識を共有すべきだということになる。これらの手続は，企業の組織文化を構成するといわれ，企業の成功のカギを握るものと主張されている。企業環境の継続要因が変化する場合，これらの手続もまた変更しなければならないが，しかしながら，それらはマネジャーの心理に深く根差しており，これまで広く行きわたった過去の成功事例によって正当化されているかもしれないのである。こうした条件下では，企業における有効なリーダーシップに求められる基本的要件は，「経営を変えること」であり，経営チームの社会的結びつきを傷つけることなく，カギとなるルーティンの

変更を正当化することなのである。

　こうした見解は多くの洞察に富んでいるが，経営の社会的側面を強調し過ぎた場合，非個人的側面のいくつかが見過ごされる危険性がある。多くのハイテク産業においては，科学的能力を機能的に特化された分野の公式な手続に適用することが，企業の成功にとって重要であることに変わりない。たとえば，製品開発における技術的問題を解決するためにどれほどの情報が必要かについての知的判断を下す能力は，企業が競争の「先端を走る」ための革新スピードを決定づけるものである。同様に，激しい価格競争に直面する成熟産業においては，高度に公式化された会計手順によるコスト・コントロールは，競争に勝つためには不可欠の要素である。この種の科学的・会計的手順は，通常自らの仕事を行ううえで他のマネジャーと広く交流する必要のない技術者によってなされる。そのうえ，彼らの採用する手順は，その遂行に参画するためにマニュアルを手渡される部下にとっては，十分に公式化可能なものである。組織の記憶は機能部分に限定されるものであり，企業全体に均一に広められるものではないのである。そのうえ，組織の記憶の多くは，人びとの頭脳に刻みつけられるものではなく，関連する機能グループ内に広めることができるように書面で記録されるものなのである。

　同一の問題が多国籍企業内部における組織の記憶のローカル化に適用できるかもしれない。地域会社における記憶は，個々の子会社の経営チームに社会的に埋め込まれるが，異なる子会社から集まったチームが記憶を共有する場合に弱さを露呈することがしばしばある。各々の国のマーケティング上あるいは生産上の要請が特定のものであればあるほど，全社ベースで組織の記憶を共有化することによって得られるものは少なくなるのである。

4.7　内部コミュニケーション

　コミュニケーション・コストには2種類のものがある。情報を遠方に伝達するための地理的コストと情報の個人間移転にかかわるコストである。地理的コストは，遠距離通話や国際郵便による割高の料金といった要素を反映し

たものである。個人間コミュニケーション・コストは，メッセージを相手が理解可能で，明快なものにするために，コード化するコストを含むものである。

近年の国際ビジネスに関する文献が強調するところによれば，企業内の情報コミュニケーションの多くが暗黙的性格を持っており，そうしたコミュニケーションは，企業文化によってつくられた価値観と信念の共有によってのみ可能であると議論されている。このことは，コミュニケーション・コストは企業間に比べて，企業内の方がはるかに安価であるとの命題と軌を一にするものである。

しかしながら，この命題は独立企業間の強い組織間連結に対する証拠がますます増加する現状とは一貫しないものである (Ebers, 1997)。この問題を詳細に検討すると，多くの企業でマネジャー間の関係に影響を及ぼしているものは専門家の文化であることがわかる。つまり，ハイテク・メーカーはエンジニアリングの専門家の文化に，金融コングロマリットでは会計専門家の文化などに依存している。企業にとって，マネジャー間で理解と信頼を構築できるのであれば，そうした他の制度に「ただ乗り」することは経済的に意味のあることである。この戦略は，同一の専門家グループの人材を雇用している他社との組織間連結を構築する柔軟性をももたらすものである。

暗黙的情報に対するこれまでのアプローチの問題点は2つである。1つは，それは企業の境界を決める重要な要因が取引コストではなく，暗黙性にあると仮定していることである。もう1つは，それは企業の内部組織における暗黙性の影響力を軽視していることである。暗黙性は企業の境界についてそれほど重要ではなくなっているが，組織構造や経営スタイルには非常に重要なものとなっている。前者を強調するあまり，後者の効果は見過ごされてきたのである。

暗黙的情報にかかわる高コミュニケーション・コストによって，企業内部のマネジャーの分業が阻害される傾向にある。情報が暗黙的であればあるほど，マネジャーは相互に理解することが困難になる。もし人びとが他の人のいうことを理解できなければ，他者の助言をもとに，自分自身が決定を下す

ことはほとんど不可能となる。もし最高経営責任者が部下のいうことを理解できないとすれば，高度に専制的なスタイルで経営を行うようになるであろう。意思決定に際して使用可能な唯一の情報は，自らが収集したものに限定される。これは企業が限られた情報源——たとえば，経営者が購読する少数のビジネス誌に依存するようなものである。企業環境に不安定さをもたらす要因がほとんどなく，そのため1人ですべての情報をモニターすることが容易な場合には妥当なことかもしれない（Lawrence and Lorsch, 1967, p. 117）。しかしながら，情報源が分散しており，対処すべき不安定さが多岐にわたる場合，専制的な経営スタイルでは本当に誤った決定にいたる可能性があるのである。

専制的スタイルは，通常高度に集権化された組織構造を暗示するが，しかし例外なくそうであるとは限らない。企業によっては，専制君主の連合として運営することも可能であるし，それらの専制君主は自らのグループを代表して，他者と交渉することも可能である。こうした上級マネジャーは，ローカル情報を収集し，部下に相談することなく行動する。彼は，他の上級マネジャーが持っている経営資源が必要となれば，彼らと個別に交渉する。コミュニケーションは，グループ内の発注と他のグループへの価格の見積りに限定される。このモデルは活動が緩やかに結び付けられている場合，たとえば企業が異なる国では異なるローカル・ブランドを使用している場合に最適である。この場合には一国の市場で採用される戦略は，他の市場が関係している限り波及効果はほとんどない。しかしながら，異なる地域の企業活動がきつく結び付けられている場合，たとえば垂直統合工程の異なる段階が異なる国にまたがり，あるいは異なる国の販売子会社が同一のグローバル・ブランドの市場評価に責任を持つようなケースでは，適当とはいえないのである。

明示的な情報は，コミュニケーション・コストを引き下げ，したがってより協議的な経営スタイルを可能にする。さまざまな情報源からの情報を引き続き蓄積することによって，一般的にはよりよい決定がなされる。そうすることによって，より高度な革新を継続的に実行することができるかもしれな

い。あるマネジャーが協議プロセスのなかで提供する多くの情報によって，他のマネジャーは自分の知らない特定領域において，環境がどのように変化しているかについての最新情報を得ることができる。したがって，協議プロセスを通して，マネジャーたちが集団として，自らが直面する変化全般と全体で対応すべき必要を意識するようになる。対照的に，専制的経営スタイルは変化についての情報を押しつぶす傾向にあり，したがって時代遅れの戦略が維持されることになってしまう。したがって，低コミュニケーション・コストは，企業の静的効率性を向上させるだけにとどまらず，継続的変化を促す意見交換を奨励することによって，動的効率性をも向上させることができるのである。これが永続的要素が節目節目で変わる進化的ビジネス環境が，協議的経営スタイルを要請する1つの理由である。進化のペースが速ければ速いほど，協議の必要性が高まるし，企業がコミュニケーション・コストを引き下げるべく投資するインセンティブが高まるのである。

　この結果は，先に触れた企業文化についての議論に結びついている。コミュニケーション・コストを引き下げる利点は，とりわけ環境が急速に変化する状況において大きい。均質な企業文化がコミュニケーション・コストを引き下げるという範囲で，マネジャーは環境変化の範囲をより意識するようになり，革新を起こす必要性についてのコンセンサスを形成することになる。したがって，変移環境は革新を引き起こすための手段として，コミュニケーション・コストを引き下げるため，企業文化への投資を促進するのである。

4.8　外部コミュニケーション

　外部コミュニケーション・コストは，現代の企業理論では無視されてきたトピックである。このことは，現代の消費社会におけるマーケティング機能の重要性を考え合わせたとき，非常に驚くべきことである。前述の企業間連結の隆盛という観点からも驚くべきことである。

　外部コミュニケーション・コストは，マーケティング戦略の基礎となるも

のである。製品特性は顧客とのコミュニケーションによって説明される。より重要なことは，企業が顧客の望む製品の改良点を発見できるのは，顧客の声に耳を傾けることによって可能であるということである。したがって，効果的なマーケティングは情報の双方向なフローを必要とし，そこでは顧客は企業からの広告メッセージの受信に限定されるのではなく，異なる製品に対する嗜好を述べる機会をも得るのである。これらの嗜好は単に顧客が購買判断によって容易にシグナルを送ることができる既存の製品だけではなく，現存しない製品に関するものでもそうである。

　企業が顧客との対話を行う必要があるという考えは，魅力的なものである。しかしながら，問題点もある。もし顧客が企業とすべての情報を共有することができるとすれば，生産がまったくできない製品に対する嗜好についても，ほぼ確実に意思表明することになるであろう。これは顧客が理想の製品がどのようなものかビジュアル化できる反面，その実現可能性を判断する技術的知識が欠如しているからでもある。同様に，もし企業が顧客との間で生産可能性についてのすべての知識をいつも共有しているなら，企業はほぼ確実に，顧客ニーズとは無関係な多くの製品を描写することになるであろう。

　必要とされるのは，顧客と生産者が相互に関連する情報を選択できるシステムである (Casson and Wadeson, 1998)。この選択は以前に相手から受け取ったメッセージによって行われる必要がある。このメッセージの目的は，それによって多くの情報を伝達することではなく，むしろどのような種類の情報を受け取ることが望ましいのかを示すものである。換言すれば，最初のメッセージは単なる質問でよいのである。その質問に対する回答は，包括的なものである必要はない。それは，その後に続く質問を決めるものであれば，それで十分なのである。多くの質疑応答の後，本当に重要な情報が交換され始める。これは，これまでの会話のなかで，考えられる限りの伝えられたすべての情報のなかから，その問題に適切なものを選び出した後の情報である。それは，たとえば，2つのきわめて望ましい製品で，企業が生産可能なものから，顧客が選択する製品に関連するものであるかもしれない。

異なるやり方で質疑応答を組み立てることによって，本当に重要な情報の交換がさまざまな段階で行われる。最も効率的な対話は，関連する決定的な情報の交換を最低限の段階を経て行うことである。この関連する決定的な情報の交換は，コミュニケーション・プロセスを顧客ニーズに近づけることによって可能である。なぜなら，それは数少ない望ましくかつ技術的にも可能な製品のなかで，顧客が本当に望むものに最も近いところで行われる情報交換だからである。

　もちろん，最も効率的な対話の形態は，製品の最適型が本当は何であるかに左右される。このことは事前にはわからないものであるが，何が最適解であるかについて主観的確率を用いることで対話が選択される。メタ合理性アプローチに従えば，生産者と顧客は会話を通して共同利益を最大化すべく合意するものである。彼らは，最適会話の推測において用いられる主観的確率について合意する。そして，会話の構造を最適化し，合意にもとづいて情報共有へと進むのである。

　会話には，最適化が必要な多くの異なる側面が存在する。1つは，問題とされる主題である。生産者と顧客は製品デザインのどの側面を考慮すべきかについて合意しなければならない。会話の進め方についても決める必要がある。顧客がまず質問するのか，それとも生産者が会話をリードするのか。製品デザインを顧客ニーズに合わせるところまで到達しそうになければ，会話を終了すべきであるか，そしてもしそうであるなら，どのようにして速やかに会話を中止するのか。

　生産者が大量生産のブランド製品の改良を試みる場合，変更する前に，多くの顧客の意見を聞くのが普通であろう。これらの顧客は生産者が取引するより多数の顧客サンプルの代表として選ばれる。会話は通常市場調査を通して実行されるであろう。このことは，会話を進めるうえでの手順がかなり厳格なものとなるであろうことを示している。生産者は顧客へのアプローチで主導権を握るであろう。そして，顧客が2，3の質問に答えた後でしか，生産者は顧客が考える新製品のアイディアのどれが生産可能かといった生産者側の情報を漏らし始めないであろう。顧客は検討すべきこれらの製品の試作

品を提案されるかもしれないし，いくつかのケースは試してみることができるかもしれない。市場調査の結果は，次に製品開発プログラムにフィードバックされる。試作品が改良されるときも，そのプロセスは何回も繰り返される。

　大量生産の反対の極にあるのは，製品が特定の買い手の要求に合わせ，カスタム化されたものである。このことは，しばしば中間製品においてあてはまり，とりわけ資本財に該当する。耐久資本財の生産者は製品デザインに関して，個別の顧客と連携をとる場合が多い。このことは，通常の社会的付き合いにみられる1対1の対話のたぐいに似ている。一般的には，顧客は想定する必要条件としての性能を示すことから始める。その次に，生産者は2つのデザインを描写し，顧客は最も希望に沿うものがどれかを伝える。顧客は，どちらでもよい場合は安価の方がよいとか，どちらもダメな場合は，代わりに新しい別のデザインを提示してほしいというかもしれない。先に挙げたプロセスに比べて，会話は生産者から始まるのではなく，顧客から始まる傾向がより強くなる。顧客の要求はより厳しくなる傾向にあり，他のケースに比べて，異なる特性の製品間で代替し得る範囲がより狭くなる。そのプロセスにおいても，顧客の問題意識に対する実現可能な解決策を見出せないときには，打ち切られることになる。

　したがって，外部コミュニケーションに対するメタ合理性アプローチは，中間製品の企業間マーケティングを支配する手順が，消費財製品のマーケティングに適用されるものとは大きく異なるであろうことを予測させる。この結果はすでに産業マーケティングの文献ではよく知られたことではあるが，メタ合理性アプローチは効率的コミュニケーションという観点から，その結果を十分に説明し得るものである。それはさまざまなタイプの中間財製品や消費財製品のマーケティングにおける差異分析に拡張する手段をも提供するものである。

　これらの対話は企業の境界を超えて行われるけれども，対話がどのように組み立てられているのかについての問題は，企業の境界がどこに引かれるのかというよく知られた問題とは論理的に異なることを強調しておくことは重

要である。ただ異なるとはいえ，予想される通り，その問題は相互に関連している。不信の程度がより大きければ，つながりはより強くなる。両者には，対話プロセスで積み上げられる時間的コストが発生する。会話の各段階で，一方は他方が学ぶ以上に他方から有益なことをより多く学ぶかもしれない。そのプロセスが失敗に終わる場合にはさまざまな時点で，一方は他方に比べて，会話を通じて，はるかに大きなコストを負担したのかもしれない。各々が他方に懐疑的であれば，会話への自らの貢献を最小限度にしようと考えるであろう。それぞれは他の目的で自らに有用な情報を他方が開示するように説得を試みるであろうし，その一方では自らの情報開示を最小限度とするであろう。生産者は顧客が些細なことで自社製品を拒否しそうなケースでは，試作品の組み立てにかかるコストを負担したがらないであろう。狡猾な顧客は，実際は適当であっても，試作品が自身の目的に合致しないと主張し，その試作品を極端に値引きした価格で取得しようとするかもしれない。一般的に，それぞれの企業がコミュニケーション・プロセスへのコミットメントを低下させると，誤解がより頻繁になり，コミュニケーション成果の効率性が減退する。そのため，企業間協力による利益が高く，しかし信頼レベルがきわめて低い場合には，両社は統合する方が有利かもしれない。両社の財務的利益をプールすることでしか，もはや両社とも他方を犠牲にしてコミュニケーション・コストを節約することでは利益を得られなくなっている。コミュニケーションがより円滑化すれば，適切な製品を合理的なコストで供給できるようになるであろう。したがって，企業の境界とその境界を超えるコミュニケーション・パターンが連結されるのは，不信とその結果をコントロールすることが必要になるためである。

4.9 合理的学習

　メタ合理性は，「合理的学習」とは何かという難問題に取り組む際の手段を提供するものでもある。学習は，近年の組織変革に関する文献の主要テーマとなっている（たとえば，Nohria and Ghoshal, 1994 を参照）。学習は

限定された合理性が学習の初期条件を規定するという意味において，明らかに限定された合理性と関連するものである。完全情報を持った個人は，学ぶべきものは何もない。しかしながら，再言すると，近年の文献ではこの問題を表面的に議論する傾向にある。メタ合理性アプローチは，より厳格な分析ツールとなるものである。結果的に，それによって，学習がいつ，どこで起こり，実際にどのように行われるのかに関する一連の仮定を引き出すことが可能となるのである。

合理的学習は，新しい情報に注目するとき，主観的確率を最新化することと関連するといわれる。ベイズ公式 (Bayes' Rule) は，そうしたことが行われる論理的フレームワークを提供する。意思決定者は，まず代替的仮定から始めるが，しかしながら，そのうちどれが正確であるか確かではない。これらの仮定は典型的には企業の成長率とか需要の価格弾力性といったカギとなるが，不明のパラメータ値に関連している。

しかしながら，ベイズ公式を実行することは，それほど簡単なことではない (Kirman and Salmon, 1995)。非線形性は計算を複雑にする。ベイズ公式によって示される非線形関係を模倣した単純な手続きによって，確率を最新化する方がはるかに容易である。計算コストがとりわけ高い場合には，これらの代替案を使用する方が合理的かもしれない。合理的な個人は，代替的な学習戦略を比較し，自らの目的に最も合致したものを選択する能力がある。

この種の議論に対する共通の反対意見は，学習が取り組むべき不確実性があまりにも急進的なものであるため，使用される合理的選択装置が役に立たないということである。主観的確率は形成できないといわれるし，主観的確率を入れ込むべき基礎となるモデルが何であるかもわかっていない。人びとはそれらが不確実であることは知っていても，何についての不確実性であるのかについてはわかっていない。

しかしながら，この種の急進的な不確実性に直面している人は，それでも，試行錯誤の戦略を追求できる。何かを「してみたり」，どの実験がこれまで最良の結果を出してきたかを思い出したりすることは可能なのである。

この種の実験において重要な問題は次の2点である。第一は,さまざまな可能性をどの順番で行うかを決定することである。第二は,いつ実験をやめるかを決め,その時までに発見された最良の戦略を採択することを決定することである。

　興味深いことに,これらは外観こそ異なるものの,本質的にはこれまで議論してきたことと同一の問題である。両者は探索戦略の最適化にかかわる問題である。両者の違いは,収集される情報の種類とその活用方法である。第一のケースでは,情報は企業環境のいくつかの側面に関するものであり,意思決定者が意思形成の際に参照する企業環境モデルのなかに入れ込まれる。第二のケースでは,情報は決められたタイプの試験的行動によって達成された成果に関連する。これは企業環境モデルには入れ込まれないが,その理由はそうしたモデルがこのケースでは存在しないからである。その代わりに,学習プロセス・モデルのなかに入れ込まれる。このモデルは過去の経験に照らして,さらなる実験を通じて,どのような改良がさらに可能であるかを評価するものである。もし,さらに試行が行われるとするなら,最新の試行に関する情報は,さらなる改良があり得るのかについての判断材料を提供するものである。

　もちろん,不確実性が急進的なものであるがゆえに,このように学習プロセス・モデルを適用することは不可能であると主張することもできよう。もう1つの見解は,実験が行われる順番も,実験をやめるときも,いずれも根拠のないものであるというものである。しかしながら,この否定的見解は意思決定者が常に一連の急進的に不確実な状況のもとに置かれながら,異なる実験手続で実験することが可能であるということを無視している。もしこれらの急進的に不確実な状況が,ある共通の要素を持っているならば,所与のケースで,所与の学習手続に従って得られた解決策が適正であれば,他のケースにおける手続としても,かなりの効率性を持った指標とみなすことができるであろう。したがって,実験に関する状況が急進的に不確実であることを与件とすれば,意思決定者は効率的な学習手続に加え,実用的な調整を行うことによって,収斂に向かうであろう。この効率的な学習手続は,将来

の誤った決定を減らすことによって得られる期待利益と，今日の実験の失敗による予想コストとの間のトレード・オフである。

実験学習による分析は，経験の蓄積が意思決定を成功に導くうえでカギとなることを示している。これまでに急進的な不確実な同様のケースに直面した人びとは，そうでない人びとに比べ，学習手続がどのような状況のときに最も有効であるのかについて，よりよい判断が可能である。しかしながら，自分自身で経験がない人でも，他の人の経験にただ乗りし，それを真似ようと試みることができる。たとえ，他の人びとの学習手続を直接に観察できないにしろ，最も成功している人びとの学習スピードをベンチマークとして，自分自身の成果を判定することができる。現在の成果とベンチマークとの差異は，さらなる実験によって達成可能な学習手続による向上範囲を示すものである。

たとえ，急進的な不確実な条件であっても，行動についての有用な予測は合理性仮定に従って可能である。合理的行動は原則であるが，その範囲は特定の状況のみに限定されるわけではない。特定の状況では確かに合理的行動の原則を適用することは容易であるが，しかしながらその原則は，たとえより一般的な状況において使用不能になるほど，もろいものではないのである。

4.10 要約と結論

メタ合理性の本質が何かといえば，意思決定者が意思決定以前に，情報コストのさまざまな構成要素にどのように対応するかについての計算を行うということである。5つの主な情報要素について識別し，3つについては詳細に議論してきた。メタ合理性の観点からは，情報コストのなかで，最も直接的なものは観察コストである。観察コストに関するメタ合理性分析は，非常に単純で，意思決定における不確実性を消散させるためのコストと利益を例示するものである。記憶コストはもう少し難しい。記憶コストを分析するためには，動的あるいは異時点的な観点が必要である。記憶することによっ

て，継続要素に関する情報を収集するための初期投資を，そうした情報が必要なその後に続くすべての意思決定に分散することができる。記憶に関するメタ合理性の観点は，ルーティン手続がなぜ同一の継続要素が適用される反復的状況に対応するために記憶されるかについて説明してくれる。

コミュニケーション・コストは，その分析に更なる次元を追加するものである。観察コストや記憶コストとは異なり，一般に2人以上の人が関与するという事実を認めることなく，コミュニケーション・コストを十分に分析することはできない。コミュニケーション・コストは，組織内と組織間で発生する。コミュニケーション・コストで最も分析が容易なのは，組織内のコミュニケーション・コストである。これに関連していえば，雇用者は従業員間の情報フローを構築することによって，情報処理における内部の分業を最適化しようとする。この最適化プロセスは，ルーティン手続を計画するときに最も容易に観察できる。企業の組織構造と経営スタイルを規定するのは，ルーティンの実行の最適化なのである。

組織間のコミュニケーションは，両組織がその共同利益を最大化しようとすることを前提にすれば，非常に扱いやすい。繰り返していうならば，組織間コミュニケーションの分析を日常的なコミュニケーションを可能にするルーティンや手順の計画のなかに位置づけることは非常に有用である。2つの組織間のコミュニケーションをメタ合理的に組み立てる際の格好の例は，組み立てメーカーと下請けメーカーとの間で行われる設計協力のための調整である。

メタ合理性理論は，これまでの組織理論に比べ，より強力な理論的基礎を持ち，多くの洞察を提供するものである。しかしながら，この強力な理論的基礎が持つ重要性は，それがこれまでは十分精緻化されずに提示されてきた条件適応的な性格の多くの結論に光を当てた点にある。その他の点では，メタ合理性理論は近年の文献で指摘されるいくつかの主張を弱める性格のものである。たとえば，それは階層型組織が多くの固有の利点を持っていることを示唆している。それは，国際ビジネスにとっての組織デザインに関する重要な問題は，階層が適切であるか否かということよりも，どのような条件の

下で，どのような形態の階層が最適かということを示唆している。安定的で，保護された環境にある企業は，専制的経営スタイルのもとで，非常に有効に事業を行うことができるかもしれない。しかしながら，より多くの多様な衝撃的出来事が存在し，革新を起こす必要性がより高い場合には，協議的経営スタイルの方がより適切なものとなる。メタ合理性理論は，こうした協議をどのように行えばよいかということを正確に予測することのできる力を持っている。それは，企業内で採られる意思決定手続および各々の手続の異なるどの部分がどのように異なる人びとに振り分けられるのかについて予測することができる。このように，メタ合理性理論は，近年の国際ビジネスの文献における組織特性についてのかなり空想的な議論に比べて，はるかに詳細な議論を展開するのである。

<参考文献>

Bartlett, C.A. and S. Ghoshal (1987) "Managing across borders: new strategic requirements", *Sloan Management Review*, Summer, 6-17.

Baumol, W.J. and R.E. Quandt (1964) "Rules of Thumb and optimally imperfect decisions", *American Economic Review*, 54(1), 23-46.

Blaug, M. (1980) *The Methodology of Economics: or How Economic Explain*, Cambridge: Cambridge University Press.

Casson, M.C. (1994) "Why are firms hierarchial?", *International Journal of the Economics of Business*, 1(1), 43-81.

Casson, M.C. (1995) *The Organization of International Business*, Aldershot: Edward Elgar.

Casson, M.C. and N. Wadeson (1996) "Information strategies and the theory of the firm", *International Journal of the Economics of Business*, 3(3), 307-30.

Casson, M.C. and N. Wadeson (1998) "Communication costs and the boundaries of the firm", *International Journal of the Economics of Business*, 5(1), 5-27.

Coase, R.H. (1937) "The nature of the firm", *Economica* (new series), 4, 386-405.

Commons, J.R. (1934) *The Legal Foundation of Capitalism*, New York, Macmillan. (新田隆信他訳『資本主義の法律的基礎』コロナ社，1964年)

Cyert, R.M. and J.G. March (1963) *A Behavioral Theory of the Firm*, Englewood Cliffs, NJ: Prentice-Hall. (松田武彦・井上恒夫訳『企業の行動理論』ダイヤモンド社，1967年)

Ebers, M. (ed.) (1997) *The Formation of Inter-organizational Networks*, Oxford: Clarendon Press.

Egelhoff, W.G. (1991) "Information-processing theory and the multinational enterprise", *Journal of International Business Studies*, 22(3), 341-68.

Elster, J. (ed.) (1986) *Rational Choice*, Oxford: Blackwell.

Hamel, G. and C.K. Prahalad (1996) "Competing in the new economy: managing out of bounds", *Strategic Management Journal*, 14(1), 23-46.

Hargreaves Heap, S. (1989) *Rationality in Economics*, Oxford: Blackwell.

Hedlund, G. (1993) "Assumptions of hierarchy and heterarchy: an application to the multinational corporation" in S. Ghoshal and E. Westney (eds), *Organization Theory and Multinational Corporation*, London: Macmillan, 211-36. (門田清訳「第9章 ヒエラルキーの諸仮定とヘテラルキー：多国籍企業マネジメントへのその応用」, 江夏健一監訳『組織理論と多国籍企業』文眞堂, 1998年)

Hedlund G. and J. Ridderstrale (1992) "Towards the N-form corporation: exploitation and creation in the MNC", paper presented at the Conference on Perspectives on International Business: Theory, Research and Institutional Arrangements, University of South Carolina, Columbia, SC.

Kirman, A.P. and M. Salmon (eds) (1995) *Learning and Rationality in Economics*, Oxford: Blackwell.

Kogut, B. and U. Zander (1993) "Knowledge of the firm and evolutionary theory of the multinational corporation", *Journal of International Business Studies*, 24(4), 625-45.

Lawrence, P.R. and J.W.Lorsch (1967) Organization and Environment: *Managing Differentiation and Integration*, Cambridge, MA: Division of Research, Graduate School of Business, Havard University. (吉田博訳『組織の条件適応理論：コンティンジェンシー・セオリー』産業能率短期大学出版部, 1977年)

Lippman, S.A. and J.J. McCall (eds) (1979) *Studies in the Economics of Search*, Amsterdam: North-Holland.

Marschak, J. and R. Radner (1972) *The Economic Theory of Teams*, New Haven, CT: Yale University Press.

Moss, S and J. Rae (1992) *Artificial Intelligence and Economic Analysis: Prospects and Problems*, Aldershot: EdwardElger.

Nelson, R. and S.G. Winter (1982) *An Evolutionary Theory of Economic Change*, Cambridge, MA: Harvard University Press.

Nohria, N. and S. Ghoshal (1994) "Differentiated fit and shared values: alternatives for managing headquarters-subsidiary relations", *Strategic Management Journal*, 15(6), 491-502.

Sah, R.K. and J.E. Stiglitz (1986) "The architecture of economic systems: hierarchies and polyarchies", *American Economic Review*, 76(4), 716-27.

Simon, H.A. (1947) *Administrative Behaviour*, New York: Macmillan. (松田武彦・高柳曉・二村敏子訳『経営行動』ダイヤモンド社, 1965年)

Simon, H.A. (1982) *Models of Bounded Rationality*, Cambridge, MA: MIT Press.

Simon, H.A. (1992) Economics, *Bounded Rationality and the Cognitive Revolution* (with M. Egidi, R. Marris and R. Viale), Aldershot: Edward Elger.

Williamson, O.E. (1975) *Markets and Hierarchies: Analysis and Anti-trust Implications*, New York, Free Press. (浅沼萬里・岩崎晃訳『市場と企業組織』日本評論社, 1980年)

Williamson, O.E. (1985) *The Economic Institutions of Capitalism*, New York: Free Press.

（今井　雅和・河野　英子）

第5章 多国籍企業の組織：
情報コスト・アプローチ

5.1 イントロダクション

　本章の目的は，情報コスト理論から得られる多国籍企業理論に関する洞察のいくつかを大まかに要約することである。情報コストは取引コストと同じものではない。取引コストはそのほとんどが情報コストであるが，その逆はあてはまらない。情報コストは取引コストよりいっそう一般的な概念である。その結果，多くの人が了解しているように，取引コストでない情報コストは多数存在する。たとえば，投資の評価，実験の計画，新しい生産地の探索などから発生する情報コストは取引コストではない。それにもかかわらず，これらのコストを最小化しようとすれば，企業組織は重要な影響を被る。

　同じく，理論的ルーツも異なる。第4章で説明したように，情報コスト分析は意思決定理論から，なかでもとくにチーム理論（Marschak and Radner, 1972）として知られている協調的意思決定理論から得られたものである。この理論の手法を用いて，ハイエク（Hayek, 1937）やリチャードソン（Richardson, 1960）らの初期の洞察を経済学における調整問題の本質に含めて定式化するのに役立つ。その調整プロセスでは，分業によって機能的に専門化された組織が生まれ，そこから利益が生じる。MNEはこの種の重要な組織の1つである。MNEは，ある製品を生産するための労働力（その他の生産要素も）を提供する家庭の意思決定と，その製品を消費する家庭の意思決定を世界的規模で調整するものである。

　このような調整は情報を集約的に利用する。さまざまな種類の情報をさまざまな情報源から集めなければならない。意思決定のために多種多様な情報

を組み合わせなくてはならない。企業内では機能別にさまざまなタイプの情報の収集や処理に特化する。情報を抽象的な商品と考えると（Stigler, 1961），情報は企業内のコミュニケーションのチャネルに沿って流れている。このチャネルは企業の組織構造によって決まるものである。この組織構造がとる形態は，情報の経済学的ロジックによって決まる。また，この情報の経済学的ロジックは，情報の生産と利用は手続によると規定する。この経済学的ロジックが最適な手続を識別し，そして手続が依存すべき要因を決める。その結果，これらの手続がビジネス環境の変化に応じてどのように変化するかが情報の経済学的ロジックから予測される。

　企業が集めた情報は環境の変化を追跡することだけではなく，変化そのものの法則を学習するためにも利用できる。この場合，企業の進化は企業が外的変化にどう対応するか，また自社を取り巻く環境全体を捉えるうえで生じる，その企業自身の内的変化によっても決まる。

　こうした観点で組織を説明する方が，取引コスト理論だけで説明するよりも納得がいく。取引コスト分析は，たとえば内部化理論に反映されているように，何よりもまず企業の境界線を説明することに腐心する。本書の他の章で明らかなように，取引コスト分析を使えば，企業の境界線を非常にうまく説明できる。しかし，企業の境界線の内部にあるものは，取引コスト理論の対象外であるから，うまく説明できない。

　企業の内部組織を説明するには，企業が何から手始めに行動するかを明らかにしなければならない。企業はまず生産要素を集め始める。それらの要素を企業は販売するための財やサービスを生み出すために結合する。財を販売するために，企業は顧客と接触して，顧客の信頼を勝ち取る必要がある。こうしたマーケティング活動は，情報を集中的に利用する。同様に，生産要素の調達にも集中的な情報の流れを必要とする。たとえば，労働者のスキルの評価や資金の使途に関する株主への情報提供などが挙げられる。企業組織を理解するには，製品市場と要素市場を流れる情報フローをリンクすることの重要性を正しく評価しなければならない。マーケティング活動は企業の業績全体が最適になるように，調達活動と統合されなければならない。情報フ

ローを構築することによって両活動の統合の効率化を図ることが，企業の内部組織を決定する重要な要因なのである（たとえば，Egelhoff, 1988 を参照）。

本章の構成は，以下のようになっている。5.2 節から 5.5 節では，情報コストと取引コストの関係を考察する。取引コストの分析では，機会主義（opportunism）が強調され過ぎてきたことが論じられる。その結果，導入してもあまり意味のない問題にまで，機会主義が導入されてきた。これはとくに企業の組織構造の説明にあてはまる。5.6 節から 5.9 節では，初歩的だが基礎となる諸点から始めて，情報コストの理論を体系的に展開する。ここでは決定力（decisiveness）の概念を説明し，その概念を用いてなぜ意思決定が連鎖的で，手続主導のプロセスであるのか（他の組織理論においては，そのように仮定されている。しかしまだ立証されていない。第 4 章を参照）を示す。5.10 節から 5.17 節では，情報コスト理論を拡張して，多くの経営幹部が参加する一連の相互依存的意思決定を含めていく。情報を一時的なものと永続的なものとに区別することは重要である。一時的な情報には組織的なルーチンを左右するという特性があり，他方永続的な情報は時間が経つにつれ，組織的ルーチンがどのように進化するかを決めるという特性がある，ということを示す。さまざまなタイプの情報にはそれぞれ異なる情報源がある。そして，これら情報源の空間的配置次第では，企業の分権化が影響を受ける。効率的な意思決定というものが，どの経路を通るかによって大きく変わることを解明し，それを応用して企業の国際化プロセスを探究する。結論は 5.18 節に要約されている。

5.2 情報コストと取引コスト

情報コストと取引コストが異なるものであるとは妙だと思う読者もいるだろう。だが，この区別を強調する必要が生じたのは，これまで文献のなかで「取引コスト」という用語の使い方が曖昧であったからである。取引開始に伴う，ありとあらゆるコストを「取引コスト」と解釈するのは当然のことのように思われるかもしれない。売買する製品を特定するコストは取引コスト

であろうし，売り手と買い手が名前や住所を交換するコストもそうであり，それによって製品が安全に配達され，確実にその支払いがなされることになる。これは，非常に一般的な取引コストの概念で（どんな取引にも何らかの形で関係するコストという概念であり），ノース（North, 1991）が用いたものである。それは日常の会話で使われている概念でもある。

しかしながら，ウィリアムソンによれば（Williamson, 1985），機会主義が取引コストの重要な要素である。機会主義がなければ，取引コストは常に低く，おそらくゼロになると考えられている。これはノースの取引コストとは根本的に異なる見方である。しかし，ウィリアムソンやノースの著作を引用している論者が必ずしもその違いを認識しているわけではないし，この概念の違いが原因で，自分が混乱していることに気づかないまま，2つの異なる取引コスト概念の間を右往左往していることが多い。

問題は深刻である。取引に関係するコストのなかには，機会主義の有無とはまったく関係なく生じるものがあるからである。機会主義は必ずしも先に論じたようなケース（製品の特定や住所に関する情報の交換など）に関連して生じない。買い手が望む製品のタイプについて売り手を誤解させても，必ずしも買い手の得にはならない。嘘をついた結果，買い手はまったく異なる製品を提供されるかもしれない。不誠実であれば，買い手が売り手にアプローチしても，それは買い手自身の時間の無駄になる。同様に，たとえばクレジットカードなどは支払い手段として認められない，と売り手がいったとしても，売り手は売り上げを失ってしまう可能性があるから，通常は売り手の得にはならない。住所の交換に関しても，買い手が間違った住所を教えて，売り手が製品を別の人間に届けてしまうことになれば，買い手はバカをみる。製品を特定したり，住所を交換したりするコストは間違いなく情報コストである。どちらの場合も時間という資源，そしておそらく金銭がコミュニケーションと関係しているからである。しかし，ウィリアムソンの意味でいえば，これらは必ずしも取引コストであるとはいえない。常に機会主義が含まれているとは限らないからである。機会主義を伴っているときもあるだろう（たとえば，客が盗難クレジットカードを使ってあるものを買って帰ろ

うとしているときに，本当の住所を隠していること）が，しかしこのような
ケースは例外であることが多い。

　機会主義に焦点を絞っているが，それでは狭過ぎる，という論点が拒否さ
れたとしても，ウィリアムソンに対するいくつかの批判に示されているよう
に（たとえば，Kay, 1993 を参照），通常は取引コストを意味しない重要な
情報コストが他にまだある。たとえば，市場調査のコストは本当のところ，
取引コストではない。このコストはいかなる特定の取引にもリンクされて
いないからである。取引にリンクしているというのなら，市場調査コストは調
査結果に応じて開発される製品のあらゆる取引とリンクしている。しかし，
もし取引コストの概念がこの種のコストをすべて含むところまで拡張される
のなら，企業本社全体の間接費のような，その他の種類のコストまで取引コ
ストに含めなければならない。この用語上の問題に対処するには，明らかに
取引コストではない多くの情報コストが存在することを認識すればよい，と
いうことである。

　しかし，両極端に走ってはいけないし，情報コストと取引コストの間にあ
る関係を全部否定してもいけない。すべての情報コストは取引コストではな
い一方で，取引コストのなかには情報コストであるものが多い。とくに機会
主義から直接生じる取引コストは情報コストである。情報は機会主義の脅威
を和らげる手段として収集されることが多いからである。取引における機会
主義とは，他の関係者から得た情報のなかには偽情報もあるということを意
味する。たとえば，「これ以上支払う余裕はない」とか「小切手は送ったよ」
などというのは虚偽の主張かもしれないし，「手に入る限りでは最高の品質
を提供します。配達は翌日」というのはただの口約束かもしれない。ある情
報に虚偽の可能性がある場合，通常は別の情報を集めるものである。これは
チェックすることが目的である。しかし，制裁を受けることがある取引当事
者は，自分の情報がチェックされる可能性があるとわかっていれば，本当の
ことを話すであろうと期待できる。この場合，重要なのはチェックそのもの
よりもチェックされるということが脅威になるということである。取引当事
者自身をチェックすることも可能である。取引当事者がどんなインセンティ

ブの下に置かれているか見出すのが目的である。ここで関係してくるのが評判である。正直だと評判の取引当事者が嘘を見破られたら，失うものが大きい。情報がどのような形態をとるにしろ，重要なのは，ある情報をチェックするのに生じる取引コストは別の情報にも使われるということである。こうして，機会主義から生じる取引コストの多くは情報コストでもある。

しかし，機会主義から生じるコストのすべてが情報コストではない。たとえば，契約不履行者に支払いを強制するとか，サプライヤーに欠陥品を取り替えるよう説得することなどに伴うコストには，物理的な資源を費やすかもしれない。このように，取引コストの多くは情報コストである一方で，そうではないものもある。

情報コストと取引コストの関係は，図5.1に要約されている。図の左側には2つの同心円があり，図の右側にはこの2つの円と交差する楕円がある。2つの同心円のうち，外側の円はあらゆる取引コスト（1つ1つの取引に伴うあらゆるコストという日常的な意味の取引コスト）を表す。内側の円は機会主義から生じる取引コストを意味する。2つの同心円の間にある環の部分，つまり2つの円周によって形成された環は機会主義が原因ではない取引

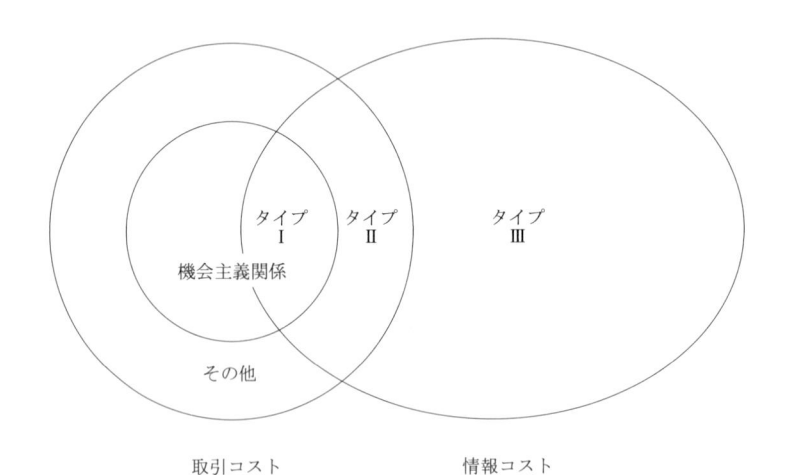

図5.1 情報コストと取引コストの関係

コスト（たとえば，上述したような製品を特定したり住所を交換したりするコストなど）を表す。

2つの円と楕円が交差するところで，3つのタイプの情報コストを区別する。タイプⅠの情報は内側の円と楕円が交差するところにあたる。このタイプは機会主義に関係する取引コストを内容とする情報コストである。たとえば，取引相手に影響を与えるインセンティブをチェックするコストが挙げられる。タイプⅡの情報コストは楕円と環が交差する部分が指す情報コストである。このタイプのコストは広義には取引に関係するコストであるが，機会主義とは関係ない。製品を特定したり住所を交換したりするコストなどがよい例である。タイプⅢの情報コストは楕円の残りの範囲に対応するコストである。このタイプの情報コストは特定の取引とは関係なく，大きな取引の集合体からのみ生じる。その限りでは，企業が行うすべての取引から生じるコストである。言い換えれば，このタイプのコストは基本的にビジネス上必要な残りの間接費であって，たとえば市場環境において自社への新たな競争的脅威をモニターするコストなどが含まれる。

5.3　マーケティングと調達：組織構造への影響

内部化理論の焦点は，タイプⅠの情報コストにあるが，これとは対照的に，本章ではタイプⅡとタイプⅢの情報コストに焦点を絞る。タイプⅡとタイプⅢの情報コストは，最終製品のマーケティングと生産要素の調達において，とくに重要である。企業組織にとって，これらのコストがいかに重要かを評価するためには，最終製品のマーケティングと生産要素の調達において生じる問題が，内部化理論の中心問題とは大いに異なるということを認識することが大切である。その理由は，内部化理論が生産部門間に流れる中間財と関係しているのに対し，最終製品のマーケティングと要素調達は，企業と家計間に流れる資源と関係があるからである。マーケティング活動と調達活動では，企業は家計と直接コンタクトをとるが，中間財市場ではそのようなことはない。

この違いは大きな意味を持つ。なぜかといえば，市場の組織化が必要な場合，通常この責任を負うのは企業であるからである。企業は製品市場で情報コストを減らすという重要な役割を果たす。家庭は企業と同じ規模で取引を組織化することには関与しない。企業は通常家庭よりずっと大きな経済単位であり，ある特定のタイプの製品を売ることに特化することが多い。典型的な家庭というものは，多種多様な製品を少量ずつ消費するものであり，他方企業というものは，一般的に1，2種の製品をはるかに大規模に販売している。このことは，典型的な企業というものは，典型的な家庭よりもずっと規則的に，決まった製品を扱っているということを意味している。

企業は，ある特定のタイプの製品を扱うよう特化しているので，専門的な設備投資を行うことができる。さらに，企業は情報コストを削減する特殊な手法を開発することもできる。そこで企業は，顧客にとって便利な小売り店舗を営業する。その店で製品を陳列し，顧客へのアドバイスやアフター・サービスを提供する。こうした顧客サポートにより，顧客は品質や価格にもとづき製品仕様を評価する。企業はまた，製品を広告宣伝し，自社の小売店を大都市などの便利な中心地に配置する。その店で，消費者は価格が妥当だと確信することができる。企業側はまた，消費者が価格について交渉できるようなゲームのルールを設定する。低価値製品には交渉の余地はなく，「嫌なら買わなくていい」という考えにもとづいて価格が設定されている。他方，高価値製品は，ある範囲内で値引き交渉が可能である。とくに不景気だったり，大量取引であったりする場合はそうである。

結果的に企業は，製品市場が機能するうえで必要な情報処理活動をまともに引き受けて立つことになる。企業は生産コストと小売価格の間にマージンを設け，情報処理コストを回収する。企業が効率的なマーケティング方法をとればとるほど，一定水準のサービスを顧客に提供するための情報コストは下がり，企業の収益は一段とあがる。

企業は，生産要素の調達で生じる情報処理コストも負担する。しかし，家庭に代わり企業に集中するコストは，要素市場の場合よりも幾分少ない。企業は，製品に比べて投入物に関しては，それほど狭い領域に特化しているわ

けではない。企業はさまざまなタイプの労働者を雇っており，各人はそれぞれ異なるスキルを持っている。しかし，企業が生産するのは比較的限られた範囲の製品だけである。企業は多数の顧客に製品を売るが，何十人か何百人かの人間しか雇っていない。消費者が最終製品の市場において企業と分かち合う取引コストよりも，労働者が労働市場において企業と分かち合う取引コストの方がずっと大きい。労働者は，自分にふさわしい仕事を探すときには，自分たちの消費財の供給源を探すとき以上に努力しなければならない。それにもかかわらず，欠員募集広告や賃金相場の引き合いで，企業側がイニシアチブをとることに価値があると考えている企業がほとんどである。その一方で，多くの企業は従業員の採用や研修に関して，ルーチンとなる手続を工夫している。同じような考え方が，土地や資本など，他の投入要素の調達においてもあてはまる。一般に，企業というものは自分たちの投入要素の供給を確保するために，その要素の所有者に先手を打って近づく。そしてまた，自社が調達する投入物に関する情報をスムーズかつスピーディに処理する方法にも投資する。ただし，その投資には限度がある。

　したがって，企業組織を突き動かしているものは，マーケティングに関する情報処理と，調達に関する情報処理への需要である。マーケティングと調達の両者の意思決定は結びついている。企業の要素投入需要は，製品需要からくるものである。逆にいえば，投入要素の入手が制約されれば，企業の製品供給も制約されるということである。だから，企業の組織構造は2種類の情報処理を統合する必要性によって決まってくる。

　しかしこの点において，読者は重要な活動が描かれていないことに気づくであろう。その重要な活動とは，すなわち製品の生産である。これを無視することは尋常ではないが，最初に思うほど重大なことではない。企業に対する情報コスト・アプローチの利点の1つは，生産組織をあまり前面に出さないことである。生産組織は比較的下位に置かれる場合もある。

　なぜこうするかを理解するには，次のことを認識することが重要である。すなわち，通常の企業理論では，企業組織に関して，生産が持つ経済的意味を誇張し過ぎる傾向があるということである。情報コスト・アプローチはこ

のような偏向を正すのに役立つ。一般に企業というと，メーカーを想定する。企業理論では，労働力と他の投入要素を物理的に変換して最終製品にすること，つまり企業の生産活動に焦点を絞ることが慣例となっている。このアプローチは現在の「情報時代」に合っているかといえば非常に疑わしい。実際，企業＝メーカーと最初に仮定してしまうのはよくない。常にモノではなくサービスを提供している企業が存在している。さらに重要なことに，ブローカーや銀行など，物理的な意味での変換を伴わずに，財や支払いを取り扱ってきた企業が多く存在している。歴史的にみても，最も繁栄した企業というのは，商人やブローカーが所有し，運営した企業であり，彼らが何をしてきたかといえば，せいぜい取引するものの貯蔵と輸送に過ぎない。つまり貯蔵によって時間を変え，輸送によって場所を変えるが，しかし生産によってモノを物理的に変換させたのではない。

　それにもかかわらず，企業に対してバランスのとれた見解を展開するには，生産組織に注意を向けることが重要である。生産工程を効率化するとなると，さらに情報処理に対する需要が増える。生産工程のなかで，リーズ・アンド・ラグズの相互作用が原因で生じる在庫の過剰や不足を避けるために，財のフローを常にモニターしなければならない。機械も予防的なメンテナンス・プログラムによってモニターされなければならないし，労働力も人的エラーをコントロールするために監督されなければならない。こうした生産情報需要を上記のマーケティング活動や調達活動から生じるその他の需要に加えなければならない。

　こうした情報に対する需要源のなかで，通常最も強烈なのはマーケティングに対するものである。マーケティング戦略は企業が成功するのに非常に重要なものだと考えられているからである。マーケティングに求められる情報の多くは上記のタイプⅡの情報にあてはまる。これには，顧客と接触すること，製品仕様を広告すること，どの小売店がその製品を取り扱っているか顧客に知らせること，小売店がどこにあるかということなどが含まれる。こうした情報においては，機会主義の重大なリスクにさらされる情報は1つもない。先に説明したように，この種の活動において嘘をつくことは通常自滅を

招く。成功するために大切なことは，情報を効率的に処理することであり，他から得られた情報の信憑性をチェックするために，多大な費用を投資することではない。

5.4 中間財フローの調整

　タイプⅡの情報コストの最小化が重要だとして，その他のタイプの情報コストは，企業行動に関して本当に問題になるのかという疑問が生じてくるかもしれない。その答えはもちろんイエスである。しかし，通常考えられているよりはずっと限られたものである。

　機会主義と結びついているタイプⅠのコストは，中間財のフローに関して非常に重要である。中間財は通常多段階の生産工程から生じる。内部化理論によれば，ある生産段階で生まれた中間財は，通常の市場取引によって独立した企業に販売されるか，同じ企業内部の別の部門に移されるかのどちらかである。前者の外部市場にもとづく取引と，後者の内部市場にもとづく取引との違いは，取引上の不正行為に対するインセンティブにある。ここにタイプⅠの情報コストが登場する場がある。

　しかし，タイプⅠの取引コストだけが，この場合に関係する取引コストではない。タイプⅡの情報コストも同様に関係する。中間財市場の内部化は，隣接する生産段階間での情報フローを組織化するうえで，幅広い選択肢を提供するからである。中間財市場を内部化した企業，すなわち統合企業というものは，隣接する生産段階の製品のフローを調整するうえで，完全に集権化した方法をとる。他方，外部市場によって結びついた2つの企業は，このような集権化した方法はとれない。しかし統合企業は，自身が望まなければ集権化した方法を用いる必要はない。しかし望めば分権的手段を用いるという選択肢もある。たとえば，上流部門の工場のマネジャーと下流部門の工場のマネジャーに指示して企業内部の移転価格を交渉させ，それを両工場の生産に関する意思決定の調整の手段とすることができる。それゆえに，内部化のメリットの1つは，企業が望めば生産の上流部門と下流部門を調整するため

の集権的なコントロールの手段を用いるという1つの選択肢（義務ではない）を提供することである。集権化の程度によって，企業が生み出すタイプⅡのコストが変わる。このようにして，タイプⅠのコストだけでなく，タイプⅡのコストも，中間財市場の内部化に影響を与える。

タイプⅠとタイプⅡの情報コストを正確に区別できなければ，この内部市場の調整に関して更なる混乱を引き起こす。中間財市場の内部調整に関して，集権的調整が唯一の形態であり，あるいは最も自然な形態であると考える論者がいる。ウィリアムソン（1975）は「階層」という語を「内部市場」と同義に捉え，内部化によって集権化が可能であれば，いつでも企業は集権化を選択する，ということを示している。ヘナート（Hennart, 1986）はさらに一歩進めて，市場が階層の形をとらなければ，市場は実際のところ内部化されていないということを示唆しているように思われる。ウィリアムソンもヘナートも，多数の製品を生産している企業（たとえば，M型の企業）について，内部分権化を議論しているが，単一製品の多段階生産プロセスを調整する際に，企業内分権化が持つ意味を十分認識しているようには思われない。

これとは対照的に，バックレー゠カソン（Buckley and Casson, 1976）は，企業内部における調整が集権化されているか否かという問題には結論を述べていない。彼らは分権化した内部市場を移転価格によって調整されるので，最も自然な外部市場の類似物と考えている。しかし，彼らは階層という選択肢をとることも可能であるとしている。この立場はカソン（Casson, 1982）でさらにはっきりする。このなかで内部市場の集権化度は，解決されなければならない資源配分問題のロジックに沿って決まることを示している。

中間財市場の内部化を議論する際に，タイプⅠのコストに焦点を絞る大きな理由は，企業内部で最も重要な中間財が知識であるということだからである。MNEの内部化理論における古典的な議論においては，適切な特許保護がない場合，技術の財産権を守る最良の方法は企業内部で技術を利用することとされている。なぜかというと，内部市場を利用すれば専有知識を公開せ

ずに保護するのに役立つからである。しかしここでも，タイプⅠの情報コストで話は終わらない。タイプⅢのコストが重要になる可能性も存在する。企業の研究開発がもたらす技術進歩というのは一般的な科学知識の投入量によって決まる。革新的な企業は，効率的に最新のアカデミックな研究結果を獲得しなければならない。しかし企業は，この一般的な科学知識をどの取引に利用するのか，簡単に特定することはできない。同様のことが長期的な市場トレンドに関する一般的な知識にもあてはまる。この知識は企業の投資方針と密接な関係がある。企業にとって大きな問題はこの種の情報を持っている人びとへのアクセスを獲得することであり，企業がこれと思った人間に騙されることではない。それゆえに企業は，いかに効率よくタイプⅢの情報コストを取り扱うかという問題に直面する。

　以上のような点を考えると，企業理論は近年多くの歪曲から誤解を受けているということがはっきりする。第一に，従来のように生産に力点を置くと，実際に企業が直面する組織的な問題の中心にあるのはマーケティング組織や，マーケティングとその他の活動（生産，要素調達，研究開発など）の統合であるのに，研究者は生産組織こそが問題の中心だと考えてきた。第二に，取引コストに関して混乱がみられる。これは取引コストと情報コストの重要な違いを覆い隠している。タイプⅠの情報コストとタイプⅡの情報コストを比較してどちらが重要であるかについて，最終製品市場と中間財市場との違いがあるという認識が欠けていた。タイプⅡの情報コストは最終製品市場で重要な要因であり，タイプⅠの情報コストは中間財市場で，それもとくに知識に関する中間財市場で重要なのである。しかし，中間財市場においても，タイプⅠの情報コストは重要でないと述べる論者もいる。最後にもう1つ，中間財内部市場の調整が常に集権的なのかどうか，に関しても混乱がみられる。

5.5　市場創造型多国籍企業

　本章の目的は，タイプⅡとタイプⅢの情報コストの重要性を強調すること

で，先に挙げた問題を正すことにある。それには至る所で詳細に議論されてきた，ある特殊なタイプの企業に焦点を絞るのがよい。その企業とは，すなわち市場創造型企業である (Casson, 1997, 2000)。ここでは市場創造型多国籍企業 (market-making multinational, MMM) に焦点を合わせる。

MMMの本質は，国際的な取引のリンクを確立することであり，これはMMMなしには存在し得ない。MMMは起業家スキルと国際的な評判を利用して，さまざまな国に存在する要素サプライヤーと最終消費者を調整する。MMMによる調整がなければ，こうしたサプライヤーと消費者のリンクはあり得ない。MMMは国際的な需給状況の変化を知り，ある種の製品について新しい市場を組織化する機会を創造する。

MMMの最も純粋な形というのは，ある製品を買って，それを再び売ることである。その製品に手を加えることもあるが，これは製品の性質次第である。たとえば，紅茶のサプライヤーは紅茶をブレンドしたり包装したりすることを除けば，顧客に配送される前にほとんどすることはない。他方，チョコレートのサプライヤーは，製品を溶かしたり型に抜いたりして，余分な手を加えなければならない。MMM自身が製品を製造するか，他者と契約して下請け生産に出すかは，品質の確保と供給の安定性が必要なことから生じる内部化の問題である。MMMはもちろん通常の生産に従事しているが，カギとなる重要な活動は市場を創造することである。この考えは現実的であるように思える。つまり，生産に携わる多くのMNEは，使っている技術や中間財フローの調整によるのではなく，自社製品の市場を創造する能力によって，戦略的に動いているといっても過言ではないだろう。

MMMの概念は，シュンペーター (Schumpeter, 1934) の見解と合致している。彼の見解によれば，イノベーションとは，単に技術的なものばかりでなく，新製品を生み出したり，新しい輸出市場を開拓したり，新しい供給源を開発したり (第8章を参照) することなどを含むという。ダニング (Dunning, 1977) やポーター (Porter, 1980) が述べているように，このイノベーションという考えは，分析上所有優位や競争優位の構成要素である

マーケティング・スキルという考えにまで深められる。MMM の概念は，市場創造が企業国際化の過程で大規模な技術創出を生む，という最近の実証研究とも矛盾しない (Mitchell et. al., 1996)。

歴史的にみて，経済的厚生への貢献は同じくらい大であるのに，市場創造のイノベーターは，技術的イノベーターよりも悪く報じられることが多い，というのは面白い。今日でさえ，市場創造者は，社会に寄生しているように描かれることが多い (de Monthoux, 1993)。市場創造者を軽蔑する文化が同じく革新的な科学者やエンジニアを英雄として賞賛することが多い。技術的イノベーションは，人類が自然をコントロールするということを象徴的に表すものだから，評価されるように思われる。これとは対照的に，市場創造者は予測できない製品の過不足に応じて価格が上下するように，コントロールできない気まぐれの象徴なのである。

ケータリングやホテル，銀行保険，小売など多国籍サービス産業において MMM の例は数多い。製造業にも多くの例がある。とくによい例としては，1990 年代半ばのパソコン (PC) 産業がある。大成功を収めた PC サプライヤーのなかには，重要な部品をすべて外部から購入し，自分たちは製品を組み立てて在庫しておく程度のことしかしないものもいる。ほぼ完全に組み立てられた製品にマークを付けて，目的の市場に合わせて事前に搭載するソフトウェアや現地向けの言語による操作マニュアルを付け加えるだけ，というケースも若干みられる。安定した企業の重要な競争優位の1つにブランドがあり，それは部品の品質とアフター・サービスを保証する。しかし，比較的参入しやすいということは，ブランドだけでは不十分だということである。本当に重要な要因とは，流通チャネルを効率よくマネジメントすることである。

PC の流通は情報集約的活動である。電話による販売部門は大量のクレジット・カードによる販売を取り扱うが，それは即座に特定仕様の製品の発注に変わる。在庫は低く抑えなければならない。高い利子が課せられるばかりでなく，技術の陳腐化というリスクが常につきまとうからである。PC サプライヤーは，いわゆる「空洞企業」，すなわち，たとえばラグマン = ドク

ルス (Rugman and D'Cruz, 1996) が述べた「旗艦企業 (flagship firm)」のよい例であろう。こうした企業は,少数の忠実なサプライヤー企業とよい関係を展開する限り,「ネットワーク企業」とも称される (Chesnais, 1988)。こうした企業から「空洞化」しているのは生産だけ,という点が重要である。企業を生産中心の見方からすれば,ここにパラドックスが生じる。しかし,マーケティング中心の観点からすれば,何のパラドックスもない。こうした企業は,並外れて純粋な市場創造型企業の形態をしているのである。超ハイテク産業においても,こうした企業が実際に主要な技術要件を外部調達しているということは,こうした企業の成功にとって重要なのは技術ではないということである。研究開発を行っている企業ですら,PC市場とは関係のない分野に特化する傾向がある。そうした企業は,大量配送というロジスティックス上の必須事項を認識し,流通チャネルが求める情報処理ニーズによくマッチした組織づくりの手続を持っていたから成功したのである。だから,PC産業は,以下の分析を例証する事例研究となり得るのである。

5.6 情報経済学の原理

　意思決定とは,いくつかある選択肢のなかから1つを選択することである。合理的な意思決定には,こうした選択肢のコストとベネフィットに関する情報が必要である。本章では,限られた選択肢のなかから,他とは無関係の不連続な選択を行うことに力点を置く。この不連続選択モデルは,問題を単純化し,分析上単純化しなければ手に負えない問題を処理するための強力な手段である。最も単純で可能な独立的選択とは,あるプロジェクトを進めるか,やめるかという選択である。これは単純な選択である。なぜかというと,これは一組の選択であり,片方の選択肢はまったく何もしないというゼロ戦略だからである。プロジェクトがなくなることで,純益はゼロになるということが最初からわかっている。だから,意思決定には,プロジェクトのコストとベネフィットに関する情報だけが必要になる。一例を挙げると,あるPCサプライヤーが新しい仕様のモデルを市場に出すかどうかを決める

5.6 情報経済学の原理

際，2つの重要な要因に関する情報が必要となる。その2つとは潜在需要とメモリーチップのコストである。

意思決定は不確実性の下で行われるのがほとんどである。不確実性は情報不足が原因で存在する。もし情報が不足していなければ，意思決定が必要なたびに，ありとあらゆる情報を集め，吸収して不確実性をなくすことができるだろう。不確実性が存在するのは当然だとしても，たいていの状況では必要な情報は原則的に入手可能である。ただし，非常に高いコストをかける場合のみ，入手可能である。たとえば，もしあるPCサプライヤーが新型モデルを買いそうな人すべてに，コストを無視してインタビューし，皆の好みを記録できれば，サプライヤーはその人びとの要求に見合う最良の仕様を正確に知ることができる。

どんな商品であっても，それがどの程度不足しているかを測るのがコストである。この点では，情報も他の商品と同様である。情報不足は情報コストで測る。情報コストはいくつかの要素から構成されている。それを分けると，次のようになる。

- 企業の環境を直接評価する際に生じる観察コスト。
- ある立地と別の立地の間で，そしてある人間と別の人間との間で情報を伝達するコミュニケーション・コスト。
- 将来の機会に備え，情報を蓄えておく記憶コスト。
- 情報を蓄え，それをまた取り出す保管・検索コスト。
- 計算コスト。ある意思決定に到達するため，そして情報の蓄積と共有を容易にするために，論理的あるいは数学的操作を用いて情報を処理する際に生じる。

たとえば，PCサプライヤーの場合を考えてみよう。競争相手の出した価格に注目し，新型モデルが売り出され，既存モデルが陳腐化するにつれ，価格が時間とともにどう変化するかを知るうえで，観察コストが生じる。顧客の注文を受け，この注文をPCの組立工場に出す際に，コミュニケーション・コストが生じる。PCを販売した顧客の詳細をデータベースに蓄積するには，記憶コストが生じる。蓄積したデータは，カスタマー・サポート担当

者がアドバイスをする際や，エンジニアが保証期間中の修理を行う際に利用される。配達記録をデータベースに入力したり，アフター・サービスを提供する際にデータベースにアクセスしたりするとき，保管・検索コストが生じる。データベースに蓄積されている情報を集計し，それを将来の投資に関する意思決定の指針となる需要予測に使うときには，計算コストが生じる。

　情報が高価であるとき，そのコストに相当するベネフィットがある場合にのみ，その情報を集める価値がある。合理的な意思決定者はベネフィットがコストを上回るであろうと予想するときだけ，その情報に投資する。情報のベネフィットとは，情報が不確実性をなくすことにある。情報のもたらす結果の期待値がどのぐらい増えるかで，このベネフィットを測る。この結果の期待値は，意思決定者が自らの主観確率を用いて計算する。この主観確率は，意思決定者がさまざまな状況に応じて持っているものである。意思決定者が情報の価値を計算するには，情報を得たときどう取り扱うかを知っている必要があり，情報があるときとないときで，自分がどう行動するかを比較しなければならない。一例を挙げよう。もし情報が意思決定に変化を及ぼさないのなら，その情報は無関係で何の価値もない。情報には通常プラスの価値がある。なぜなら，情報に照らして選択される活動は正しいが，情報がなければ誤った選択をするからである。こうした状況の下での意思決定は，二段階のプロセスを経る。意思決定者は，第一段階でもし情報があればそれをどう取り扱うか，自問する。そして，次の段階で，この判断に照らして，その情報が必要かどうかを決める。これは，情報コストがない状況とは非常に対照的である。情報コストがかからない場合には，意思決定者は最初から自分が必要とする情報を全部集めるから，意思決定は効率化されて1つの段階だけになる。

　たとえば，あるPCサプライヤーが新型モデルを市場に出す計画を立てているとしよう。このPCサプライヤーが市場調査は非常に高くつくと考えているなら，生産に投資する前に市場調査を行わない，というのは非常に合理的であろう。このサプライヤーにとっては，起こり得る失敗を避けるために，多額の支出をするよりも，新型モデルが成功すると計算した賭けに出る

5.6 情報経済学の原理

ほうがよい。

　意思決定に必要なのは，ある1つの情報だけである，という特別な場合を考えよう。その情報を持って行動する際の期待値を計算するために，意思決定者は起こり得る状況それぞれに対して適切な対応を割り出さなければならない。そして，先に述べたような主観確率を使って，こうした対応に伴う結果に加重する。加重した結果値を合計すれば，必要な期待値が出る。この期待値と，状況がわからないまま行動した場合の期待値とを比較しなければならない。そこで本当の状況はわからないと仮定して，考えられる行動1つ1つについて順番に，その行動の結果から生じる期待値を評価する。こうした計算1つ1つは，その前に行われたものと類似のものである。最も高い期待値が，状況がわからない場合の最適な行動がどのようなコースを辿っていくのかを教えてくれる。

　情報の価値は，この2つの期待値の差で測る。さまざまな状況に対して与えられる確率が等しいほど，また与えられた状況の下で，さまざまな行動の結果が異なっているほど，情報の価値（2つの期待値の差）は大きくなる傾向がある，ということがわかる。逆に，異なる状況に対して与えられる確率に大きな差があるが，与えられた状況に対する行動の結果がほとんど同じであれば，2つの期待値の差は最小になり，情報の価値は小さくなる。

　主観確率の差が，ある特定の状況（あるいは状況の部分集合）が勝つという意思決定者の確信を示している。同じ状況の下で，異なる戦略から得られる結果に対して与えられる数値の差が誤差のコストを示している。このことから，情報が意思決定者にとって最も価値があるのは，真の状況を知っているという確信が持てないときであり，そして誤差のコストが高い場合である。逆に，意思決定者が真の状況を知っているという確信があり，誤差のコストが低ければ，情報の価値は低いものになる。意思決定者の確信が高いほど，そして誤差のコストが低いほど，意思決定者はこれ以上の情報は必要ないと感じて，情報よりも計算されたリスクを選ぶ傾向が強くなる。意思決定者の確信が低いほど，そして誤差のコストが高いほど，意思決定者は失敗を避けるため，情報を得なければならないと考えるだろう。

たとえば，あるPCサプライヤーが潜在的な市場規模について確信が持てず，新型モデルを市場に出しても回収できないサンク・コストが大きい場合，そのサプライヤーは市場調査を行う可能性が高くなる。逆に，もしそのサプライヤーが自分は市場規模についてよく知っていると自信を持っていれば，市場調査に頭を悩ますことはないと決断するであろう。市場が大きく，新型モデルを市場に出すときのセットアップ・コストが小さければ，サプライヤーはすぐに投資を開始する。逆に市場が小さく，セットアップ・コストが大きければ，この案は却下される。言い換えれば，サプライヤー自身が楽観的であれば投資するし，悲観的であれば投資しないということである。確信が持てないサプライヤーこそ，自身が投資する前に調査を行う。なぜなら，そのサプライヤーには市場調査によって得られる情報が必要だからである。

5.7 合成

意思決定というものは，いくつかの情報を合成しなければならない。1つのプロジェクトを評価するには，収益とコストについての情報が必要であるということはすでにわかっている。2つのプロジェクトのうち1つを選択する場合には，両方のプロジェクトに関するベネフィットとコストについての情報が必要になる。つまり，全部で4つの情報が必要になる。合成の原理からわかることは，さまざまな情報の間にプラスの外部性があることである。ある情報は，それ1つだけではどの意思決定に対しても何の重要性もないが，他の情報と組み合わせると，非常に重要な役割を果すことがある。

PCサプライヤーの例を挙げよう。あるニッチを埋める製品モデルが2つあって，どちらにするか決める場合，そのサプライヤーには，どちらに投資するかを決める前に，各モデルの収益とコストに関する情報が必要になる。つまり，サプライヤーには全部で4つの情報が必要になる。これらの情報はどれ1つとっても，取り扱いに注意を要するものではないが，利益の出るプロジェクトかどうかを明らかにするために組み合わされた場合，非常に感度のよい情報になる。

5.7 合成

　意思決定者が複数の情報を必要とする場合，問題はもはやある1つの情報を集めるか集めないかという二者択一の問題ではなく，正確にどのくらいの量の情報を集めなければならないかというもっと高レベルの問題なのである。まったく情報を集めないというゼロ戦略もあれば，ありとあらゆる情報を集めるという包括的な戦略もある。この両極端の間に幅広い選択肢がある。

　正しい選択をするために，n 個の情報が必要な場合，実際には m 個（ただし $m-n$）の異なる情報が集まるだけである。さらに，その m 個から $n!/m!(n-m)!$ の合成ができる。この意味は，2の n 乗という数の情報の部分集合ができるということである。こうして，$n=1$ であれば，先述のように選択肢は2つ，つまり情報1個を集めるか集めないかであり，$n=2$ であれば，選択肢は4つ，$n=3$ であれば，8つというようになる。必要とする情報の量が増えるほど，指数関数的な増え方をし，意思決定問題は複雑になる。

　こうした状況をモデル化するコツは，問題の解が得られるような体系的な一般原理を発見することである。しかし，これは容易なことではない。この一般原理はまた，解の性質全般に関して直観力を養うのにも使える。この一般原理は馴染み深い経済論理からも得られるし，数学的にも証明できる。3つの重要な原理を挙げよう。

- 情報を多く集めるほど，予想される結果の期待値は高くなる。この原理は，通常1つの情報が結果の期待値を高めるという，前述の結果を一般化するものである。
- 結果の期待値と生じるコストの間にはトレード・オフがある。コストのかかる情報は，コストをいくらかでも埋め合わせるベネフィットがなければ集めないという，既述の結果を一般化する。
- 集める情報量が増えるにつれ，情報収集に対して収穫逓減が起こる。この原理は，情報が複数必要なときにのみあてはまる。合理的な意思決定者は最初に最も価値の高い情報を集め，価値の低い情報は後回しにするからである。

こうした条件の下で，合理的な意思決定者は，次に集める情報の予想ベネフィットがコストを上回る限界まで情報を集めることによって，情報コストと決定内容とのトレード・オフを最適化する（Casson, 1995b, 第4章を参照）。合理的な意思決定者は，既述のように両極端にある戦略のいずれか1つを選ぶ場合もあるが，しかし多くの場合全部ではないが，いくつかの情報を集めて，中間的な戦略を選ぶだろう。

たとえば，販売で得た収入とマーケティング・コストとのトレード・オフを考えてみよう。PCサプライヤーは，原則として，新型モデルの設計上の特性（こうした特性は需要に影響を与える）すべてについて，市場調査を行うことができる。特性についての調査を増やすほど，コンピュータがよく売れると期待できる。より多くの特性が顧客ニーズに合わせて細かく調整されるからである。しかし，このようにして，顧客に的を絞っていくと，収穫逓減にぶち当たる。市場調査の予算が少ないと，その新型モデルのなかで最も重要な特性だけは細かく調整されるが，調査予算が増えるにつれて，あまり重要でない特性も細かく調整されるようになってしまうからである。調査後の設計変更は需要を伸ばすうえで，大きく貢献することはない。結局，設計を変更してもそれが取るに足らないものであるから，販売収益への貢献もせいぜいマーケティング予算の増加分を相殺する程度になる。マーケティング予算は，限界収入（生産コストとの差）と限界マーケティング・コストが等しくなる点で最適となる。

5.8 決定力：なぜ連鎖的手続に選択価値があるのか

情報が合成されなければならないとき，情報の部分集合が決定的な力を持つことがある。最初はありとあらゆる情報が常に必要なように思われるが，結局一部の情報を集めるだけで，しなければならないことがはっきりする。残りの情報がどうなっても，意思決定には影響を与えないからである。こういうことが起こるのは，ある種の事実が情報の部分集合によって明らかになった場合にのみ起こる。もしこのようなことがいつも起こるとなると，意

思決定には情報の部分集合で十分なのであり，残りの情報は無関係ということになる。

　決定力は，それぞれ独立した選択肢のなかから合理的な選択を行う，というロジックから生まれる。最適な選択というものは，最大値を得るのに必要かつ十分な不等式の集合があることである。もしこれら不等式のなかの各変数がとる範囲が限られているとすると，それら変数のなかに極端な値をとるものがあれば，不等式の関係に何の影響も及ぼさない変数もある。後者の変数の変動範囲があまりにも小さいので，前者の変数の極端な値がもたらす違いを消し去ることができない。後者の変数は不等式を反転させないので，意思決定に影響を与えることはない。それゆえに，後者の変数についての情報を集める理由はない。

　この決定上の性質を利用するなら，最初からありとあらゆる情報を集める必要はなくなる。つまり，あらゆる情報を同時に集めないということである。同時に情報を集めると，残りの情報も同様に集めなければならないかどうかを決める情報の部分集合である調査結果を利用できなくなる。最初の情報収集は1つの部分集合に抑えておかなければならない。この種の最小部分集合は1つである。だから，この原則を徹底していけば，一度に集める情報は1つでなければならない。言い換えれば，この原則こそが連鎖的な情報収集戦略を支えているのである（Radner, 1996）。

　決定力のロジックからわかるのは，一番変動の大きい情報を最初に集めろ，ということである。ある情報のほうが他に比べて変動の幅が大きいほど，他の情報がひっくり返せないほど大きな不等式ができることになるであろう。もし合成する必要のあるすべての情報を変動幅の大きいものから順に並べれば，最大の不連続点（隣接する情報の間で下落幅が最大となる点）で調査をやめることになるであろう。

　意思決定上決定力が一番重要になるのは，決定力を確率の観点から考えるときである。ある変数を観察し続けるとき，その変数が常に意思決定に影響を与えない範囲にあるといえる状況は，実際にはほとんどなくて，意思決定に影響を与える可能性があるだろうとされる場合が多い。情報を集めると意

思決定が変化することもあるが，そのようなチャンスはごくわずかであるから，そのチャンスはとる価値のあるリスクである。だから，それが実際に高い確率を持つとしても，決定力が保証されているかのように行動しても十分引き合うものなのだからである。

最も単純な場合，2つの情報を収集する。両方を一緒に集めるのではなくて，どちらか1つを最初に選ぶ。通常は変動の大きい方を選ぶ。この情報の調査結果は，もう1つの情報も同様に集める必要があるかどうかを決めるのに使われる。

PCサプライヤーが新型モデルを市場に出すかどうかを考慮中であるとしよう。このサプライヤーは需要見通しが非常に楽観的であれば，部品コストがいくらになろうと投資を行うべきだと考えるだろう。その理由は，需要の変動は大きいが，コストの変動は小さいと考えているからである。だから，このサプライヤーは市場調査の助けを借りて，まず需要状況を調査する。コスト状況を調査するのは需要がかなり小さいとわかったときだけである。コスト状況が不利なために投資が高くつくのは，需要がかなり小さい場合だけだからである。

結果的に，連鎖的調査戦略が選択価値を生むといえる。選択価値は不必要な情報収集をしないことによる節約コストから生まれる。この選択価値は，さまざまな情報の間にある外部性の範囲を広げる。なぜなら，ある情報に別の情報を合成すべきかどうかを決定するのがこの選択価値であるからである。

連鎖的調査戦略の重要な特徴は，戦略が違えばさまざまな選択価値が得られるということである。最大の選択価値を得る戦略とは，合理的選択である。このアプローチを用いることで，なぜ情報収集が連鎖的であるかを説明できるだけでなく，どの連鎖が選択されるかを予想することが可能となる。連鎖的戦略において選択価値を生む最大の要因は，連鎖的戦略が終わる速さである。この手続が早く終われば終わるほど，平均的に収集すべき情報の数は少なくなるから，結果に対する一定の期待値を得るために消費される情報コストも安くて済む。もちろん他の要因も重要ではあるが，たいていの場合，それらの要因は重要性の面でいうと二次的なものである。このように，

比較的廉価な情報が集まるまで高価な情報は収集しないという戦略は，選択価値が高くなる傾向がある。もちろんこの場合，廉価な情報によって，高価な情報のなかには収集する必要がないものがあるとわかるようなチャンスがあるという条件の下での話である。

たとえば，新型モデルに投資しようと計画している PC サプライヤーには，選択価値のある連鎖的戦略に 2 つの選択肢がある。第一の選択肢は新型モデルの需要状況の調査から始まって一定レベルの需要がある（既述のように，需要が比較的小さい場合）とわかったときにのみ，次のコスト状況調査へと進む。第二の選択肢は，この逆で，コスト状況を先に調査する。一定レベルのコストがかかるとわかった場合に，需要状況を調べるのである。たとえば，もしコストが低ければ直ちに投資に踏み切るが，逆にコストが高ければ，需要が大きいとわかったときのみ投資が行われる。もし需要の変動が大きいと，通常は第一の戦略がとられ，コスト状況の変動が大きくなると，第二の選択肢が選ばれる。しかし，これは，需要の調査コストとコスト状況の調査コストがほぼ等しいということを暗に想定している。もしコスト（たとえば市場調査のコストなど）が実際に他のコストより高いとなると，通常は比較的廉価な調査が選好される。この場合，コスト状況を調査する戦略が先に行われる。コストよりも需要が非常に大きく変化する場合にのみ，先に需要状況の調査が行われる。

情報が 2 つ以上になっても同じ原則があてはまる。しかし，合成する範囲が広がるにつれ，選択価値の分析も複雑になる。問題を解決に導く新たな原則が必要になる。これは後戻りの原則（the principle of backward recursion）である。この問題解決プロセスは，ありとあらゆるケースを考えることから始まるが，ただし 1 つの情報だけが集められずに残っている。その集められずに残された情報は，他情報収集の連鎖とは無関係である。考慮する必要のあるケースというのは，唯一残された情報次第で異なってくる。つまり，n 個の情報を集めなければならないとき，n 個の異なるケースがあるが，1 個の情報が欠けているということである。この情報をさらに集めるべきかどうかを調べるためには，この情報がどのように使われるかという問題

に取り組まなければならないということを思い出そう。この情報で収集が完了するのであれば，実行するのは簡単である。なぜなら，もしこの情報を集めれば，意思決定者は状況を十分把握しており，正しい意思決定ができるからである。上記の方法を用いて，各ケースについての解を見出すことができる。

　後戻りをもう一段階遡ると，集められずに残っている情報は1つだけではなく，2つというケースを考えることになる。このとき $n(n-1)$ のケースがあり，それぞれ別個に調査しなければならない。どのケースをとっても選択問題が登場する。すなわち，さらに情報を集めなければならないかどうか，という選択ばかりではなく，2つの情報のどちらを先に集めるべきかという選択がある。しかしながら，連鎖の残りの部分を一段階前進すれば，意思決定者は状況のうちの1つがすでに分析されていることがわかり，得なければならない情報はただの1つであることを知る。だから，最初の一段階を戻って得られる解決策は，二段階戻る解決策にフィードバックされ得る。そして，こうした計算を最初から繰り返さなくてもよい。状況1つ1つが，すでに議論したようなケースに似ている。意思決定者が別の方法で集めた情報に連鎖した2つの選択戦略から選択しなければならない，という場合に似ている。$n(n-1)$ のケースそれぞれについて2つの選択戦略の価値を比較しなければならない。そして，これ以上の情報を集めないという戦略とも比較しなければならない。こうして，情報収集を行う最良の方法が決まる。ただし，その情報はプロセスの最後から二段階戻って得られるものである。

　そして，3つ，4つと，情報が必要である場合を順に考えると，合成されなければならない情報が何組あったとしても，後戻りによって結局問題は最初の段階にまで遡ることがわかる。この最初の段階では1つの問題だけを解決すればよい。つまり開始段階では，集めるべき情報についてまったく知らないという問題が1つあるだけだから，この問題を解けばよい。他方，この開始段階から調査を先へ先へと進めると可能な調査方法の数が最大となるが，開始段階を過ぎると，可能な調査方法というのは後戻りプロセスの，1つ前の段階ですでに解決済みである。だから，最終段階でも他の段階とまっ

たく同じ形式に従って解決される。最終段階は他の段階すべてを踏まえてできたものであるから，問題を全部解決したことになる。この解により情報が集められる完全な連鎖が決まることになる。

たとえば，多国籍 PC メーカーが，（たとえば，メモリーチップなどの）部品調達先を 2 つの海外拠点のどちらにするか，意思決定しなければならない状況にあるとしよう。このメーカーが最初にわかっていることは，2 つの海外拠点のうち，1 つは労働集約的な方法をとっており，他は大量生産が可能な資本集約的な方法をとっていることである。部品コストの比較には，3 つの要因を使う。これらは独立した要因とみなされ得る。需要レベルによって決まる第一拠点における労働コスト，第二拠点における労働コスト，および生産規模の 3 つである。第一拠点における労働コストが第二拠点における労働コストよりも低いときは，第一拠点を選ぶべきだが，逆に高ければ第二拠点を選ぶべきだし，第二拠点の労働コストが多少高くても，需要が大きい場合には，第二拠点を選ぶべきだと，このメーカーは気づいている。PC メーカーは最初，第二拠点の労働コストの方が高いだろうと思っている。とすると，最適な調査戦略は，まず，第一拠点の労働条件を調査することである。もし第一拠点の労働コストが低ければ直ちに第一拠点での生産に取り掛かるし，第一拠点の労働コストが高い場合にのみ次の情報を求める。この場合，需要が調査される。もし高い需要があるとわかれば第二拠点を選択するが，需要が小さい場合，第二拠点の労働コストが調査され，最初の仮定が本当に正しいかどうかもテストされる。かくして，このメーカーは，国際的なコンサルタントが使う非常に精巧な手続に従って最終意思決定に辿り着く。実際にコンサルタントが誰になるかは，各段階で得た状況報告に照らして，どのプロセスを辿るかによって決まる。

5.9 意思決定手続を改善するために相関関係を活用する

この分析が複雑になるのは，意思決定に影響を与えるさまざまな要因の間に相関関係が存在するからである。意思決定に影響する各情報は別々の要因

と関係があり，各要因は他の要因とは独立して変化する，と最初に仮定しよう。ここでいう「独立」とはいずれの要因も，それがどんな状態にあっても，他の要因が置かれている状況とは無関係な確率のことである。もし意思決定者がこの独立性を認識していれば，他の要因が置かれている状況に関して以前調査した結果に照らし合わせて，ある状況下にある一要因に与えた確率を見直す必要はない。言い換えれば，調査が進むにつれて意思決定者は状況全体について多くを知るようになるが，ある与えられた要因については，要因を自分自身で直接調べる以外知る方法はないのである。

　この状況は，意思決定段階における要因が互いに相関関係を持っている場合には変わってくる。相関があれば，どれか1つの要因をとってみても，間接的に他の要因に関する情報が含まれる。意思決定者が合理的に対応しようとするならば，この状況に応えなければならない。それには，ある1つの要因が所定の状態になる確率は，すでに観察済みの他の要因が置かれている状態によって決まるという条件付き確率を用いることである。他の要因についてさらに多くを知るようになると，残りの要因に対する意思決定者の主観確率は変わってくる。すでに述べた計算でいえば，これはもう1つ情報を集めなければならないかどうかを調べるのに用いられる確率が，収集済みのその他の情報に左右されるということを意味する。そのうえ，意思決定者は自分がどの情報を集めようとしているかによって，こうした主観確率がどのように変化するかを予想しなければならない。分析する側からすると，こういう複雑なことは厄介以外の何ものでもないのだが，この煩雑さが効率的な意思決定を強力に支援する。こうした相関性を戦略的に活用すれば，1つの要因を測定しただけで，この要因と高い相関性を持つ他の要因を観察しなくて済むからである。言い換えれば，相関性は観察の外部経済を生み出すのである。その1つの結果は，一般に調査の初期の段階で他の要因と非常に相関性のある要因を観察することは有益である，ということである。なぜなら，そのようにして収集された情報があると，後で他の観察を行う必要がないからである。

　あるPCサプライヤーが世界市場向けのモデルを計画しているとしよう。

各国市場は潜在的に他とは異なる。現地調査からしかわからない特殊要因が存在し得る。しかし，一市場における需要は他市場における需要と高い相関関係にあるという意味で，全市場を代表するような一国市場がある。このサプライヤーは全市場における需要を調査することを避け，代表的な市場の需要を調べて全市場の合計値を求めようとするだろう。

5.10　記憶の経済学

　意思決定を連鎖的に最適化することは，さまざまな情報の間に介在する外部性を反映したものである。だが，これまでの外部性は単一の意思決定という状況の下で考えられてきたに過ぎない。同じ意思決定者が複数の意思決定を行う場合には，新たな種類の外部性が出現する。1つの意思決定に用いた情報が他の意思決定にも利用できるのである。これは情報の「公共財」的な性質の表われである。すべての情報は，それを使ったからといってなくなるものではない，という意味で公共財である。こうした情報が持つ特性には経済的な意味があり，それはさまざまな意思決定状況の類似性によって決まる。この類似性は共通の要因が存在することから生じる。この要因に関する情報がいったん集められると，この要因が働く他の状況にもその情報が利用される。となると，複数の状況に同時に影響を及ぼす要因に入る一般情報と，単一状況にしか影響を与えない要因に入る特殊情報とを区別することが有益である。

　意思決定は通常連鎖的なものだから，情報の再利用には，関連要因が同じ状況のままで続くという意味で永続的でなければならない。もしその要因が一時的で，状況が頻繁に変化する場合には，その要因に関する情報はすぐに使いものにならなくなるであろう。この場合，次の意思決定にその情報を利用できなくなる。正確さを期すために，新たな意思決定をするたびに要因を検討し直さなければならない。したがって，一般情報と特殊情報を区別するばかりでなく，永続的情報と一時的情報を区別することも有益である。永続的情報を抽象的な財と考えれば，それは耐久財なのである。

永続的情報を再利用するとなると、記憶の問題が出てくる。原則的には、情報は連鎖的活動ごとに記憶される必要があり、それには1つの意思決定を行ううえでの情報の合成も含まれている。とはいえ、最終的な意思決定がなされる前に、最初に集めた情報を忘れる危険性があるので、意思決定にはそれほど時間がかからないものが多い。しかしながら、意思決定の数が複数になると、1つの意思決定から次の意思決定へと進む間に重大なラグが生じ得る。この場合には記憶が大きな問題になる。つまり、情報は1つの意思決定と次の意思決定との間の期間中ずっと保存される必要があるのである。

記憶コストは人間の記憶を補うのにどんな種類の技術を利用するかによって決まる。記憶コストが存在するということは、たとえ以前に集めた情報であっても、利用する際にはなおコストがかかるということを示している。人間の記憶も含めて、いかなる記憶装置であっても記憶容量には限界がある。記憶装置が満杯になれば、さらに新しい情報を受け入れるには何かを忘れるしかない。つまり何かを記憶装置から消去するしかないのである。限界記憶費を変数として扱うことで、この状況を定式化できる。記憶装置が満杯になるにつれて限界費用は増加し、満杯になると費用は無限大となる。しかしながら、記憶の経済学（economics of storage）を短期的なものと長期的なものとに区別することが大切である。長期的には大規模な記憶装置（人間ではなく、正確にいえば、コンピュータの場合）を設計・製作することができる。また規模に関して、収穫不変の状態で、決まった規模の記憶装置を何個もつくることができる。

保管と検索のコストも、情報の記憶量によって変化することが多い。記憶した情報が多いと、適切な保管場所をみつけるのに必要となる労力も増えるし、後で検索するための分類が増える。

記憶に対する需要は含まれる情報の種類によって変わる。記憶に最も適しているのは一般的で永続的な情報である。将来長期にわたって、幅広い意思決定に利用できるからである。このよい例が科学的知識である。特殊で永続的な情報も、もしその特殊な状況が意思決定者と何らかの関連があるのなら、記憶しておくと役に立つだろう。常連客のアドレスなどが好事例であ

る。一時的な情報は普通あまり記憶に向いていない。しかし，常に更新される一時的な情報記録は変化のダイナミクスを分析するうえで大変役立つであろう。一時的な情報を記録し続ければ，それは将来を見通す力をつける1つの方法となる。たとえば，5年間の販売記録が季節ごとの傾向と基本動向を示すかもしれない。

PC サプライヤーが月ごとに価格と生産量を計画する場合を考えてみよう。各月の需要と供給全体のバランスは，一般的で一時的な要因によって決まる。需要に影響する一般的で一時的な要因というのは，需要と供給のマクロ経済的変化のような明確な要因だけではなく，顧客が使いたいと思うソフトウェアの種類が変わったなどという微妙な要因も含まれる。供給に影響を与える一般的で一時的な要因には，部品を作るのに用いるシリコンやガリウムのような原材料の価格がある。個人客をターゲットにする場合，特殊的で一時的な要因が作用する。たとえば顧客が自分のパソコンを取り替える必要があるかどうかといったことである。特定のサプライヤーからの個人向け委託販売の場合，メーカーが生産を行っている現地の労働コストなどという特殊で一時的な要因が重要になる。一時的要因の例は，表 5.1 の左側に挙げている。

永続的要因が変化しなければ，経営者は自信を持って，同じ手続を使って一時的要因に関する情報収集を各期間で行うであろう。それゆえに，この企業は1つの期間から次の期間まで，その手続を記憶する。その手続の中身（たとえば，まず観察を行うといった）はその状況における永続的要因に

表 5.1 PC 産業で市場創造を左右する要因

	一時的		永続的	
	需要	供給	需要	供給
特殊	個々人の PC 新規購入または買い替えの必要性	各部品工場の賃率	各顧客への配送コスト	各部品工場への輸送コスト
一般	PC の必要メモリー量に影響を与えるソフトウェアの発表	全部品サプライヤーに影響を与える原材料コスト	PC 需要を決定する「ライフスタイル」	コンピュータ・サイエンス全般の状況

よって決まる。PCサプライヤーに影響を及ぼす永続的な要因は，表5.1の右側に示してある。このPCサプライヤーは，いかなるときでも永続的要因の価値とそれに付随する最適なやり方を記憶している。一時的な要因は，予想をさらに正確にするために調査記録を検索する以外は記憶されない。

5.11 伝統対革新

　合理的な意思決定者は，なぜ初めから意思決定の連鎖を考えようとするのかという疑問が出てこよう。合理的な意思決定者は，この世の終わり（企業の場合）や人生の終わり（人間の場合）まで見通して，唯一完全な計画は何かという問題を解き明かそうとするものだろうか？　そうではないはずだ。そうした意思決定者は，いつどこでさまざまな情報を集めるかという計画にもとづいて，将来なすべき意思決定の連鎖をつくる。最初からすべての情報を集めようとはしない。というのも，将来起こり得る状況に関する情報は，実際に起こってから集めればよいわけで，通常遅らせたほうがよいと思っているからである。

　この類の唯一で完全な計画を導き出すのは極端に難しい。というのも，最適化の問題が非常に複雑だからである。検討すべきさまざまな可能性は多い。だが幸いなことに，複雑な問題というのは時には下位の問題に分解できるときもある。下位の問題はずっと解決しやすい。先に行った情報の種類を区別することが，この下位問題の解決のカギとなる。永続的要因が安定的で，一時的な要因が不安定であれば，この2つの要因の将来は，一時的な要因に新しい価値をもたらし，永続的要因の価値は同じままだと考えられる。もし各期の業績を最大化することが目標であれば問題の解決策は簡単で，一時的要因に対処する手続を明らかにし，いつもそれを繰り返せばよい。

　最善の手続ということになると，それは永続的要因の価値がどうなるかで決まる。もし永続的要因が決して変化しないのなら，最初に調査するだけで，その後の検討はまったく必要ない。しかし，こうした状況は実際には稀である。永続的要因は変化するし，関連する問題がたくさん生じてくる。

第一の問題は，永続的要因をどのくらいの頻度でモニターするべきかということである。一要因について不確実性をなくすには常にモニターする以外にないが，これは不経済である。まったく逆に，この前観察したときと価値は変わっていないと考えて，その要因を完全に無視し，誤差のリスクを取るというのもある。その際，誤差のコストは一時的な情報に対して不適切な意思決定手続を用いた結果を反映したものとなる。要因をモニターする頻度が減ると，この誤差のコストは増加する。合理的な意思決定者は誤差のコストとモニターのコストを天秤にかけ，適当なモニター頻度を選択する。

第二の問題は，意思決定者が考えられる永続的状態すべてについて最適な手続を記憶しておくべきかどうかということである。永続的要因は常に変化しており，意思決定者は手続を切り替えなければならない。そこで，新しい手続を記憶されているもののなかから探すのか，最初からつくるのかという問題が生じる。必要とされるすべての手続を記憶するにはかなりのコストがかかる。他方，どの手続も決して記憶しないということになると，新しい状況が起こるたびに新しい手続をつくらなければならない。

実際，手続を記憶するには，ただ１つではなく２つのアプローチがある。第一は，最初から手続を記憶するアプローチで，第二は，最初にその手続を使ったときから，記憶し始めるアプローチである。第一のアプローチでは，その手続が一度で導き出されるのは確実だが，しかし，記憶したことがまったく利用されないこともあるというリスクを負う。第二のアプローチでは，問題の手続はせいぜい一度は間に合わせにつくられたものである。しかし，この間に合わせが時間の重圧に耐えかねるなら，最初から手続をつくる場合よりも，もっとコストがかかる。

意思決定者は間に合わせの手続を作るコストと記憶コストの間にあるトレード・オフに直面する。手続が複雑になるにつれ，これらコストは両方とも高くなり，トレード・オフの重要性も増す。このトレード・オフのカギは意思決定を行う状況が繰り返される頻度である。これは永続的要因の再起確率（ergodicity）によって決まる。もしその要因によって生じる状況が数少なく，どの２つの状況をとってみても移行することが簡単であれば，いずれ

の状況も繰り返される可能性が高い。だから，永続的要因は再起確率が高いといえる。実際の時間的な枠組みは，その永続的要因がどのくらいの頻度で変化するかによって決まる。定義からすれば，永続的要因が変化する頻度は低いが，その変化には幅がある。頻繁に変化するのであれば，平均して待ち時間は短くなる。だから，頻繁に変化するということは，高い再起確率と結びついており，意思決定者は今現在使われていない手続を進んで記憶しようとするようになる。逆に，変化の頻度が少ないと，低い再起確率と結びついて，間に合わせ的な対応になる。

こうして得られた結果はいろいろな方法で磨きをかけることができる。実際に，市場創造型企業は，先に仮定したような永続的要因が1つということはなく，複数の永続的要因に直面することが多い。要因が異なれば，それが変化する確率に応じて異なる頻度でモニターされる。要因の数が増えると，起こり得る状況の数も増えるので，状況が繰り返される確率は減るはずだし，その対応を記憶する価値も小さくなる。つまり，状況に含まれる要因の数が多くなるほど，間に合わせ的な対応が強くなるということである。

さらに磨きをかけようとすれば，規則的に繰り返される状況と，そうでない状況を区別することである。洗練された意思決定者なら，最も普通に起こる状況に関しては手続を記憶するが，残りの状況に対しては間に合わせ的に対応する。つまり，組織というものは，選んで記憶するということを意味する。すなわち，組織の伝統は，意思決定者に対して最も普通に繰り返される状況には対処させるが，その他の場合に対しては間に合わせ的な対応をさせるというものである。

以上得られた結果は，企業進化論に大きな意味を持つ（Nelson and Winter, 1982; Cantwell, 1995）。企業進化論では行動によって記憶するという原則に訴える。この原則によると，企業はある手続を使わなくなればすぐにそれを忘れてしまう，なぜなら，忘れてしまわないと記憶コストがあまりにも大きくなる可能性があるからである。進化を強調することも，こうした戦略を支持することになる。つまり，過去の状況は決して繰り返されないというのが，進化の軌道が持つ1つの特徴だからである。面白いことに，この見

方に従えば，実際の企業は以前のやり方を覚えているという意味での慣習的な記憶でもって決して事業活動をしないということになる。企業は，過去と同じ状況が再現されたときに，使える伝統的手続を持たないのである。だから，同じ状況が繰り返されるようなビジネス環境では，この伝統的手続が欠落していることから，深刻な競争劣位に陥ることになる。

　伝統を少しも必要としない企業の例として，前述のPCサプライヤーの例がある。PC産業では永続的要因が比較的不安定であることが知られている。集積回路の設計技術がほんの少し変わっても，演算能力に劇的な影響を与えることがある。今日のPC産業の現状を記憶しても，10年後の問題解決の助けにはなりそうもない。というのも，過去の状況がそのまま再現されるとは思えないからである。

　これとは対照的に，石油産業における企業は，石油の供給を混乱させる不安定な政治状況に，周期的に見舞われる。各ケースは，細かい点でそれまでのケースとは異なるが，以前の石油危機の際に用いられた手続が役立つ。こうした手続の積み重ねが大きな強みである。これが，メジャーといわれる石油企業の企業文化における伝統の役割に大きく反映されているし，またメジャーの多くが終身雇用制度を続けていることもこれを反映している。こうした価値ある伝統によって，PC産業と比較して石油産業への競争的参入の頻度が低いことが説明されよう。

5.12　兆候と観察誤差のコントロール

　観察は必ずしも正確なものではない。通常観察されるものは，真の状況そのものであるというよりは状況の兆候である。しかし，誤差のリスクを推定できるとすれば，それを考慮に入れて手段を選ぶことができる。たとえば，もしある状況下にある要因を直接観察することがとくに難しく，いくつかの兆候が手に入るというのなら，そうした兆候を混ぜ合わせて状況全体についての評価をつくることができる。いくつかある一番役に立つ兆候といえば，真の状況に近いものだが，誤差の原因は兆候ごとに異なり，それらは無関係

である。一番質の高い観察なら一回の観察で十分役に立つが，質が落ちて二番目となると，観察をプールすることで残りの誤差をすばやく減らすことができることを意味する。

　手続次第で，いろいろなやり方を用いて誤差に対処できるものである。もし現われた兆候が，意思決定者がそれ以前に確信していたことと鋭く対立するような場合，意思決定者は予定していた行動を変える前に，自ら最初に信じたことの確証を得んがため，第二の兆候を求めようとするのは理にかなっている。逆に，もし現われた兆候が自分の確信を一層強めるような場合，確証を求める必要はない。戦略を誤って変更し深刻な事態を招いた場合，意思決定者は損害が軽微な場合以上に確証を求めようとするのが合理的である。だから合理的な組織は，不測の事態に備え，意思決定をする前に十分なチェックを行う態勢をとっているのである。

　兆候に依存すると，より深刻な問題が起こる場合もある。なかでも最大の問題が生じるのは，1つのことに関してさまざまな兆候がみられるが，そのいずれもがあてにならないときであることが多い。この場合，適切な方法で兆候を順序立てて並べていく。まず，ある要因についていくつの兆候を集めるべきか，1つの兆候だけでも十分なのか。次の要因を考える前にまず1つの要因を深く検討するべきなのか，あるいはすべての要因を最初から広く浅く検討すべきなのか。選択的手続による時間の節約を結果的には失うとしても，時間を節約するためにさまざまな兆候の調査を同時に進めるべきなのだろうか。

　兆候を利用して市場機会をみつけることが，市場創造型企業の基礎の基礎である。市場機会は永続的要因のある特殊な組み合わせ，それも他の誰も気づいていない組み合わせから得られるものである (Casson, 1982)。こうした市場機会の探索は宝探しに似ている。この意味は，できるだけ調査の範囲を広げて，ありそうな場所を探すのだが，他人がありそうだと思う場所は避けるということである。新市場の発見はそう頻繁に起こることではないから，革新的な企業は基本的に伝統よりはむしろ間に合わせの方を選択するのが常である。

5.12 兆候と観察誤差のコントロール

　永続的要因も時間が経つと変化し得る。この永続的要因に関する情報を定期的に更新しなければ，永続的要因の変化に続く企業の基盤強化と成長は達成されない。たとえば，思いがけずコストが上昇するとか，先に述べたように需要が減るなどという変化の兆候に効率よく対応するには，診断スキルが必要である。このスキルは企業設立に必要な先見スキルとはかなり異なる。企業はいったん変化を認識すると手続を変えなければならない。このことは，従業員がある特定の手続に関与している企業にとっては問題を引き起こす。企業文化を変えるには，リーダーシップ・スキルが必要である。したがって，診断スキルとリーダーシップ・スキルは，成熟期の市場創造型企業が持つ重要な競争優位の源泉である。こうしたスキルは会社を興すのに必要なスキルとは異なる。だから，ある程度の企業規模に達するとトップ・マネジメントを入れ替える企業が多いのである。

　一例として，欧州担当の米系 PC サプライヤーのマーケティング・マネジャーが売り上げの減少に直面しているとしよう。最初，そのマネジャーは欧州の需要が一般に減少しているかどうかを疑う。そこで自社の市場シェアが変化しているかどうか調べ始める。市場シェアの下落を発見すれば，製品のプロモーションがまずいなどという別の説明が必要となる。診断に要する専門知識が増えるということは，説明がさらに巧妙になるということである。ここでは問題は未解決のままであり，世界本社へ照会する。世界本社はその問題に関する幅広い経験を返してくる。次に，コンサルタントを呼ぶ。コンサルタントのサンプル調査から，顧客が製品の信頼性に疑問を持っていること，つまり，広範な保証制度を備えていないために，製品の信頼性をうまくアピールできていなかったことがわかる。また，顧客の機械の取り扱い方が原因で問題が生じている。技術的な解決策としては，キーボードのデザインを変えることである。組織的な解決策としては，保証制度の下で報告された事故記録のデータベースをつくることである。データベースを詳しく調べることで，保証業務から出た緊急問題は，製品の評判をひどく落とすことなく解決できる。

5.13 副産物としての情報

　意思決定が二段階プロセスであるということはすでに示したとおりである。第一段階で情報を得て第二段階で行動を決定する。しかし，実際この区別はそれほどはっきりしていない。第二段階でもまた情報が生まれるからである。この情報は行動の副産物として現れる。そして情報は記憶され，次に続く意思決定に利用される。これは連続した意思決定が相互依存的であることを示している。意思決定は副産物としての情報から得られた正の外部性を最大化するために，連鎖的になされるという可能性が出てくる。

　行動から情報が生まれるが，それは行動の結果からか，あるいは行動の過程からかのいずれかである。行動することで情報を生み出すことがある。それは単に行動することで，意思決定者はある種の情報が自由に手に入る特定の場所に立たされることになるからである。だがもっと大事なケースは，行動の結果が情報源となる場合である。なぜなら，その結果が背後に潜む状況の兆候を現しているからである。言い換えれば，結果そのものが，最初の段階で観察できなかった永続的要因の状況を示しているということである。

　この種の状況を系統立てて利用するには，実際に実験をやってみる必要がある。なぜ実験が必要かというと，状況について学んだことは，一般に実行された行動によって決まるからである。ある行動が他の行動よりも役立つというのは，この行動のほうが永続的要因の状態について多くのものを与えてくれるからである。だが，短期的にはその行動はリスクの高いものとなるであろう。もし状況が悪ければ，結果も甚だまずくなるからである。こうした高リスク行動をとる利点は，その後の意思決定に役立つ情報が得られるからである。このようにみてくると，問題を長期的視点でみる意思決定者は実験を好むということになる。

　実験情報を集める以外のやり方は，最初から観察によって情報を収集することである。これで望ましくない結果が出るリスクが大幅に減る。この点で実験アプローチも実践的である。このアプローチは「やればわかる」式のア

ローチであり，事を起こす前にまず情報を集める分析的なアプローチとは対照的である。

行動の副産物としての情報という原理が戦略的にどんな意味を持つかは，得られた副産物情報を最終的にどう使うかによって決まる。2つの可能性が考えられる。第一の可能性は，その情報は意思決定がなされた状況と直接結びついており，同種の次の意思決定にフィードバックされるという可能性である。もしその情報が一時的な要因に関係しているのなら，経済的なやり方で通常の意思決定を続けていればよい。他方，もし情報が永続的要因に関係があるのなら，その情報のおかげで状況をはるかに深く理解でき，意思決定手続の微妙な調整に役立つ。この種の情報を繰り返しフィードバックすることで，意思決定者は優れた専門知識を身に付ける。

たとえば，新型 PC モデルに対する顧客の反応をみれば，最初に行った市場調査ではわからなかった顧客の好みに関する情報が手に入る。もしこの顧客の好みが安定していれば，この情報はそのモデルの後継機のデザインにフィードバックされる。このことは，前のモデルが市場に出たときから情報を系統立てて取り込み，現行モデルのデザインにフィードバックするというデザイン戦略が，長期的な収益性を高めるということを示している。

第二の可能性は，副産物情報が意思決定者と関係ない，どこかほかのところでの状況に関係しているというものである。こうした情報を活用しようとすれば，意思決定者は自らの活動を広げようとする。たとえば，他の市場に影響を与える要因のフィードバックを定期的に受け入れている企業があるとしよう。この企業は他の市場にも参入して利益を得ることになるであろう。この企業は個別市場に特化するのをやめ，その代わりに情報が集まる共通の要因に支配される市場群に特化するようになる。

大事な顧客が自社のコンピュータ・ハードウエアをどのように利用しているか，という知識を更新しなければならなくなった PC メーカーがあるとしよう。アンケートを行ってみると，PC システムを構成する他の機器（モニターやプリンター，スキャナなど）に関係する情報も手に入る。そこでこれに対応するために，このメーカーは自社の PC と互換性のあるハードウエア

全般を扱う別の小売り部門を設置する。その小売り部門は製造部門が集めた情報をもらい，製造部門は小売り部門が集めた情報を利用して，自社モデルのデザインを改善していく。この企業の究極の姿は，自社の PC システムを顧客がどう利用しているかという情報収集に対するかかわり方で決まってくる。

　実験のなかには経営の多角化に役立つタイプのものがある。応用研究に力を入れている企業よりも基礎研究に従事している企業のほうが，他の産業に関連する情報を生み出しやすい。だから研究が基本的であるほど，多角化への誘因が強い。しかし，技術的な外部性だけが多角化の原因ではない。応用研究を行っている企業も情報の外部性と出会うが，それは顧客の好みに関するものが多いだろう。そのため，顧客となる重要な産業が少ない企業は，ユーザー産業の技術を習得することに特化するであろう。最終的には副産物であるイノベーションを求めて，顧客とパートナーシップを組むであろう。ここでもう一度，売り上げがある特定の社会経済グループに集中している消費財企業があるとしよう。この企業はその社会経済グループのメンバーが買いたいと思う他の製品に関する情報も生み出すだろう。となると，この企業は他の消費財産業へと多角化の道を歩むようになる。以上の例はすべて，企業進化論の主要な見解は，情報コストの単純計算を用いて引き出し得ることを示している。

5.14　経路依存性

　連鎖的な戦略を実行すると，独特の経路依存性（path dependence）というものが現われる。この経路依存性が生じるのは，連鎖的戦略というものが，以前の段階で学んだことをもとに，調査プロセスの次の段階を決めることになるからである。ある情報を集めるかどうかは，最初に集められたそれ以外の情報次第で決まる。ある状況の下では，1 つの情報から戦略が始まるとき，特定の情報をその後で集めなければならなくなるが，それとは異なる情報から戦略が始まるとき，そうはならないだろう。もしこの特定の情報の

方が非常に重要だとすれば,意思決定の結果はどの情報を先に集めたかによって決まる。この選択によっては調査を独特な経路へと導き,重要な情報を無視する結果,意思決定を誤らせることにもなる。

しかし注意すべき点は,合理的選択という枠組みのなかでの意思決定の誤りというのは,冒す価値のあるリスクを示しているということである。ある手続を選んだのは,欠落している情報が決定的となるような状況が生じる確率が実際には非常に小さいと考えたからである。その手続なら他の手続を選んだときに被る大きなリスクを避けられるということで,選好されたのである。もし欠落した情報に伴うリスクが予想通り大であれば,別の手続(たとえば,考えられる関連情報をすべて集める安全第一の手続)を踏んでいただろう。意思決定における経路依存性が望ましい姿だとされる理由は,合理的な意思決定者が許される情報コストのなかでリスクをコントロールしようとすると当然そうなるからである。経路依存性は非合理性を反映したものでもなければ,通常非効率的な結果を導くことにもならない。事実,経路依存性が意思決定上重要だとされる理由は,効率的な意思決定に大きく貢献するからである。

連鎖的手続が持つ経路依存性がとくに顕著に現われるのは,手続の各段階で,前に得た情報の結果からもたらされる情報源の副産物としての情報が生まれるときである。たとえば,企業が海外に投資した経験から学ぶのがその一例である。企業国際化プロセスに関するスカンジナビア・モデルでは,企業は一度に1つという海外市場投資を行っている(Johanson and Vahlne, 1977)。各市場への参入によって,市場に関する情報が投資の副産物として出てくる。もし一市場が何らかの点で他の市場と類似していると考えられれば,一市場で集めた情報は,他の市場に参入するときの意思決定に役立つ。適切な連鎖で市場に参入すれば,企業は学習機会を最大化できる。企業は,最初に他の市場に一番よく似ていると考えられる市場に参入すれば,連鎖的戦略の選択価値を最大化することができる(Casson, 1995a)。

どんな連鎖が選ばれたかをみれば,企業が問題の市場が持つ性質について最初に何を考えていたかがわかる。考えたことが違っていれば,連鎖的戦略

も変わってくる。だから、考えの異なるいろいろな企業は、最初それぞれ異なる市場に参入する。その結果、企業は別々のことを学習する。各企業が学んだ違いが、最初の考えの違いを裏打ちすることにもなるであろう。そのときには、企業は次の段階でもまた異なる市場に参入するであろう。こうして、企業が持つ知識の差が大きくなっていく。

　企業が投資を続けると、最終的に各企業の考えが同じようなものになっていく。なぜなら、参入プロセスを続けるにつれ、各企業は（どの段階にいるかは異なるが）同じ市場群に参入していく傾向があり、そこで市場に関する知識が同じようになるからである。こうして、いったん経験が広まると、投資行動が似通ったものになる。その一方で、早期の経験が各企業が持っていた最初の考えと結び付いて、企業に対して投資をある点で思いとどまらせることがある。この場合、最初の考えは決して訂正されず、最初の企業間の相違は残ったままである。投資先の国々におけるこうした企業間の違いは相当なもので、その相違は各企業が持つ最初の考えが違うことと、この考えの違いが初期経験の違いと混じる混じり方の違いを反映している。

　それゆえ、通常海外投資経験のない投資家が辿る海外展開の経路はどれもバラバラであるが、経験を積んだ投資家は似通った方法で海外展開を行う。多くの投資家は初期の経験からそれ以上の投資を思いとどまるので、決して十分な経験を積んでいるとはいえない。したがって、一定限度しか国際化していない企業にとって海外投資の経路依存性は非常に重要な意味を持つ。

　設立して間もない在米PCサプライヤーを考えてみよう。この企業は国内の顧客向けの特殊なニーズを念頭に置いて新型モデルを開発した。このモデルがどれくらい世界中にアピールするかわからない。グローバル市場がさまざまな文化圏に分類できることは知っている。一文化圏で受けないモデルなら、もっとかけ離れた文化圏で受けるとは思えない。各文化圏内では1つ1つの市場は比較的小さい。モデルを市場に出すこと自体はほとんど投資を必要としないし、失敗して評判を落としたとしても取るに足りない。だから失敗してもコストはほとんどかからない。このような状況の下で、国際化というのは連鎖的な市場参入投資そのものである。初期投資の結果が第二の投資

を行うかどうかの意思決定に用いられる。以下同様である。合理的な投資順序は、さまざまな文化圏における需要状況の相関関係を意思決定者がどのようにみたかで決まる溢れ出た情報の表れなのである。

　このPCサプライヤーは各市場に対する文化的参入障壁について確証がない。実際、欧州は最も近い文化圏であるし、その次はラテン・アメリカ、そして東南アジアなどといった具合である。他の条件が同じであれば、企業は「文化的距離」が近いと認識する順に市場へ投資していくだろう。この企業の最初の考えが正しい場合、まず欧州の小規模な一市場に向けて供給を始める。これがうまくいくと、次に残りの欧州市場に供給する一方で、ラテン・アメリカの小規模な一市場への供給も始める。この第二の投資が成功すれば、他のラテン・アメリカ市場へも供給し、東南アジアの小規模な一市場へ投資する、という具合である。もちろん、他の条件が異なることもあり得る。十分な分析をすれば、連鎖は市場の予想収益性や各国特有の競争の脅威（たとえば、グローバルなライバル企業に先を越されたり、現地企業に模倣されたりといった脅威）に影響されるということがわかる。だが、市場向け投資の基本的パターンが文化的距離の近い順ということは変わらない。

　経路依存性が生じるのは、市場参入の連鎖の違いが最終的に供給する市場の違いとなって現われてくるからである。もし例に挙げたPCサプライヤーが、東南アジアが最も文化的に近接していると誤って考えれば、最初に東南アジアに投資するであろう。欧州との文化的距離があまりに遠ければ、欧州など投資するに値しないという意思決定をするだろう。欧州に関して誤った考えを持っていても、それを訂正しようとしない。一般に、サプライヤーは最初の考えが正しければ（つまり主観確率が実際の状況に非常に近ければ）、商業的成功を収める。投資の経路依存性が本当に深刻な問題を引き起こすのは、最初の考えが不適切なときだけである。

5.15　分業とコミュニケーション

　組織構造を完全なものにするためには、古典的な分業の原理を情報処理に

どう応用するかという分析をしなければならない。情報は抽象的な商品であり，他の商品と同様に分業から利益を受ける。これまでの分析では，多数の情報源にもとづく多数の意思決定について議論してきたが，暗黙のうちに一人以上の個人が関与していた。ある意味で，これまでの議論は分業理論を築く土台をつくったに過ぎない。分業は意思決定に際して，なぜさまざまな人間が協力するのか，そしてなぜ彼らは特定の方法でお互いを関係づけるのか，ということを説明するものである (Buckley and Carter, 1996; Carter, 1995)。

意思決定には合成が必要であるが，これは明らかに情報における分業の利益の一端を示している。合成は通常観察より難しく，とにかくかなり異なるスキルを求められるので，別々の人間がこうした合成と観察という2つの課題に能力を発揮することは有益である。このとき，専門化することが効率を高める。

もし多くの情報を合成しなければならないのなら，数人の情報収集者が一人の情報合成者 (synthesizer) に情報提供することになるだろう。経済的に集められる情報の数は，他の何よりも正しい意思決定を行うことの重要性を反映したものである。このことは，情報合成者は重要な意思決定を行ううえで数人の情報提供者たちの支援を受けているということを意味している。

情報源の現地化がこの傾向を強める。情報源が拡散していると，一人の人間がすべてカバーすることはできない。各情報源では，現地にいる人たちが情報提供面で比較優位を持つ。これは空間的・機能的いずれの次元でもあてはまる。だから，合成する情報の数がほんのわずかでも，そうした情報がいろいろな人たちによって提供されるという理由が説明できる。

この点に関して，副産物の原理が改めて登場する。この原理が情報提供上の分業と，意思決定を実行するうえでの分業とを結びつける。意思決定の実行により，同種の次の意思決定に関する情報が生まれる場合，実行を専門とする人びとはまた，自然に自らが情報源になるという優位性を持つ。これによって，命令を実行する同じ人びとから情報がフィードバックされるという非常に単純な組織構造が生まれる。この組織構造はとくに手を加えなけれ

ば，命令を実行し，情報をフィードバックしてくる部下を情報合成者が監督することにもとづいた説明責任という単純な方式に従うものである。情報合成者は階層の頂点に立つのだが，その階層のなかで部下はその合成者に提供する情報を集め，命令を受け取る。命令を実行して，次の意思決定に必要な情報を副産物として手に入れる。そして情報合成者は連鎖的手続に従い部下と協議する。そのなかで，情報合成者はまず環境のなかで最も不安定な（場合によっては，危機をはらむような変移的な）部分に関する情報を得る。この不安定な側面は，情報合成者にとって最も不確かな部分であり，その変動が企業の短期収益に最大の影響を及ぼすのである。このような場合，情報合成者は明らかに部下より強い権限を持っているが，部下の間にも権限に差はある。権限に差があるのは，最初に協議した部下が決定的な情報を提供し，その結果それ以外の部下との協議が必要なくなるからである。変移的な一時的要因を取り扱う部下は，他の部下よりも大きな権限を得る。そうした部下は常に自己の見解を述べる機会があるが，他の部下はそうではないからである（Casson, 1994）。

　5.8節の二番目の例として議論したPCサプライヤーを考えてみよう。このサプライヤーは所定の手続に従って，毎月の需要と供給に関する一時的な情報を合成する。マーケティングの責任をあるマネジャーに，調達の責任を別のマネジャーに割り当てて分業を行おうとしている。マーケティング・マネジャーは先月の販売情報の副産物として需要に関する情報を取得する。同様に，調達マネジャーは先月の部品配送の結果から供給に関する情報を取得する。このPCサプライヤーはこの一時的な情報を合成して明確な指示を出す。それを各マネジャーが実行する。そしてこのサイクルが繰り返される。

　需要が供給よりも変移的であれば，情報合成者と先に協議するのはマーケティング・マネジャーであろう。その後で調達マネジャーと協議するのはマーケティング・マネジャーの報告が決定的でない場合だけである。このため，マーケティング・マネジャーの方が調達マネジャーよりも権限を持ち，この企業はマーケティング主導型の企業になる。逆に，もし供給のほうが需要より変移的であれば，調達マネジャーが先に相談を受ける。この場合は調

達マネジャーの方が大きな権限を持ち，調達主導型の企業となる。

　合成は階層型組織を促進させる唯一で特殊なスキルではない。ある種の兆候を診断するにも特殊なスキルが必要となる。診断スキルのなかには非常に稀なものも実際にある。直感的なものもあれば，後天的というよりはむしろ先天的なものもある。しかし，多くは長期のトレーニングから生み出されたものである。それゆえ，組織には専門知識の階層が存在することが多い。この階層の底辺には一般のマネジャーがいて，診断に関する限り，このマネジャーが現地で実務を行うのである。特殊な問題に関しては，機能別の専門家チームが本社にいる。階層の頂点には，組織内でかつて誰も扱ったことのない問題を取り扱うゼネラリストがいる。このゼネラリストは専門家たちに支えられ，専門家らが合意できない場合，仲介役を果たす。高い地位にいる人間は意思決定ではなく問題を診断するから，階層上隣接するレベル間の関係は，権威よりも専門家としての尊敬にもとづいている。階層上の人事配置は，何よりもまず経験・能力・実績に支えられた目にみえる競争能力にもとづくものだ。診断すべき問題が複雑であればあるほど，組織はこの種の能力主義を採用する必要に迫られる。

　操作上の問題を抱えている大切な法人顧客のために，テレフォン・サービスを設置したPCサプライヤーを想定しよう。このサービスを日常的に管理する責任があるのは製品サポート部門である。問題が難し過ぎて，このサポート・スタッフで解決できないような場合もある。そのとき，このような問題は設計チームの専門家に照会される。彼らは新型モデルをつくるのにトップ・マネジメントと緊密に仕事をしている。設計チームがその製品を設計したのだから，普通は問題をよく理解できるはずである。もし設計チームが問題を解決できなければ，その問題は最高経営責任者に照会される。最高経営責任者は顧客にはどのように対処すべきか，つまり企業はその問題の責任を持ち続けるのか，代金の払い戻しを申し出るのか，さもなければその問題を克服した別のモデルの開発を速めるのか，という意思決定をする。

5.16 コミュニケーション・コストと分権化

　コミュニケーション・コストは情報処理上の分業に対して大きな障害となる。コミュニケーション・コストは2種類に大別される。第一はメッセージの暗号化と解読の際に生じるもので，第二はメッセージ伝達の際に生じるものである。

　メッセージの暗号化と解読においては，情報が本来持っている暗黙性と，メッセージの送信者と受信者間の文化的差異の両方からくる難しい問題がある。本章のコンテクストからいくと，暗黙性はコミュニケーション・コストを高くする原因の1つに過ぎない。暗黙性は主にメッセージの内容が持っている特性である。つまり，暗黙性がいわんとするテーマの本質と，それが伝えようとする信頼の程度である。たとえば，明らかに文法的に正しい文章を用いて，個人の感情を暗号化しようとしても，それは甚だ困難なことである。

　文化が違うということは，異なる基本設定を用いてメッセージを暗号化したり解読したりするということである。曖昧な暗号化と不適切な解読によって，事実誤認が生じるのみならず，図らずも相手を怒らせてしまうことさえあり得る。短期的には，文化の違いに対する合理的な対応として，コミュニケーションを制限して，明確に表現できる重要な問題だけに絞ることである。長期的な対応としては，直近の意思決定とは無関係なインフォーマルな交際を促進することであり，そうすればお互いの理解が深まり，さらに緊密に協力するようになるだろう。こうした投資は将来コミュニケーション・コストの節約という形で取り戻せる。

　第二のコミュニケーション・コストは，暗号化されたメッセージを伝達することから生じるものである。このコストは，スピード，明確性，機密性などに照らして選ばれたメディア（ファックス，電話，電子メール，直接会うことなど）の関数である。それはまた，距離の関数でもあるが，現在ではこの距離の問題はさほど重要ではない。

コミュニケーション・コストのために，意思決定者は協議相手の選択に非常に慎重になる。コミュニケーション・コストが観察コストを上回る組織は少なくない。というのは，副産物原理によって，観察にはほとんど費用がかからなくなるからである。比較的コストが高くつく長距離のコミュニケーション（とくに対面コミュニケーションの場合）は，MNEs においてこの傾向が強くなる。組織構造を左右する大きな要因は，広範な情報の合成に影響を与える機能別専門化がもたらす利益と，この専門化によって生じるコミュニケーション・コストとの単純なトレード・オフだということである。

このトレード・オフは，企業内の分権化の度合いに重要な意味を持っている。もしある種の情報がほぼいつも決定力を持つのであれば，定期的に協議する必要はほとんどない。決定力を持つ情報にアクセスできる人たちが意思決定に責任を持てばよい。たとえば，もし企業が毎期変移的な一大情報源に直面するのであれば，この情報源をモニターしている人間がその企業をコントロールすればよい。これが専制的な経営スタイルになる。トップ・マネジメントが誰とも協議せずに意思決定を行い，他のマネジャーたちは受身的な役目を負わされている。

こうした危機をはらむような変移的なパターンは，グローバル市場よりむしろローカル市場の特徴である。グローバル市場には，一般に世界のいろいろなところで生じる衝撃的な出来事から多くの変移的要因がある。このことから情報の合成が広範なものとなる。こうした条件の下で専制的な経営が正当化されるのは，コミュニケーション・コストが非常に高くて協議できないというときだけである。こうした状況の下では，意思決定者は総合的でグローバルな見方を用いて自分の計画を作成するだけであり，現地で生じる見解の相違はこれを黙認する。

他方，コミュニケーション・コストが非常に低ければ，意思決定前に必要とされる情報をすべて合成するうえで何の支障もない。こうして，よく協議を重ねるスタイルの経営が生まれる。コミュニケーション・コストが低いということは，一般に文化的な同質性，非緊急性，暗黙的な情報もないことなどを反映している。コミュニケーション・コストが低いときは，皆が平等に

権限を共有して，意思決定に広く参加するフラットな構造になるが，しかしこれはマネジメント・チームを構成するメンバーの間に合成能力が広く行き渡っている場合だけである。

だが実際には，こうした理想的なタイプのどちらかにあてはまる組織はほとんど存在しない。コミュニケーション・コストは一律に高いとか安いとかいえないからである。本社が中央で得た情報の伝達コストと，周辺地域の現地で得た情報の伝達コストには差があることが多い。情報源によって情報伝達コストが違ってくるというのであれば，情報合成者が独力で，よりコストのかかる情報をつくり出す方が有利である。というのは，これがコミュニケーション・コストのコントロールに大きく貢献するからである。もしローカル情報が比較的明示的で，しかも容易に伝達できるものであれば，中央で合成するのがよい。暗黙的な情報は直接トップ・マネジメントに提供される。トップ・マネジメントは各地のマネジャーから受け取った暗黙的な情報を明示的な情報と合成して，意思決定を明示的な命令の形で暗号化する。このようにすれば，すべてのコミュニケーションを明示的にし，コミュニケーション・コストを減らすことになる。

逆の場合，すなわちローカルな情報が暗黙的なもので，中央の情報が明示的な場合を考えよう。この場合は意思決定を分散化した方が有利である。ここではローカルな意思決定の調整が問題となる。まず，本社が得た情報を公表しなければならない。これによって，すべての現地マネジャーが本社情報に直接アクセスできる。次に，現地マネジャーそれぞれに適切な意思決定のルールが規定されていなければならない。このルールはいかなる状況下においても，現地の意思決定が互いに矛盾しないように考えて本社がつくっている。標準化された慣行により統一した手続を用いて，矛盾が回避できるときもあるが，しかし現地独自のルールが使われているので，それぞれの現地によって矛盾回避の度合いが違ってくる場合が多い。この原理を使えば，現地情報が暗黙的な情報だという条件の下で，グローバル戦略と現地への対応とを調和させることが可能となる (Bartlett and Ghoshal, 1990)。

表5.2は，いろいろな組織構造の要約である。この表はすべてのケースを

網羅しているわけではない。たとえば，情報を戦略的に使うか戦術的に使うかによってさらに区分が可能だし，本社が戦略的枠組みを提供し，その枠組みのなかで現地が戦術的意思決定を行うという部分的な分権化を評価することも可能だろう。この部分的な分権化は，中心と周辺がともに，明示的な情報と暗黙的な情報の双方の情報源となっているときに妥当する。中心は周辺から報告された明確な情報を自らの暗黙的な情報と合成し，これらを高度に統合した形で戦略計画へと暗号化する。この戦略計画は公開され，その内容は現地の暗黙的な情報と合成されて現地の戦術となる。この戦術の作成には，現地の計画と調和させるような手続が用いられる。この調和プロセスは，最終的に現地の計画が実行される前に，本社が審査することにすればより強化される。

定期的にシリーズものの新型モデルを市場に出しているPCサプライヤーを考えてみよう。技術的可能性は暗黙的な情報であり，それは本社のデザイン・チームが持っている。あるデザイン・モデルの能力は，その試作品ができれば，明示的な情報となる。操作マニュアルも書けるし，デザイン・チーム以外の人間がその試作品を試すことができる。だから，デザイン・チームは現地の経営者にその試作品を提供して，コミュニケーションを図ることもできる。顧客のニーズは，各国の現地マネジャーが持つ暗黙的な情報である。だが，現地マネジャーはさらに既存モデルの売り上げなどという本社へすぐ伝えられるような明示的な情報も持っている。

以上のような制約を与件とすると，このPCサプライヤーの本社は，デザインは集権化するが，マーケティングは次のように分権化する。デザイン・チームは暗黙的な技術情報を新型モデルの多くの試作品に取り入れて具体化する。すると現地マネジャーは，顧客の業務を考慮に入れて多くの試作品の

表5.2 コミュニケーション・コストが組織構造に及ぼす影響

中央での要因によるコミュニケーション・コスト	周辺での要因によるコミュニケーション・コスト	
	低	高
低	十分な協議	分権化
高	協議的な階層組織	ワンマン的な階層組織

出来映えを比較する。ひいき筋の顧客に試作品を使ってもらうこともあるだろう。顧客の反応に関する情報は，各種試作品のランク付けという明示的な形でデザイン・チームにフィードバックされ，そして選ばれたデザインに特殊機能を付加するよう求められる。最後に，本社はこの明示的な情報を統合して，開発した試作品のなかから1つを選ぶ。

5.17 新しい情報技術

情報コストに関する議論を完全なものにするためには，新しい情報技術（IT）の役割を述べなければならない。新しいITがMNEの組織に与えた最大の影響は，コミュニケーション・コストと記憶コストを減らしたということである。最近まで情報処理コストの減少は，主に科学的な演算に関するものであった。だが実際は，ビジネスに関する情報処理コストの減少は，今でも素早い演算ではなく，素早いファイリングや記録の検索によるものである。コミュニケーション・コストと記憶コストが減ると，甚だ特殊性の高い情報を大量に蓄積し，組織のメンバーがアクセスできるようにしたリレーショナル・データベースへの投資が刺激される（Casson and Wadeson, 1996）。個人住宅，ホテルの部屋，航空便などに関する情報の蓄積は，サービス産業の市場創造型企業に大きな影響を及ぼしている。たとえば，旅行・観光業ではコンピュータ化された予約システムが発達してきたし，金融業ではコンピュータ化された銀行預金口座や信用の格付けが広く普及している。

新しいITの重要な特徴とは，それは暗黙的な情報よりも明示的な情報に便利だということである。だから，質的な情報を量的な情報に変換するのに役立つ。新しいITはコミュニケーション・コストを低く抑えるので，量的な情報の共有にも好都合である。過去の取引情報は将来の調査のための記録として保管される。企業のマーケティング部門はこの記録を使って，特定の顧客に狙いを定めてダイレクト・メールを送ったり，電話で問い合わせてくる顧客を優先したり，小売り店舗の立地を最適化したりすることが可能である。起業家精神を持つ従業員は，こうしたデータベースを使って新製品の研

究を行うこともできる。これはある特定の線に沿った企業の多角化を刺激する。このようなデータベースを企業内で公共財のように活用することで，企業は自社がカバーできる範囲で市場創造へと向かうことになる。

コンピュータは，エキスパート・システムによって開発された精巧な意思決定手続を実行できる。こうした手続はあまりにも難しく，一般のマネジャーは学習できないだろう。たとえ一般のマネジャーがその手続を学習できたとしても，彼らがその手続を実行するには時間がかかり過ぎる。時間が命の場合（たとえば，金融における投機の場合など），エキスパート・システムはお勧めだ。エキスパート・システムを導入すると，権限が一般のマネジャーからシステム設計者にシフトする。システム設計者が暗黙的な情報に頼らざるを得ない場合，彼らは最高経営責任者と直接協議できるように，本社に配置される。一般のマネジャーはパワーシフトに遭うのである。一般のマネジャーはシステム・アナリストに権限を譲り渡すことになるが，組織内の他の誰とでも一緒に膨大な量のデータへのアクセスを共有できる。このアクセスがもたらした「エンパワーメント」の度合いは，各マネジャーがどの程度起業家的であり，どの程度コンピュータが使えるかによって決まる。

システム・アナリストがどの程度権限を共有しなければならないかは，他の暗黙的な情報の情報源の重要性によって決まる。たとえば，重要な借り手の信用状態に関する暗黙的な情報は銀行にとって非常に重要である。優良な銀行では，暗黙的な情報を入れてエキスパート・システムを設計するのは本社であるが，現地マネジャーに裁量を与えて，現地マネジャーが持つ借り手に関する暗黙的な情報をうまく利用できるようにするだろう。このことは，コンピュータ化はシステムの専門知識を中央集権化するのに便利だが，組織内にコンピュータで処理できない暗黙的な情報がある場合，分権化の重要性も残されているという，一般的な要点を説明している。

5.18 結　論

本章では，最初に情報コストを3つのタイプに区分した。その際，企業行

動を説明するうえで，以前はタイプⅠの情報コスト（つまり機会主義に関連した取引コスト）が強調され過ぎてきたことを論じてきた。タイプⅠのコストは，主に企業の境界を説明することと関係している。企業がどのように組織化されているか（言い換えれば，企業内のさまざまな活動がどのように調整されているか）を説明するうえでは，あまり役に立たない。この説明に適切なのが，タイプⅡのコストとタイプⅢの情報コストである。これらは正しいと信じられている情報を取り扱うコストである。その情報は測定誤差によって，完全に正確ではないかもしれない。そして観察を担当する責任者らが無能であるために誤差がさらに大きくなるかもしれない。だがインセンティブを変えたとしても，情報の質が大きく改善されることはない。関係者には嘘をつく特別な理由がないからである。

　企業の組織構造は，企業の諸活動を最小の情報コストで調整する必要があるということから決まるものである。これは，タイプⅡとタイプⅢの情報を収集し，伝達し，保管し，処理するコスト全体を最小にするということである。調整が必要な活動で，主なものとしてはマーケティング，調達，生産，研究開発が挙げられる。こうした諸活動のなかで，どれが重要かは企業を取り巻く環境によって決まる。ある特定の活動に影響する要因が変移的であればあるほど，そうした要因についての情報収集と情報処理が重要になる。情報処理に際して企業内部で分業が行われれば，最も変移的な分野の情報処理責任者であるマネジャーが相当な権限を持つことになる。

　MMMに議論の焦点を絞ってきたが，それは変移的な分野の主な源泉がマーケティングにあるからで，そしてマーケティングよりも程度は低いが，調達にもあるからである。生産における変移要素については限られた議論しかしていない。本章では効率的な情報処理に関連した多くの一般原理を述べ，多国籍PCサプライヤーの例を挙げて説明した。最適な意思決定手続というものは連鎖的であり，それは通常最も変移的な要因に関する情報を最初に集めるものだということを明らかにした。この情報が決定的ではないという場合にのみ，他の要因の情報も集められる。こうした優先順位が基礎となって，変移の本源に関する情報を集める人間に大きな権限が与えられるの

である。

　企業の国際化戦略全体は，原則として最初の大きな意思決定である。しかし，連鎖の原理により，多段階それぞれにおいて外国市場に関する情報を集めなければならないことを意味する。さらに，副産物の原理によって，こうした副産物情報の多くは最初の海外投資の後でなされた意思決定プロセスで生かされる。その結果，意思決定プロセス全体は時間的に伸びていく。最初の話は単純で，市場に参入することであり，それが以前の投資の結果で決まる連鎖の始まりなのである。これが企業の海外展開を経路依存的にするのだが，これは非合理的な意味で経路依存的になるのではない。それどころか経路依存性は事実，合理的な戦略の重要な特徴である。

　こうした結果やその他の結果はすべて，単純な情報コストに関する経済理論から導出されたものである。その理論では，意思決定者は意思決定を誤った場合に予想されるコストに対して情報コストをトレード・オフする。この情報コスト理論が組織行動を分析する唯一の手段でないことは確かだが，これまで述べてきた結果から，情報コスト理論が国際ビジネス研究に関して非常に役立ち，意義のあることがわかる。

＜参考文献＞

Bartlett, C. and S. Ghoshal (1990) *Managing across Borders: The Transnational Solution*, London: Routledge.（吉原英樹監訳『地球市場時代の企業戦略』日本経済新聞社，1990年）

Buckley, P.J. and M.J. Carter (1996) 'The economics of business process design: motivation, information and coordination within the firm', *International Journal of the Economics of Business*, 3(1), 5-24.

Buckley, P.J. and M.C. Casson (1976) *The Future of the Multinational Enterprise*, London: Macmillan.（清水隆雄訳『多国籍企業の将来』文眞堂，1993年）

Cantwell, J.A. (1995) 'Multinational corporations and innovatory activities: towards a new evolutionary approach', in J. Molero (ed.), *Technological Innovation, Multinational Corporations and New International Competitiveness*, Chur: Harwood Academic Publishers, 21-57.

Carter, M.J. (1995) 'Information and the division of labour: implications for the firms choice of organization', *Economic Journal*, 105, 385-97.

Casson, M.C. (1982) *The Entrepreneur: An Economic Theory*, Oxford: Martin Robertson, reprinted, Aldershot: Gregg Revivals, 1991.

Casson, M.C. (1994) 'Why are firms hierarchical?', *International Journal of the Economics of Business*, 1, 47-76.

Casson, M.C. (1995a) 'Internationalisation of the Firm as a learning process: a model of geographical and industrial diversification', *Revue d'Economie Industrielle*, special issue, 109-34, rev. version in Casson (1995b), Ch. 5.

Casson, M.C. (1995b) *The Organization of International Business*, Aldershot: Edward Elgar.

Casson, M.C. (1996) 'Comparative organisation of large and small firms', *Small Business Economics*, 8, 1-17, rev. version in Casson (1995b), Ch. 6.

Casson, M.C. (1997) *Information and Organisation: A New Perspective on the Theory of the Firm*, Oxford: Clarendon Press.（手塚公登・井上正訳『情報と組織：新しい企業理論の展開』アグネ承風社，2002年）

Casson, M.C. (2000) *Enterprise and Leadership: Studies on Firms, Markets and Networks*, Cheltenham: Edward Elgar.

Casson, M.C. and N. Wadeson (1996) 'Information, strategies and the theory of the firm', *University of Reading Discussion Papers in Economics*, No.334, forthcoming in *International Journal of the Economics of Business*.

Chesnais, F. (1988) 'Technical cooperation agreements between firms', *STI Review*, 4, Paris: OECD, 51-119

Coase, R.H. (1937) The nature the firm, *Economica* (New Series), 4, 386-405.

de Monthoux, P.G. (1993) *The Moral Philosophy of Management: From Quesnay to Keynes*, Armonk, New York, M.E. Sharpe.

Dunning, J.H. (1977) 'Trade, location of economic activity and the multinational enterprise: the search for an eclectic approach', in B. Ohlin, P.O. Hesselbom and P.M. Wijkman (eds), *The International Allocation of Economic Activity*, London: Macmillan, 395-418.

Dunning, J.H. (1981) *International Production and the Multinational Enterprise*, London: Allen & Unwin.

Egelhoff, W. (1988) Organizing the Multinational Enterprise, Cambridge, MA: Ballinger.

Hayek, F.A. von (1937) 'Economics and knowledge', *Economica* (New Series), 4, 33-54, repr. in F.A. von Hayek, Individualism and Economic Order, London: Routledge and Kegan Paul, 1959, 33-56.（西山千明・矢島鈞次監修『ハイエク全集3 個人主義と経済秩序』春秋社，1997年）

Hennart, J.-F. (1986) 'What is internalization?', *Weltwirtschajuiches Archiv*, 122, 791-804.

Johanson, J. and J.-E. Vahlne (1977) 'The internationalisation process of the firm—a model of knowledge development and increasing foreign market commitments', *Journal of International Business Studies*, 8(1), 23-32.

Kay, N.M. (1993) 'Markets, false hierarchies and the role of asset specificity', in Christopher Pitelis (ed.), *Transaction Costs, Markets and Hierarchies*, Oxford: Blackwell, 242-61.

Marschak, J. and R. Radner (1972) *The Economic Theory of Teams*, New Haven, CT: Yale University Press.

Mitchell, W., R. Morck, J. Miles Shaver and B. Yeung (1996) 'Causality between international expansion and investment in intangibles, with implications for financial performance and firm survival', *mimeo*.

Nelson, R.R. and S.G. Winter (1982) *An Evolutionary Theory of Economic Change*, Cambridge, MA: Belknap Press of Harvard University Press.

North, D.C. (1991) 'Institutions, transaction costs and the rise of merchant empires', in James D. Tracy (ed.), *The Political Economy of Merchant Empires*, Cambridge: Cambridge University Press, 22–40.

Porter, M.E. (1980) *Competitive Advantage*, New York: Free Press. (土岐坤・中辻萬治・服部照夫訳『新訂 競争の戦略』ダイヤモンド社, 1995年)

Radner, R. (1996) 'Bounded rationality, indeterminacy and the theory of the firm', *Economic Journal*, 106, 1360–73.

Richardson, G.B. (1960) *Information and Investment*, Oxford: Oxford University Press.

Rugman, A.M. and J.R. D'Cruz (1996) 'Strategies of multinational enterprises and governments. the theory of the flagship firm', in G. Boyd and A.M. Rugman (eds), *Euro-Pacific Investment and Trade: Strategies and Structural Interdependencies*, Aldershot: Edward Elgar.

Schumpeter, J.A. (1934) *The Theory of Economic Development* (trans. R. Opie), Cambridge, MA: Harvard University Press. (塩野谷祐一・中山伊知郎・東畑精一訳『経済発展の理論―企業者利潤・資本・信用・利子および景気の回転に関する一研究〈上〉〈下〉』岩波文庫, 1993年)

Stigler, G.J. (1961) 'The economics of information', *Journal of Political Economy*, 69, 213–25.

Williamson, O.E. (1975) *Markets and Hierarchies: Analysis and Anti-Trust Implications*, New York: Free Press. (浅沼萬里・岩崎晃訳『市場と企業組織』日本評論社, 1980年)

Williamson, O.E. (1985) *The Economic Institutions of Capitalism*, New York: Free Press.

（長谷川 容子）

第6章　国際合弁事業

ピーター・バックレーとの共著

6.1　イントロダクション

　グローバル環境では，国際合弁事業（IJV）への参加は1つの重要な戦略的選択肢である（Beamish and Banks, 1987）。IJV の研究では，明示的な仮定を置くことがとくに重要である。しかしながら，いかなる IJV 形態も完全ではないため，IJV が選択される理由を理解するには他の代替手段の持つ欠点を理解する必要がある。さらに，IJV にはいろいろなやり方があるが，それは種々の行動パターンと関連している（Tallman, 1992）。

　企業目的が利潤極大化にある場合，IJV といった戦略の選択は収入 – 費用構造にもとづいてなされる。その構造は企業環境に左右される。この環境に関する主要な特徴を識別することで，きわめて不完全ではあるが，企業行動のモデル化が可能となる。利潤極大化仮説と，そのモデル化によって規定される収入 – 費用構造に対する制約とからモデル予測が与えられる。モデル予測の失敗は，これら制約条件を再検討することで対処され，理論的中核をなす極大化原理の放棄によって対応されるのではない（Buckley and Casson, 1988）。

　理論に組み入れられる変数が厳格な経済特性を持つ必要はない。その組み入れ基準は，それら変数が合理的行動の点から分析され得るかどうかにある。IJV のモデル化は，まさにこうしたケースである。IJV には広範な要素が影響するが（Geringer and Hebert, 1989），そうした要素には市場規模といった伝統的な経済的要素だけではなく，技術，法律，文化，心理にかかわる要素も含まれる。以下に紹介するモデルでは，この種のすべての変数が

登場する。

　経済モデルでは，効率性にかかわる判断が可能になる。IJVが社会的，政治的には推奨されても，たとえば当該産業のリーダー格の大企業にとってはIJVが非効率的だとして批判されることもあるだろう。経済モデルでは，この問題に正面から取り組むことができる。しかしながら，どんなに巨大であっても，いかなる企業も完全に自己完結的ではありえないために，その前提が正しいなら，IJVへの参加が明らかに効率的なものとして直ちに示される。本章の主要な目的は，これらの前提を完全に明示することにある。このように，IJVが国際ビジネスの重要な局面として捉えられるのも，これらの前提が日を追って広く観察されるようになってきたからである。

6.2　国際合弁事業の類型

　グローバル経済におけるIJVの役割については，すでに第1章で論じている。そこではIJVが多様な形態をとり得ることを強調した。また，企業の海外市場への参入におけるIJVの戦略的重要性については，第2章で論じた。この段階では公式的にIJVをモデル化することの重要性が強調された。公式的なモデル化によって，より明確に他の市場参入形態との比較で，IJVの持つ優位性と劣位性が説明される。

　IJVは，非常に多くの異なった形態をとり得るし，また役割的にも非常に多様であるために，さらに掘り下げた分析を行ううえで概念定義をしておく必要がある。本章では，民間企業2社間での出資ベースの合弁事業のケースを取り上げる。この企業は，IJVにおいてそれぞれ50％の株式を所有する。また，IJVの行われる合理的根拠は，補完的に資源を結合することにあると仮定される。これら資源には企業特殊的知識が含まれるが，その結合は企業が互いの知識を共有し合うことで達成される。IJVを通して企業間でそのすべての知識を必ずしも共有するのではなく，その一部のみを共有し合う場合もある。これは，以下のモデルにも反映されている。

　ここでのIJVに伴う収入と費用に関する仮定は，これまでのいくつかの

章のものとはかなり異なっている。ここでの分析では，特殊な IJV 形態を取り上げるため，収入と費用の明確化には細心の注意が必要である。それゆえに，ここでの仮定はこれまでと比べてより厳格なものとなっている。第 7 章では，これがさらに洗練される。

企業が与え得る知識は，技術と市場条件の一方か両方に関連するだろう。地理的にみて，技術の利用される範囲は，現地特性が強いマーケティングにかかわる専門知識に比べると，一般的にはるかに広範となる。このことは，IJV の構造とパートナー企業間での対称性の度合にとって重要な意味合いを持っている（Harrigan, 1988）。これは，一般に R&D 面での協力による 2 つの技術の結合が，その始まりからグローバルな市場での活用に至るまで，計画的になされることを意味している。パートナー企業が IJV に提供する双方の資産をグローバルに適用するという意味で，各パートナー企業は対称的な立場にある。

これに反して，新しい技術とマーケティングの専門知識との結合には，通常市場接近に際して，必然的に現地特性がもっと絡む。ハイテク企業がもたらすグローバル志向の資産と，そのパートナーがもたらす現地志向の資産とに非対称的な関係がある。技術開発のグローバル化を進めていくなかで，ハイテク企業は各国企業との間に市場接近を目的とした一連の提携を行うだろう。これによりハイテク企業は，合弁事業の経験をさらに積むことができるし，そしてまた後に一方のパートナーが他方を背いて偽ることも念頭に入れているかもしれない。

最後の可能性は，それぞれの企業が異なる地域でマーケティングの専門知識に寄与する点である。このことは，第一のケースの対称性に戻るが，パートナーのスキルが結合したときに，グローバルな市場全体にそのスキルの結合が普及しないのであれば，グローバルな次元での還元ではない。そうした協調の主な動機は，世界市場での異なる地理的セグメント間での価格調整である。こうした共謀は製品取引が容易であるか，当該産業（たとえば，鉄鋼産業）に参入障壁あるいは過剰な仕事量が存在する場合に潜在的に意味を持つ。

ここにいう可能性が，表6.1の最初の2行2列に要約され，図6.1に体系的に示されている。2つの企業は，1と2の指標により区別されるが，企業1はA国，企業2はB国に本拠を置く。図では，バックレー゠カソン(Buckley and Casson, 1988)で紹介され，カソン(1995)で修正を受け，カソン(1997)で拡張されたものを採用している。2つの物理的活動を識別し，生産は正方形で，流通は菱形で表している。物理的活動は，太い黒線で示される製品のフローで連結されているが，フローの方向は矢印によって示されている。またR&D活動を三角形で，マーケティング活動を円で示すことで，2つの知識ベースの活動を区別している。R&D活動は生産活動で利用される技術的ノウハウを生み出す。マーケティング活動もまた，ノウハウの源泉であるが，このモデルでは主に調整活動である。マーケティング活動は情報のハブとして機能し，生産に合わせて流通を調整し，そしてまたある国の流通活動に合わせて別の国の流通活動を調整する。したがって，図のなかでは，技術的ノウハウはR&D活動から生産活動へと流れるが，他方調整に関する情報はマーケティング活動から生産，流通の両活動へと流れる。技術的ノウハウのフローは，太いグレーの線で示されるが，調整に関する情報のフローは細い黒い線で示される。実際には，もちろん，R&D活動とマーケティング活動も同様に，情報のフローによって連結されるのだが，これらのフローは直接本章の分析に関連していないので，図から省くことでかえっ

表6.1 共有される知識の種類によるIJVのタイプ

企業1	企業2 技術	マーケティング知識	両方
技術	1 R&Dの協調	2 企業1によるB国への市場接近	7 市場Bへの接近のためのR&Dの協調(企業2「買い取り」)
マーケティング知識	3 企業2によるA国への市場接近	4 A国とB国との共謀	9 企業2の両市場での使用技術の供給(企業2「買い取り」)
両方	6 市場Aへの接近のためのR&Dの協調(企業1「買い取り」)	8 企業1の両市場での使用技術の供給(企業1「買い取り」)	10 両市場への接近のためのR&Dの協調(企業1・2「買い取り」)

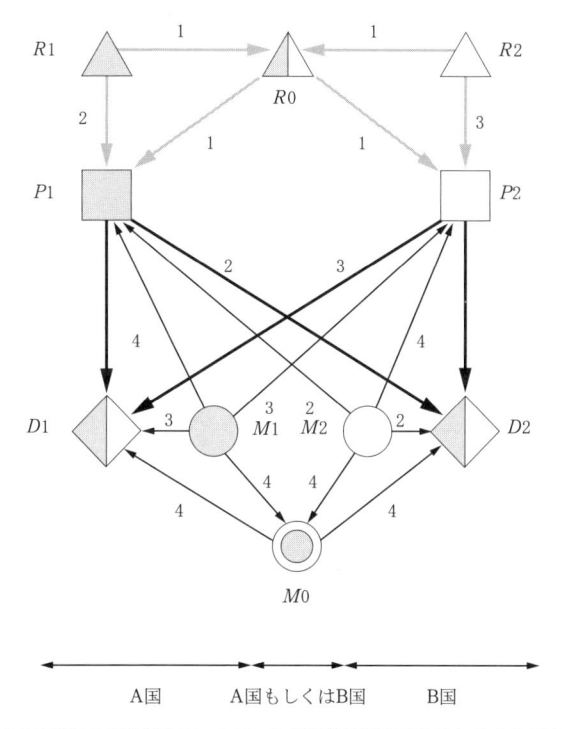

図6.1 2つの企業による技術とマーケティング知識の共有で生じた4つのIJV形態の図説

てわかりやすくなる。

企業1による活動の所有部分はグレーの陰影で示し，企業2のそれは陰影をつけない形で示してある。共同所有される施設は，陰影のつけてある部分とそうでない部分の組み合わせになっている。IJV施設は研究所$R0$とマーケティング本部$M0$である。これら施設はA国もしくはB国に，また環境が許せば第三国のC国に拠点を置くことができる。

表6.1には，IJVの9つのタイプすべてが識別してある。表の上部左側にある4つのセル（1, 2, 3, 4）は，各企業の知識のタイプ1つずつの組み合わせであるが，残り5つは少なくとも一方の企業が，両方の知識のタイプに貢献するケースである。4つの単純なタイプは，図6.1の結合関係では数字の表示により区別してある。純粋な研究面での協力（タイプ1）は，パート

ナー所有の研究施設 $R1$ と $R2$ から IJV 研究施設 $R0$ に伸びる結合関係とそこからパートナーの生産プラント $P1$ と $P2$ へ流れる新技術のフローで表される。企業 1 による B 国への市場接近（タイプ 2）は，生産プラント $P1$ から IJV 流通施設 $D2$ への輸出のフローで表されている。研究所 $R1$ からの技術は製品に体化され，$M2$ からのマーケティングの専門知識は輸出フローを調整するのに使われる。逆に，企業 2 の A 国への市場接近（タイプ 3）は，プラント $P2$ から流通施設 $D1$ への輸出フローで示される。これは，研究所 $R2$ からの技術と $M1$ からのマーケティングの専門知識を結合させる。最後に，製品流通面での共謀（タイプ 4）は，合同で所有される施設 $M0$ から生み出される $M1$ と $M2$ からのマーケティングの専門知識の結合により示されるが，$M0$ はまた，合同で所有される流通施設 $D1$ と $D2$ の調整を行う。

分析上最も単純で，それゆえこれまで経済学者の関心を最も集めてきたケースは，純粋な R＆D 面での協力（タイプ 1）である (Veugelers and Kesteloot, 1994)。このケースの実践面での困難な点は，R＆D 活動の結果が共有される場合，同一の技術を利用した製品間での競争がパートナーのレントを消失させてしまう可能性である。このことは，最終製品のマーケティング面での協力を促すことになるが，こうした協力はパートナー間でマーケティングの専門知識を共有する場合に最も効果的となる傾向がある。こうした R＆D 面での協力（タイプ 1）とマーケティングの専門知識の共有（タイプ 4）の結合がタイプ 5 の IJV を創出する。その実践面での重要性から，本章では主としてこのケースに焦点を当てる。しかしながら，他のケースも考えられ得る。表 6.1 の第 3 行と第 3 列を検討することで，両企業とも技術面で貢献するが，一方の企業しかマーケティングの専門知識面では貢献しないケースが明らかになる（タイプ 6，7）。こうしたケースは，一方の企業により管理される新技術が，他方の企業によって管理される特有の市場の現地の生産条件と現地の顧客要件に適応されなければならない場合に生じる可能性がある。また，両企業がマーケティングの専門知識に貢献するが，一方の企業しか技術面で貢献しない場合もあろう（タイプ 8，9）。これは，革新的

な企業には熟知されている新技術が小売で独特なアプローチを必要とする新製品を生み出す一方で，現地の顧客ベースの知識はパートナー企業しか持っていない場合に生じ得る。

　ここまで生産の共同所有に関しては，何も述べてこなかった。この問題はグローバル化との関連性が高い。今日，多くの新製品がグローバル市場を意識して開発されていることはよく知られている。輸送費と関税が低下することで，生産における規模の経済性を享受しうる機会も高まる。パートナー企業の既存プラントに範囲の経済性を見出し得るなら——たとえば，そのプラントに未活用の能力を有するフレキシブルな設備があるとすれば，新製品に特化した生産施設に投資をしなくとも規模の経済性を実現することが可能だろう。しかしながら，このようなプラントがたとえ存在するとしても，製品の特殊な投入要件とその需要面での地理的分布を考えた場合，それらは理想的な立地ではないかもしれない。新規の専用施設が実際に必要となる場合には，それぞれの企業が技術とマーケティングの専門知識の両面で寄与する，とくにタイプ5のIJVといったもので，それを共同所有するのが普通である。事実，グローバル化はタイプ5のIJVをとくに促すところがある。すなわち，グローバル性を持った製品の開発には，通常技術的な専門知識の統合を求められるが，他方で潜在的な販売額を実現するのにもマーケティングの専門知識の統合も必要とされるのである。R&D活動の固定費と生産面での規模の経済性が大きくなるほど，臨界的なグローバルな販売水準を達成するのに，マーケティング活動の統合がますます重要となる。

　共同所有となる生産施設 $P0$ が図6.2に描かれている。完全所有の施設 $P1$ と $P2$ は，引き続き別の製品の生産に使用されるが，IJVにより開発・販売される製品は，もはや $P0$ で生産されている。ここでの生産基盤はグローバルな需要の中核をなす市場に，（自由貿易と低輸送費を背景に）すでに輸出アクセスを持つ国に置かれていると仮定する。構成上の対称性を確保するために，この立地は，第三国であるC国と仮定する。

　この図は，表6.1の第3行と第3列のタイプ5〜9を描写するのに使われる。そのなかで，唯一対称的なのはタイプ5であり，この場合両企業間で，

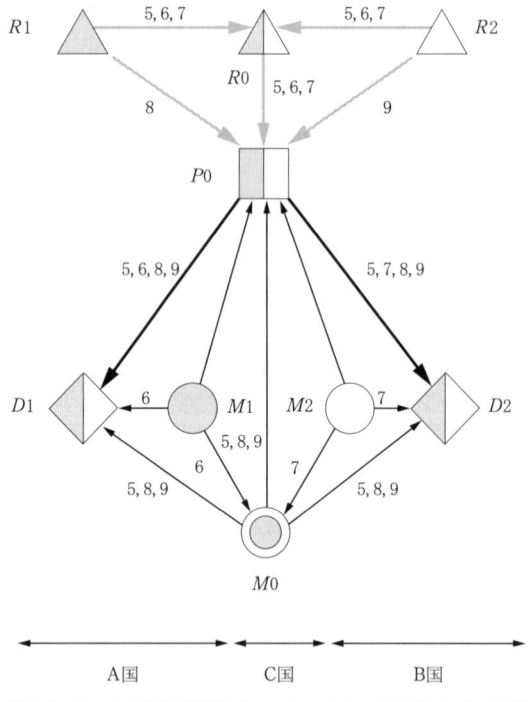

図 6.2　1つの共有生産施設をベースとした IJV 形態 5−9 の図説

研究所 $R0$ で技術を結合し，マーケティング本部 $M0$ を使って流通の調整を行う。この IJV 形態の持つ有用な特徴は，自ら技術的投入に寄与したアウトプットの一部をそれぞれの企業が「買い取る」点にある。これは，それぞれの企業にその投入の質の高さを確保する強い誘因を与える。これはまた，それぞれの企業に生産施設 $P0$ を効率的に操業することを確かなものとするだけの強い誘因となる。共同施設からの買い取りは，（表 6.1 に明示されるように）タイプ 6〜9 のケースでも同様に生じるが，この場合，誘因はそれほど強くない。というのも，片方の企業だけしか関与しないからである。

6.3 戦略的選択肢

　IJV形態には数多くのものがあるだけでなく，特定形態ごとにいろいろな契約上の代替案が存在する。特定のIJV形態とそれに対する契約上の代替案の両者が明確に特定化されるのでなければ，IJV戦略に関して厳密に議論することはできない。ここで検討される代替案は内部化理論（Buckley and Casson, 1976）で示唆されたものである。すなわち，合併とライセンシング協定である。ここに挙げる戦略的選択肢の3つとも2つの企業間での技術とマーケティングの専門知識の両者の結合にかかわるが，その結合の仕方は3者3様である。

　3つの選択肢のいずれも両企業の同意が必要である。同意に至らなければ，協力は生じない（これはゼロの選択肢であり，これをゼロ戦略とする）。分析を単純にするために，企業1が，企業間協力を推進するイニシアティブをとり，企業2は完全に受身となるケースを仮定する。この仮定を緩めた場合に，どうなるかは後に検討する。合併，IJV，ライセンシングの各戦略から得られる利益を評価し，相互比較を行うのは企業1である。企業2は，協定の条件が状況を悪化させない（すなわち，ゼロ戦略を下回ることはない）場合に，提示された協定に合意する。こうした前提の下では，企業1にとっての私的利益は，各戦略から得られる利益全体に一致し，経済学的には，第三者に対する報酬の配分が不公平に思われる場合でも，企業1の意思決定はパレート効率的となる。

　IJVのケースが図6.3に示してある。これは，前図に示したタイプ5の結合関係に対応している。

　原則的には，企業1が企業2を，企業2が企業1を，あるいは第三の企業がこの2つの企業を買収する，そのいずれかの形で合併が起こり得る。ここでは，企業1がイニシアティブをとるのだから，企業2を買収するのは企業1であると仮定する。しかしながら，たとえ企業1が機会を捉えるのに長けていても，大規模組織を管理するのは企業2がうまいこともあるだろうし，

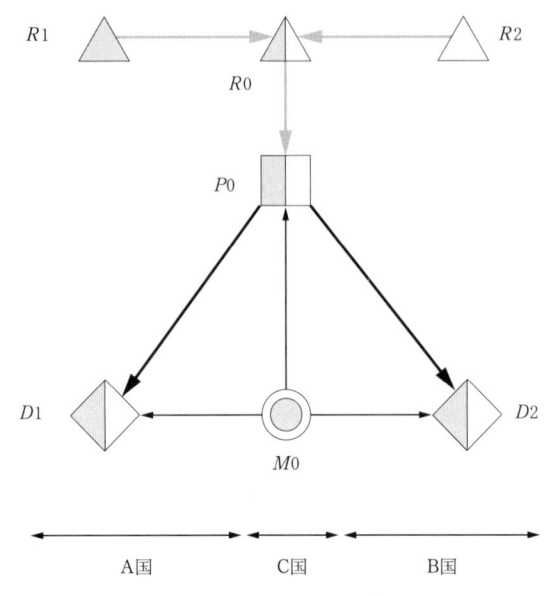

図6.3　公式モデルで仮定されるタイプ5のIJVの図説

実際企業1が逆乗っ取りされることで調整するほうが利益は大きくなることもあるだろう。同様に，ライセンシングのケースでは，企業1が企業2の技術（およびこれに伴うマーケティングの専門知識）を導入するか，あるいは企業2に自社の技術を供与することが考えられる。企業1は企業2の技術を導入することで買収のケースと同様に，完全に独立した状態を保つと仮定する。しかしながら，企業1の技術は企業2のものよりも評価がはるかに容易であるとすれば，この場合，反対に企業1の技術を供与するほうが容易かもしれない。ここでは取り上げないが，これはもう1つの複雑な問題である。

企業1は，その出資比率に応じてではなく，企業2との取引条件によって，協力からの報酬を獲得すると仮定される。出資が単一の考慮要件なら，企業2の買収が合弁事業よりも確実に利益になるし，合弁事業はまた明らかに正当化され得ないライセンシングよりもまだ利益となろう。買収のケースで決定的に重要なのは，企業2の株式の評価額である。IJVのケースでは，

企業1に支払われなければならない経営手数料が重要であり，ライセンシングのケースでは企業2に提示されるロイヤルティ料が重要である。

合併の形態が図6.4に示してある．全体的に陰影のついているのは，企業1が以前に企業2によって所有されていた施設をすべて買収していることを示している．R&D 活動は合理化され，研究施設 $R1$ と $R2$ を閉鎖し，$R0$ にすべての研究を集約している．このような合理化は，合併に必然的なものではないが，その容易性が明らかに合併の利点の1つである．マーケティング活動も合理化され，IJV のケース同様，$M0$ を通じてグローバル・マーケティングを遂行しやすいように，現地マーケティング活動 $M1$ と $M2$ は除かれている．

図6.5には，同じやり方で，ライセンシングのケースを描いてある．ライセンシングの場合，合併や IJV のような合理化の機会は得られない．ライセンシングのケースでは，企業2の研究施設 $R2$ は「対等な研究施設」$R1$ へ直接技術を供給し，$R1$ の技術と結合され，結果として生じるパッケージ

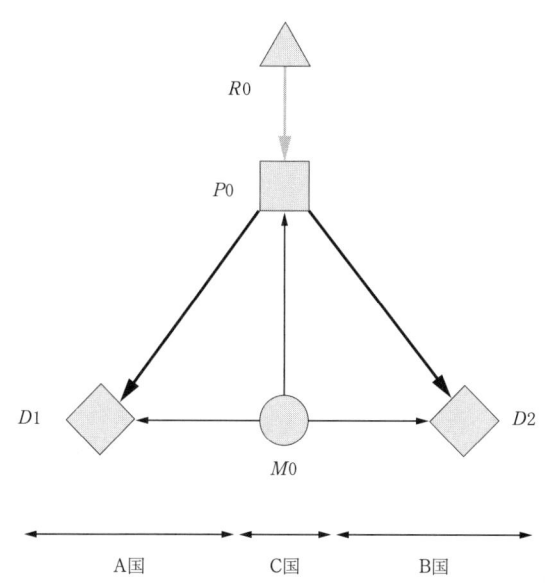

図6.4 公式モデルで仮定される企業1が企業2を乗っ取り，R&D を合理化する合併の図説

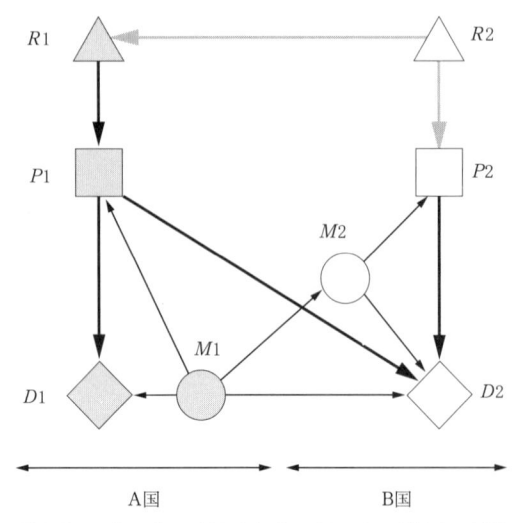

図6.5 公式モデルで仮定されるライセンシング協定の図説

技術は $R1$ により工場 $P1$ へ内部移転される。その結果として生産された製品は，内部的には $D1$ へ，外部的には $D2$ へそれぞれ供給されるが，その2つのフローはライセンシング協定にもとづいて $M2$ により提供される情報を働かせ，$M1$ により調整される。この特殊なライセンシング形態が選ばれたのは，先に論じた他の戦略で仮定した形態と最も直接的に比較可能だからである。

6.4 戦略的選択肢における内部化要因

IJV の重要な利点は，合併に伴う全面的なセットアップ・コストをかけずに，パートナー企業の双方が知識フローの内部化によって得られる利益の一部を入手できる点にある。これとは対照的に，ライセンシングでは内部化の利益はないものの，IJV の場合に要するさほど大きくないセットアップ・コストをも回避できる。

IJV に潜在的に影響を及ぼす内部化要因は多数存在する（Buckley and Casson, 1988）。そのうちの最も重要なもののいくつかを表6.2の左側に挙

表6.2 戦略選択コストのカギとなる決定因

決定因	表記	戦略 ライセンシング	IJV	合併
ライセンシングへの障害				
規模の経済性	z	+	0	−
特許権の欠如	p	+	0	0
技術能力についての不確実性	t	+	0	0
IJVへの障害				
誤解と不信の原因となる文化的隔たり	d	0	+	+
合併への障害				
企業の独立性の保護	n	0	0	+
買収側企業の技術に無関係の技術の範囲の経済性	s	0	0	+

注：ゼロ記号が費用に影響を与えない状態を示すのに対し，プラス記号は費用の増加を示す。

げてある。また，6.6節以降で使われる表記も併記してある。各列の記載は，それぞれの要因が各戦略のコストに与える影響を示している。

　ライセンシングでは合併と比較して合理化の機会は限定されるが，IJVの場合は両者の中間的色彩を持つことはすでに指摘した。一般的にいって，規模の経済性が大きいほど合理化利益は大きい。したがって，表の1行目は，規模の経済性からみると，ライセンシングはコストを増加させ，合併はコストを低減させることを示している。

　最もよく知られる内部化要因は，所有権の一般的な保護であり，とくに技術にかかわる特許権の存在である。特許が与えられている場合，そうでない場合と比べて，お互いに対等な立場で技術へのアクセス権を販売することはずっと容易である。したがって，特許権により保護されている場合，合併，IJVのコストが相対的に高くなることで，ライセンシングが促進される。

　より微妙な点は，企業が直面する技術能力面での不確実性にかかわる部分である。ライセンシング協定との比較でみて，合弁事業契約の主要な特徴は各パートナーがどの技術的専門知識で事業に貢献するのかを正確に詳細に特定しない点にある。どちらのパートナーも，通常持てる知識すべてを供与す

るようなかかわり方はしないし，またIJVのケースでは，ライセンシング協定のように，明示的に供与するものを限定しようとはしない。一般的に，各企業は技術的問題の解決や新製品の開発といった同意された目標の達成に必要とあれば，納得のうえで貢献に対して合意する。この協定はパートナーの技術能力のみならず，自らのそれに関しても不確実な条件の下で，パートナー間に相互保障を与える。各パートナー企業がプロジェクトで何に貢献できるかを正確に把握していて，プロジェクトで求められる貢献を熟知しているとすれば，その場合には各企業がパートナーから求められる要件を正確に特定できるだろう。また同時に，各企業は自らの提供し得るものに関しても，完全に明確にできるだろう。したがって，ライセンシングの場合，どちらかの企業が，その企業に託された特殊的関与を満たし得るだけの能力に欠けるといったリスクとは無縁となろう。しかしながら，技術目標に関連した能力面で，パートナーの不確実性が大きくなるほど，自らの能力補完のためにパートナー側が要求してくるものを正確に特定化するリスクは大きくなるし，また裏を返せば，特殊なスキルの供与義務を受け容れるリスクは高まることになる。

　これは，明らかに関連知識の暗黙性に関係している（Polanyi, 1966）。暗黙性は通常他の者への知識の伝達コストの点から論じられるが，実際にはこれにかかわるより基礎的な問題は，人びとがその知っていることを実際に引き出すことができるかどうかである。換言すれば，各マネジャーがそれぞれの持つ能力を実践に生かしていくうえで，それが実際どこにあるのかを真に理解しているかどうかである。自らの能力に関する不確実性の概念は，この困難な問題を概念化するのに有効な手立てであるように思われる。

　したがって，合弁事業協定において，確実性が欠ける場合，各企業は自らの専門知識にかかわる発見の点から，パートナーに対する要求を修正するだけの柔軟性を与えられる。また，表6.2の第3行に明示されるように，合併のケースでも同様の対応面での柔軟性を達成し得る。それゆえ，企業の自社の技術的能力に関する不確実性が大きくなるほど，合併やIJVへの選好が強まる傾向にある。

6.4 戦略的選択肢における内部化要因

　このテーマに関しては,数多くのバリエーションがあり得る。たとえば,パートナーは自分の欠点ではなく,むしろ相手の欠点を発見するといったものであるが,その場合でも,基本的な原理は同じである。IJV 協定において,確実性が欠如する場合には,通常のライセンシング協定には欠ける柔軟な対応を通して,ある程度の相互保障を得られる。

　しかしながら,相互保障が機能するのは,相手側パートナーの対応に信頼が置ける場合だけである (Casson, 1991; Ring and Van der Ven, 1994)。能力の欠如に対し,人に保障を与えることは,「モラル・ハザード」の問題となる。彼らは相手からの支援を求めるためだけに能力不足を主張し,自分ではどうしようもないと主張するのである。ライセンシングのケースでは,IJV ほど信頼性を求めない。というのも,契約は詳細にまで明確で,法の適用が容易であるからである。しかしながら,このライセンシングの利点は,国際法の効力に依存するし,またこれは拘束力や証拠にもとづく法則,公平な司法制度などに依存している。

　IJV の成否は,法律に依存する度合いが相対的に小さいが,文化に依存する度合いは大きい。経済学的観点から,文化は共有される価値観および信念と定義されるだろう。文化的同質性は信念の共有を通じて与えられるが,これにより誤解は避けられ,取引コストは低減する。他方,価値観の共有は,とくに統合性と忠誠心といったものを基礎として,IJV に不可欠な知識の共有に積極的にかかわらせる役割を果たす。慎重であるためには,お互いに報いることができると確信できるものとしか知識を共有しないことが求められるが,それには同一文化グループ・メンバーとのパートナーシップが望まれる。このことは,表 6.2 の 4 行目に示されている。文化的距離は IJV にとって障害とされる。また,文化的距離は合併にとっても障害となろうが,こうした意見が支持されるのとは反対に,その障害は IJV のケースほど大きくはないだろう。これは,合併の場合,階層を通じた監視によって,社会的に仲裁される信頼を代替し得るからであり,長期的には企業のリーダーシップによって,企業内での高度な信頼文化を築くことが可能となるからである。

表の残り2つの要因は，合併にとっての障害として分類される。「ナショナル・チャンピオン企業」数社が，外国からの乗っ取りに対し，政府からの保護を受けるといった問題はよく知られているが，また一方で，株主が利潤の流れではなく，独立性を重視する同族企業の問題がある。こうした制約は，禁止的な水準にまで合併のコストを引き上げる可能性がある。競争政策と独禁政策でも，企業を乗っ取りから保護することは可能であるし，場合によっては，独禁政策が同様にIJVを禁じることもあろう。

ここにまた，獲得した技術の性質が問題となる。獲得した技術に特定の利用だけでなく，多くの応用利用が可能である場合，買収側企業はこれらの応用に向けて多角化するか，他企業にその可能性をライセンシングする必要があるだろう。いずれのケースでも，買収側企業がそれを行うのではなく，技術の元の所有者に委ねるほうがよいかもしれない。獲得した技術が買収側企業の持つ他の技術（もし，あるならば）と関連性が低いほど，買収の不利益は大きくなる。

6.5　グローバル経済におけるイノベーションのダイナミクス

戦略の選択については，協力の機会が生じれば，常に新たに行われる一回限りの決定として，また同じ戦略を利用する所与のタイプの一連の機会に対するコミットメントの観点からも分析を行うことが可能である。技術的なイノベーションが断続的なものである場合は，最初の一回限りの観点での研究方法が最適である。しかし，イノベーションが定期的に行われる産業においては，二番目の一連の機会に対するコミットメントの観点での研究方法が望ましい。ここでは二番目の方法について論じることにする。

今それぞれの企業が，自社の持つ技術の1つを他の企業の技術と結合することにコミットしているが，そのパートナー企業は新たなイノベーションが継続的に行われるに従って，常に変更されるものと仮定する。その理由は，イノベーション能力がその産業部門における多くの潜在的なパートナーに拡散し，実際に主要なイノベーションがまったく新規に参入した企業に端を発

することがあるかもしれないからである。後に生じるイノベーションが，既存のパートナーの技術を陳腐化させる場合，パートナーの変更が必要である。その企業が1社のパートナーしか持たないときは，そのパートナーのアイデンティティは，その産業におけるイノベーションの頻度によって変化する。

　パートナーを変更する場合は，その合併にかかわるコストはかなりの額となる。その理由は，その企業の法的枠組を変更し，その後に合理化を実施するためのコストがかかるからである（表6.4を参照）。合併を行えば，内部化の大きなベネフィットが得られるが，そのコストもまた莫大である。したがって，パートナーを変更することにつながる急速なイノベーションが頻繁に行われれば，合併戦略の平均コストが著しく増加することになる。IJVの形成もまた，大きなセットアップ・コストがかかるが，合併の場合にかかるコストほどではない。同様に，内部化の利益も合併する場合より小さい。合併と対極にあるのが，ライセンシングという選択肢である。ライセンシングは，セットアップ・コストは低いが，内部化の経済性はほとんど得られない。したがってライセンシングは，技術の変化が急速な場合，合併よりもはるかに安上がりであり，IJVよりもいくらか安い選択肢である。

　新たなパートナーに変更するコストは，通常契約を開始する際にかかる。これに対して，ベネフィットは時間の経過とともに分配されるため，コストが発生する時期とベネフィットが分配される時期は異なっている。したがって，パートナーを変更する際には，わずかに金利負担がかかるため，他の選択肢をとった場合のコストとベネフィットを計算する際に，この点を考慮しなければならない。

　このコストとは異なり，内部化のベネフィットは継続的なものである。さらに，内部化のベネフィットは，通常セットアップ・コストとは異なり，市場規模によって直接変化する。パートナー企業が生産する製品の市場の価値が大きいほど，内部化のベネフィットは大きくなる。その1つの理由は，内部化によって，その企業が自社のために充当する製品のマーケティングから得られるレントの割合が高まるからである。

6.6 IJV の選択の公式モデル

前述した種々の要素の間には微妙な相互作用があり，それを解明するために，公式モデルが必要である。今内部化の順位づけに際し，その3つの戦略に指数を付すことにする。すなわち，ライセンシングを $k=1$，IJV を $k=2$，合併を $k=3$ とする。さらに，企業間協力を伴わないゼロ戦略 ($k=0$) がある。これらの戦略は企業1によって，その全体の利益 π を最大化させるために選択される。

利益には次の3つの要素がある。すなわち，第一に企業間協力から得られる基礎利益であり，これは選択した戦略の影響を受けないが，市場規模によって変化する。第二に内部化による利益であり，これは選択した戦略と市場の規模によって変化する。第三に内部化によるコストであり，これは市場の規模の影響を受けないが，選択した戦略，パートナー変更の頻度，そして以下に述べるその他の多くの要素によって変化する。

今イノベーションを積極的に行っているパートナー企業と継続的に協力する戦略 k を継続的に行った場合に生じる期間当たりの利益を π_k とする。そして，新たなパートナー企業に変更した場合，戦略 k をとった企業に発生するセットアップ・コストを C_k とする。表6.2に示されたすべてのコストは，この種のコストとして分析できる。この表の右の列をみると，ライセンシング契約のセットアップ・コスト C_1 が，規模の経済性 z，特許権の喪失 p，企業の技術的な能力の不確実性 t に比例して増加していることがわかる。IJV のセットアップ・コスト C_2 は，文化的距離 d に比例して増加するが，他方合併のセットアップ・コスト C_3 は，規模の経済性 z に対して，反比例の関係にあり，文化的距離 d，パートナー企業の独立性の保護の度合 n，さらに技術の範囲の経済性 s には比例して増加する。

$$C_1 = C_1(p, t, z) \tag{6.1.1}$$

$$C_2 = C_2(d) \tag{6.1.2}$$

$$C_3 = C_3(d, n, s, z) \tag{6.1.3}$$

6.6 IJVの選択の公式モデル

今,$f \leq 1$ をパートナー変更が行われる頻度とする。この頻度は所与の期間において変化が起こる可能性と解釈することもできる。f の価値はグローバル経済においてイノベーションが行われる速度を反映している。また,$r \geq 0$ を国際資本市場における金利とする。事業のセットアップ・コストの返済に関する金利負担が,幾何級数的に計算することで考慮される場合は,単位当たりのセットアップ・コストに相対する平均費用は,

$$v = (f+r)/(1+r) \tag{6.2}$$

となるが,これは r の値が適度に小さいと仮定した場合である。このことから,v は頻度 f,金利 r の逓増関数であると容易にいえる。

$$\partial v / \partial f = 1/(1+r) > 0 \tag{6.3.1}$$
$$\partial v / \partial r = (1-f)/(1+r)^2 > 0 \tag{6.3.2}$$

戦略 k がある一定の規模の市場に適用されるとき,その戦略から獲得される内部化のベネフィットを b_k とする。このとき,全体のベネフィットが市場規模 x に対して,正比例すると仮定する。前述したように,合併した場合の内部化のベネフィットは,IJV によるベネフィットを上回り,ライセンシングによるベネフィットは当然ゼロとなるので,それも上回ることになる。したがって,

$$b_3 > b_2 > b_1 = 0 \tag{6.4}$$

となる。

利益とは,定義によると,コストに対するベネフィットの超過分であるので,

$$\pi_0 = 0$$
$$\pi_k = (a+b_k)X - C_k V \quad (k=1, 2, 3) \tag{6.5}$$

そこでは $a > 0$ は,一定の市場規模当たりの企業間協力から得られる基礎利益である。選択した戦略 k がこの不等式を満たす

$$\pi_k \geq \pi_i \quad (i \neq k) \tag{6.6}$$

戦略 k が選択されるのは,不等式 (6.6) が完全に満たされるときだけである。

方程式 (6.5) に示されたすべての要素は,戦略 k の選択に影響を及ぼ

す。そして戦略が次にそれらの要素を決定する。したがって，

$$k = (a, b_2, b_3, d, p, n, s, t, r, x, z) \qquad (6.7)$$

となる。

これらの要素のすべてが，常に IJV 戦略に影響を及ぼすわけではない。これらの要素が戦略の選択に影響を及ぼすのは，それが損益分岐点にあるときだけであり，戦略の選択に関しては，3 つの異なる損益分岐点がある。IJV とライセンシングの限界的な選択は，b_3，n，s を除く要素によって決定される。これら 3 つの要素は合併に特有のものであり，a は IJV とライセンシングに共通する要素である。IJV と合併の限界的な決定は，p と t を除くすべての要素によって決定される。これらの要素は，ライセンシングに特有の要素であり，a は IJV と合併に共通する要素である。IJV とゼロ戦略（企業間協力を伴わない戦略）の限界的な選択は，a，b_2，d，f，r，x の各要素によって決定される。原則として，これらすべてのマージンが適切であると考えられるが，これらのうち少なくとも 1 つは常に適切であると思われる。

6.7　市場規模と変移性の相互作用

この種の不連続選択のモデルは，国際ビジネスにおいて多く適用されている。実際に，バックレーとカソン（Buckley and Casson, 1981）は，FDI を通じた外国市場への参入を分析するために，種々の現在のモデルを活用している。そのモデルには IJV は含まれていないが，海外直接投資やライセンシングの代替手段としての輸出は含まれている。輸出はすでに 3 つのすべての戦略の構成要素として現在のモデルに含まれており，以前のモデルにおけるように，別個に取り扱う必要はない。以前のモデルはまた，環境の変移性を含んでおらず，現在と比べて技術の変化について短期的な見解をとるだけである。その形式的な類似性は，図 6.6 に示すように，市場規模が戦略の選択に及ぼす影響を検討することによって捉えることができる。

この図は，縦軸に利益，横軸に市場規模をとったものである。利益がゼロ

6.7 市場規模と変移性の相互作用　227

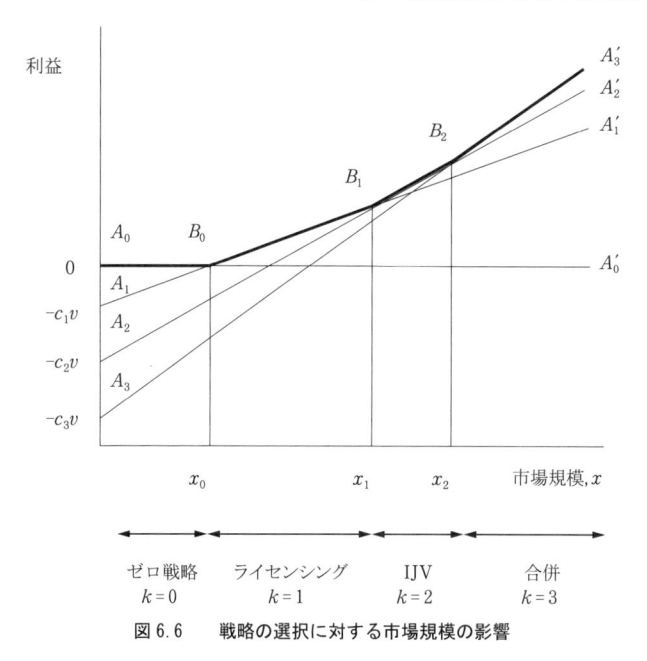

図6.6　戦略の選択に対する市場規模の影響

のときの軸は，ゼロ戦略と一致して A_0A_0' となる。底辺の軸は単に数値のラベリングを明確にするために使われている。ライセンシングの下で市場規模に伴う収益性の変化は，線 A_1A_1' で示される。ライセンシングはセットアップ・コストは低いが，内部化の利益もないため，傾き（a で示される）はかなり緩やかであるが，切片は A_0A_0' のそれよりもわずかに下となる。IJV の下での状況は，A_2A_2' で示される。開設コストが高いため，切片は小さくなるが，内部化のベネフィットを得られるため，傾き（$a+b_2$ で示される）は急になる。最後に，線 A_3A_3' は，合併の下での状況を示している。セットアップ・コストが非常に高いため，切片は非常に低いが，内部化のベネフィットが完全に得られるため，傾き（$a+b_3$ で示される）はすべてのなかで最も急になる。

太線で示した線分 $A_0B_0B_1B_2B_3'$ は，それぞれの市場規模において生み出される最大の利益を示している。この利益を生み出す戦略は，適切な点にお

いて線分を形成するのがどの線であるかによって決定される。図で示されるように，類似の戦略が横軸に沿って推察される。この図からもわかるように，これらの戦略すべてが果たすべき役割を持っており，いずれか1つの戦略が傑出しているわけではない。これらの条件のもとで，市場規模が増大するに従って，企業協力のない戦略からライセンシング，IJV，そして合併へと確実な進歩がみられる。このことは，以下のような理由による。すなわち，市場の規模が拡大するに従って，市場規模とは関係のない固定費である内部化のセットアップ・コストがよりまばらに拡散し，内部化に対するいっそう大規模な投資が価値のあるものになるからである。しかしながら，このことは，この状況のほんの一部を表しているにすぎない。内部化の利益を左右するのは市場規模であるが，コストを左右するのは要素vである。要素vとは不安定性要素であり，技術進歩の速度と資本コストの双方を反映している。

　図6.6の補足的な図が図6.7である。図6.7は，異なる戦略の収益性が所与の市場規模の変移性に伴って，どのように変化するかを示したものである。ライセンシング，IJV，合併の利益は，それぞれ線分D_1D_1', D_2D_2', D_3D_3'で示される。最大の利益は$D_3E_1E_2E_3D_0$で示される部分である。このことから，変移性が増大するに従って，内部化の魅力は薄れていくと捉えることができる。まず，合併からIJVへのシフトが起き，次いでIJVからライセンシングへのシフトが起こる。そして最後には，両者が協力することを諦めてしまう。

　この図は，合弁事業の不安定性を単純に説明したものである。合併と比べて，IJVの優位性は技術が進歩するに従って，パートナーを変更する能力から生じるようになる。協定が合併より長く続かないというのは，IJVに固有の性質である。実際に，もしIJVが非常に長く継続するものであれば，それは経営者が戦略上の誤りを犯しており，合併がよりよい選択肢であることを示唆している。たとえば，合併はIJVよりも完全な合理性を持っている。この見解はIJVが合併にシフトしているという多くの事実によって裏づけられている。また，戦略上の誤りは後で修正できることを示している。さら

6.7 市場規模と変移性の相互作用　229

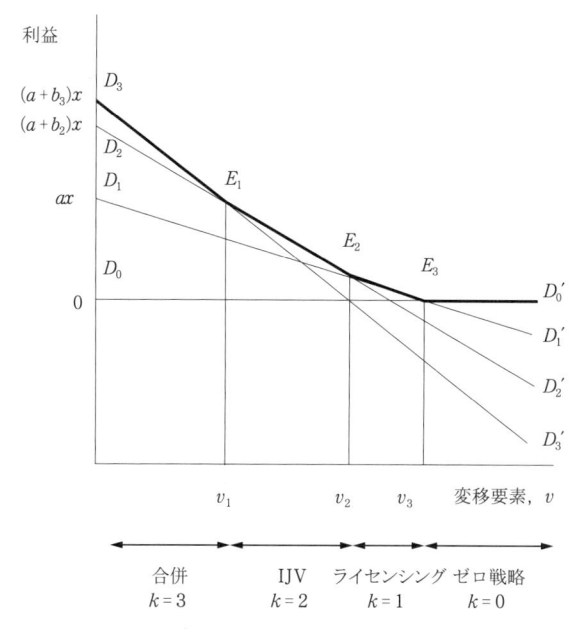

図6.7 戦略の選択に対する変移要素の影響

に，このことは短期的なIJVが必ずしも失敗ではないという最近の見解を支持するものでもある。実際に，短期的なIJVを継続する企業は，業績の悪い企業とは異なり，急速な技術の変化という条件のもとで，成功裏に柔軟性をもたらす戦略を継続的に行っていると考えられる。

変移性と市場規模との相互作用を検討することによって，これら2つの部分的な分析を組み合わせるのは自然なことである。このことは，図6.8に示されている。市場規模は横軸で表され，変移性は縦軸で表される。さらに，いずれの戦略も他の戦略の影響を受けないと仮定する。この条件を不等式(6.6)に適用し，(6.4)に緩用すると，以下のように示される。

$$k = \begin{matrix} 0 & \text{もし } v > a/c_1 \text{ ならば} \\ 1 & \text{もし } b_2(c_2-c_1) < v \leq a/c_1 \text{ ならば} \\ 2 & \text{もし } (b_3-b_2)/(c_3-c_1) < v \leq b_2/(c_2-c_1) \text{ ならば} \\ 3 & \text{もし } v > b_2/(c_2-c_1) \text{ ならば} \end{matrix} \quad (6.8)$$

230　第6章　国際合弁事業

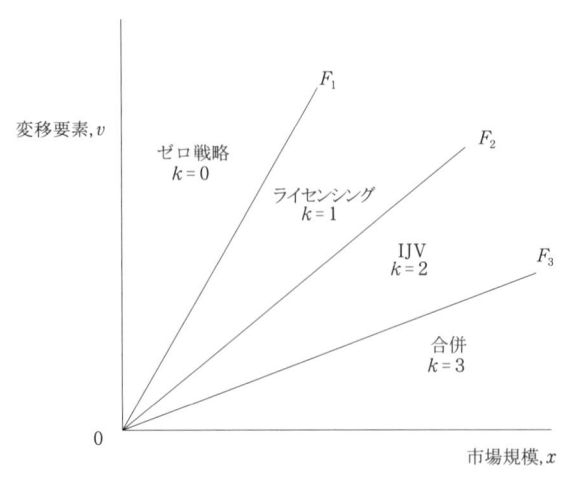

図6.8　戦略の選択に対する市場規模と変移性のインパクト

　これらの条件は，境界 $0F_1$, $0F_2$, $0F_3$ が，内部化のコストとベネフィットに応じて，どのように変化するかを示している。

　この図には4つの領域があり，それぞれが戦略の1つに相当する。市場規模が非常に小さく，変移性が非常に高い場合，ゼロ戦略が選択される。市場規模が拡大し，変移性が低下するか，そのいずれかの場合，ライセンシングが選好されるようになる。市場規模と変移性が共に低ければ，IJV が選好される。すなわち，市場規模が小さい場合はイノベーションがあまり行われず，市場規模と変移性が共に高ければ，大規模な市場で活発にイノベーションが行われるということである。最後に，市場規模は非常に大きいが，変移性が非常に低い場合には合併が選択される。

　これらの結果から得られる主要なインプリケーションは，表6.3に示した通りである。IJV は市場規模と変移性が共に低いか，共に高い場合の両方である対称的な状況で選好される。ライセンシングは市場規模は小さく，変移性の高い非対称の状況で選好され，その反対に合併は市場規模が大きいが，変移性が低い場合に選好される。

　技術進歩の速度と利益率の両方に変移性が相互作用を持つとすれば，その

表6.3 戦略の選択に対する市場規模と変移性のインパクト

市場規模	変移性の程度	
	低い	高い
高い	合併	IJV
低い	IJV	ライセンシング

結果は以下のように要約される。すなわち,IJV は以下の条件の下で選好されるということである。

1. イノベーションが限られ,利益率が低く,市場規模が小さい。
2. イノベーションが適度であり,利益率と市場規模が適度である。
3. イノベーションが急速であり,利益率と市場規模が大きい。

このことは,以下の点を示唆している。すなわち,1980年代の IJV 活動の増加に最も適切なのはシナリオ3である。しかしながら,シナリオ2も非常に注目すべきである。なぜなら,IJV が「すべてにおいて適度」な条件の下でも行われ得るということを示しているからである。この適度なというもののその他の変数は,1つの要素の減少を他の要素の増加で相殺することが可能であることによって生じ得る。

他の要素のインパクトは,これらの要素が4つの領域のそれぞれに及ぼす影響を検証することで分析可能となる。図6.9は,表6.2で示されたインパクトが,多くの境界が以下の変数に対応して変化する方向性にどのように反映されるかを示したものでる。その変数とは,文化的距離 d,パートナー企業の独立性の保護の程度 n,特許権が失効する程度 p,技術の範囲の経済性 s,技術的能力に関する不確実性 t である。上述の結果に加えて,IJV はパートナー企業の独立性の保護の程度 n,特許権の喪失 p,技術の範囲の経済性 s,技術的能力の不確実性 t が高い場合に選好されると考えられる。文化的距離 d の効果はあいまいである。というのは,それは合併に代って IJV を促進する一方,IJV に代わってライセンシングを促進するからである。同様に,生産における規模の経済性の効果もあいまいである。なぜなら,規模の経済性は,ライセンシングよりも IJV を促進する一方,代替する選択肢が合併である場合は,IJV よりも合併の方を促進するからである。IJV は明

232　第6章　国際合弁事業

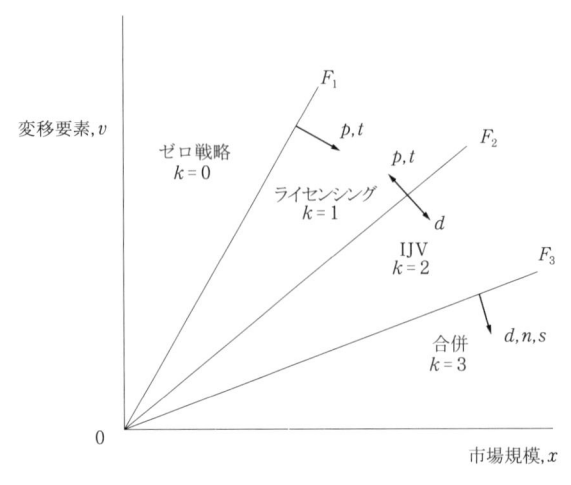

図6.9　戦略の選択に対する文化異質性，範囲の経済性，および技術の不確実性のインパクト

らかに技術の範囲の経済性 s によって促進される。なぜなら，このような経済性は合併を通じて達成するのは困難だからである。最後に，IJV は技術的能力の不確実性 t によって選好される。なぜなら，技術的能力の不確実性によって，ライセンシングが相対的に固定的な契約となるからである。

6.8　モデルの適用：グローバル経済における IJV

　このモデルは，次のようなこととの関連で，1980年代から90年代にかけて，国際ビジネスにおいて IJV の活用が増加したことを説明するのに用いられる（Dunning, 1993, 250-55）。
1．貿易障壁の低減と貨物輸送の改善。これにより市場が「グローバル化」し，有効な規模の市場が増加した。
2．とくにアジア太平洋地域での国民所得の急速な増加。これにより，とくに耐久消費財に関する市場規模が拡大した。
3．技術のイノベーションの加速化。これにより変移性が増大した。
4．異なる科学的伝統から生じるアイディアの結合による新技術の出

現。これにより企業の技術的能力に関する不確実性が増大した。
5．情報技術，バイオテクノロジー，遺伝子工学といった新技術。これらの技術は，1960年代の優れたエンジニアリング技術よりも，範囲の経済性を増大させると考えられる。

　図6.10の観点から，この1から3の要素は，1960年代には領域Z_0，すなわち市場規模が中程度で変移性が低い状態にあったが，1980年代と1990年代にはZ_1，すなわち市場規模が大きく変移性が高い状態にシフトした。要素4は，境界$0F_2$から$0F_2'$の方向に時計回りの反対に回転するが，これに対し要素5は，境界$0F_3$から$0F_3'$の方向に時計回りで回転する。その結果として，合併によって影響を受けてきた企業間協力のなかには，現在ではIJVの影響を受けているものもある。さらに，IJVに影響を受けた企業間協力のなかには，現在では変移性が増大したために，ライセンシングに影響を受けているものもあるが，これらは依然としてIJVにも影響を受けている。なぜなら，技術の不確実性が現在でも依然として増大しているからである。

　しかしながら，IJV自体は問題があるわけではまったくなかった。「ナショナル・チャンピオン企業」の存在によって引き起こされた合併への障壁

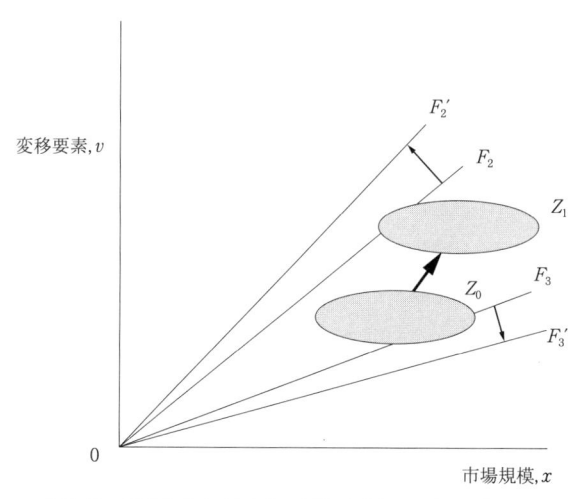

図6.10　1960年代と90年代の国際ビジネス環境の比較分析

は減少する傾向があり，これによって，より多くの国際的な買収がハイテク産業において行われるようになった。1980年代の投機ブームによって，大企業にとって資本コストは低下した。そして，合併や買収を行うために資金調達をする際の金利負担も低下した。さらに，EUにおいて，市場規模と「技術保護主義」が拡大することによって，市場規模が大規模化することと，変移性が中程度になることが同時に起こるようになり，このことが「保護された」企業間の合併をもたらすことになった。実際に，このような合併が産業政策を策定する政府機関によって促進された場合もあるが，それはナショナル・チャンピオン企業ではなく，「欧州の」チャンピオン企業をつくり出すという理由からであった。

6.9　モデルの拡張

　すべての経済学的モデルの適用範囲は，モデルの構築者がつくる仮定に制約を受けるが，このケースも例外ではない。しかしながら，それは簡単なモデルであるので，それを拡張するのは簡単である。分析の複雑さという観点からみると，少ないコストで非常に適切な分析を行うことが可能である。
　たとえば，一連の戦略を議論するのは難しくはない。ここで検討するに値する1つの可能性は，企業が単独で行動し，パートナー企業の専門技術を独力で複製しようとすることである。もう1つの可能性は，企業がライバル企業が持つ技術をライセンス・インするよりもむしろ，自社の持つ技術をライセンス・アウトするだろうということである。しかしながら，ここでは範囲の経済性と技術の不確実性によって複雑な問題が生じる。IJVの双方の企業が，それによって結合させようとしている技術とは別の技術を持っていると仮定しよう。もし，企業2の別の技術が企業1が提供する技術に対して，企業1が企業2の提供する技術に対して持っているより大きな補完性（もしくは「シナジー」）があれば，企業1は企業2に対して，他の方法をとるよりもライセンス・アウトを行うのが適切である。このことは，企業が持つポートフォリオの範囲内で，異なる技術間の補完性が最大の効果を生じさせると

いうことを証明している。

　企業2は，その技術に関するライセンシングを積極的に行うだろうが，それはその技術が自社の競争力に見合うということが確実な場合だけである。もし企業2が企業1よりも自社の競争力に関する不確実性が大きく，不本意ながらライセンス・インを行うのであれば，企業2はこの困難に鑑み，ライセンス・アウトをやめてしまうことも考えられる。自社の技術と企業1が提供する技術との間に最大の補完性があるという理由で，企業2が積極的に行動するのは，企業2が合理的に競争力を確保できるときだけである。

　このことはさらに，これまで企業2に帰属してきた受動的な役割に関する論点につながる。企業2が企業1の技術をライセンシングする可能性は，企業2にとっていっそう能動的な役割を示唆している。とりわけ，それは企業2が協力から得られる報酬の分配をめぐって企業1と交渉しようとするかもしれないことを示唆している。したがって，協力から得られる報酬のすべてが，企業1に分配されることはもはやあり得ない。この2社が異なる戦略によって生じる総利益に関する類似の情報を持っている場合，この2社は総利益を最大化させる戦略に関する最善の方法を交渉し，合意に達する可能性もある。この2社はこの利益を双方で，たとえば50％ずつ平等に分配することも可能である。

　この利益が常に同一に固定された割合で分配される場合，戦略の選択はこのうちの1社だけが能動的な役割を担う場合と同じになるだろう。これは，いかなる状況においても，能動的な企業によって行われる戦略の序列は，すべての戦略の利益が同一に固定された割合によって減少する場合には，変化しないという理由による。しかしながら，不幸にもこの状況は実際には必ずしも履行されるとは限らない。

　外生的変数に関しては，租税優遇措置のインパクトなどの新しい課題に言及することによって，また既存の変数の取扱いを修正することによって議論することも可能である。たとえば，スィッチング・コストに対する技術変化のペースのインパクトを考えてみよう。有力企業が「経験による学習」が得意である場合（Nelson and Winter, 1982），今後の技術的な改善が既存の

パートナー企業によって行われる可能性がある。技術の改善が，その産業部門に参入する企業で行われる可能性がいっそう高いのは，有力企業が「経験による学習」が得意でない場合である。有力企業がリーダーシップを維持する能力は，新しいパラダイムの出現にかかわるラディカルなパラダイムよりも既存のパラダイムにおいて，技術変化がインクリメンタルな場合に，いっそう大きくなると考えられる。このことが示唆するところによれば，このモデルに組み込む必要があるのは，技術変化の全体的なペースだけではなく，インクリメンタルなペースとラディカルなペースを区別する必要があり，しかもそれらのインパクトは別々に評価されるべきであるということである。急速でインクリメンタルな変化は，合併戦略と完全に矛盾しないものかもしれない。なぜなら，もう一方の企業が持つ能力の永続的な価値が合理的に保証されるからである。しかし，急速でラディカルな変化は，合併戦略をくつ返し，それに代ってIJVやライセンシングを選好させることが考えられる。

6.10 研究結果の一般化

このモデルの適用は，ハイテク産業において優位性を持つイノベーション主導のIJVと合理化主導のIJVの成長に焦点を当ててきた。このようなIJVの出現は，大規模な多国籍企業の小規模化とその組織の低層化に関係がある。これらの企業は提携というネットワークとして，いっそう企業家的で柔軟な形態に再構築されてきた。しかしながら同時に，市場へのアクセスに関係するより伝統的なタイプのIJVも，依然として活発に行われている。このようなIJVは欧州市場において自社のシェアを拡大しようとする日本企業によって選好されている。この研究結果は前述のタイプ2とタイプ3のIJV，さらにその他のタイプのIJVに対して，どの程度適用できるだろうか。

短く結論をいえば，ここでの研究結果の多くは不変であるが，なかにはそうでないものもあるということである。特許権の喪失，外国企業による買収に対する政府の保護，文化的距離などの要素は，以前と同じようにIJVの

意思決定に依然として影響を及ぼすであろう。このことは，それらの結果が引き出される内部化理論の一般性を反映している。金利や市場規模は依然として重要な経済の基礎的変数である。しかし，他の変数はタイプ5のIJVにより固有の変数である。

他のタイプのIJVの場合，技術の専門知識とマーケティングの専門知識の相互作用は，若干異なる形態をとっている。たとえば，市場へのアクセスに関して，学習のスピードは技術変化のペースよりも重要になる。ハイテク企業が市場志向型企業のローカルな専門知識を獲得するスピードが速いほど，また市場志向型企業が技術を獲得するスピードが遅いほど，ハイテク企業にとっての海外市場参入方法としてのIJVは有益なものとなる。また，マーケティングの専門知識の質に関する不確実性も，いっそう重要な要素となる。

6.11 結 論

経済学的モデルの開発は，特定の「定型化された事実」を説明しようとする欲望によって刺激されることがよくある。このケースにおいて，定型化された事実とは，グローバルなハイテク産業において行われるIJVの数の増加であった。他の学説ではいっそう複雑でヒューリスティックな用語を用いて説明されることもある事実が経済学的モデルによって，シンプルだが，正確に説明することが可能である。しかしながら，経済学的モデルによって，誰もがすでに知っていることを合理的に説明する以上のことができなければ，それらの価値はむしろ低下してしまう。幸いにも，経済学的モデルが構築される方法は，それらが説明しようとしている事実を単に説明するだけでなく，新たな仮説を提起することも意味している。それは，これまで言及されなかった現象に注目させ，すでに知られている現象の説明とこれまで言及されなかった現象の説明を統合する能力である。これが経済学的モデルの成功のための真の手段である。

本章で開発されたモデルは，別個だが関連性のある9つの要素の観点か

ら，IJV の形成について説明するものであった。これらの要素は表 6.4 の左側に列挙されている。これらの要素は，一方で IJV とライセンシングの戦略的相互作用の限界を左右し，他方で IJV と合併の戦略的相互作用の限界も左右する。各要素の各戦略に与えるインパクトは，表 6.4 に示されたとおりである。

このモデルが示すところによれば，あらゆる所与の要素が与えるインパクトは，この分析における他のすべての要素をコントロールすることによってのみ，理解されるということである。また，いくつかの要素の水準をコントロールすることも必要である。とくに，市場規模，イノベーションのペース，金利のインパクトは，それらの水準が上昇するに従って，方向を逆転させる。

この研究結果の要点は，IJV が中程度の戦略を代表しているということによって要約できる。IJV への自己資本の参加は，ライセンス契約と合併のそれとの中間に位置すると同様に，戦略上の観点からも，IJV はそれらの中間に位置するのである。これは，IJV に関する実証的な証拠が IJV の活動を R&D によるサンクコストのような特定の要素が持つ極端な価値に結びつけようとするモデルの観点から解釈するのが難しいという理由を説明するのに役立つかもしれない。

表 6.4 に示された研究結果から，IJV の形成が産業内，産業間，国家間，

表 6.4 戦略の選択に対する重要な説明要素のインパクト

説明要素	表記	戦略		
		ライセンシング	IJV	合併
市場規模	x	−	X	+
技術変化のペース	f	+	X	−
利子率	r	+	X	−
文化的距離	d	+	?	?
独立性の保護	n	+	+	−
特許権の喪失	p	−	+	+
範囲の経済性	s	+	−	−
技術の不確実性	t	−	+	+
規模の経済性	z	−	?	+

時間の経過とともに、どのように異なるのかという点に関して、詳細に予測することが可能である。技術の不確実性のような要素は、企業特殊的であり、したがって同じ産業に属する企業がなぜ異なる戦略を採用するのかを説明することが可能である。技術変化のペースは産業特殊的であるので、IJVがさまざまな産業において行われる頻度の違いを説明することができる。文化的距離は国家グループに固有の要素であるため、1つの産業におけるIJVの国際的な分布を説明することが可能である。資本市場が世界的に統合されれば、金利は産業や国を超えて同一化し、したがって主に時間特殊的な要素となる。

本章で言及したその他の要素も、もちろん時間の経過とともに変化する。しかし（技術革新のペースのような）いくつかの要素は、（文化的相違のような）その他の要素よりも変化する。したがって、代表的な企業に適用される利潤極大化の仮説が、明らかに一定の限界があるにもかかわらず、多種多様な適切な結果が得られるのである。

<参考文献>

Beamish, P.W. and J.C. Banks (1987) 'Equity joint ventures and the theory of the multinational enterprise', *Journal of International Business Studies*, 19(2), 1-16.

Buckley, P.J. (1988) 'The limits of explanation: testing the internalisation theory of the multinational enterprise', *Journal of International Business Studies*, 19, 181-93.

Buckley, P.J. and M.C. Casson (1976) *The Future of the Multinational Enterprise*, London: Macmillan. (清水隆雄訳『多国籍企業の将来』文眞堂、1993年)

Buckley, P.J. and M.C. Casson (1981) 'The optimal timing of a foreign direct investment', *Economic Journal*, 91, 75-87.

Buckley, P.J. and M.C. Casson (1988) 'A theory of cooperation in international business', in F.J. Contractor and P. Lorange (eds), *Cooperative Strategies in International Business*, Lexington, MA: Lexington Books, 31-53.

Casson, M.C. (1991) *The Economics of Business Culture: Game Theory, Transaction Costs and Economic Performance*, Oxford: Clarendon Press.

Casson M.C. (1995) *The Organization of International Business*, Aldershot: Edward Elgar.

Casson M.C. (1997) *Information and Organization: A New Perspective on the Theory of the Firm*, Oxford: Clarendon Press. (手塚公登・井上正訳『情報と組織：新しい企業理論の展開』アグネ承風社、2002年)

Dunning, J.H. (1993) *Multinational Enterprises and the Global Economy*, Workingham, Berks: Addison-Wesley.

Geringer, J.M. and L. Hebert (1989) 'Control and performance of international joint ventures', *Journal of International Business Studies*, 20(2), 235-54.

Harrigan, K. (1988) 'Strategic alliances and parter asymmetries', in F.J. Contractor and P. Lorange (eds), *Cooperative Strategies in International Business*, Lexington, MA: Lexington Books, 205-26.

Nelson, R.R. and S.G. Winter (1982) *An Evolutionary Theory of Economic Change*, Cambridge, MA: Belknap Press of Harvard University Press.

Polanyi, M. (1966) *The Tacit Dimension*, New York: Anchor Day. (高橋勇夫『暗黙知の次元』筑摩書房, 2003 年)

Ring, P. Smith and A.H. Van der Ven (1994) 'Developmental processes of cooperative interorganizational relationships', *Academy of Management Review*, 19, 90-118.

Tallman, S.B. (1992) 'A strategic management perspective on host country structure of multinational enterprise', *Journal of Management*, 18, 455-71.

Veugelers, R. and K. Kesteloot (1994) 'On the design of stable joint ventures', *European Economic Review*, 38, 1799-815.

(門田　清・米澤　聡士)

第7章　国際ビジネスにおけるリアル・オプション

モハメド・アッツィム・グラムハッセンとの共著

7.1　イントロダクション

　リアル・オプション (real option) は，比較的新しい研究分野である (Campa, 1994; Dixt and Pindyck, 1994)。リアル・オプションの研究は，ビジネス行動の分析に対して重要な示唆を有している。最近まで多くの人びとが分析できないと信じてきた実際界における意思決定の特徴の多くは，リアル・オプションによって説明することができる。リアル・オプションは，先延ばしと優柔不断さを示すものと思われている投資に対する「模様眺め (wait and see)」アプローチを説明できる。実際，「模様眺め」はまったく合理的なリスク・マネジメント戦略となり得るのである。同様に，マネジャーの多くは，プロジェクトの初期段階では，資源面で限られたコミットメントしかしないことが観察されている。したがって，プロジェクトが完全な規模にまで事業を拡大するためには，多くの障害を「乗り越え」なければならない。この明らかに過度に慎重な「官僚的」アプローチもまた，合理的なリスク・マネジメント戦略として理解することもできる。

　しかし，リアル・オプションによって説明されるすべての行動が，一見したところ非合理的であるわけでもない。リアル・オプションは洗練された行動面も説明できる (Schmitzler, 1991)。第1章で述べたように，リアル・オプションは現代の国際ビジネス戦略における柔軟性の追求を分析するのにも利用できる (Kogut and Zander, 1993)。

　リアル・オプション研究は，非常に歴史が浅いため，いくつかの重要な概念的課題を明らかにする必要がある。リアル・オプションという用語は，必

ずしも同じ意味合いで使用されてきたわけではない。リアル・オプションについて話すには，混乱を招きそうな点を明確にしておくことが必要だろう。

リアル・オプションは平凡なものではない。そのロジックはかなり複雑である。意思決定に関連するいくつかの情報がある時点のある期間にリリースされる場合，リアル・オプションは通常複数の期間にまたがる状況を伴う。リアル・オプションには，単に「フレームワーク」，「パラダイム」，「ヒューリスティクス」の見地から分析できない意思決定の複雑な戦略的側面が含まれている（第10章を参照）。完全に明示的な形で分析の前提を設定することはきわめて重要である。公式なモデル化が不可欠である。経済分析の標準的な手法がその有効性を発揮するのはビジネス戦略の分野である。

オプションは至るところにある。リアル・オプション理論は，既存の静態理論を「動態化する」明瞭で現実的な手段を提供する。すべての静態的現象にはそれに応じたオプションがある。したがって，リアル・オプションが適用できない分野は，国際ビジネス論にも経済学にもまずもってない。ただし多くの場合，それらのオプションの価値は小さくなるように思われる。したがって，リアル・オプションの価値が大きくなりそうなケースを明らかにするためにも，多くのケースを調べる必要がある。

7.2 リアル・オプション理論の原則

オプション理論には4つの主要な側面がある。その4つの側面とは以下のものである。

- 異時的最適化
- 不確実性
- 情報先延ばし
- 修正不可能性

以上の4つの側面について順次検討するのがよいだろう。

リアル・オプション理論は，動態的な資源配分の最適化に関する特殊なケースである。合理的な異時的意思決定の原則はすでに経済学者によって，

多くの多様なコンテクストに適用されてきた。たとえば，家庭の貯蓄行動，公共事業の費用便益分析，民間投資評価の純現在価値法などがある（Hirshleifer and Riley, 1992; Marschak and Radner, 1972）。異時的最適化では，株主価値は生産機能の制約と所与の生産価格と要素価格に最も影響を受けると仮定することで，動態的な企業の投資支出をモデル化するために使用されている（Jorgenson, 1963）。

　これらのモデルの最も単純なバージョンは，すべて完全な確実性を想定している。しかし，不確実性こそがオプション理論のカギである。企業経営者とのインタビューは，どれも不確実性が投資の意思決定における重要な課題であることを示唆している（古典的研究として，Shackle（1970）がある）。不確実性は，ともすれば問題の設定方法に最初に影響を及ぼすため，不確実性の影響は適切にはモデル化が決してできないと論じられてきた。それにもかかわらず，不確実性を正式な形でモデル化する大掛かりな理論が構築されている。この理論はオプションに関する厳格な理論を定式化する際には，計り知れない価値を発揮する。経済的モデル化による不確実性に対する標準的なアプローチでは，まず相互に排他的だが，すべてを網羅した世界状況の集合を識別し，また意思決定者は各々の状況に対し，主観的に見積ることができるものと想定している。このアプローチに対する一般的反論は，考えられ得る状況は無数であるか，あるいはどう少なく見積っても，状況の数が大きすぎるために，実行するのは無理だというものである。しかし，この課題に対するもう1つの見方では，意思決定者とは，すべての考えられ得る状況を単純に取り上げ，さまざまな方法でそれらの状況を分類・分割すると仮定することである。1つの単純な分割方法は，世界を2つの状況に分類するものである。1つは，投資に関する限り「良い」状況と「悪い」状況である。この分割を微調整すると，主に需要に影響を及ぼす状況と主に供給に影響を及ぼす状況との区別になり，需要と供給ごとに良い状況と悪い状況を区別することになる。このアプローチでは，意思決定者は考えられ得る世界状況のすべてにコミットすることなく，現実的な方法で，これら特定されていない状況を分類する際の判断のみにコミットすることになる。選択した区別がある

程度現実的であることから,この種のモデルは大きな予言力を持つことになるだろう。状況を単純なカテゴリーへと精神的に「分類すること」にもとづく不確実性に対するこうしたアプローチは,実践でも広く使用されており,上述のモデル化に対する批判のいくつかにも耐えうる。以下で展開するリアル・オプション・モデルでは,まさにこのアプローチが用いられているのである。

不確実性下での意思決定に関する公式のモデルが構築されるまでは,不確実性を経済モデルへ導入することで,予測される行動パターンは大きく変わると広く信じられてきた。このことが誤った結果へとつながった。たとえば,不確実性の下にあっても,合理的なエージェントは,より高額な要素のインプットを絶えず避けて,価格が他に比べ相対的に上昇する製品を好む。不確実性の最も強大な影響は,意思決定者が現在の不確実性は将来解決するという信念の下に行為するときに現れる。今日知ることのできない事柄も,将来にはわかる。これは投資の延期の優位性をもたらす。なぜなら,将来の決定はより洗練されたものとなり,ミスのリスクを低くするからである。この重要な特性を表現する公式の方法は,意思決定者の情報は時間に依存していると述べることである。時間の経過とともに,新しい情報が加わり,情報は豊富になる。もし記憶力が貧しければ,情報のある部分は減少するかもしれないが,失われる古い情報は,新しく加わった情報よりも将来との関連性は少ないであろう(ただし,常にそうなるとは断言できない)。

投資の決定が延期されると,投資も効果的に先延ばしされる。当然,これには便益ばかりでなく費用もかかる。後の環境が所与のものであり,後に決定が行われたときにほとんど間違いを犯さないとしても,最初の段階に資源のコミットメントを遅らせたことが過ちであることもあり得る。たとえば,設備のようなインプットの費用が後日上昇することもあれば,ライバル企業が市場機会を先取りしてしまうこともあり得る。一般的に,より多くの情報を求めて投資を先延ばしにすることと,他者の先行参入を阻害するために資源をすぐにコミットすることとの間にはトレード・オフがある。リアル・オプション理論の強さのカギは,正面からこのトレード・オフに言及している

7.2 リアル・オプション理論の原則

点にある。リアル・オプション理論は，投資のタイミングに関する多くの仮説を提起する。不確実性下での投資理論については，冒頭に記したが，それは実証的証拠を説明する点で相対的に弱く，また不確実性の一般理論も，ほとんど進歩しなかったが，リアル・オプション理論には，説明という点で大きな進展をもたらす可能性がある。ただし，その可能性のすべてが実現するか，それとも実現しないのかについて言及するにはまだ早い。

投資の決定を延期することが，投資先延ばしに等しいことについては，すでに述べてきた。現実はそれほど単純ではない。もしすべての投資の修正が費用をかけずにできるならば，明日のために計画された投資決定の検査に偏見を挟むことなく，今日の投資にコミットできるだろう。もし後知恵によって，今日の決定は間違いであったことがわかってから明日の決定がなされるのであるならば，その決定は容易に修正できることになろう。そうであれば，最初になされた資源の「コミットメント」は，すべての資源が後日，その決定を容易に修正可能であるという意味で，架空のものになってしまう。今日の決定が明日の決定とリンクしている理由は，現実の投資は修正できないという点にある。

オプション理論における修正不可能性は，技術的な現象ではなく，むしろ経済的な現象であることを強調することが重要である。これら2つの現象における修正不可能性は，よく混同されている。たとえば，実物資産への投資は修正不可能であるが，金融資産の購入はそうではないといわれるときもある。これは技術的な意味では事実かもしれないが，経済的な意味では事実ではない。技術的にいえば，金融資産を購入しても再び売却することで修正をすることができるが，その金融資産は必ずしも購入時と同じ価格で販売できるわけではない。経済用語でいえば，もし資産が購入時と同じ価格，たとえば「マネー・バック」保証で購入されたときと同じ価格で販売することができないならば，取引は完全に修正可能ではない。

逆に，技術的に修正不可能な実際の投資は，もしその投資が非常に用途の広いものであるなら，資本損失のリスクはほとんどない。資産はある場所に固定され，中古としての価値もまったくないかもしれないが，多くの代替的

用途があるかもしれない。売れないものがあるのだが，だからといって所有者がそれを売りたがっているとはとても思えない。なぜなら，ある用途では役に立たなくなったとしても，別の用途では十分に機能するかもしれないからである。したがって，その資産の所有者は，ほぼ確実に何とかお金を取り戻すことができるかもしれないし，事実非常に価格変動の激しい金融資産の所有者よりも確実性が高い。

　修正不可能性の概念は，サンク・コストの観点から表現されることが多い。それらはいったん投資がなされると回収できない投資のコストである。したがって，ある資産が P_1 で購入され，$P_2 < P_1$ でしか中古としては販売できない場合，その購入におけるサンク・コストは $P_1 - P_2$ となる。すでに指摘した点は，サンク・コストにも同じようにあてはまる。つまり，サンク・コストは意思決定者が置かれた状況の経済的特性であって，資産の物理的特性ではない。サンク・コストは将来における資産の最良の代替的使用法と比較して計算される。したがって，先に述べたサンク・コストの計算方法は，資産を割引して売り払うことが元の使用法で資産を保持していることの最良の代替案であるときにのみ妥当性がある。

　サンク・コストは代替的使用法の点から定義されているため，その概念は想像以上に主観的なものである。こうした主観性はサンク・コストに限られたものではない。主観性は機会費用として計算されるすべての費用にあてはまる（Wiseman, 1989）。サンク・コストを客観的なものとして扱うリアル・オプション理論の説明は，資産が将来に複数な代替的使用法を有している場合には必ずといってよいほど混乱の原因となる。

7.3　リアル・オプションと金融オプションの関係

　金融オプションについて聞いたことのない人はほとんどいないだろう。とくに，株式市場での株価にもとづいた「プット」オプションと「コール」オプションについては，誰もが知っている（Dempster and Pliska, 1977 を参照）。それらのオプションには，2者間の契約が含まれている。この契約

により，あらかじめ特定された価格で将来に資産を購入または売却する権利がつくられる。あらかじめ定められた価格は，固定価格の場合もあれば，合意にもとづく特定された価格の場合もある。この権利は取引可能である。すなわち，その権利に関連のある資産と同じように，売買可能である。金融分野で構築されたオプション理論の主な目的は，そうしたオプションに正しく価格を付けることにある。

　リアル・オプションと金融オプションの関係には多くの混乱がある。2つの相反する見解を一般的な文献のなかにみつけることができるが，それらは共に間違っている。第一の見解では，リアル・オプションと金融オプションは基本的に同じものとみなしている。すなわち，リアル・オプションは実物資産と関連していて，金融オプションは金融資産と関連しているが，基本的な原則は同じであると捉えている。第二の見解は，リアル・オプションと金融オプションは基本的に異なるものとみている。すなわち，リアル・オプションが修正不可能な投資の決定のタイミングに関するものであり，他方，金融オプション理論は「デリバティブな」契約上の手段の評価であると捉えている。第二の見解をとる人びとは，第一の見解をとる人びとが2つの異なる現象を記述するために，「オプション」という同一の用語を使用することで間違いを犯していると考えている。実際には，第一の見解は次のような意味で，第二の見解よりも事実に近い。それは金融オプションがリアル・オプションの特別なケースに過ぎず，7.2節で記したように同一の原則を両オプションへ適用できるという意味である。第一の見解の誤りは，資産が実物上のものであるか，金銭上のものであるかに違いがある，と想定していることにある。確かに資産の性質は重要であるが，もっと重要な問題は資産が実物資産という形態をとるか，金銭的形態をとるかではなく，むしろ取引可能かどうかにある。実際，ほぼすべての金銭的資産は取引可能であるが，その逆はいえない。つまり，すべての実物資産が取引不可能なわけではないのである。実物資産のなかにも取引可能なものがある以上，取引可能性は資産が実物資産であるか金銭的なものであるかどうかは別の問題ということになる。

　オプションの性質も重要である。オプションのなかには，契約的なものも

あれば，資産の物理的特性を反映しているものもある。たとえば，あるオプションが資産の売買によって行使されるのに対し，別のオプションは資産の所有権を保有し，それを別の代替的用途へ再配分することで行使されるものもある。契約的なオプションとそうでないオプションを区別する重要性は，上記の第二の見解で示されている。この見解が間違っているのは，契約的なオプションの評価と非契約的なオプションの評価に異なる原則を適用すると想定している点にある。その原則は同じである。これは幸運なことである。なぜなら，そのことは実際にオプション理論が1つであり，2つではないことを意味しているからである。金融オプション理論は，7.2節で記した原則にもとづいた一般のオプション理論の特別なケースに過ぎないのである。リアル・オプション理論は，それら一般原則を取引不可能な資産の非契約的なオプションに適用した理論体系であり，金融オプションへの適用を行ってこなかった。以下で示すリアル・オプション理論の適用は，一般にリアル・オプション理論の原則が金融オプションへもあてはまることを示している。

表7.1にそれらの特徴が記されている。表7.1では，2つの次元を用いてオプションの分類を行っている。第一の次元は，資産が取引可能かどうかという次元である。表の横の欄である。取引可能な資産とは，常に売買可能な資産のことである。取引コストがゼロか，他の「市場の不完全性」がない場合，取引可能な資産の購入価格はその売値に等しくなる。これは，金融理論

表7.1　事例にもとづく資産タイプとオプション・タイプによるオプション分類

オプションのタイプ	資産のタイプ		
	取引可能		取引不可能
	金銭	実物	実物
契約			
公式	債券または貨幣オプション	商品オプション 株式オプション	土地や建物の購入オプション 非上場会社の買収オプション
非公式			少数株が所有されている会社を買収する「最優先権」オプション
非契約	流動資金源としての保有資金		工場の増設・縮小，あるいはその再配置のオプション：表7.2も併せて参照

における標準的なオプション価格設定モデルで使用される重要な特性である。横の欄ではまた，実物資産と金銭的資産の第二の違いについても明確にしているが，これはすでに述べたように，それほど重要な違いではない。すでに強調したとおり，それが重要でないのは，もしその資産がこの問題に関連するいくつかの側面に影響を及ぼさないのであれば，オプション理論で重要なのは資産の経済的価値であり，その物理的形態ではないからである。

　第二の次元は，オプションが契約形態をとるかどうかを明確化することであり，表の縦の欄に示されている。この違いはモデルの数学的構造の点では重要ではないが，オプション・モデルの適用方法を理解する際に重要である。その違いはオプション理論が契約協定と資産の物理的特性によってもたらされる柔軟性を評価するのに用いられることを示している。公式と非公式の契約協定に小さな違いがある。公式の協定はより明示的であるが，長期的な経営戦略がかかわっている非公式の協定――たとえば，合弁会社の買収や解消のために，パートナー企業と合意する非公式の協定――ははるかに重要かもしれない。

　国際ビジネス論と最も関係の深いオプションが，表の右下に記されている。それらは金融オプションではなく，むしろリアル・オプションである。それらにはいったん投資が初期段階を超えれば，投資プロジェクトの規模，立地，タイミング，効用の点で多様なオプションが含まれている。それらは国際ビジネスにおける立地の問題に非常に関係の深い非契約的なオプションである。前述したもう1つのオプションは，他企業により完全または部分的に所有されている資産の買収や譲渡のための契約的なオプションである。それらの契約的なオプションは，国際ビジネスにおける所有の問題と非常に深く関係している。それらの2つの重要な課題，すなわち所有と立地の間に，国際ビジネスにおける近代経済理論がある。したがって，リアル・オプションは，国際ビジネスの動態理論を生み出すという面で重要な役割を果たすといえる。

7.4 分析手法

　オプション価格設定の現代理論は，ファイナンス理論のなかでもきわめて専門的な分野の1つである。それは非常に特殊な前提にもとづいている。オプション価格設定の手法を適用するのに，特殊な前提が必要なのである。たとえば，有名なブラック・ショールズ（Black-Scholes）の価格設定公式は，基礎となる金融資産の価格動向で，ブラウン流の動きと「リスクの中立性」を想定している。「リスクの中立性」は，オプション理論では裁定プロセスの特殊な特徴を暗示するかなり誤解を生む用語である。これらの前提が非常に特殊であるため，リアル・オプション，とくに非契約的なリアル・オプションの価値が考慮されるときに生まれてくる，より一般的で，実際により強力な洞察のいくつかを不明瞭なものとしてしまう。

　現代の金融オプション理論における専門的な問題の多くは，連続時間型モデル（continuous time model）への関与から生まれている。連続時間は，取引が実質的に瞬間的である株式市場や通貨市場における現実にほぼ近似したものであるが，実物資産の配分に関連する非契約的な意思決定が行われる環境にはほとんど近似していない。この場合，時間をいくつかの期間に分割する離散時間型モデル（discrete time model）の方がより現実的であろう。離散時間型モデルは，連続時間型モデルよりも解明がはるかに簡単であるため，離散時間型にもとづいて最初からオプション研究を行うことで多くの成果が得られる。これが本章で採用するアプローチである。

　本章で用いる離散時間型モデルには，不確実性下での合理的・異時的意思決定が含まれている。モデルのタイプによっては近似が有用であるが，すべてのモデルは明示的な分析方法によって解明できる。一般的な問題解決法は，因果循環手法（recursive technique）である。この手法は最後の期間の合理的意思決定を解明するものであり，その意思決定は前の期間でなされた選択によって変化する。次いで，この手法では，そこでの結果を用いて，先行する期間における最適な選択を決定する。この方法が最初の期間に辿り

着くまで繰り返される。最初の決定は，それらの決定の点から連続する期間に最も適切な選択がなされるようになるという前提にもとづいて最適化される。これによって，すべての期間にわたる行動の包括的な不測事態対応計画が決定される。

そのモデルの多くは，代数ではなく数字で表される。数字で示すことが，各期間における戦略の選択を含むモデルを説明する最も便利な方法である。代数形式のモデルを再公式化することも簡単なので，興味のある読者は自分で行ってみるのもよいだろう。唯一の難点は問題解決を導き出すのに時間がかかり，しかも最適戦略の特徴となっている代数不等式であるため，書き記すのが面倒な点である（たとえば，第2章を参照）。本章は，主に解説を行うこととしているので，なるべく多くの例を示し，容易に理解してもらえるように，数字の例を優先して示す。

離散時間型アプローチをわかりやすく紹介するために，次の数字による例を考えてみよう。この例では離散時間型モデルにおける標準的な金融オプションのモデルを示している。その例では取引可能な金融資産を取り上げているため，資産の購買価格が常に販売価格と等しいという特殊な特徴を含んでいることになる。意思決定者は自らが望んだ場合に，あらかじめ定められた価格で資産を販売できる契約的なオプションを購入するかどうかを決めなければならない。

状況が良い（$s=1$）か悪い（$s=0$）かに応じて，将来価値は20か10になる1つの分割不可能な資産を考えてみよう。状況は確率pで良くなる。その資産は15単位で今日（$t=0$）購入できるか，もしくは明日の価格がわかる場合，明日（$t=1$）まで先延ばしにできる。コール・オプションは今日2単位で購入できる。コール・オプションでは，明日15単位（今日と同じ価格）で資産を購入する権利を与えられる。リスク中立的な意思決定者の目的は，期待利益vを最大化することである。今日と明日の間では経過時間が短いため，割引は無視する。

購入者は，資産を購入価格と同じ価格で明日その資産を販売できると保証されないため，今日の購入では修正不可能という要素がある。そのような保

証は、「プット」オプションを別に購入することで獲得できる。「プット」オプションでは、購入したときの価格のように、あらかじめ設定した価格で資産を販売することができる。ここでは、モデルの簡潔性を維持するために、プット・オプションもないものとする。

問題は、図7.1の意思決定ツリーによって説明される。図の一番上からみていくと、最初に意思決定者には3つの選択肢がある。

1．即座に資産を購入する。
2．コール・オプションを購入する。
3．購入の決定を先延ばしにする。

状況が明らかになったところで、意思決定者は更なる決定を迫られる。もし彼がそのオプションを購入した場合、それを行使するかどうかを決めなければならない。これまでのデータから考えられる純報酬が、図の一番下に数字で示されている。もし状況が良い場合、オプションを行使することで報酬が得られるが、状況が悪い場合、オプションを行使しても報酬は得られない。最適な選択が図中の太線で示されている。もし意思決定者が決定を先延ばしにした場合、資産を次の日に購入するかどうかを決めることができる。しかし、この問題で想定された特殊な状況が意味しているのは、先延ばしを

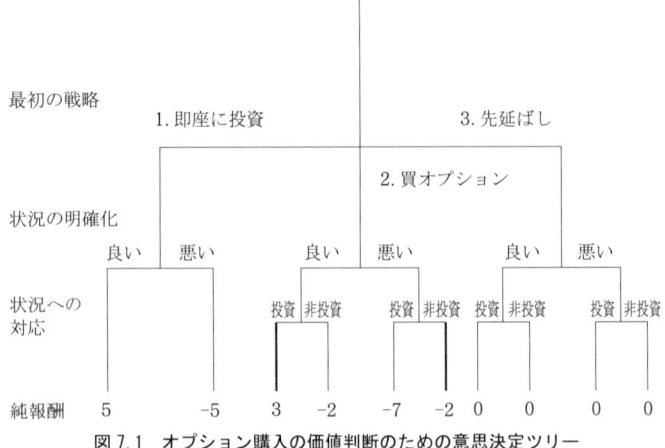

図7.1　オプション購入の価値判断のための意思決定ツリー

決定した場合にはいかなる成果もないということである。購入価格は常に資産の価値と等しいため，意思決定者はたとえどのような状況になろうとも購入に無関心である。簡潔性のため，それらの状況では意思決定者は購入しないと選択することが想定されている。

ここまでの議論から，3つの戦略は次のように評価される。v_i は i 番目の戦略の期待価値である。したがって，次のようになる。

$$v_1 = (20p + 10(1-p)) - 15 = -5 + 10p \tag{7.1.1}$$

$$v_2 = ((20-15)p + 0(1-p)) - 2 = -2 + 5p \tag{7.1.2}$$

$$v_3 = 0 \tag{7.1.3}$$

方程式 (7.1.1) の最初の項 $(20p + 10(1-p))$ は，次の期間に資産が販売されたときの最初の投資の期待収入であり，2番目の項 (-15) は今日の購入価格である。方程式 (7.1.2) の最初の項は，オプションが行使されたときのオプションの価値で，状況が悪いという可能性によって加重されている。第二の条件は，状況が悪いというときのオプションの価値（0）であり，第三の条件はオプションの購入価格である。

所与の p の価値に対して，最も v の価値の高いものを選択することで問題解決がなされる。それは次のようになる。

$$i = \begin{matrix} 1. & もし\ p \geq 0.6\ ならば \\ 2. & もし\ 0.4 \leq p < .6\ ならば \\ 3. & もし\ p < 0.4\ ならば \end{matrix} \tag{7.2}$$

したがって，状況が良いという確率が0から1に近づくにつれて，意思決定者は「購入しない」から「オプションの購入」，さらには「即座に購入」へと移っていく。状況が良くなると意思決定者が強く信じるにつれて，そうなるだろう。ここで明示した不等式は，2つの戦略が等しい価値であるとき，より低い数字の付いた戦略が常に選択されることを意味している。この決め事は本章では常に変わらない。

図7.2で，この問題の解決策を図式で示している。縦軸では期待利益を示し，横軸は状況が良い確率を示している。直線 V_1 と V_1' は最初の購入戦略の期待価値を示している。相対的にY切片が小さいことと傾きが小さいこ

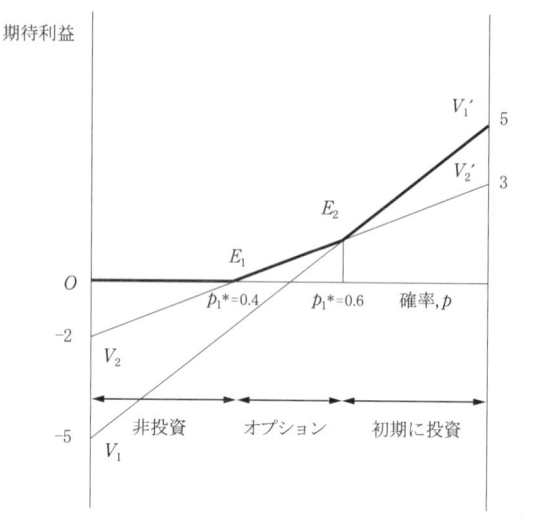

254　第7章　国際ビジネスにおけるリアル・オプション

図7.2　金融オプション問題の図式的な解決案

とは，非常にリスクの高い戦略であることを示している。投資家は状況が悪い方に向かう場合，重大な資本損失のリスクにさらされる。直線 V_2 と V_2' は，オプション戦略の価値を示している。オプションの保有は資本損失のリスクを削減するが，最初の価格と等しいあらかじめ定められた価格で資産を購入する権利を保有することでキャピタルゲインの見込みを与える。したがって，オプションは投機的機会を提供する一方で，リスク・コントロールも含んでいる。横軸は第三の戦略の0の価値も示している。

期待価値を最大化するためには，3本の直線のなかで最も上に位置する線を明らかにする必要がある。それが，$OE_1E_2V_1'$ で結ばれた線であり，E_1 と E_2 で屈折している。E_1 と E_2 では，複数の戦略が等しい価値を有している。P の価値があらかじめ与えられている場合，最適な戦略は横軸に沿った適切なポイントにおける包絡線の部分を形成する戦略である。戦略の転換が起きる屈折点 E_1 と E_2 は，可能性の2つの重要な価値，すなわち $p_1=0.4$ と $p_2=0.6$ に相当する。最初の戦略転換点では，何も購入しない戦略とオプション戦略の価値が等しく，第二の転換点ではオプション戦略と即座に購入

という戦略が等しい価値を有している。

これと同一の図表技法は，オプションの価値を測定するのにも使用できる。意思決定者がオプションを 2 単位で購入できることを知らないと想定してみよう。オプションをいつ購入するかを決定するために，決定ルールが必要となる。a はオプションの不明の価値としよう。すると，方程式 (7.1.2) は次のようになる。

$$v_2 = a + 5p \tag{7.3}$$

そして，決定ルールは，次の場合オプションを購入するというものである。

$$v_2 > \max[v_1, v_3]$$

すなわち，次のようになる。

$$a > \max[-5 + 10p, 0] + 5p \tag{7.4}$$

$p = 0.5$ でのオプションの価値の決定について，図 7.3 に示している。決定には，2 段階の手続が含まれている。最初の段階では，2 つの代替的戦略から獲得可能な最大期待価値は，$V_1 V_1'$ のより高いところ（戦略 1 を示す）

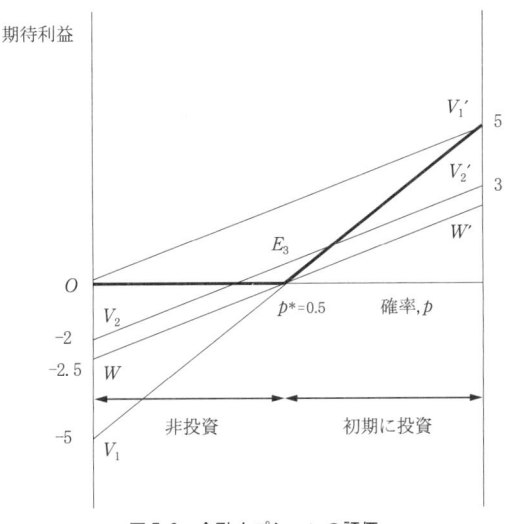

図 7.3 金融オプションの評価

と横軸（戦略3を示す）からOE_3V_1'を形づくることで決定される。第二段階では，OとV_1'の2つの点をつなぐ直線OV_1'が引かれる。V_1'とOE_3V_1'間の垂直的な距離を計ることで，オプションの価値が計られる。E_3を通る直線WW'が，OV_1'と平行して引かれる。図中における距離は，左側の縦軸上のY切片OとWを比較することで測定される。オプションの価値は，2.5となる。オプションの購入価格は2であるため，$p=0.5$のときにオプションは購入されるべきである。これは，図7.2の結果と一致している。図7.2では，pが0.4から0.6の範囲内にあるときにオプションの購入をすべきであると示していた。

7.5　実物投資のタイミング：国際ビジネスにおける契約的なオプションの単純な役割

　外国市場への参入を熟考している企業についてみてみよう。その企業は，単独で開発できる投資機会をみつけていた。その機会の開発は期間2で生じるが，投資支出は期間1か期間2のどちらかで起こり得る。そこで問題となるのは，どちらで始めるのがベストなのかを決めることである。明日から始まる第2期の方が第1期よりもはるかに長期であると仮定するのが好都合である。第2期の方がはるかに長期のため，割引率に関連する問題の無視を正当化するのが難しくなる。しかし，モデルの簡潔性を維持するために，割引率を固定的なものとして扱い，割引された価値の視点から問題全体を明らかにするのが好都合である。割引については，7.10節と7.11節で明確に説明する。

　その機会は，20単位の現在価値を持つ既知の所得フローを生み出す。この所得の流れを獲得するために，企業は工場建設用地を獲得する必要がある。しかし，工業財産に対する現地市場の状況は不確実である（多くの場合，移行経済であるため）。当初は，用地は15単位の価格で入手可能であるが，しかし次の期間では似たような用地が10もしくは20単位の価格で入手可能となり得る。どちらの価格となるかは，財産市場の供給状況が良いか悪

7.5 実物投資のタイミング：国際ビジネスにおける契約的なオプションの単純な役割

いかによって変わってくる。状況が良い（価格が10単位）となる確率は p である。

一度用地買収がなされると工場は即座に建設され，一度それが建設されると，その用地は他の使用用途がなく再販売する価値もない。返還不可能な預り金が2単位支払われるとすれば，用地の所有者は喜んで明日の販売価格を17単位に固定するだろう。この用地の予約は，もし望むならば，キャンセルすることもできる。予約をキャンセルすることで，企業は状況が良いという場合，10単位の価格で用地を現金買いすることが可能となるだろう。

この例を選んだのは，7.3節で述べたリアル・オプションと金融オプションとの密接な関係を示すためであった。ここでの状況は，前述した金融オプションの問題とよく似ている。主な違いは，企業が投資した資産がもはや取引不可能な点である。資産の将来価値は，それが何のために販売されるかではなく，何のために使用されるかにかかっている。その購入は技術的に修正不可能であるが，経済的には購入にはほとんどリスクは発生しない。なぜなら，所有者は資産が最初から20単位の価値を有していると確信しているからである。唯一のリスクは，所有者が実際に必要な額よりも資産に多くの資金を支払うかもしれない点である。

資産は取引可能でないため，資産の購入価格と企業にとっての資産の価値の間に楔が打ち込まれてしまう。これは資産が10単位で購入されようが，15単位で購入されようが，20単位で購入されようが，企業にとって資産の価値が20単位に相当するという事実を反映している。それとは対照的に，7.4節では資産は常に資産の購入価格に相当する価値を有している。

このケースでは，次の3つの有力な戦略がある。それぞれの戦略は，例1における戦略の1つに相当する。

1．最初に投資する。
2．預り金（コール・オプション）を払い，もしスポット価格が高い場合には，そのまま購入し，その価格が低い場合には注文をキャンセルし，スポットで購入する。
3．決定を先延ばしにし，価格が低いときにのみ投資する。

それぞれの戦略から生まれる期待利益は,次の通りである。

$$v_1 = 20 - 15 = 5 \tag{7.5.1}$$

$$v_2 = 20 - 2 - 10p - 15(1-p) = 3 + 5p \tag{7.5.2}$$

$$v_3 = (20 - 10)p = 10p \tag{7.5.3}$$

最初の方程式は,最初の購入にはいかなるリスクもないことを示している。なぜなら,資産価値(20単位)と購入価格(15単位)は両方とも最初からわかっていたのである。第二の方程式は,もし状況が良ければ(10単位のコストは確率 p で生じる),オプションは行使されず,状況が悪ければ(15単位のコストは確率 $1-p$ で生じる)オプションが行使されることを示している。第三の方程式は,状況が悪くなったときに意思決定を遅らせることによって得られる利益を示している。

期待利益は,以下のようにすることで最大となる。

$$i = \begin{array}{l} 1. \quad \text{もし } p \geq 0.4 \text{ ならば} \\ 2. \quad \text{もし } 0.4 \leq p < 0.6 \text{ ならば} \\ 3. \quad \text{もし } p < 0.6 \text{ ならば} \end{array} \tag{7.6}$$

図7.4には,問題解決について説明がされている。図の見方は,図7.1と同じである。3つの戦略の期待利益が,直線 $V_1 V_1'$, $V_2 V_2'$, OV_3' によってそれぞれ示されている。あらかじめ定められた p の値に対する達成可能な最大の利益値が, $V_1 E_1 E_2 V_3'$ によって示されている。この図が示しているのは,資産の将来の購入価格が非常に高くなる(p が低い)と予想されるとき,投資は最初からなされる(戦略1が選択される)のに対し,それが非常に低くなる(p が高い)と予想されるとき,投資は先延ばしにされる(選択3が選択される)ということである。預り金が資産に置かれるのは,企業が低い価格や高い価格が 0.4 から 0.6 の間という中間の範囲の確率で起きると信じている場合である。事実,前節で述べた手法を用いると,不確実性が非常に高いとき,すなわち $p = 0.5$ のときに,オプションの価値は最も高くなることが容易に理解できる。

今回の例と前の例との類似性は,同一の棄却確率値(critical probability value),すなわち $p_1 = 0.4$, $p_3 = 0.6$ によって説明される。事実,図7.4と

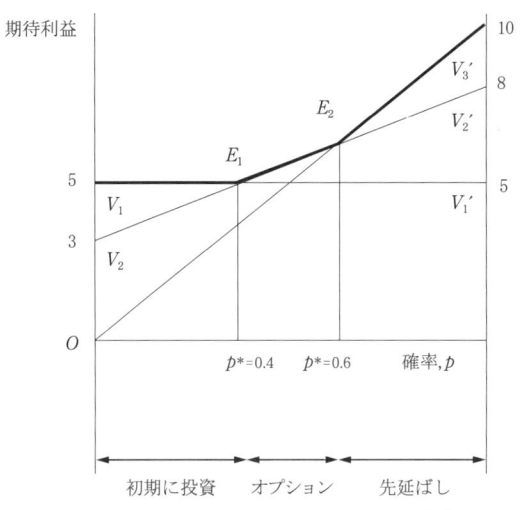

図 7.4 将来の価格は不確実だが，使用価値のわかっている実物資産の購入のオプション

図 7.2 を比較してみると，すべての直線が 5 単位分だけ上に上がっている点を除けば，2 つの図はほぼ同一である。これによって，棄却値が同一である理由がわかる。唯一の実質的な違いは，前の例での戦略 1 の役割が今回の例では戦略 3 によって取って代わられている（その逆も真である）という事実から生じる。戦略 2，すなわち，オプション戦略の役割は，まったく同じである。戦略 1 と戦略 3 の役割の入れ替えは，前の例ではリスクが資産を購入せずに削減されたのに対し，今回の例では最初に資産を購入することで削減されるという事実によって説明できる。新しいモデルは金融資産よりも実物資産と関係しているが，それでも以前と同じような投機的な諸力によって推し進められている。

7.6 不確実な需要状況

前節では，実物資産の購入に関する契約的なオプションについて議論した。これは，実物資産に関するオプションのタイプの 1 つに過ぎず，IB に関していえば，最も重要なオプションではない。第 1 章において，リアル・オプショ

表 7.2 不確実要因と資産タイプによる非取引型リアル・オプションの分類（事例による）

オプションの タイプ	不確実要因		
	供給コスト	需要の強さ	供給か需要，または その両方
契約	土地や建物の購入オプション		IJV
非契約	投入供給源への柔軟性の形成	充当される需要の幅の柔軟性の形成	低コストでの工場の規模の拡大・縮小，または再配置への潜在能力の強化

ンを紹介したとき，資産サービスに対する需要についての不確実性，――具体的にいえば，資産サービスに対する需要が引き出される製品への外国の需要についての不確実性――に対処する際のリアル・オプションの役割を強調した。対照的に，前の例では資産の供給に関する不確実性に焦点を当てた。

　需要と供給はともに，不確実性の潜在的な源泉であり，それらの関係が表7.2 に示されてある。表の横の欄には不確実性の3つの源泉，すなわち供給，需要，およびその2つの組み合わせが記されている。表の縦の欄にはオプションの2つのタイプ，すなわち契約的なオプションと非契約的なオプションが記されてある。最も重要な契約的なオプションは国際合弁事業（IJV）である。IJV は需要と供給の双方における不確実性に対処するのに有用な手段である。非契約的なオプションには，投資の規模，タイミング，立地，用途の広さなどの課題が含まれる。契約的なオプションと非契約的なオプションはともに，非常に多くの形態があり，事実，わずか1章でそれらすべてについて触れることはできない。

　本章の残りの節では，いくつかの重要なケースに絞ることにする。そこで最初に，需要の不確実性に関連するリスクを削減する非契約的なオプションに関連する簡単なケースをいくつかみることにする。重点課題を供給の不確実性から需要の不確実性へと転換することで，リアル・オプションの古典的な事例をいくつか示すことになる。

7.6 不確実な需要状況

　需要の不確実性は，海外市場への参入の決定における重要な要素である。直ちに海外へ進出することが高い利益をもたらすと考えられる場合でさえ，参入は先送りにされることが多い。それは参入を遅らせた方がもっと高い利益をもたらすことがあるからである。海外市場への参入を先延ばしする戦略については，バックレー＝カソン（Buckley & Casson, 1981）で議論されているが，それは確実性の条件のもとでの海外進出についてである。それらの状況下では，参入を先延ばしにする主な動機は，海外市場のさらなる成長を待つことである。しかし，不確実性を議論に持ち込むと，参入を待つもう1つの動機が出てくる。すなわち，市場が成長するかしないかに関する不確実性に対処するためである。市場の将来の規模に関する重要な情報が入手できるまで，参入は延期される。これが，以下で示す事例の要点である。

　海外市場への初期の投資を考えてみよう。これはマーケティングと流通施設への投資となるか，あるいは生産施設への投資も関係してくる。すでに述べたように，2つの期間があり，第2期は非常に長期となろう。今日の投資は今日の2単位の収入を生むだろう。そして，もし状況が良ければ明日20単位の収入を，もし状況が悪ければ明日10単位の収入を生むだろう。需要状況は確率 p で良好である。もし資産が明日までに購入されないなら，明日の収入だけが得られる。資産の購入価格は両期間において15単位である。明日購入することの利点は，需要状況を知ったうえで購入の意思決定ができることである。今日購入した資産は，明日再び売却することができない。すなわち，すべての購入価格はサンク・コストとなるのである。

　参入の意思決定を先延ばしすることによって，企業が損失を出さないことを確かなものにすることがあり得る。意思決定が先延ばしされるときには，需要状況が良いときや良いときだけに参入することが最適戦略だろう。これは $5p$ の期待利益を保証する。条件付参入での投資先延ばしは，まったく投資しない戦略よりも優れているということになろう。

　この結果として，区別するに値する戦略は次の2つだけである。

　1．最初に投資し，そして

2．投資の意思決定を先延ばしにし，需要状況が良いときにだけ明日投資する。

こうした戦略によって生じる期待利益は，次の通りである。

$$v_1 = 10(1-p) + 20p + 2 - 15 = -3 + 10p \tag{7.7.1}$$

$$v_2 = (20-15)p = 5p \tag{7.7.2}$$

方程式 (7.7.1) の最初の2つの項は，期間2での期待収益，すなわち需要状況が悪いときには10単位，需要状況が良いときには20単位の期待収益を示している。第3項は期間1で生じる収入を示す。なお，最終項は投資にかかわる費用である。方程式 (7.7.2) の導出はすでに説明されている。需要状況が悪いときには，企業は投資をしないので，収入の流れもないし，費用もない。いずれにせよ，期間2まで投資が行われないので，期間1からは収入がない。

期待利益は，次のように設定することによって最大化される。

$$\begin{aligned} i &= 1 \quad \text{もし } p \geq 0.6 \text{ ならば} \\ i &= 2 \quad \text{もし } p < 0.6 \text{ ならば} \end{aligned} \tag{7.7}$$

その解決案は，図7.5で示されている。即座の投資によって生じる期待利

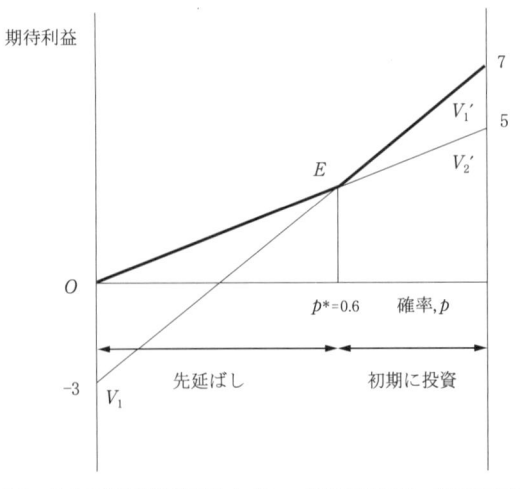

図7.5　将来の需要が不確実なときに，投資を先延ばしする意思決定

益は，直線 V_1V_1' の高さによって示される。他方，先延ばしによって生じる期待利益は，直線 OV_2' の高さによって示される。最大に達成できる利益は，E で交差している包絡線 OEV_1' で示される。E 点は企業が投資の先延ばしから即座の投資に切り替える点であるが，それは棄却確率 $p^*=0.6$ と合致する。こうして，企業が需要状況について悲観的で，p の値が低いと，参入が先送りされる。他方，企業が需要状況について楽観的で，p の値が高いと，参入が即座になる。というのは，企業は状況が良くなることに非常に自信を持っているからである。

7.7 投資の規模と修正可能性

前の事例では，オプションに価値を与える唯一の戦略は，投資を先に延ばすことであった。しかし，実際にはリアル・オプションの価値は別のもっと柔軟な投資形態を選択することから生まれることがよくある。この節では，海外市場への参入方式にとくに関係している，この戦略の変形を検討する（企業成長への類似の適用については，Kulatilaka and Perotti (1988) を参照）。

前の節で述べた修正不可能な投資の代替案が部分的に修正可能な小規模な投資という形態で存在すると仮定してみよう。この小規模な投資は，もし望んだ場合には次の期間に大規模な投資に格上げできる。この投資では最初に10単位の投資がなされるが，もし投資が次の期間に断念された場合，そのうちの7単位が回収可能である。投資規模を大きくする費用は，6単位になると仮定する。小規模の投資は，最初の期間では大規模投資と同じ収入，すなわち2単位の収入を生み出す。なぜなら，市場は初期段階では小さく，大規模投資からの貢献と小規模投資からの貢献はほぼ同じとなるからである。しかし小規模投資は，大規模投資と比べ，第2期では効果の面で大きく劣る。投資が小規模であるため，市場規模がどうであれ，5単位しか収益を生まない。

小規模投資を行うのは，最初の参入のためであり，それ以降は需要が大き

ければ投資規模を増やすし，もし需要が小さければ小規模投資をやめることになる。投資規模を増やすことに対する代替案は，第2期に投資を清算し，そこから得られる収入をより大きな資産の購入にあてることである。しかし，この案は非経済的である。なぜなら，投資規模を増やすのに6単位かかるのに対し，その費用は15−7＝8単位となるからである。清算の代替案は，資産を使用し続けることである。しかし，これも非経済的である。なぜなら，使用から得られる収益が5単位であるのに対し，清算による収益は7単位であるからである。

上記のすでに検討した戦略に加えて，さらに検討に値する戦略が1つだけあるということになる。

3．需要が上昇傾向にあるならば拡大，需要が小さい場合には清算するつもりで，小規模で投資する。

この新しい戦略の期待値は，次のようになる。

$$v_3 = -10 + 2 + (20-6)p + 7(1-p) = -1 + 7p \tag{7.9}$$

(7.9)式の第1項は初期費用であり，第2項は期間1の収入である。第3項は需要状況が良い場合の規模増大からの期待利益であり，最後の項は需要状況が悪い場合の清算から得られる期待収益である。

新しい解決案は，次のようになる。

$$i = \begin{array}{ll} 1. & もし\ p \geq 0.67\ \ \ ならば \\ 2. & もし\ p \leq 0.5\ \ \ ならば \\ 3. & もし\ 0.5 < p < 0.67\ \ \ ならば \end{array} \tag{7.10}$$

その解決案は，図7.6で図説されている。新しい戦略3の価値は，直線V_3V_3'によって示されている。V_3V_3'は，E_1において，OV_2'，またE_2においてV_1V_2'と交差しており，小規模投資が選好される棄却確率$p_1=0.5$，$p_2=0.67$を決定するポイントとなっている。これは，将来の需要状況が非常に不確実なときに，小規模の柔軟な投資が選好される1つのよい例である。

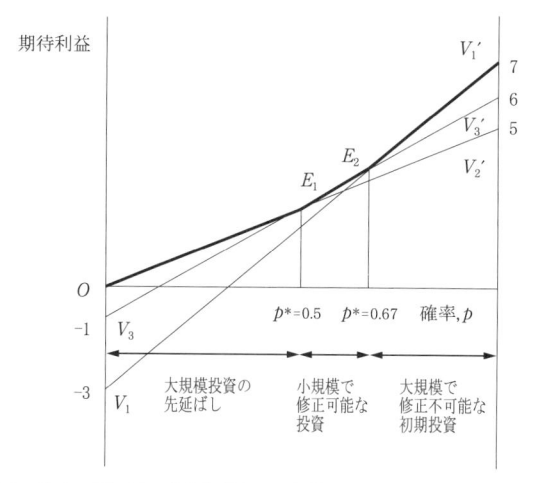

図7.6 将来の需要が不確実な場合の小規模で修正可能な初期投資の利点

7.8 リアル・オプションとしての情報収集への投資

　前の事例では，小規模の修正可能な投資の利点を明確に示したが，そのオプションの価値はその戦略を最有力なものにするほど大きくはなかった。それは不確実性が高いときにのみに有効であった。現実の市場参入において，そのような投資が一般的であるとすると，重要な何かがモデルから欠けている可能性があるといえる。

　その明らかに欠けているものとして，本書の最初の方の章で広範に議論した要素，すなわち情報収集への投資がある。これまで，需要の状況についての情報は，企業が第1期に投資すると否とにかかわらず，第2期には自動的に明らかになると仮定してきた。そうした状況下では，市場の先行きがあまり良くない場合，投資を先延ばしにすることは非常に魅力的である。というのも，最初から投資をしても情報面でのいかなる優位性も得られないからである。他方，修正不可能な投資を最初から行うことの問題点は，ひとたび情報を獲得した場合には，その情報を用いて何か有用なことをしようとしても遅きに失することである。

そこで，ここでは第1期に投資をしたとすれば，需要状況に関する情報は第2期に獲得できると想定しよう。第1期での参入戦略の価値は共に変わらないが，先延ばしをする参入戦略の価値は大きく減退する。なぜなら，参入を先延ばしにした場合，情報面でのいかなる優位性も得られないため，投資先延ばし戦略の価値は，次のように低下するからである。

$$v_2 = 10(1-p) + 20p - 15 = -5 + 10p \tag{7.11}$$

こうなると，最初から大規模投資を行う戦略の方が完全に優位な戦略となる。なぜなら，それらの戦略間に残る唯一の違いは，最初から投資をする場合には，第1期から2単位の利益が生み出されるのに対し，投資を先延ばしにした場合には，その利益は生み出されないからである。

かつて投資先延ばし戦略は，どの期間にも投資をしないというゼロ戦略よりも優位であったが，もはや先延ばし戦略はほとんど有益でないので，これはあてはまらなくなる。したがって，ゼロ戦略を戦略セットのなかに明示的に再び組み込むことが必要となる。ゼロ戦略を投資先延ばし戦略の代替戦略として組み込むのがよいだろう。したがって，評価の対象となるのは次のような新しい戦略である。

1. 最初から大規模に投資する。
2. まったく投資をしない。
3. 需要が上昇傾向にあるならば拡大，需要が小さい場合には清算するつもりで，最初から小規模で投資する。

新しい解決案は次のようになる

$$i = \begin{array}{l} 1.\ \text{もし}\ p \geq 0.67 \quad \text{ならば} \\ 2.\ \text{もし}\ p \leq 0.14 \quad \text{ならば} \\ 3.\ \text{もし}\ 0.14 < p < 0.67 \quad \text{ならば} \end{array} \tag{7.12}$$

その修正案は図7.7で，図説されている。直線V_1V_1'とV_3V_3'は前の位置と変わらない（図7.6を参照）。ゼロ戦略に相当する戦略2の価値は，横軸にあたる。V_3V_3'は，E_1において横軸と交差しており，E_1は棄却確率$p_1 = 0.14$にあたる。またV_3V_3'は図7.6と同じポイントであるE_2でV_1V_1'と交差しており，E_2は棄却確率$p_2 = 0.67$にあたる。したがって，小規模の修

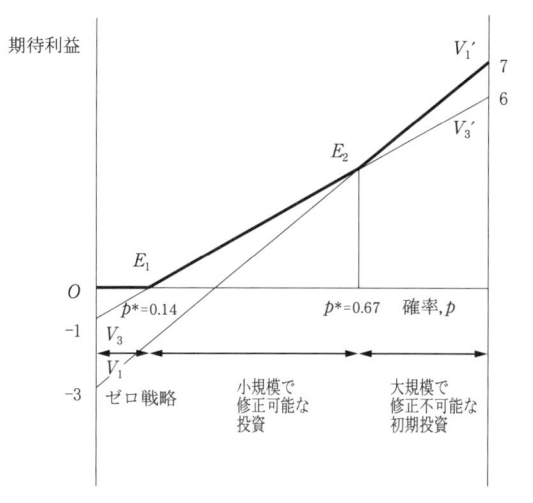

図7.7 市場の需要条件に関する情報収集に対する小規模で修正不可能な投資の役割

正可能な戦略が選択される確率の値の範囲は，先の例と比較して3倍以上になる。

この修正された例は，小規模の修正可能な投資が最初の参入戦略として選択されることが多い理由を非常に明確に示している。小規模の修正可能な投資は，投資家が市場の将来見通しに関する情報を収集する際に役立つ「情報聴取所」の機能を果たし得るのである。別の比喩を用いれば，「水のなかでのつま先立ち」ということができるかもしれない。つまり，それは必要ならば迅速に撤退するというオプションを可能にする重要な情報を収集する活動なのである。この比喩はまた，企業の国際化に関するスカンジナビア・モデルに描かれるようなFDIを海外市場へのコミットメントの増大プロセスとして捉える見方とも一致している（Johanson and Vahlne, 1977）。

7.9 リアル・オプションとしての国際合弁事業

国際合弁事業（IJV）は，主に契約的なリアル・オプションである。IJVの物的資産はある程度の柔軟性を持っているかもしれないが，オプション的

にみた IJV の特徴は，共同所有協定によって与えられた柔軟性である。第6章で述べたように，さまざまなタイプの IJV がある。この節では，IJV に関してオプション的見方を最も単純な方法で示せるような例を取り上げる。

その基本的な考え方は，IJV への参加企業は IJV が将来どのように進展していくかに応じて，もう一方のパートナーを買収する「コール・オプション」とパートナーへ売却する「プット」オプションの両者を保有しているということである (Kogut and Zander, 1993; Chi and McGuire, 1996)。しかし，パートナーがとくに良好な条件で進んで取引に応じる理由に関して疑問が生じる。理由の1つは，パートナー同士が互いを知り，信頼するようになるので，取引コストが通常の企業間よりも当該パートナー企業間では低いというものである。彼らはこの信頼から相互に良好な条件で株式を取引することで，利益を得る。それは，パートナーが，もし以前にいかなる関係もない場合の一般的な条件ではなく，より好ましい条件で取引を行うオプションを保有している，ということである。

もう1つの説明は，パートナーの一方がもう一方のパートナーよりも多くの情報を持っている，というものである。より多くの情報を持っているという評判により，株式購入の交渉において優位性を得られる。IJV が進化するにつれて，その情報の豊富なパートナーは，それほど情報の豊富でないパートナーに対して，喜んで受け入れそうなオファーを行う。こうして，IJV の価値をよりよく高められる——すなわち，IJV の将来の利益をよりよく予測できるパートナーに情報レントが発生する。ただし，情報レントを専有するというこのメカニズムが作用するのは，パートナー企業が第三者からの競合するオファーを受けない場合のみである。パートナーがそうしたオファーを受けない理由の1つは，他の企業がパートナー企業の共有する「内部の知識」を持っていないため，IJV の見通しについて十分に知らないことにある。したがって，彼らはライバル企業にオファーする自信がない。パートナー企業は，その関係を断つほど十分に目にみえる証拠を有してはおらず，より情報の豊富な企業から受けるオファーを吟味するために，そのようなオファーを歓迎するかもしれない。以下の事例のベースになっているのが，こ

うした情報の非対称性である。

株式を50 : 50で所有して提携関係を結ぶ2つの企業を検討してみよう。一方の企業が資金を出し，もう一方の企業がアイデアのような人的資本を提供している。ここでの重要課題は，より情報の豊富な企業である資金提供企業の観点から分析される。この資金提供企業は，更なるR&Dへ資金を注ぎ込むために，資本を必要としている設立間もない小規模のハイテク・ベンチャーをみつけた。このベンチャー企業の所有者は，5単位で自社株の50％を販売するか，10単位ですべてを売却する。R&Dの成果が明らかになる前に，それらの販売は最初に（第1期）に実行されなければならない。

将来（第2期）に，R&Dの成果をベンチャー企業の所有者は知ることになる。資金提供者は研究が成功した場合には，そのプロジェクトは20単位の価値を有し，その一方で不成功の場合にはまったく価値のなくなることを知っている。しかし，ベンチャー企業の方は，プロジェクトの価値を計ることがうまくなく，研究がうまくいったとしても，プロジェクトの価値は12単位にしかならず，研究がうまくいかなかった場合には，プロジェクトの価値は7単位であると考えている。こうした考えは，情報の豊富な企業がそうでない企業から最大のレントを引き出そうとする企業間の交渉に反映される。それほど情報を持っていないパートナーの方は，研究がうまくいった場合には，$12-5=7$単位で自社株の50％を売却するだろうし，もし研究がうまくいかなかった場合には，$7-5=2$単位で資金提供者の株式を購入するだろう。成果がどうなるかは誰にもわからないので，それぞれのオファーは競合する入札の影響を受ける。パートナーはIJVを開始したときに，それぞれの条件について非公式な理解を得る。パートナー間の最初の貢献が第2期の開始まで埋没したとしても，両者間の信頼関係のために，次の期間にはそれぞれの条件を尊重する。

資金提供者には，主に次の3つの選択肢がある。
 1．即座に企業を買収する。
 2．即座に合弁事業を開始し，次の期間にその状況を検討する。
 3．まったくプロジェクトに取りかからない。

もし資金提供者側の企業が IJV に参加した場合，研究成果が良いならばコール・オプションを行使することが資金提供者の利益となろう。なぜなら，それは情報の少ない方のパートナーがそのプロジェクトを過小評価しているためである。したがって，資金提供者は 20 単位の 50%，つまり 10 単位を稼ぐ代わりに，さらに 10 単位，合計で 20 単位を獲得するために，7 単位を追加して支払い得る。同様に，研究成果が悪ければ，プット・オプションを行使することが資金提供者の利益となろう。これは，情報の少ないパートナーが実際には価値のないプロジェクトの多くを購入するために，2 単位を支払うように，プロジェクトを過大評価しているためである。したがって，情報の豊富なパートナーは，最初の形態で IJV を継続せず，R&D の成果に応じて，IJV を買収するか，自分の投資分を売却するか，いずれかとなろう。

　情報の豊富な投資家が最初の期間に認知している研究の成功確率を p としよう。そのときの 3 つの戦略の期待利益は，次のようになる。

$$V_1 = -10 + 20p \tag{7.13.1}$$

$$V_2 = -5 + (20-7)p + 2(1-p) = -3 + 11p \tag{7.13.2}$$

$$V_3 = 0 \tag{7.13.3}$$

　方程式 (7.13.1) の第 1 項は，完全な買収の購入価格であり，第 2 項は研究がうまくいった場合にプロジェクトから得られる利益である。方程式 (7.13.2) の第 1 項は IJV の株式を購入する費用である。第 2 項はコール・オプションの行使によって生じる期待利益であり，第 3 項はプット・オプションの行使によって生じる期待利益である。

　その解決案は次のようになる。

$$i = \begin{array}{l} 1. \quad もし \ p \geq 0.78 \quad ならば \\ 2. \quad もし \ 0.27 \leq p < 0.78 \quad ならば \\ 3. \quad もし \ p < 0.27 \quad ならば \end{array} \tag{7.12}$$

　図 7.8 で，その解決案が示されている。前と同じように，i 番目の戦略 ($i=1, 2$) と関連する期待利益が直線 $V_1 V_1'$ で，ゼロ戦略（戦略 3）の期待利益が横軸によって示されている。$OE_1 E_2 V_1'$ は，達成可能な最も大きい利

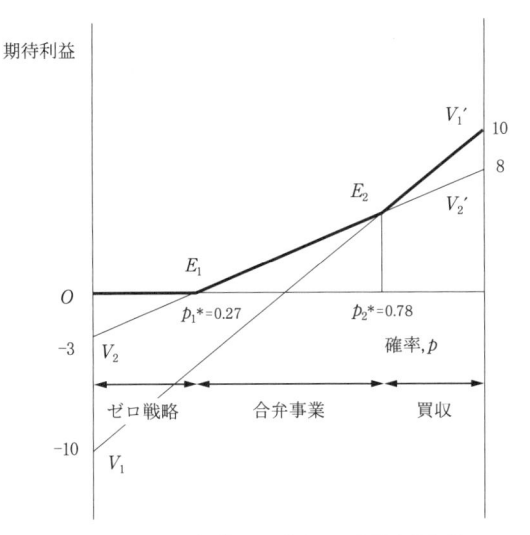

図7.8　リアル・オプションとしての国際合弁事業

益を示している。IJV は，棄却限界値 $p_1=0.27$ と $p_2=0.78$ 間で選好される戦略である。p_1 と p_2 はそれぞれ転換点である E_1 と E_2 に相当する。図7.8 は，古典的なオプション戦略としての IJV，すなわち資金提供者側がプロジェクトの成果について非常に不確実なときに行われる IJV を明らかにしている。

7.10　国際ハブへの投資

　これまでの例は，すべて2期間というフレームワークのなかでオプション戦略を分析してきた。モデルの簡潔性を維持するために，経時的な役割は金利を固定されたものとして扱い，さまざまな状況下で資産を評価するときに，この金利で所得フローを暗に割引するものとしてきた。しかし，どのリアル・オプションもこのように分析できるわけではない。この節では，より複雑な問題，すなわちオプションの行使が繰り返されるプロセスについてみる。にもかかわらず，ある状況下ではそうした問題の解決案が2期間にわ

たって定められたような問題の解決案になることがわかる。本節で議論する例は，非常に簡単である。より複雑な例は，次の節で議論する。

本節での例は，国際生産・物流ハブに関するリアル・オプションである。固定的な水準のグローバル需要，すなわち $z>0$ に対応する企業について考えてみよう。需要は第2期に始まり，同じ水準で永続する。しかし，この需要の地理的な分布は不確実である。需要のある場所に関しては，2つの場所が考えられる。いかなる時でも，需要はある場所にすべてあるか，他の場所にすべてあるか，そのいずれかである。需要はランダムに分布している。すなわち，各期間ではある特定の場所に需要が集中する確率は需要が前の期日にどこにあったかとは関係なく，0.5である。それぞれの場所の顧客は，ある特定の製品を求めており，したがってある場所で受け入れられる製品は，他の場所では受け入れられない。両方の製品はともに，単価で販売される。

企業は，2つのタイプの生産設備と資産配分を選択できる。1つは柔軟性に欠けるタイプの設備で，1種類の製品しか生産できないもので，もう1つは多用途の設備で，多様な製品を生産できるものである（van Mieghem, 1988を参照）。柔軟性に欠ける設備は，ある場所の需要しか満たせないが，多用途の設備はどちらかの場所の需要にも対処できる。どちらのタイプの設備も減耗することはない。特定の設備は $x>0$ 単位の費用がかかるが，多用途の設備は y 単位の費用がかかる。多用途の設備は特定の設備よりも高価であるが，その費用は半分以下である（$x<y<2$）。設備投資は金利 $r>0$ の借入による資金調達によってなされる。多用途の設備が別の種類の製品を生産するために再配置されるたびに，製品単位当たり $a>0$ の調整費が発生する。

設備は，次の3つの場所のいずれかに設置できる。すなわち，市場となっている2つの場所か，その中間のハブである。設置費用はどの場所も同じである。もし製品がある市場から別の市場へ輸出される場合，その製品はハブを通って輸出される。ハブは製品が通過する場所である。各市場とハブとの間の輸送費は，$t>0$ であり，ハブの中継単価は $s>0$ である。総費用は非常に低く，どの拠点でも何も生産しないというゼロ戦略よりも常に他の戦略の方が優れていると仮定される。

7.10 国際ハブへの投資

ここで問題となるのは，2つの関連する要因－設備のタイプとその場所の同時選択である。しかし，設備の場所とタイプについては，ある組み合わせが他の組み合わせより優れていることがすぐにわかる。単一の市場だけに製品を供給するために，多用途の設備を使用するのは割に合わない。なぜなら資本コストが大きいからである。ハブに特定の設備を設置するのも割に合わない。なぜなら，当該製品に関連する市場へ製品を供給する方が安上がりだからである。ある市場から別の市場へ輸出するのも割に合わない。なぜなら，どちらのタイプの設備にとっても，ハブから両市場へ輸出する方が常に安上がりだからである。

特定の設備を使用する場合は，いつも2つの設備を購入し，各市場に設置することになるだろう。この設備は平均して半分の時間しか使用されないだろう。というのも，他の半分の時間中には，グローバル需要は別の市場へ集中するからである。もし多用途の設備を購入するとすれば，1つの設備だけ購入され，ハブに設置されることになろう。それは継続して使用されることになる。

こうして，検討する必要のある主な戦略は，次の2つということになる。

1. 各地域で柔軟性のない設備に投資し，国内市場に製品を供給するためだけに各設備を使用する。
2. ハブで多用途の設備へ投資し，両地域へ輸出する。

多用途の設備がハブで使用されるとき，どの時期であれ，設備が変更される確率は0.5である。なぜなら，2つの連続する時期では，需要が同じ地域にある確率は0.5で，別の地域にある確率は0.5だからである。第1期で設備が設置される時点では，第2期の需要の地域がわからず，そのため第2期に生産が開始されるや否や，調整費が発生しがちであると仮定される。

これらの各戦略の期待利益は，次のようになる。

$$v_1 = -2x + (z/r) \tag{7.15.1}$$

$$v_2 = -y - (a/2r) - (t/r) + (z/r) \tag{7.15.2}$$

方程式 (7.15.1) の第1項は，特定の設備を2つ購入する費用であり，第2項は単価で永久に z 単位の商品を販売することで生み出される収入の現在

価値である。方程式（7.15.2）の第1項は多用途の設備を1つ購入する費用である。第2項は転換の可能性を0.5とした場合の多用途の設備をある製品用途から別の製品用途へ転換する費用の期待現在価値である。第3項は各時期に製品をハブから，どちらかの需要がある輸出市場へ輸送する費用である。最後の項は輸出販売の現在価値である。

参考までに付け加えると，期待利益はフローの点からも表すことができる点に注意しておくと有用である。戦略1における各時期の利益の純フローは，販売額，すなわちzから特定の設備に課される金利，すなわち$a/2$を引いたものに等しい。同様に，戦略2における利益の純フローは，販売額，すなわちzから多用途の設備に課される金利，すなわちyrを引いたものに等しい。利益を所得のフローとして表すことは，2つの方程式（7.15）にrを掛けたものに等しい。

$$v_1' = v_1 r = -2xr + z \tag{7.16.1}$$

$$v_2' = v_2 r = -yr - (a/2) - t + z \tag{7.16.2}$$

方程式（7.16.2）から方程式（7.16.1）を引くと，戦略2（ハブ）が選好されるが，それは以下の状況のときである。

$$(a/2 + p) < (2x - y)r \tag{7.17}$$

この状況によると，期待調整費と輸送費の合計が多用途の設備を1台購入することによって影響を受ける資本コストの節約額未満にならなくてはならない。

図7.9で，その状況（7.17）が図説されている。ハブ戦略が選択されるパラメーター値は，図の陰の付いている部分によって示されている。その図によると，ハブ戦略が選好されるのは，調整費が低く，輸送費が低く，柔軟性のある設備の価格プレミアムが低く，金利が高い，というときである。

このモデルによると，ハブ戦略が最もうまく機能するのは柔軟性の2つの側面が相互に補強し合うときである。第一の側面とは設備の多用途性であり，ある種の製品の生産から別の製品の生産へ設備をいかに容易に転換できるかである。第二の側面は，同一の地域から多様な輸出市場へアクセスできる容易さである。

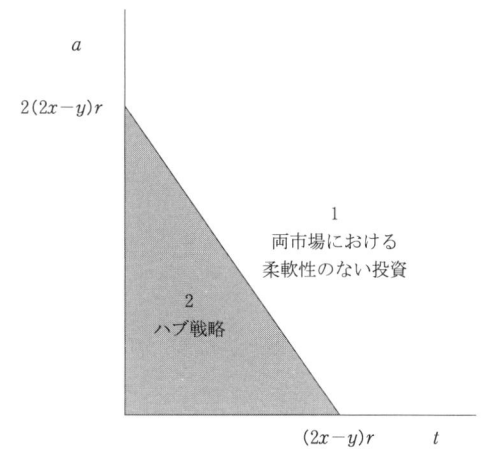

図7.9 リアル・オプションとしてのハブ戦略

7.11 多国籍企業の生産の柔軟性

これまでのモデルは，リアル・オプション理論が海外市場への参入といった伝統的なビジネス上の課題の分析や，IJV と生産ハブを通じた柔軟性の追求といった新しい課題に対して，1 つの新しい次元をいかに加え得るかを示していた。しかし，まだ議論していないが，多国籍企業には本来固有の柔軟性の源泉があると主張する文献がある（たとえば，DeMeza and van der Ploeg, 1987; Capel, 1992; Kogut and Kulatilaka, 1994; Mello, Parsons and Triantis, 1995; Rugman, 1997 を参照）。この柔軟性は，多国籍企業の組織形態に起因する。すなわち，MNE はその内部市場を活用して国内企業よりも効果的に拠点間で生産を切り替えることができると主張される。

こうした文献は，興味深い課題を提示するが，その仮定が健全であり，その結論も正しいかどうかはわからない。MNE は，すでに事業を行っている拠点間で生産を切り替えるようにうまく配置されているかもしれないが，一方まだ事業を行っていない拠点へ生産を切り替えるほどはうまく配置されていないかもしれない。現在のグローバル経済において，多くの企業は FDI

を通じてよりもむしろ,国際的な下請契約を通じて柔軟性を追求している。なぜなら,そうした契約により,それまで事業を行っていなかった新興工業国や移行経済への生産の再配置が促進されるからである。

にもかかわらず,多国籍企業の柔軟性に関するモデルは,そのモデルが提起する課題にとっては興味深く,また上述のモデルのいくつかのごく自然な拡張でもある。したがって,本章で示した一連のモデルを,この種のモデルで締めくくることは有用である。ここで示すモデルは,これまでのこの種のモデルを少しベースにしているにすぎない。なぜなら,これまでのモデルは本書で後で示す分割時間型-分割選択型アプローチを使用していなかったからである。

ここでのモデルの本質は,拠点間で生産を切り替える費用が存在することと,それらの費用は切り替えが MNE によってなされたときにより低くなるということである。しかし,その切り替えの性質は,前の節の切り替えと完全に同じではない。調整費はある一定の需要が異なる供給源から満たされるときに生じる。不確実性が需要の分布と関連している前のモデルとは対照的に,今回のケースの不確実性は別の供給源の相対的費用と関連してくる。そのモデルによると,各拠点の相対的な生産費の変化は多国籍的な生産組織を選好する。

このモデルは,これまでのモデルより複雑であるので,やや詳細に説明することにする。前の節と同じく,代数的問題解決がなされる。ある企業がある市場へ製品を供給するために,2つの拠点間で選択をすると想定しよう。この市場はグローバル市場であるかもしれないし,現地市場であるかもしれない。ただし,考えを固定するために,市場をグローバル市場とみなすことが有用である。各拠点の費用状況は,拠点間で互いに関係なく変化する。各拠点では現地の状況が良いとき,単価は b_1 であり,現地の状況が悪いときは $b_2 > b_1$ である。単純化すると,個々の拠点に帰属する費用には,流通費(製品を市場へ輸送する費用)を含むことにする。

各拠点の状況は,各期間の始まり,すなわち費用の差に対応して生産が配置される時期に明らかになる。費用状況の変化は,移行確率,すなわち p

によって測定する。これは，今日状況が良いとすれば，明日悪くなるという確率である。移行は対称的である。すなわち，pは今日状況が悪いとすれば，明日良くなる確率でもある。

　企業は，顧客への製品の流通をコントロールし，生産活動への後方統合をするかどうかの選択権を持っている。各拠点では，企業は生産施設を自ら持つことも，生産を独立企業へ下請けに出すこともできる。統合により，拠点間で生産を切り替える費用は減少する。もし企業が両方の拠点に生産施設を持っていれば，工場間での生産の切り替えを内部化できる。内部化により，その切り替えの意思決定は本社で行われるようになり，本社から管理面で調整されるようになる（とはいえ，内部市場は，この特定の方法で機能するとは限らない）。そうでない場合，企業は外部市場の調整に依存しなければならない。外部市場の場合，費用状況は下請業者の時価相場で明らかになり，生産は生産者間の再契約によって変化することになる。

　スイッチング・コストは，特別な調整費である。簡潔化のために，生産のような調整は規模に比例して一定の収益がある場合に機能すると仮定する。ある拠点から別の拠点への生産のスイッチング・コストは，内部化の場合a_1であり，外部市場の場合$a_2 > a_1$である。両者の費用の差は，交渉の際の威嚇行動の問題や法的な執行費用を反映しているが，それらは外部戦略のもとで発生する（第2章を参照）。

　だからといって，内部化は最良の選択案とは限らない。なぜなら，内部化にも費用がかかるからである。内部市場は組織をつくることを要請する。この組織は企業のなかへ独立のメーカーを吸収・合併することでつくられる。この吸収・合併によって生じるセットアップ・コストは，$m > 0$である。この費用は，その吸収・合併の決定がなされる第1期に発生し，生産は第2期にスタートする。その吸収・合併の費用は，固定金利rでの無期借入によって調達される。組織のセットアップ・コストは，モデルのなかに現れる唯一のセットアップ・コストである。できるだけモデルの簡潔性を維持するために，生産プロセス自体にはいかなる資本も必要としないと仮定する。

企業が製品を供給する市場の規模は，固定で z であり，価格は1つに固定する。この価格は十分に高く，費用は十分に低く，どちらの拠点で生産してもいつも収益がある。

企業が行う意思決定は基本的に2つある。1つは，状況が変わったときに拠点間で生産の切り替えを行うかどうか，もう1つは生産を内部化するかどうかである。内部化しても，生産を切り替えない場合，決して収益が得られない。なぜなら，ここで想定した状況の下では，内部化から得られる唯一の便益は，調整費の減少である。したがって，4つの考えられ得る戦略のうち，次の3つの戦略が優位となる。

1. 吸収・合併を通じて内部化し，環境が求めるときにはいつでも生産を切り替える。
2. 生産を外部化し，環境が求めるときにはいつでも生産を切り替える。
3. 生産を外部化するが，拠点の切り替えを行わない。

生産と調整の単価は不変であるため，生産は常にある拠点から別の拠点へ完全にシフトされる。すなわち，もし1単位をシフトすることが利益になるのであれば，すべての単位を切り替えても利益になる。似たような理由から，もし費用の差を利用できるときに切り替えることが利益になるのであれば，そのような時ごとに切り替えることが利益になる。逆に，ある時に切り替えることが利益にならないのであれば，切り替えることはまったく利益にならない。

多国籍化に関する戦略的決定がなされたときに，企業はいかなる期間の費用状況を知らないと仮定する。企業が知っているのは，どの拠点でも費用状況が等しく良くも悪くもなるかもしれないということだけである。つまり，最初の段階で状況が良い確率はどの拠点でも 0.5 であるということである。こうした考えは，上述した移行プロセスの状況と一致している。すなわち，移行に対称性があるとすれば，各拠点は任意に選択したときに，等しく良い状況と悪い状況を経験するかもしれないということである。

生産は常に収益性があり，価格は費用とは関係なく，そして市場規模は一

定であるため，企業の収入はその費用とは関係ないことになる。収入は総計金額であり，したがって期待収益の最大化は期待費用の最小化と等しくなる。期待費用の最小化は時間の拘束を受けずに起きるが，しかしこの時間範囲内では第2期以降のすべての期間が他のすべての期間と同じとなる。こうして，ある特定の期間に費用を最小化することは，それ以後の期間も費用を最小化することになる。さらに市場規模は一定であるため，総費用を最小化することは，単価を最小化することに等しいことになる。したがって，ある特定の期間での期待単価を最小化することで十分である。

ランダムにピックアップしたある特定の期間において，各拠点の費用状況は等しく良くも悪くもなる。切り替え戦略の場合，生産を最も費用の低くなりそうな拠点で始めることが可能になる。各拠点の費用状況が拠点間で関係がないとすれば，b_1の単価は0.75の確率で達成できる。そして両拠点の状況が悪いときにのみ，達成可能な最低の単価はb_2であるが，その確率は，0.25である。しかし，切り替え戦略を使用しない場合，単価がb_1となる確率は0.5まで低下する。逆に単価がb_1となる確率は0.5にまで上昇する。したがって，ある特定の期間での切り替えから得られる期待費用の総節約額は，$0.25(b_2-b_1)$となる。

ここで切り替えが必要となる確率qを計算することが必要となる。この確率は，すでに紹介した変化要素pに依存しているが，同じではない。切り替え戦略を採用するときには，既存の拠点が費用面で高く，別の拠点が低いときにのみ，生産が再配置されなければならない。なぜなら，他のすべてのケースでは，既存の拠点で最も低い費用を達成できるからである。さらに，切り替え戦略では，既存の拠点は前の期間で達成可能な最も低い費用を達成していなければならない。

- もし両方の拠点とも前の期間に費用が低い場合，既存の拠点での状況が変化し（確率はp），もう一方の拠点の状況が変化しない（確率は$1-p$）場合のみ，切り替えが必要となる。したがって，両拠点とも費用が低い場合，切り替えは確率$p(1-p)$で必要となる。
- もし両方の拠点とも前の期間に費用が高い場合，既存の拠点の状況

が変化せず，もう一方の拠点の状況が変化する場合のみ，切り替えが必要となる。両拠点ともに同一の変化に直面するので，切り替えは確率 $p(1-p)$ で必要となる。

- もし最初の拠点が前の期間に費用が低く，もう一方の拠点の費用が高い場合，切り替えが必要となるのはそれぞれの拠点の役割が逆になったときだけである。つまり，こうした状況が生まれるには2つの変化が必要であり，この2つの出来事が一緒に起こる確率は p_2 である。

3つしか考慮すべき可能性がないのは，第四の可能性は切り替え戦略の追求とは関係ないからである。それぞれの可能性はどの期間を選択しても変わらない。したがって，個々の可能性は3分の1の確率によって重みづけされる。切り替えの可能性は，上記からの加重確率を合計することによって計算される。

$$q = (2p(1-p)+p^2)/3 = p(2-p)/3 \qquad (7.18)$$

q の値は，どんなに高くなっても $1/3$ である。これは状況が各拠点で各期間に変わる状況（$p=1$）に相当する。

最初の期間に関して，1つだけ条件がつけられる。第1期における費用状況は，戦略的意思決定がなされた後で，しかし生産拠点の配置がなされる前にはわかると仮定される。したがって，第1期には調整の必要はまったくない。なぜなら，企業は最初に適切な拠点を選択できるからである。したがって，調整費は生産費よりも後の期間に発生し，これを考慮するために割引される必要がある。

3つの戦略の期待単価は，以下のようになる。

$$c_1 = ((3b_1+b_2)/4)+(a_1 q/(1+r))+(mr/z) \qquad (7.19.1)$$
$$c_2 = ((3b_1+b_2)/4)+(a_1 q/(1+r)) \qquad (7.19.2)$$
$$c_3 = (b_1+b_2)/2 \qquad (7.19.3)$$

各方程式の右側第1項は，期待単位生産費である。そして，第2項がある場合は，それは期待単位調整費であり，方程式（7.19.1）の第3項は，買収のための資金調達にかかる単価である。その解決案は次のようになる。

7.11 多国籍企業の生産の柔軟性　281

1. もし　$(a_1q/(1+r))+mr/z<a_2q/(1+r)$;
   $(a_1q/(1+r))+mr/z<(b_2-b_1)/4$　ならば

$i=2$. もし　$(a_1q/(1+r))+mr/z<a_2q/(1+r)$;
   $(b_2-b_1)4>a_2q(1+r)$　　　　　　　　　　　(7.20)

3. もし　$(b_2-b_1)/4<(a_1q/(1+r))+mr/z$
   $(b_2-b_1)/4<a_2q/(1+r)$

図7.10で，典型的な解決案を図示している．この図では，すべての考えられ得る戦略が示されている．期待単価が縦軸で，切り替えの頻度が横軸である．i番目の戦略の費用が，直線C_1C_1'で示されている．切り替えの頻度が少ない場合，外部への切り替え戦略（戦略2）が常に最もよい．内部への切り替え戦略（戦略1）が効果的となるのに必要な状況は，吸収・合併のために資金を調達する単価が，切り替えの影響を受ける生産単価での期待節約額よりも少ない状況，すなわち$mr/z<(b_2-b_1)/4$という状況である．a_1がa_2と比較して十分に小さい場合，内部への切り替え戦略が切り替えの頻度が中程度のときに効果的となるだろう．そのことは，図中の棄却限界値q_1^*の右の部分にあたる．内部の切り替え戦略は，切り替えの頻度が大きく

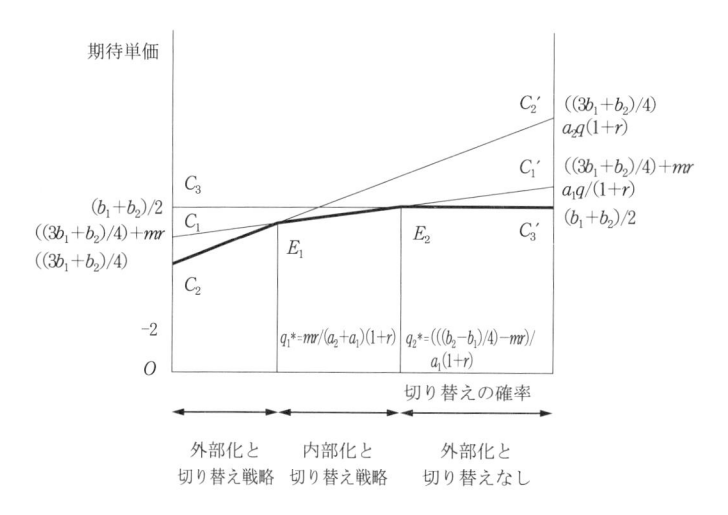

図7.10　ランダムに変化する生産費を伴う生産供給戦略の最適化

なるにつれて費用が高くなり，内部切り替えの費用が非常に低くなければ，棄却頻度 q_2^* は切り替えを完全にやめることが利益になる時点まで到達するだろう。切り替えの頻度が妥当なところは，図中の q_2^* の右のところにある。

全体としての結論は，内部の切り替えをベースとする「多国籍的な問題解決」が最も選択されるのは内部の切り替え費用が低く，吸収・合併の費用が低く，市場規模が大きく，金利が低いときということになる。しかし，最も重要な結果は，切り替えの頻度が中程度の場合に多国籍戦略がよいということである。つまり，切り替えの頻度は内部化を促進するほど十分に多いが，切り替え戦略を実行する費用が非常に高くなるほどの多さであってはならない。方程式（7.18）を使用し，p と q の関係を反対にしてみると，切り替えの頻度が中程度であることは，費用環境における変化の頻度が中程度であることに対応していることがわかる。

7.12 広範なインプリケーション：
環境変移，情報収集と柔軟性との関係

これまでのモデルは，1つの例外を除いて，主要な情報がある時点以前には入手できないと仮定している。7.5節から7.7節で議論した投資の場合，資産サービスに対する需要，その将来の供給状況に関する情報は第2期まで入手できない。これは投資決定を先延ばすか，大規模ではなく小規模の投資をする理由づけとなった。7.10節と7.11節で議論した生産を切り替える場合には，需要の将来の分布状況や相対コストの将来のパターンについての情報は，その切り替えがなされるときまで入手できなかった。

それらの仮定は，意思決定者が関係する出来事を予測できる可能性を無視している。一般に，将来発生する出来事には兆候があり，その兆候をみれば，その出来事の発生を推測でき，それがどのような形となるのかを推測することができる。そうした兆候は，ある程度のコストで観察可能であろう。そのとき，情報収集への支出が価値があるのかどうかという疑問が生じる

（第4章を参照）。情報への支出はオプションに似ている。情報への支出は投資を遅らせることで，リスクを軽減するどころか，それは資源を直ちに投資するとき，正しい意思決定をする機会を高めることで，リスクを軽減する。これは，7.8節で論じたモデルのテーマであった。

事実，そうした情報収集のオプションにも幅がある。兆候にもとづいた予測が完全に正確であることは稀である。正確な予測ができるかどうかは，予測をどれほどの期間行うかにかかっている。したがって，予測を改善するには次の2つの方法がある。1つは，予測対象の出来事が発生する期日のぎりぎりまで予測の実行を先延ばしにすることである。もう1つは，将来の予測のために，より多くの現在のデータを収集することである。このトレード・オフは，出来事の発生する前のすべての期間に存在する。したがって，最適なリスク・マネジメント戦略は，ある特定の日の正確な予測に対する情報コストと，予測が行われる期間とのトレード・オフを生む。

出来事が発生する前に，それに関連する情報を入手するのにはコストがかかるという事実は，情報がある程度時間特殊的であることを示している。早期の時点での情報収集コストは，空間的次元の情報収集コスト，すなわち出来事が起きる場所から少し離れた情報収集コストと類似している。これは，情報の立地特殊性を反映している。情報の時間・立地特殊性は，投資の評価に関する限り，それがなぜ「正しい時間に正しい場所」で行われることが非常に重要であるかを説明している。

この点は，さらに拡張することができる。ある課題に関する情報は，特定の分野で働く専門家にとっては自然に発生する。その理由の1つは，情報は投資プロジェクトの実行の副産物として発生することが多いという点にある。あるプロジェクトの実行により，同様のタイプのその後のプロジェクトの評価に関連する情報が発生するかもしれない。これは，ある投資プロジェクトがその後のプロジェクトにとってのオプションの価値を実際に有していることを意味している。なぜなら，それはその後のプロジェクトの評価における誤りのリスクを軽減するからである。

しかし，副産物としての情報から便益を得る可能性があるのは，その後の

プロジェクトだけではない。ある企業が現在いくつかのプロジェクトを持っているとき，あるプロジェクトから収集した情報は同時に進行中の別のプロジェクトに関する意思決定を精緻化するために活用されるかもしれない。情報の外部性は後で行われるプロジェクトだけではなく，同時に進行しているプロジェクトにも便益をもたらすだろう。

しかし，入手した情報に対応する柔軟性がなければ，副産物としての情報は効果的に利用できない。あるプロジェクトの情報を進行中の別のプロジェクトで利用するためには，後者のプロジェクトは柔軟でなければならない。そのプロジェクトはリアル・オプションで持って設計されなければならない。潜在的な情報の外部性が高ければ高いほど，最初からプロジェクトにつながるようにリアル・オプションを設計する優位性は大きくなる。これはIJVのような契約的なオプションと関係しているし，柔軟な設備により可能になる非契約的なオプションとも関係している。したがって，副産物として入手された安価な情報は，柔軟性の体系的な追求を促進する。その逆もいえる。つまり，ある活動が潜在的に非常に柔軟であるとすれば，この潜在性を最も効率的に利用するのに役立つ情報を生み出す補完的な活動を開始するのが有用となるかもしれない。

こうした2つの関係は，情報収集と投資の柔軟性との関係が，他の投資プロジェクトとは別に考慮される単一の投資プロジェクトに関係する問題ではなく，投資家が関与する活動全体に関係する問題であることを示している。経験豊富な投資家は，自分のポートフォリオにそのプロジェクトを結びつけるすべての情報の外部性を考慮することで，情報の創出とプロジェクトの柔軟性との関係を最適化するだろう。

情報収集とプロジェクトの柔軟性との関係は，グローバル化しつつある企業（またはすでにグローバル化した企業）にとっては大きな示唆を有している。それは，異なる市場で追求される参入戦略のすべてが互いに関係していることを示している。最も成功するグローバル企業とは，各市場で収集した情報を用いて，他のすべての市場で柔軟な対応の機会を利用する企業であろう。

7.13 結論

　本章では，本書で提起したリサーチ・アジェンダを実行するのに利用できるいくつかの手法のモデル化を明らかにしようとしてきた。リアル・オプションは，非常に多くのアジェンダの1側面に過ぎないが，非常に重要な要素である。リアル・オプションは，最近まで分析が難しかった企業行動の多くの実践的な側面——新たな外国市場へ資源を投入する際の先延ばしといった一見すると非合理的な行動や，ひとたび市場に参入すると追求されることの多い投資への慎重なインクレメンタル・アプローチ——を合理化する1つの方法を提供する。

　リアル・オプションを国際ビジネスの課題へ応用することは，リアル・オプションと金融オプションの関係に関する混乱によって阻害されてきた。本章では，両方のオプション理論の根底に4つの重要な原則があることを示すことで，この混乱のいくつかを解決することを試みた。その2つの理論の間にある主要な相違は，一方が主に取引可能な資産を扱っているのに対し，もう一方が主に取引不可能な資産を扱っている点にある。

　オプションは，新たな情報が入手可能なときに，新たな情報に対応する柔軟性を提供することでリスクを軽減する。リアル・オプションをうまく利用するカギは，入手可能となるであろう情報を予測し，早い段階から情報を利用するためのオプションを計画することにある。柔軟性には多くの形態がある。IJV は契約的なオプションを通じて柔軟性を提供する一方で，多用途の資産への少額の修正可能な投資は非契約的な形態で柔軟性を提供する。こうした柔軟性の形態は，たとえばそれぞれが多用途の資産を扱い，他の IJV へ副産物としての情報を提供したり，他の IJV からの副産物としての情報を利用する IJV のポートフォリオを組んだりすることで，組み合わせることもできる。

　本章では，この課題に関して完璧な論文を提示するというよりも，むしろアイデアを紹介するとともに，それを統合した。本章で紹介した数式モデル

の代数バージョンをつくることと,さまざまなオプション戦略の代数モデルへ影響を及ぼすパラメーターへの感度を決定する代数モデルをシミュレートすることに関して,多くの研究が残されている。本章は,製造への適応に焦点を当てたが,リアル・オプションはマーケティングやR&Dへも適用できる(Huchzermeier and Loch, 1977を参照)。本章で提示したモデルの仮定を修正することで,新しいモデルを生み出すこともできる。新しいモデルは,たとえば寡占的なライバル企業を導入することで(Lambrecht and Perraudin, 1996),本章で提示したモデルよりもより現実的なものにすることができるが,しかしそれはより複雑なものになるだろう。

　これらのモデルからの洞察は,既存の静態理論を「動態」理論に構築し直すときに利用できる。リアル・オプションのパースペクティブは,プロダクト・ライフサイクル・モデル(Vernon, 1966, 1974, 1979)など古典的な理論をはじめとして,標準的な国際ビジネスの理論にも適用できる。リアル・オプションのパースペクティブは,多くの標準的な説明では欠落していた国際化プロセスのリーズ・アンド・ラグズという課題に対する1つの公式的分析をも提供できる。

＜参考文献＞

Buckley, P.J. and M.C. Casson (1981) 'Optimal timing of a foreign direct investment', *Economic Journal*, 91, 78-87.

Campa, J.M. (1994) 'Multinational investment under uncertainty in the chemical processing industries', *Journal of International Business Studies*, 25(3), 557-78.

Capel, J. (1992) 'How to service a foreign market under uncertainty: a real option approach', *European Journal of Political Economy*, 8, 455-75.

Chi, T. and D.J. McGuire (1996) 'Collaborative ventures and value of learning: integrating the transaction cost and strategic option perspectives on the choice of market entry modes', *Journal of International Business Studies*, 27(2), 285-307.

DeMeza, D. and F. van der Ploeg (1987) 'Production flexibility as a motive for multinationality', *Journal of Industrial Economics*, 35(3), 343-51.

Dempster, M.A.H. and S.R. Pliska (eds) (1997) *Mathematics of Derivative Securities*, Cambridge: Cambridge University Press.

Dixit, A. and R.S. Pindyck (1994) *Investment under Uncertainty*, Princeton, NJ: Princeton University Press. (川口有一郎他訳『投資決定理論とリアルオプション:不確実性のもとでの投資』エコノミスト社,2002年)

Hirshleifer, J. and J.G. Riley (1992) *The Analytics of Uncertainty and Information*, Cambridge: Cambridge University Press.

Huchzermeier, A. and C.H. Loch (1997) 'Evaluating R&D projects as real options: why more variability is not always better', Fontainebleau: INSEAD Working Paper 97/105/TM.

Johanson, J. and J. -E. Vahlne (1977) 'The internalization process of the firm—a model of knowledge development and increasing foreign market commitments', *Journal of International Business Studies*, 8(1), 23-32.

Jorgenson, D.W. (1963) 'Capital theory and investment behaviour', *American Economic Review*, 53, 247-59.

Jorgenson, D.W. (1967) 'Investment behaviour and the production function', *Bell Journal of Economics and Management Science*, 3, 220-51.

Kogut, B. and K. Kulatilaka (1994) 'Operating flexibility, global manufacturing and the option value of a multinational network', *Management Science*, 40(1), 123-39.

Kogut, B. and U. Zander (1993) 'Knowledge of the firm and the evolutionary theory of the multinational corporation', *Journal of International Business Studies*, 24(4), 624-45.

Kulailaka, N. and E.C. Perotti (1988) 'Strategic growth options', *Management Science*, 44(8), 1021-31.

Lambrecht, b. and W. Perrudin (1966) 'Real options and preemption', Discussion Paper, Department of Economics, Birkbeck College, University of London.

Marschak, J. and R. Radner (1972) *Economic Theory of Teams*, New Haven, CN: Yale University Press.

Mello, A.S., J.E. Parsons and A.J. Triantis (1995) 'An integrated model of multinational flexibility and hedging polices', *Journal of International Economics*, 39, 27-51.

Rangan, S. (1977) 'Do multinationals shift production in response to exchange rate changes? Do their responses vary by nationality? Evidence from 1977−1993?', Fontainebleau: INSEAD Working Paper 97/84/SM.

Rivoli, P. and E. Salorio (1996) 'Foreign direct investment under uncertainty', *Journal of International Business Studies*, 27(2), 335-54.

Schmitzler, A. (1991) *Flexibility and Adjustment to Information in Sequential Decision Problems: A Systematic Approach*, Berlin: Springer-Verlag, Lecture Notes in Economics and Mathematical Systems 371.

Shackle, G.L.S. (1970) *Expectation, Enterprise and Profit*, Cambridge: Cambridge University Press.

van Mieghem (1988) 'Investment strategies for flexible resources', *Management Science*, 44(8), 1071-7

Vernon, R. (1966) 'International investment and international trade in the product cycle', *Quarterly Journal of Economics*, 80, 190-207.

Vernon, R. (1974) 'The location of economic activity', in J.H. Dunning (ed.), *Economic Analysis and the Multinational Enterprise*, London: Allen & Unwin, 89-114.

Vernon, R. (1979) 'The Product cycle hypothesis in a new international environment', *Oxford Bulletin of Economics and Statistics*, 41, 255-67.

Wiseman, J. (1989) *Cost, Choice and Political Economy*, Aldershot: Edward Elgar.

(高井　透・竹之内　秀行)

第8章　企業家精神と国際ビジネス・システム：シュンペーター学派とオーストリア学派の展開

8.1　イントロダクション

　国際ビジネス学会の1998年度年次大会はウィーンで開催された。この大会はウィーンを学術的ルーツとする2大経済学派，シュンペーター学派とオーストリア学派の国際ビジネス研究への貢献を検討するきわめて有意義な場となった。19世紀から20世紀に移る頃，ウィーンは，オーストリア＝ハンガリー帝国の首都として，東西欧州の外交と貿易の中核として，常に重要な文化の中心地であり，（近年自由になったユダヤ人をはじめとして）多くの優れた知識人を惹きつけてきた。したがって，ウィーンが単に1つだけではなく，2つの主要な経済学派を生み出したことはまったく驚くに値しない。

　この2つの学派は，19世紀末にその基礎を築いたけれども，21世紀初めにおいても，なお十分な学問的生命力を維持している。今日，両学派は経済学の正統派である新古典派アプローチが採用する制約的な仮定の一部を否定するために，「異端」とみなされている。しかし，第4章と第5章で強調した通り，新古典派アプローチのいくつかの制約的な仮定はまったく不必要であり，実際制度的な問題を分析する際には役立たない。あまり重要ではなく，かつ制約性が高い新古典派の仮定を緩和すると，シュンペーター学派とオーストリア学派に近い仮定が新古典派アプローチのなかに見出せる。このことは，両学派のアプローチが一般に考えられているよりも基本的に正統派寄りであることを示している。

また，一般に考えられているよりもこの2つの学派は互いに似通っている。それらの異端論者たちは，正統派との違いを主張するのみならず，互いに相容れない点を強調しすぎることがある。オーストリア学派は，「右翼」的で市場主義とみなされるのに対し，シュンペーター学派は「左翼」的で介入主義とみなされる。しかし，1つの重要な点において，2つの学派は非常に近い。両者は共に，市場における企業家精神の役割をきわめて重視しているのである。実際，両学派がこの重要な点において共通していることは驚くべきことではない。両者のルーツはともにウィーンにあり，シュンペーター自身，オーストリア学派の初期のリーダーの下で研究している。

本章は，大きく3つの部分から構成される。8.2節〜8.5節は，2つの学派によって提示された主な学説を，とくに国際ビジネスに関して重要な点に焦点を当てながら概観するとともに，両学派の長所と短所を評価する。2つのアプローチを比較すると，その長所と短所がほぼ同じであることがわかる。その主要な強みは双方が共通して企業家精神を強調する点にある。ただし，個人が設立する小企業に焦点を当てる現代に多くみられる企業家精神論とは異なり，シュンペーター学派とオーストリア学派は企業家精神に関する議論を一貫した経済システム論に取り入れた。しかし，ここにおいて，彼らは多くの新古典派論者と異なり，経済システムの構造を固定的・不変的なものとは捉えなかった。企業家による刺激効果によって，経済システムの構造は時間をかけて進化すると考えたのである。つまり，両学派は企業家により柔軟性が生み出されるという，経済の持つフレキシブル・システム的な見方の基礎を提示したのである。両学派の最たる短所は，むしろ個人の心理という特異な見方であり，それは企業家のモチベーションの分析を助けるよりはむしろ妨げるものとなっている。実際，企業家が各自で持つ特異な心理に依拠した彼らの行動の多くの側面を，前章で説明した情報コストのような金銭で計ることのできない目標に求めることを含む合理的な行動の結果であると容易に説明してしまう。両学派の持つもう1つの理論的限界は，このフレキシブル・システム・アプローチを基本的に国民経済に適用する点である。しかし，分析条件からすれば，フレキシブル・システム論を国民経済からグ

ローバル経済へと拡張することは実にたやすいことである。この拡張が経済のフレキシブル・グローバル・システム論の基礎となっており，国際ビジネスの諸問題を分析するのに非常に有効である。

8.6 節～8.8 節では，国際経済の範疇における国際ビジネス活動の進化の分析に，フレキシブル・グローバル・システム論がどのように利用できるかを論じる。前章で採用した図式によるアプローチを拡張して，国際貿易，海外投資，国際技術移転のパターンの長期的な変化を分析した。このように長期的変化のダイナミクスを強調するのは，資本主義の勃興におけるシュンペーターの歴史的な関心が反映している。その基本的な考え方は，企業家の活動が国際分業の継続的な発展をもたらし，時間をかけて国際経済を再構築するように導いているというものである。貿易，投資，技術のフローが増大するにつれ，小さな地域が大きな地域に統合される。地域経済は国民経済に統合され，国民経済はグローバル経済に統合される。このプロセスを通じて，国際貿易フロー，投資フロー，知識フローのウエッブは一層複雑化する。このようにして，現代のグローバル・ビジネス・システムは，20 世紀における企業家活動の成果として捉えることができる。

8.9 節と 8.10 節では，このような分析の拡張の可能性を探り，フレキシブル・グローバル・システム論がこれからの国際ビジネス研究に与えるインプリケーションを考察する。

8.2 国民経済からグローバル経済へ

オーストリア学派とシュンペーター学派は，ともに最近まで国際ビジネスの諸問題には関心を払わず，分析単位を一貫して国家レベルに固定してきた。メンガー（Menger, 1871），ベーム＝バヴェルク（Böhm-Bawerk, 1884）以降，オーストリア学派の研究者たちは，国家の影響力を抑制することを最優先課題としたために，一貫して国家を単位とする見方をとり続けてきた。このようなスタンスは，国有化による産業の社会化を支持したマルクス主義者のリサーチ・アジェンダに対する反動であった。19 世紀末から 20 世紀に

かけて，マルクス主義思想の学問への影響はピークを迎えていたが，そのことがオーストリア学派の経済学者に，マルクス主義の誤りを指摘し，それを打破することに奮いたたせたのである。さらに，オーストリア＝ハンガリー帝国後期には，オーストリア学派の学者など最有力の学派に属す者が政策や行政に介入することが習慣化し，これがグローバルよりも国家の問題に関心が注がれる構造に拍車をかけていた。

　オーストリア経済学派は，マルクス主義政策は機能しないと主張した。また，効率的な経済調整を可能にするのは自由経済システムのみとした。なぜなら，選択が効率的な方法で行われるならば，自由市場だけが必要となる品質に対する価格情報を提供できるからである。オーストリア学派の理論では，企業家は市場において擬人化することで重要なイデオロギー上の役割を担う。国家のあるべき役割というのは，私有財産を保護する法的枠組みを策定することに限られる。人びとが自分の最大の利益がどこにあるかを慎重に判断できるとしたら，私有財産は人びとが希求する安心感を生み出す。さらに，個人が保有する私有財産を増やそうとする期待が，企業家としての行動を刺激するインセンティブとなる。このインセンティブを妨げないために，国家は資源配分に直接的に介入すべきではない。つまり，市場だけが知的な方法で資源の所有を移転する能力を持つのである。

　シュンペーター学派は，やや違う理由によって，国際ビジネスの諸問題を無視してきた。つまり，彼らは別の問題を抱えていた。その1つは，技術と社会組織が今後さらに発展することによって，資本主義から社会主義への移行および経済力の合同による集中化が求められるか否かという問題である（Schumpeter, 1942）。このことは，適正な国家の限界を考察するオーストリア学派の問題であり，同様にマルクス主義をめぐる議論とも明らかに関連している。産業化を促進させるとき，国家の介入を選好するかどうかという政策の分かれ目において，シュンペーター学派とオーストリア学派とは正反対に位置する。シュンペーター学派は，R&Dの助成金の選別，指示的計画，公的資金による戦略的投資を支持するが，他方，現代オーストリア学派は「（私有財産権と定義できる）インセンティブを賦与」して，後は市場に

任せることを選好する。

　シュンペーター学派のもう1つの問題は，産業資本主義の持つ景気循環の不安定性に関係している。ロシアの経済学者，コンドラチェフの統計学的な研究にもとづいて，シュンペーターは主要な産業経済において50～60年ごとの「長期波動」をみることができると主張した。コンドラチェフの論証は物価指数にかかわるものだが，シュンペーターは，長期波動は雇用，産出量といった量にもあてはまると主張した。彼はこの主張を豊富な歴史的事実によって説明し，その著『景気循環論』(1939)で立証した。ここでは，国際比較が行われ，2世紀にわたって西欧における技術的リーダーシップが，イギリス，フランス，ドイツ，アメリカへと推移したことが明示されている(Landes, 1969 も参照)。しかし，シュンペーターは，国際比較という見方を1つに統合されたグローバル経済における国から国へ移転する完成された循環理論まで発展させなかった。

　シュンペーターによると，イノベーションがある時点に集積して起こることで長期波動が生じるとしている(Mensch, 1979; van Dujn, 1983 を参照)。現代のシュンペーターの後継者たちは，空間的広がりの面でイノベーションの集積化を検証してきた。空間的なイノベーションの集積化は，国際ビジネスの諸問題にとって明らかに有効である。新たなイノベーションが集積する場所の出現は，技術的リーダーシップがある国から別の国へとシフトしたことを示す主要因となり得る。地域レベルでの集積化は，オードリッヒ(Audretsch, 1995)によって検証された。異なる国における集積化は，パビット(Pavitt 1989)によって論じられ，またクルーグマン(Krugman, 1991)は国際貿易に対する影響を考察した。

　シュンペーター学派と異なり，国際ビジネスの研究者は，イノベーションの起こる場所を所与のものとし，イノベーションの波及に注目する傾向があった(Vernon, 1966)。そして，多国籍企業がイノベーションを起こす産業によくみられるのは，企業内技術移転に優位性があるからだと主張する(Buckley and Casson, 1976)。企業内においてイノベーションを伝達する社会的コストもまた低いといえよう(Teece, 1977)。

国際ビジネスとシュンペーター学派のアプローチの統合が望ましいことは明らかである。両アプローチの統合によって，イノベーションの現地化を，対外直接投資（FDI）を通じてイノベーションが連続して国際的に波及していくことと関連づけることができる。イノベーションにおける国家特殊的優位性の観点から，本国と受入国間のFDIフローのパターンを説明することが可能になるだろう。国際ビジネスにおけるイノベーションとその波及の関連は，近年カントウェル（Cantwell, 1989, 1995）コグートとザンダー（Kogut and Zander, 1993）によって研究が進められているが，間違いなく更なる研究が求められている分野である。

8.3　シュンペーター学派とオーストリア学派のパースペクティブ

これまで述べてきたような違いがあるにもかかわらず，シュンペーター学派とオーストリア学派には多くの共通するコンセプトや考え方がある。そのなかでも最も重要とされるのは，高度に洗練された経済の「システム観」である。経済思想史における明らかなパラドックスの1つは，経済システムの構造を独特の数式で表現するワルラスの一般均衡理論をシュンペーターが賞賛していることである（Schumpeter, 1953）。ワルラス理論は合理的行動と均衡を強調しているため，一般的に新古典派のパラダイムと認識されている。シュンペーターがワルラスを賞賛していた事実は，シュンペーター理論の異端性を好んで強調する現代シュンペーター学派の人たちにとって悩みの種でもある。パラドックスの一端は，ワルラスの天才的な資質，とりわけその数学の能力を崇拝するシュンペーターのエリート主義に根ざしているのかもしれない。しかし，シュンペーターは，ワルラス・モデルが経済のなかに発見した相互依存性を理論として取り込んだ，その洗練された手法に敬服したものと思われる（Heertje, 1981）。ワルラスと同様の相互依存性の強調は，マルクスにもみられ，シュンペーターもまた賞賛しているが，そこでは社会階層間の相互作用から相互依存性が生じているとしている。また一方，ワルラスは均衡への協調を認めるのに対し，マルクスは階級闘争を認めてい

る。シュンペーターは，企業家精神の草分け的な自著の序章で経済システムの相互依存性を表すワルラス・モデルを引用し（Schumpeter, 1934），その全体を通じてこの経済システム観を適用している。

オーストリア学派もまた，ワルラス理論の調和と相互依存性を評価するが，ワルラスが競売人という抽象的な概念をもって現実世界の企業家を説明する点に異論を唱える。また，ワルラス・モデルでは市場の数が固定されていることも批判する。オーストリア学派は，市場の数は生産可能な多様な商品の数によって外因的に決定されるのではなく，数々の企業家のイニシアチブによって内因的に決定されるのだと主張する。したがって，システムは静的で硬直的ではなく，ワルラスが指摘するよりも動的で柔軟である。

さらに，オーストリア学派とシュンペーター学派は資本蓄積の重要性についても意見が一致している（マルクス主義経済学のテーマでもある）。オーストリア学派は，資本は中間財から構成されることを強調する。資本の生産性は，生産のより「迂回生産的な」方法によってもたらされる。固定資本と運転資本の双方がこの分析に含まれる。固定資本は，消費財生産から，建物や機械といった耐久資本財への資源の転換を意味する。この転換は資本が労働生産性を高めるという観点を根拠としており，資産の残存期間中，所与の労働量によって生産される消費財の総量はそれ以前よりも増加するであろう。運転資本は生産には時間がかかるという事実から生じる。1つの複雑な工程がより小さな工程の単位に分解されるとき，特化の経済性が達成される。しかし，結果的にいかなる商品であってもその生産に要する総時間は増加する。各労働者が自分の専門分野に完全に特化する一方で，ある生産工程から次の工程へと回される間に原材料が滞留されるために，仕掛品の回転が遅くなりがちである。したがって分業は，単純な生産工程の機械化を促進するうえに仕掛品の量を増加させることから，生産の資本集約度を高める傾向がある。

8.4　シュンペーター学派とオーストリア学派の限界

　シュンペーター学派とオーストリア学派のもう1つの共通点は，両アプローチが共に，新古典派がとる「合理的経済人」の概念の文字通りの解釈とは相容れない，独特の心理学的仮定に立脚していることである。両者に共通する正統派の経済学からの乖離は，フロイトやユングといった「ウィーン学派とのつながり」によると主張したいところだが，これを証明する直接的な証拠はない。しかし，こういった心理学とのかかわりによって，両者は近代正統派経済学の観点からみて「傍流」とされるに至っている。

　シュンペーターは独特の企業家心理を考えている。企業家は以下のことから動機づけられるという。

> 　私的な王国をつくるという夢と意志。…工業や商業的な成功によって達成され得るものは，近代人にとって中世的な君主の地位への最も近いアプローチである。したがって，そこには征服の意志がある。…つまり，戦い，他者よりも自分が優れていることを証明し，成功から得られる果実のためではなく，成功そのもののために成功しようとする衝動が存在するのである。…そして最後に，物事を創造し，成し遂げ，あるいは単に自分のエネルギーと創意を行使する楽しみがある。…このようなタイプの人は困難を追求し，変化するために変化し，冒険に歓喜する。このタイプの動機は，3つのなかで最も反快楽主義的である（Schumpeter, 1934, pp.93-94）。

この引用は，シュンペーターの考えがイノベーションの歴史を正当化するために，経済理論に導入した独特の社会学の流れを組むものであることを示している。

　他方，現代のオーストリア経済学派は，人間の動機づけについてはるかに否定的な見解を示す。ハイエク（1994）はその後期の著書において，人間の習慣や日常生活のなかには欲望と嫉妬心が生物学的にプログラムされていることが人間の本性であるという観点から，効用理論を断念した。カーズナー（Kirzner, 1997）は，裁定取引から利益が得られる機会は，多くの人間に

とって磁石のような魅力を持っていると指摘する。市場が効率的であるのは，資本利得への強い期待によって，人びとがそのような機会に引きつけられるからである。そして，最も利益を生むと思われる場所を探るあらゆる合理的な計算をしている。

このような「心理学主義」は，先に述べた経済のシステム観には不必要な装飾である。心理学が人間の動機づけに有効な洞察を与える限りにおいて，それらの洞察は個人の効用関数の形態に対する制約要因，あるいは諸個人が直面する情報コストの程度を示すものとして表される（Buckley and Casson, 1993）。基本的に，シュンペーターは，諸個人は貨幣と同様に，ステータスの価値を評価すると主張するが，カーズナーは私的な情報を利用して入手された貨幣は，重労働によって得られた貨幣よりもはるかに価値があると主張する。シュンペーターは，（企業家のような）特定の諸個人は，平均的な人よりも情報コストがはるかに低い人がいると述べるが，後期のハイエクは，情報コストは一般的に高いために，ほとんどの人が現実に利益をもたらす選択をできないと考えている。

8.5 両学派の相互補完性

心理学主義を一度取り除くと，2つの理論の国際ビジネスに対する重要性がより明白に認められる。シュンペーター学派とオーストリア学派のアプローチは，うまい具合に相互に補完し合っている。シュンペーターは，大きなイノベーションによって促進される投資の断続的な波によって導かれる経済システムの進化モデルを提示した。彼は，イノベーションについて，次の5つのタイプを分類する。(1) プロセス・イノベーション，(2) 製品イノベーション，(3) 新たな輸出市場の発見，(4) 新たな原材料供給源の発見，(5) 新しいタイプの組織の創造（カルテル，トラストを念頭に置いている）である。シュンペーターが強調しているのは，最初の2つで，鉄道，電力，化学薬品といった文字通りの大規模な技術主導型のイノベーションであり，これが彼の後継者らの主要な論点となっている。しかし，歴史的な業績でみると，

シュンペーターはまた，(イノベーションタイプ(3)，(4)に当たる) 貿易におけるイノベーションの重要性も認めている。ここで，マーケティングにおけるイノベーションの重要性をシュンペーターよりも強調したオーストリア学派とのつながりができあがる。シュンペーター学派による技術への関心，オーストリア学派によるマーケティングへの関心は，双方相まって国際経済成長の源に対するバランスのとれた見方となる。

　両アプローチは，企業規模に関しても相互補完的である。シュンペーターは，イノベーションを体系的な方法で展開することで大規模なビジネス組織を創造する英雄として企業家を描いている。他方，オーストリア学派は，現地に根ざした投機と裁定取引を通じて市場システムに日々の柔軟性を提供する数多くの小規模ビジネスの集合的な重要性を主張した。これは今日，大規模企業と小規模企業の共生関係として広く認識されている。マス・マーケットに供給する大企業は，小規模企業が十分応じることができる中間財市場の需要を創出する。大企業と小企業が競争する場合においても，大企業が比較的人を使わない方法で標準化された製品を提供するのに対し，小規模企業はより人手を用いたカスタマイズされた製品を提供することが多いので，それらの企業は直接競争することはない。

8.6　国際ビジネス・システムの進化

　本章の残りの部分で，先に述べたフレキシブル・グローバル経済のテーマを展開しよう。シュンペーターに従って，長期にわたる歴史的観点から経済の進化を検討する。シュンペーター学派とオーストリア学派はともに，経済の進化を企業家の想像力豊かなイノベーションによって推進されるプロセスとして描いていた。企業家たちは輸送や通信の高いコストが障壁となって，それまでバラバラになっていたグローバル経済の各地域をリンクさせる新たな機会を認識する。輸送・通信コストが低下するにつれ，新しいリンケージが創造され，特化への新しい機会が現れる。その後さらなる特化によって，グローバル規模の分業が促進されていく。

システム観を用いて国際ビジネスの進化を説明するためには，一連の図を用いるのが最善の方法である。これらの図はできるだけシンプルで，かつ歴史的事実をできるだけ歪曲しないものにする必要がある。図を描く際に数多くのルールを設けるとよい。まず，経済活動は四角形で表される。図の中の四角形の数は分業の程度を示す。グローバル経済の進化は分業の進展によってもたらされるため，四角形の数は経済の進化に伴い増加する傾向がある。

分業には，機能的次元と空間的次元がある。機能的次元は四角形のラベルに示され，それぞれの文字はそれぞれの機能を表す。空間的次元は，単純にグローバル経済を2つの国で表すことにする。選択された2つの国は，発展段階が異なるものと仮定する。国1は先進国であり，国2は先進国ではなく，それをキャッチアップする段階にある国とする。両国が同じ発展段階にある場合，国2は以下に示すような非対称的な関係ではなく，対称的な位置関係となり，まったく異なる図となるだろう。

非対称的なモデルを選んだのは，先進国経済におけるイノベーションの現地化を反映するためである。新しい機能のイノベーションは，黒い四角形で示されている。ほとんどの発展段階（すべてではないが）において，新しい機能が出現している。それぞれの新機能は，まずは先進国で生じている（国1）。この機能は，後に国2へ移転される場合と移転されない場合がある。

新しい機能が生じると，それらは既存の諸活動のネットワークにリンクされる必要がある。製品材料のフローは，図中の太い線で表される。矢印は材料フローの方向を示す。技術やノウハウのフローは，細い線で示される。これらの線は研究活動から始まるのが典型であり，とりわけ重要であるため，四角形ではなく三角形で示すことにする。

イノベーションが起こり得るのは機能だけでなく，それぞれのリンケージでも然りである。新しい機能は必ず新しいリンケージをもたらすことはすでに述べたが，既存の機能間もまた，新しいリンケージを生むことが認められている。洗練された分業とは，特化した機能の単なる大規模な集合体ではな

く，これら各機能を相互に結ぶ密度の濃い一連のリンケージである。新しいリンケージは黒い線で，既に確立されたリンケージは灰色で示す。したがって，黒はすべてイノベーションを表している。黒い四角形は新しい機能もしくは既存の機能の新しい場所を指し，黒い線はそれらをつなぐ新しいリンケージを指す。

　全部で8つの図を示した。それぞれは経済史におけるある時期を表している。時期の区分選択はもちろん恣意的であり，またいくつかのケースでは，説明のために特定のイノベーションを割り当てた時期もいくつかある。国の経済の歴史はそれぞれ異なっているので，図は特定の先進国として英国（厳密にはイングランド）に焦点を当てている。英国の歴史はよく記録されており，とくに二次的な資料が豊富であり，また産業革命といった重要な時代において世界で最も先進的な経済でもあった。英国の事例を検討するにあたり，工業化した植民地を別の国として扱うことにする。

　ここで取り上げる英国史の期間は，非常に長く，1000年以上にわたる。このことは，国際ビジネスの活動における非常に長い歴史的連続性を強調することで，説得力を持つ。また，イノベーションが波及し浸透していくのに長い時間がかかるのと同じように，イノベーションとイノベーションの間の大きな時間的隔たりを考慮するのは必要なことである。さらに，現代の国際経済の起源を辿るために，二千年紀の最初（西暦1000年）にまで遡ることは歴史的にみても正しい。信頼できる伝記が残っている国際ビジネスにおける最初の英国人企業家の一人に，ダーラム近郊のフィンシェール（Finchale）出身の聖ゴドリック（Saint Godric）がいる。彼は行商人であり，船主であり，商人でもあり，さらに1085年〜1105年まで十字軍の戦士でもあった（Farmer, 1987）。（ちなみに，彼は不正手段で得た利益の罪を償い，国際ビジネスをやめた後に唯一聖人となった人物である。）13世紀には，英国の商人は国際貿易に深くかかわるようになっており（Thrupp, 1948），このすぐ後，イギリス人とスコットランド人は，毛織物の輸出を支援するために，海外の港に海外直接投資を行った（Davidoson and Gray, 1909）。

8.7 図解分析

　最も基本的な経済とは必要最低限の生活に根ざしている。図 8.1 の (a) に示されるように，一次産品の生産 P が，消費 C へ直接供給する。各世帯は，所有する土地を用いて自らが必要とする食料を生産する。衣服は動物の副産物でつくられ，住居は木材や泥からつくられていた。

　経済発展の最初の段階は，河川の渡河地点に隣接する防衛のための砦といった戦略拠点におけるローカル市場の出現である。これらの場所は，原始宗教や政治（まつりごと）の中心地でもある。農民たちは定期的に開かれる市場で，それぞれの家で余剰品を持ち寄りお互いに交換した。腐りにくい品物は，市場の開催日からの次の開催日まで保管された。その後，1 つの中心的集落が発展するにつれて，（肉屋やパン屋など）毎日取引を行う小売商人が現われ始めた。図 8.1 の (b) に示されるように，これらの集落が特化した流通センター D となった。

　動物から得られる副産物の加工が進歩するにつれて，織物，陶器，宝飾な

(a) 必要最低限の経済　　(b) ローカル市場　　(c) 原始的な産業化
　　　　　　　　　　　　　　　　　　　　　　　　（職人による生産）

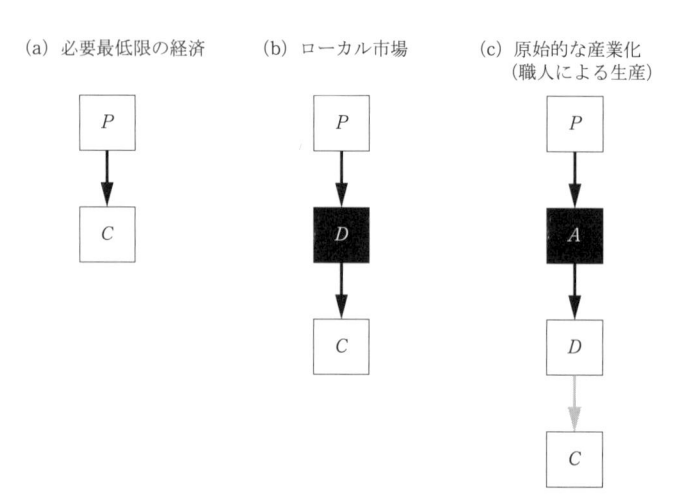

図 8.1　経済システム進化の初期段階：ローカル市場の出現

どの職人による生産が始まった．職人 A は集落を形成し，自分たちの作業場から直接販売した．なかには市民や宗教の権力者を常連の顧客とする職人グループもあったであろう．このようにして，図 8.1 の (c) が示すように，村は A と D の機能を統合していった．

　村落が町や都市に発展するにつれて，都市部の食料需要の増加は地方との大規模な取引を促進した．これはまた，天然資源の更なる効率的な利用を促進することになった．農耕地はより集約的に耕され，収穫のあがらない土地は開墾することによって生産をもたらすようになり，漁業も発展した．また，農作，酪農，放牧など，地域によって異なるタイプの農業に特化し始めた．これらの余剰農業生産物は，それぞれの流通センター間で交換された．河川の合流点，河口，家畜追いが行き交う街道の交差点といったカギとなる場所を中心地として交易ネットワークが発達し，交易が行われる場所となっていった (Britnell, 1993; Britnell and Campbell, 1994)．交易の中心地を頂点に，町の階層化が進み，軍隊，教会，行政機関への仲介専門業者や供給請負業者がその地を拠点としていた．商業がもたらした富は，多大なぜいたく品の需要をつくり出したため，職人の生産物もまた，これらの中心地に集まった．図 8.2 では，左側に主要な交易センター，右側に階層の下層に位置する小さな町が示され，その典型的な関係が図示されており，都市間の交易組織は T で表されている．この組織は都市に存在する．都市は特化した高価な工芸品を地方の町に移出し，より一般的でかつ余剰している農業物を移入する．地方の町の市場で食料品を大量に買い上げる都市商人の姿は，地方の人びとからみると生活必需品の値段をつり上げる「買い占め行為」に映ったかもしれない．時に商人は市場を迂回して，大規模農場の「門戸」を直接訪れ，地元の人びとが買う前に買い占める場合もあった．

　国際貿易は，国内の取引が国境を超えて拡大したことで発達した．国内取引において河川の利用が一般的であったことからも明らかなように，水上輸送は陸上輸送よりも本質的に有利であったため，最も安価な国際貿易の方式は海上輸送であった．しかし，海上輸送は新しい技術的な課題をもたらした．強い風と激しい海流には人力である漕ぎ手は役に立たず，帆の使用が一

ハブとなる都市　　　　　　　　　　　地方の町

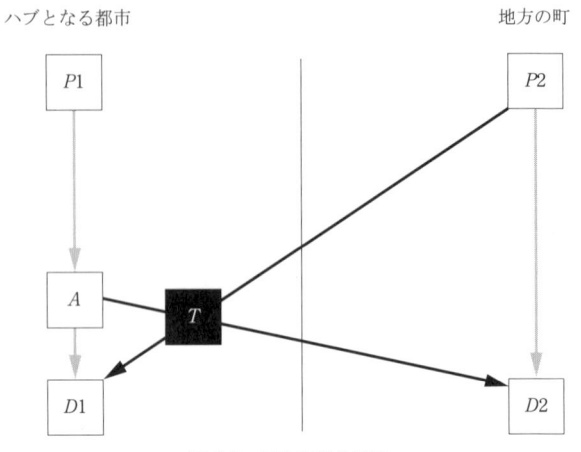

図 8.2　国内商業の発展

段と増し，専用の索具が必要となった．河岸や海岸の陸標がわかり難くなるにつれて，より優れた航海術が必要となった．海賊の脅威から武器の装備が必要となった．長旅は乗組員が居住し，補給品を積み込めるだけの船を必要とした．速度と引き換えに，大きさと安全性を重視した大きな船を求めるようになり，その結果建造船技術の必要性がますます高まった．したがって，航海に適した帆船は，大規模に国際ビジネスを発展させることで必要となった最初のハイテク資本財となった．これは図 8.3 に示されている．国際貿易 T は，船舶という資本財 K の重要なインプットを必要とする．これらの船舶は材料 P，つまり材木の需要を生み出す．実際，材木が入手可能であったことが，17 世紀の英国が非常に強力な海軍と商業を確立することができた重要な要因であることが指摘されている．たとえば，15 世紀のヴェニスのような優れた海運力の多くは，船の設計，建造船のスキルの高さによる (Lane, 1973)．航海機器の設計の基礎となる幾何学の専門知識もまた重要である．「貿易は国旗に続く」といわれるが，海運技術が重要なのは単に貿易機会を創造するだけでなく，初めて発見された外国の地に自国の旗を立てるためでもあった．図中においてこの種の技術的ノウハウは，三角形の R で表されている．

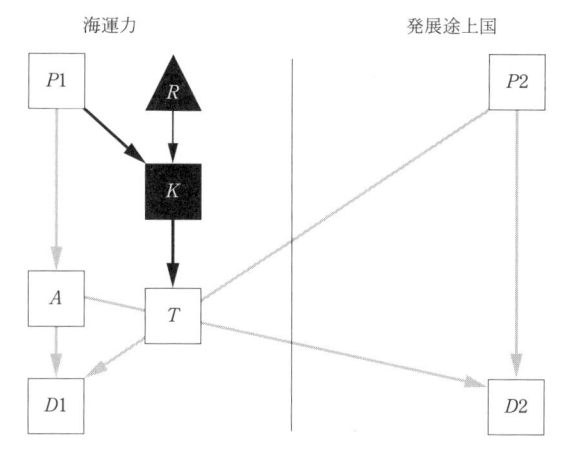

図 8.3　長距離海上貿易（1100〜1350）

　当然のことながら，木造建造物という資本財を使って実現できることにはかなり限界がある。建物は石材建築の方が，機械は金属製の方が耐久性は高い。しかし，石材が入手できるかどうかは採石技術に，金属が利用できるかどうかは採掘と精錬の技術に依存している。石材は早い時期から木材に代わって修道院や教会といった荘厳な建物に用いられた。しかし，機械の製造に金属が広く用いられるようになったのは，19 世紀初めになってからである。しかしながら，この金属利用という目的に向けて，16〜17 世紀の間に重要段階を迎えていた。金属は武器の製造において，とくに戦略的な重要性を持っている。ドイツ人が得意とする技術であった冶金は，移民によって英国に持ち込まれた。西欧諸国による領土拡張期において，採掘と冶金技術は植民地を敵国から守り，大西洋を横断する供給ラインを確保するために必要な軍事力として，英国のような宗主国に提供した（Nef, 1932, 1950）。

　図 8.4 は，初期の軍事産業の集合体を表している。技術 R は造船業 K と同様に，一次産業 P にも供給され，金属産業の生産性を押し上げている。金属製機器などの資本財が鉱業に供給され，鉱業は重火器などを製造するための資本財産業に金属を供給した。この産業複合体は，組織的な海賊行為と

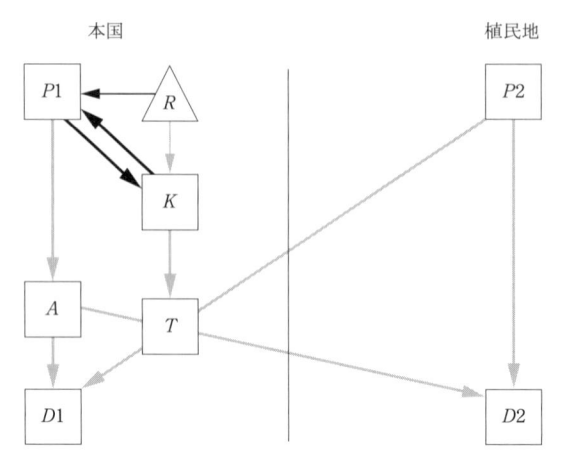

304　第 8 章　企業家精神と国際ビジネス・システム:シュンペーター学派とオーストリア学派の展開

図 8.4　鉱山革命（1560〜1640）と海洋航路革命（1660〜1760）

　海外への移住の成功によって，17〜18 世紀にかけて英国における巨大な需要から利益を得ていた（Parker, 1988）。株式会社化された勅許を得た貿易会社が台頭し，タバコ，紅茶，ビーバー帽といった異国情緒あるおしゃれな輸入品を消費者に提供するとともに（Carlos and Nicholas, 1988），勅許を与えた国王に対して税収とソフト・ローンをもたらした。

　英国では，12 世紀後半から風車が風力を動力化し，また水車が穀物製粉への水力の利用を可能とした。しかし，生産に供給されるエネルギーの大半は，依然として人間と家畜によるものだった。大きな転換は，17 世紀初めから主要なエネルギー源となった石炭採掘にあった。石炭は蒸気を起こすには最適であり，蒸気エネルギーは鉱山や工場の安定的な動力源として理想的であった。ランカシャーの綿織物産業の工場は蒸気の利用について先行していたというが，その工場で実現される規模の経済性や連続生産の経済性をもたらしたのは，蒸気エネルギーが持つ高い信頼性と自動制御という特性にほかならない。その工場システムは次第に織物業から製陶業へと普及し，次に工業へと普及した。長時間生産の経済性は，企業にある特定の製品ラインへの特化を促し，他方規模の経済性は，企業に輸出市場の開拓を奨励した。近代的な製造業がここに誕生した。

8.7 図解分析　305

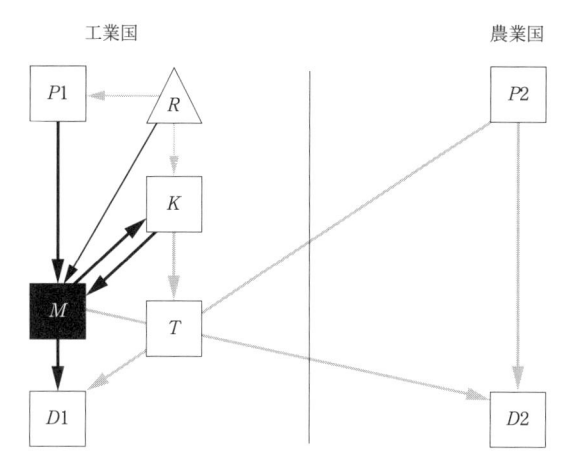

工業国　　　　　　　　　農業国

図 8.5　産業革命（1780〜1850）

　この様子は図 8.5 に示される。製造業は事業活動を行うために，高速で稼動できるように資本財の設計を革新させている。製造業は一次産業の石炭やその他の原材料への需要を増加させている。また，高速旋盤といった工作機械を利用することで，さらに高レベルの精密さを実現することができる。したがって，製造業はよりよい製造方法がよりよい設備を生み，よりよい設備がより高い生産性を生むという好循環をつくり出すことで，それ自身の資本設備の生産に貢献している。図において，これは M と K の密接なリンクとして描かれている。

　製造業が鉱物資源への需要を拡大するにつれ，国内の供給は枯渇する（もしくは採掘コストが上昇して，経済学的観点から同様の状態となる）。産業の成長を維持するためには，原材料の海外からの輸入が必要となる。したがって，鉱物の採掘技術を海外へ輸出する必要が生じる。鉱山を開発するための資本財もまた輸出しなければならない。1870〜1914 年までの大英帝国主義の時代，英国は数多くの鉱山と土木技師を海外に派遣し，アフリカや南米で新しい鉱山を経営した（Cain and Hopkins, 1993）。技術は，いわゆる「フリー・スタンディング会社」を通じて海外に移転された（Wilkins, 1988）。これらの企業は，資本設備の輸出と発展途上国からの鉱物輸出を促進した。

その結果，原材料供給と引き換えに英国から資本財が輸出されることで，中間財貿易が著しく成長した。このような貿易の成長は，蒸気船の出現と，後にはパナマ運河とスエズ運河という新しい大洋間運河の開通によって発展した。(Davis, 1973)。また，電報，電話といった新しい通信方式の開発は，この時代の終焉に向けて重要な役割を担った。

これらの発展を図8.6に示した。採掘技術はRから$P2$へ普及し，これはKからの資本財輸入によって支えられる。貿易は資本財のフローと，それに対応する$P2$からMへの鉱物資源のフローによって著しく拡大した。

帝国主義時代，工業化の促進と貿易の発展における英国経済の役割は，その頂点に達した。19世紀から20世紀に変わる頃，英国はその地位をすでに米国に譲っており，ドイツも背後に迫っていた。フランス，スウェーデンといった欧州諸国も追いつきつつあった。これらの国々は，豊富な水力を動力化する新しい電力技術を用いて，蒸気を起こす石炭へのアクセスがないという比較劣位を克服したのである。他方，英国は枯渇していく石炭に技術的に依存し続けていた。

20世紀の前半は，チャンドラー（Chandler, 1977）が強調したとおり，大量生産とマス・マーケティングの時代となった。専業化した企業の研究所

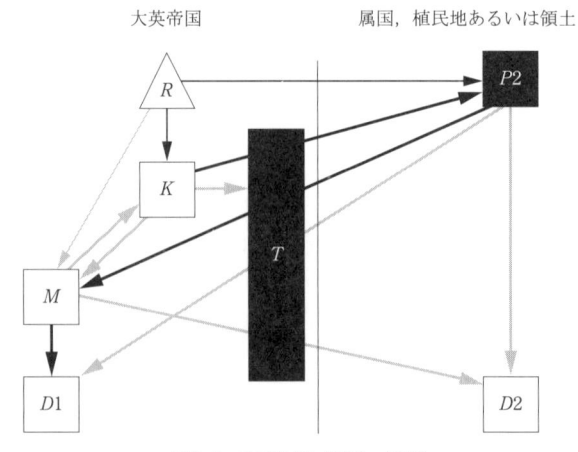

図8.6　帝国主義（1870〜1914）

（ドイツがその草分けであった）の出現は，発明のプロセスをルーチン化した。製品とプロセスのイノベーションが密接にかかわるようになった。高度に標準化された製品を消費者に売り込むには，広告が不可欠となった。パッケージの方法や色遣いによる表面的な製品差別化戦略が，ますます一般的になった。このことは，図8.7において大量生産システムのなかで，製造 M と流通 D の間に非常に緊密な関係として描かれている。M と D の両者は，研究所 R から生まれる製品とプロセスを統合したイノベーションの流れのなかに対等に描かれた。

技術と経済における欧州に対する米国の優位は，1945〜60年の戦後間もなくピークを迎えた。米国製品への巨大な需要が生み出した「ドル不足」は，米国の実質賃金を引き上げ，そのことは単純な製造工程（耐久消費財の最終組み立てなど）を安価な労働力を持つ欧州に輸出する水準になった（Dunning, 1958; Wilkins, 1974）。

世界の歴史上初めて，先進技術が主要な知的財産製品となった。19世紀後半の特許制度の法制化は，企業の研究所における企業家的な R&D を促進する一要因となり，新技術の所有者は海外への移転に際して無形財産を保護したいと考えた。しかし，ライセンシング契約にかかわる問題は完全に解決

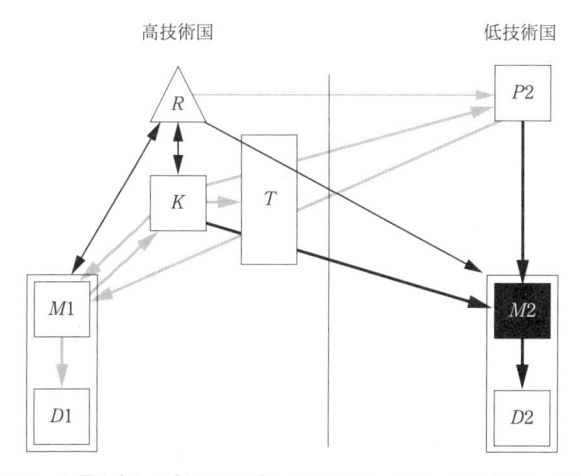

図8.7 **大量生産と生産技術の移転**（米国 1918〜1973；英国 1945〜1973）

されず、そのためFDIが選択される方式となった。高度な技術を擁する米国企業は欧州に直接投資するようになった。欧州での事業は根本的に米国のレプリカであったが、ただ1つの重大な例外は、図8.7に示す通り、プロセス技術を実行するための資本財は引き続き米国でつくられたことである（より精巧な部品もまた同様であった）。

西欧諸国とそれに続く日本が米国との生産性の格差を縮小するにつれ、米国は再び普通の工業製品を輸出する経済となった。UNCTADの保護のもとでの貿易の自由化は関税を引き下げ、複合一貫輸送としてのコンテナ利用の普及は、生産の国際分業を異なる製造業の間だけでなく、同じ製造業のなかにおいても有効であることを意味した。各国は、それぞれの天然資源の賦与、海運ルートにおける地理的なポジション、および労働者と経営者の持つスキルの構成により、多様なレベルの生産に特化し始めた。図8.8は、今日のある産業における一連の生産工程が異なる立地に拡散する状況を示している。2つの比較的「自立した」2つの製造会社$M1$と$M2$は、それぞれ異なる国に立地しており、相互に補完する部品を1つの組立ラインに投入してい

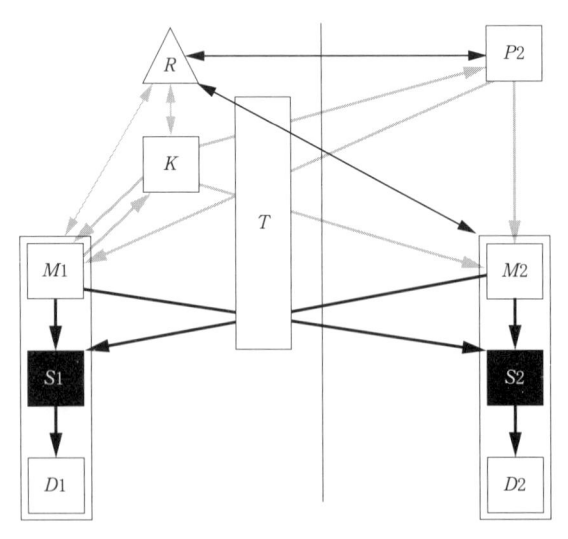

図8.8　グローバル・ラーニングを伴うグローバルな合理的生産

ることを表している。それぞれの国では，国内流通チャネルへ供給している独自の組立部門を有している。これらの組立部門 $S1$, $S2$ は，同じ種類の部品の構成を少し変更することで，最終製品を各国の現地消費者の嗜好に適応させることもできる。

20世紀後半のもう1つの特徴は，人の移動と遠隔地間のコミュニケーションにおける劇的なイノベーションであった。それは，出張へのジェット機の利用とビジネス・コミュニケーションのためのコンピュータ・ネットワークの活用であり，これらのイノベーションは情報フローの時差を縮小し，企業が本国の環境のみならず外国の環境下における事業活動の経験からも学習することができるようにした。図8.8において，すべての情報フローを双方向の矢印として示している。図8.7では，本国経済における国内情報フローのみを双方向の矢印としていた。つまり，外国はまだ受動的なノウハウの受け手であったと考えられた（ただし，技術の吸収が急速に行われた日本のケースについては，この仮定は明らかに誤りである。）。双方向の矢印は，現代の多国籍企業にとって世界中の事業活動からの学習が重要であることを強調している。

8.8　いくつかの「歴史からの教訓」

グローバル経済の歴史的進化を図式化したこのアプローチの利点は，姿形は異なるものの，それぞれの時代においていかに多くのテーマが絶え間なく出現してきたかがよくわかることである。これは，最近の100年前後にのみ焦点を当てる伝統的な国際ビジネス史とは対照的である。

国際ビジネスの歴史は，単なる「経営者革命」として語られる場合が多い。「経営者革命」は，1890年代米国のトラスト・ブームに始まり，1945年には米国内で，そしてその後海外へと広がっていった。この物語では，企業のR&Dによる大量生産技術の開発と，FDIを通じた国際的な波及が重要である。それは，重要な意思決定をする個々の企業家の物語ではなく，むしろ企業の物語である。つまりそれは，受け身の株主（企業活動に参画しない投

資家）に支持された戦略志向を持った最高経営責任者たちの物語である。彼らは生まれながらにして企業家であったわけではなく，専門経営者として訓練された，つまりは一流のビジネス・スクールに通ったおかげで成功したのである。

　これは，時間を超えて一般化のできない非常に特殊な物語である。実際，チャンドラー（1990）が指摘するように，米国の経験は，英国，フランス，ドイツ，日本にはあてはまらず，空間を超えて一般化もできないのである。それはまた，誤解を招きやすい物語でもある。米国における現代企業の出現は，ややもすると凱旋のごとく謳歌されてきたが，実はそれ自体 1973 年（オイルショック以降），西欧諸国の経済成長がその「黄金時代」の終焉に向かっていたことを，米国において図らずも立証する原因となった経営者の自己満足の蔓延に拍車をかけたのであった（第 1 章を参照）。市場の「見えざる手」に代わる経営者の「見える手」を持つ現代の多国籍企業の進化は，1970 年代の立場からみると，経済発展の絶頂期にあるようにみえたかもしれない。しかし，新世紀を迎えた現在の視点からみると，それは他の事件とそれほど変わらぬ，つかの間の歴史的エピソードに映るだろう。つまり，それは企業にとって，自らの凋落につながる火種を蒔きつつ夢見る，つかの間の成功にすぎないのである。

　このシステム観の長所の 1 つは，最近の 100 年間における発展を，1000 年以上にも及ぶ国際分業の進化にしっかりと根ざして説明できることにある。初期に遡ってみると，企業の真の意思決定者を隠す法人という法的な隠れ蓑は脱がされて，企業家自身に直接光を当てることができる。結果として，イノベーションのもととなる源泉をはっきりと識別することができる。上述の図式によれば，伝統的な物語は，もっぱら研究部門 R と製造部門 M の変革に関するものであり，その他の一次産業 P，資本財生産 K，貿易 T といった機能における変革についてはほとんど言及されてこなかった。流通 D について触れられるのも，D が P に統合された限りの話であった。長期的展望をとることによって，このシステム観に含まれるすべての機能において，重要なイノベーションが認識できるのである。

8.8 いくつかの「歴史からの教訓」　311

- 技術 R は輸送コストに影響し，貿易 T の量に直接影響を及ぼす。初期の国際貿易の発展は，航海術を向上させる天文学の進歩に負うところが大きかった。冶金技術の進歩は海軍の銃器の効果を上げ，海賊の制圧に貢献した。蒸気技術の発展は，定期便による海運を可能にし，今ではジェット機はパソコンのような重量当たりの価値が高い精密製品の国際的なジャスト・イン・タイム生産を促進している。

- 経済進化の説明において，ストックとフローの区別は重要である。ストックは資本として表される。ストックはフローを支えるために必要である。その理由は，フローの循環が遅れることは，ストックが同時に増加することなくフローが増加しないことを意味するからである。ストックを著しく増加させることなくフローを拡大させるためには，ストックの生産性を高める必要がある。したがって，長期的な経済成長が許容範囲内のコストで資金調達をすることであるとすれば，資本ストック K の生産性を向上させることが重要である。これが多くの最も重要な技術進歩が資本の生産性拡大を求める理由である。織機設計の初期の技術進歩は機械の操業スピードの高速化にあったが，資本設備当たりの生産量を増加させ，産業革命を引き起こす直接的な引き金となった。固定資本における進歩は，時に流動資本の経済性に貢献する場合がある。船や蒸気機関車の設計における進歩が，貨物輸送のスピードアップを図り，長距離貿易を支えるために必要な在庫や仕掛品を削減した。より最近では，コンピュータの設計における進歩によって，ハードウェアの処理速度が高速化したため，同じコンピュータの数でもより大量の情報交換が可能になったのである。

- 一次産業 P における技術は，グローバルな生産性向上にとっての製造技術と同様に長期的に重要である。20世紀において，鉱業は石油探査のような活動は明らかにハイテク事業であり，かつエネルギー集約的な製造業にとっての費用対効果が望まれるにもかかわらず，成

熟産業とみなされてきた。採掘技術の進歩によって石炭供給が向上したことで，産業革命の基盤の一部が築かれたことは明らかである。英国の安価な石炭は，間違いなく英国における蒸気動力の採用を促進し，本章で論じてきたような背景と併せて工場システムによる大量生産を強化した。コーレイ (Corley, 1983)，ヘナート (Hennart, 1983) は，国際ビジネスの歴史をバランスよくみるためには，一次産業により焦点を当てるべきであると論じている。

- 流通セクター D の出現もまた重要である。この千年紀全般において通用する企業家のイメージを1つだけ選ぶならば，市場機会を捉え，生産者を利用するため，彼らに発注する商人であろう (Casson, 1997)。適切な生産ミックスを決定するために，生産者が頼りにする情報の多くを供給するのは，商人である。しかし，20世紀において，商人の役割に対する見方は，いくぶん変化してきた。大量生産の時代，流通は製造と垂直統合され，商人の役割は経営者，とくにマーケティング・マネジャーによって果たされるようになった。その経営者が固定給を受けているということで，彼が行う意思決定における高度な判断により，経営者は非常に大きなリスクに直面しているという事実を見誤るべきではない。一番大きなリスクは，業界における経営者の名声にかかわるものである。大きな失敗によって解雇された場合，経営者は同様の種類の仕事には二度と就くことができないのである。最近では企業が「分割」される傾向にあり，ここにおいて社内企業家の役割は再び目にみえるものになってきている。企業分割は，第1章で述べたように，「人員削減」「組織階層の簡略化」とともに，企業の柔軟性を高め，さらに社内企業家によるイニシアチブが発揮できる範囲を拡大する。第5章に述べたように，新しい情報技術は，企業家による企業の知識ベースへのアクセスを促進する。マーケティング部門が電話セールス部門を通じて商品を直接消費者に販売する場合，あるいは商品を競争している下請企業から調達する場合，あるいは単に既存の製品に「ブランドを冠して販売する」場合においても，マーケ

ティング・マネジャーの「商人」としての能力が企業の成功のカギであることは明らかである。柔軟性を持つ現代の企業における企業家精神の出現は，企業戦略論の持つ短期的な視点からすると，新しい展開のようにみえるかもしれないが，歴史的見地からすれば，企業成功における永遠のテーマなのである。現代の企業家的経営のスタイルは，数世紀前，西欧でのビジネスが初めて出現したときの経営スタイルに回帰しているのである。

8.9 これからの研究領域

このシステム観の直接的な帰結とはいえないが，今後の研究に役立つ論点を2つ指摘したい。

まず，「プロダクト・サイクル」という現象が生産技術の国際的な普及だけではなく，イノベーションの普及についても一般的にも適用できるかが注目に値する点である。農業市場や鉱物資源の投機的探鉱のための大規模融資など，制度的なイノベーションには，とりわけよくあてはまる。英国の場合，これらのアイデアは他の国々に輸出される前に国内で活用された。ロンドンの商人が地方の農産物の産地を開発し，ロンドンの資本家がコーンウォール州などに鉱山を開いた後に，彼らは海外での同様の開発に目を向けたのである。帝国主義全盛期の植民地開発の多くは，国内で成功したベンチャー・ビジネスの国際版であった。「ポスト植民地時代」の今日でさえ，民営化や規制緩和といった制度改革は，先進国から途上国へという伝統的なプロダクト・サイクルの軌道をはっきりと辿っている。プロダクト・サイクルは，グローバル競争の激化に伴って，製造業において加速化されているといえるかもしれないが，他の分野においては安定的で変わることなくこのサイクルが機能しているのである。

第二のポイントは，ライセンシングやFDIによる知識の波及が比較的最近の現象である点である。歴史的な見方は，しばしば最近の発展が斬新で先例のないものであるという考え方の土台を崩すものであるけれども，時には

真に斬新な発展を見分けることもできる。この観点によれば，19世紀の知識のような無形資産にまで所有権を拡張したことが，重要な発展なのである。この時まで，特許は比較的場当たり的な方法で取り扱われるだけであった。一般市民が新しい技術発展を保護するための特許を取得して，公的で体系的な制度は存在しなかった。国王が宮廷の好みの者に対して，勅許や特許を発行することがあったが，これらは通常，発明を活用するためではなく，徴税や鉱山での経営に関連していた。技術に対して特許が発行される場合も，通常外国でも認められるものではなかった。特許権が国際的に認められ，技術の海外移転手段として国際的な技術ライセンシングが実践可能となったのは，19世紀終わりになってはじめてのことだった。

　国際的なライセンシングが開発される以前は，実用的な専門技術が海外に普及する主なメカニズムは移民であった。熟練労働者の移住は，市場の原理によって強力に推し進められた。熟練労働者は自らの技術的ノウハウを秘密にすることで保護していた。彼らはこの秘密を，「商売のコツ」として弟子にのみ伝授するか，あるいは「秘伝」としてギルド（産業別労働組合，または同業者組合）の構成員だけで共有した。産業革命は，労働者の流動性を促し，英国中を移動した機械工のように，スキルをある地方から次の地方へと伝えたのである。(Polland, 1981)。その後，その機械工たちは海外に行くようになり，機械の組み立てを請負そして自ら事業を興すために海外に滞在するか，あるいは海外に進出した企業家のために働いた (Henderson, 1954)。実際，産業革命以前，いくつかの欧州諸国における「重商主義政策」の重要な要素は，企業秘密の海外への流出に鑑み，労働者の移住を妨げることであったが，この方針は実行が難しく効果をあげることがほとんどなかった。実際，政治体制が比較的安定的で自由主義政策をとっていた英国は，18世紀大陸からの「頭脳流出」から最も恩恵を受けた。同様に，1945年以降，米国は英国からの頭脳流出の恩恵を受けた。しかし，現代においても妥当する問題であるにもかかわらず，労働者の移住は依然国際ビジネス理論において光の当てられない側面である。移民は，国際人的資源管理の面においては頻繁に議論されるものの，その焦点は社員の派遣のロジスティックス問題に

とどめられている。この問題を国際ビジネスの幅広い分野と統合する努力はほとんどなされていない。しかし，技術的知識が「暗黙的」である性質上，技術移転と熟練労働者の移住は明らかに非常に密接なかかわりを持っている。

8.10 結 論

　国際ビジネスの進化にシステム観を詳細に適用することからは，他にも多くの洞察を得ることができるであろう。本章で紹介した事例は，今後も豊富な研究課題があることを物語っている。ここで取り上げたシステム観は，国際ビジネス・システムの柔軟性を重視する点，この柔軟性を提供する企業家の重要性を強調する点において，とりわけウィーン学派的である。

　シュンペーター学派とオーストリア学派は，ごく最近の研究者よりもはるかに広範かつ旺盛な知的好奇心を示している。とりわけシュンペーターは，実際 13 世紀の信用証券売買の登場に端を発するさまざまな国の資本主義の長い歴史を研究することに臆病ではなかった。「グローバリゼーション」や「進化」が現代のレトリックであるにもかかわらず，皮肉にも現代の国際ビジネス研究者たちは，100 年前のウィーンの巨匠たちに比べて，多くの点で偏狭である。今日の国際ビジネス研究者は，シュンペーター，メンガー，ベーム＝バヴェルクといった古典を読み直すことで大いに知的刺激を受けることだろう。本章がこの動機づけに役立つことを希望する。

<参考文献>

Audretsch, D.B. (1995) *Innovation and Industrial Evolution*, Cambridge: Cambridge University Press.

Bohm-Bawerk, E. con (1884) *Capital and Interest, authorized trans.*, London: Macmillan 1890.

Britnell, R.H. (1993) *The Commercialisation of English Society, 1000-1500*, Cambridge: Cambridge University Press.

Britnell, R.H. and B.M.S. Campbell (eds) (1994) *A Commercialising Economy: England 1086 to c.1300*, Manchester: Manchester University Press.

Buckley, P.J. and M.C. Casson (1976) *The Future of the Multinational Enterprise*, London: Macmillan. (清水隆雄訳『多国籍企業の将来』文眞堂, 1993 年)

Buckley, P.J. and M.C. Casson (1993) 'Economics as an imperialist social science', *Human Relations*, 46(9), 1035-52.

Cain, P.J. and A.G. Hopkins (1993) *British Imperialism: Innovation and Expansion 1688-1914*, London: Longman. (竹内幸雄・秋田茂訳『ジェントルマン資本主義の帝国：創生と膨張』名古屋大学出版会, 1997 年)

Cantwell, J.A. (1989) *Technological Innovation and Multinational Corporations*, Oxford: Blackwell.

Cantwell, J.A. (1995) 'The globalisation of technology: what remains of the product cycle?', *Cambridge Journal of Economics*, 19(1), 155-74.

Carlos, A. and S.J. Nicholas (1988) 'Giants of an earlier capitalism: the chartered trading companies as modern multinationals', *Business History Review*, 62, 399-419.

Casson, M.C. (1997) 'Entrepreneurial networks in international business', *Business and Economic History*, 26(2), 811-23.

Chandler, A.D., Jr. (1977) *The Visible Hand: The Managerial Revolution in American Business*, Cambridge, MA: Belknap Press of Harvard University Press. (鳥羽欽一郎・小林袈裟治訳『経営者の時代：アメリカ産業における近代企業の成立〈上〉〈下〉』東洋経済新報社, 1979 年)

Chandler, A.D., Jr. (1990) *Scale and Scope*, Cambridge, MA: Belknap Press of Harvard University Press. (安部悦夫他訳『スケール・アンド・スコープ：経営力発展の国際比較』有斐閣, 1993 年)

Corley, T.A.B. (1983) *A History of the Burmah Oil Company, 1886-1924*, London: Heinmann.

Davidson, J. and A. Gray (1909) *The Scottish Staple at Veere*, London: Longmans Green.

Davies, P.N. (1973) *The Trade Makers: Elder Dempster in West Africa*, London: Allen & Unwin.

Dunning, J.H. (1958) *American Investment in British Manufacturing Industry*, London: Allen & Unwin.

Farmer, D.H. (1987) *Oxford Dictionary of Saints*, 2nd edn, Oxford: Oxford University Press.

Hayek, F.A. von (1994) *Hayek on Hayek* (eds S. Kresge and L. Wenar), London: Routledge. (嶋津格訳『ハイエク，ハイエクを語る』名古屋大学出版会, 2000 年)

Heertje, A. (1981) *Schumpeter's Vision*, New York: Praeger. (西部邁他訳『シュムペーターのヴィジョン：『資本主義・社会主義・民主主義』の現代的評価』ホルト・サウンダース・ジャパン, 1983 年)

Henderson, W.O. (1954) *Britain and Industrial Europe*, 1750−1870, Liverpool: Liverpool University Press.

Hennart, J.-F. (1983) 'The tin industry', in M.C. Casson *et al.*, *Multinationals and World Trade*, London: Allen & Unwin, 225-73.

Kirzner, I.M. (1997) 'Rationality, entrepreneurship and economic "imperialism"', in S.C. Dow and P.E. Earl (eds), *Conference to Celebrate Britain Loasby's Work at Stirling University, 1967−1997*, 1-21.

Kogut, B. and U. Zander (1993) 'Knowledge of the firm and the evolutionary theory of the multinational corporation', *Journal of International Business Studies*, 24(4), 625-45.

Krugman, P.R. (1991) *Geography and Trade*, Cambridge, MA: MIT Press. (北村行伸・高橋亘・妹尾美起訳『脱「国境」の経済学』東洋経済新報社, 1994 年)

Landes. D.S. (1969) *The Unbound Prometheus: Technological Change and Industrial Development in Western Europe from 1750 to the Present*, Cambridge: Cambridge University Press. (石坂昭雄・冨岡庄一訳『西ヨーロッパ工業史：産業革命とその後 1750-1968.〈1〉〈2〉』みすず書房, 1980 年, 1982 年)

Lane, F.C. (1973) *Venice: A Maritime Republic*, Baltimore: John Hopkins University Press.

Menger, K. ([1871] 1971) Principles of Economics (eds J. Dingwall and B.F. Hoselitz), New York: New York University Press.

Mensch, G. (1979) *Stalemate in Technology*, New York: Ballinger.

Nef, J.U. (1932) *The Rise of the British Coal Industry*, London: Routledge.

Nef, J.U. (1950) *War and Human Progress: An Essay on the Rise of Industrial Civilisation*, London: Routledge.

Parker, G. (1988) *The Military Revolution: Military Innovation and the Rise of the West*, Cambridge: Cambridge University Press. (大久保桂子訳『長篠合戦の世界史：ヨーロッパ軍事革命の衝撃 1500〜1800 年』同文舘, 1995 年)

Pavitt, K. (1989) 'International patterns of technological accumulation', in N. Hood and J.-E. Vahlne (eds), *Strategies in Global Competition*, London: Routledge.

Pollard, S.J. (1981) *Peaceful Conquest: The Industrialization of Europe 1760-1970*, Oxford: Oxford University Press.

Rosenberg, N. (1982) *Inside the Black Box: Technology and Economics*, Cambridge: Cambridge University Press.

Schumpeter, J.A. (1934) *The Theory of Economic Development* (trans. R. Opie), Cambridge, MA: Harvard University Press. (塩野谷祐一・中山伊知郎・東畑精一訳『経済発展の理論－企業者利潤・資本・信用・利子および景気の回転に関する一研究〈上〉〈下〉』岩波文庫, 1993 年)

Schumpeter, J.A. (1939) *Business Cycles: A Theoretical, Historical and Statistical Analysis of the Capitalist Process*, New York: McGraw-Hill. (金融経済研究所訳『景気循環論：資本主義過程の理論的・歴史的・統計的分析〈1〉〈2〉〈3〉〈4〉〈5〉』有斐閣, 2001 年)

Schumpeter, J.A. (1942) *Capitalism, Socialism and Democracy*, New York: Harper & Brothers. (中山伊知郎・東畑精一訳『資本主義・社会主義・民主主義』東洋経済新報社, 1995 年)

Schumpeter, J.A. (1953) *History of Economic Thought* (ed. Elizabeth Boody Schumperter), London: Allen & Unwin.

Teece, D.J. (1977) 'Technology transfer by multinational firms: the resource costs of transferring technological know-how', *Economic Journal*, 87, 242-61.

Thrupp, S.L. (1948) *The Merchant Class of Medieval London: 1300-1500*, Ann Arbor: University of Michigan Press.

van Duijn, J.J. (1983) *The Long Wave in Economic Life*, London: Allen & Unwin.

Vernon, R. (1966) 'International trade and investment in the product life cycle', *Quarterly Journal of Economics*, 80, 190-207.

Wilkins, M. (1974) *The Maturing of the Multinational Enterprises: American Business Abroad from 1914 to 1970*, Cambridge, MA: Harvard University Press. (江夏健一・米倉昭夫訳『多国籍企業の成熟〈上〉〈下〉』ミネルヴァ書房, 1976 年, 1978 年)

Wilkins, M. (1988) 'The free-standing company, 1870-1914: an important type of British foreign direct investment', *Economic History Review*, 2nd series, 41, 259-82.

(岸本 寿生・山田 奈緒子)

第9章 国際ビジネスにおけるネットワーク

9.1 イントロダクション

　今日企業家精神は，経済成長における1つの重要な要素として広く認識されている (Leibenstein, 1968)。商業化と工業化に関する歴史的研究は，相互に関係し合う企業家たちがよりよく協業したとき，「離陸」のスピードが早まるということを示唆している (Grassby, 1995)。一般に企業家は，競争的な個人主義者の集合体としてではなく，むしろ協調的なネットワークとしてよりよく機能するだろう。ただ残念ながら，「企業家のネットワーク」という概念を発達させようとしても，「企業家」と「ネットワーク」という概念が少々漠然としているために，その試みは困難に直面している。しかし，経済理論を利用すれば，もう少し厳密にそれらを定義することができる。本章では，「企業家のネットワーク」という概念を説明し，企業家のネットワークが複数の層から構成されるということを認識し，いかにそれら異なる層同士が相互作用を起こし，歴史的に国際経済の成長を促進してきたかを明らかにする。

　本章は，主に3部から構成されている。第1部では，ネットワークの概念について分析する。第2部では，企業家精神について議論する。そして第3部では，さまざまなタイプの企業家ネットワークを検証し，その構造および立地に影響を及ぼす諸要因を考察する。

9.2 ネットワークへの経済的アプローチ

　最近まで経済学者たちは競争的な市場では情報にかかるコストはゼロであると仮定してきた。そして，どのような制度が関与しようと，情報処理には

相当なコストがかかることを認識してこなかった。さらに，なぜ人びとは躊躇なく競争に走るのかということを説明するために，経済学者たちが想定したのは人間を支配している物質的貧欲さであった。近年の研究は，こうした欠陥を除去しようとしてきた（Casson, 1995）。チームの理論を利用すれば（Carter, 1995），意思決定に情報コストを組み込むことができるし，利他主義（Collard, 1978）と「自己抑制」（Thaler and Shefrin, 1981）に関する諸理論を利用すれば，貪欲に対する論理的抑制を導入することができる。こうしたトレンドに従って，本章では情報コストを重視し，そしてまた人間行動の社会的・倫理的側面を強調する。

　この新しい理論的枠組みのなかで，ネットワークは協調メカニズムとしてきわめて自然な形で現われる。協調は企業と市場を通じても行われ得る。ネットワークが企業の代替物として推薦されるのは，ネットワーク上の意思決定が企業以上に民主的で，その成果がそれ以上に公正に分配されるからである。また，ネットワークが市場以上に好まれるのは，それがずっと社会的な接触を伴い，情報の共有を促進すると考えてきたからである。すなわち，ネットワークの方がもっと協調的で，ずっと非競争的であり，社会が依存している相互義務のセンスを強めると考えられるのである（Best, 1990）。新しい理論的な見方では，ネットワークの方がしばしばより効果的である。企業や市場と比べ，ネットワーク内はコミュニケーションがより豊かで，より信頼できるものとなろう。問題は，もはや協調のためにネットワークは必要とされるかどうかではなく，それがどのような条件下で最もよく機能するかどうかにあるといえよう。

　企業，市場およびネットワーク間の選択は，最も効果的なものが存続し，そうでないのが淘汰されるという原則を用いて分析することができる。あるネットワークを構成している個々のメンバーたちは，市場において非人格的に取引するか，あるいは企業の一般従業員として働くのかのいずれかに直面する。ネットワークに属することによって得られる利益が，前述の2つの選択肢のなかから1つを選ぶことによって得られる利益を下回るなら，彼らはネットワークから離脱するだろう。もしすべての人が同じように行動するな

ら，ネットワークは崩壊するだろう。それとは逆に，人びとが企業や市場にとどまる場合よりも，ネットワークに参加する方が賢明であると信じるなら，企業や市場を離れ，代わりにネットワークに参加するだろう。最終的には，いかなる環境下でもその選択が私的個人の観点からみて，効率的になる傾向を持っている。

とはいえ，ある産業において，あるいはある立地において効率的であることが他でも効率的である保証はない。したがって，異なる制度が経済の異なるところで共存することもあり得る。ネットワーク理論の役割は，どのような状況下でどの制度が用いられるのかを決定する諸要因を識別することにある。時とともに状況が変われば，その優位性のバランスも変わる。つまり，技術変化や需要構造の変化が新しい問題をつくり出し，その問題の処理には企業や市場の方がより適切であるなら，たとえ成功していたネットワークでも衰退し始めるだろう。

ネットワークが広く利用されている状況を考えれば，もしそれらのネットワークがすべて同じ形態をとっているとしたら，それは驚くべきことである。歴史的な証拠によれば，多様であることは疑うべくもない。たとえば，北イタリアの織物工業の盛んな地域におけるネットワーク（Bull, Pitt and Szarka, 1993）は，ロンドンのような大都市における商人コミュニティのネットワーク（Brenner, 1993）と常にまったく異なる形で並存してきた。機能間（製造，銀行，科学研究），産業間（たとえば，鉱業と金属加工業間）では，時空を超えて差異が存在する。したがって，一般的なネットワークの概念のなかでは，異なるタイプのネットワークが識別されなければならない。これまで，ネットワークを適切な形で類型化できなかったがゆえに，この分野の研究がより進展しなかった。適切な形で類型化することができなければ，解決が必要とされる特定の調整問題にいかにしてネットワーク形態を適用するのかを説明することは不可能である。

ネットワークの違いを識別することは重要である。それは，それらのネットワーク間で互いにメンバーが重複しているという点からも明らかである。彼らのなかには，工業地帯あるいは田園地帯の「州」のような小さな地域に

拠点を有するローカルなネットワークのみに属する人びとがいる。そうした人びとには自営の職人，有力な農場経営者，現地の販売商人などが含まれる。だが，それぞれの地域には，全国ネットワークに属する人びとも少数存在するだろう。そうしたミドルレベルの企業家にはローカル卸売商，そのほか有力なローカル雇用者が含まれる。そして全国ネットワークのなかには，国際的なネットワークに属する人びとが存在するだろう。そうしたハイレベルな企業家には主だった輸出入商，大きな製造企業のマネジャー，銀行家などが含まれる。

　企業家ネットワークの１つの特徴は，ハイレベル・ネットワークのメンバーがいくつかのロワーレベル・ネットワークに属することを普通にしている点にある。したがって，国際ネットワークのメンバーは意識的にいくつかの全国ネットワークと接触を保ち続け，全国ネットワークに属するメンバーは意識的にローカル・ネットワークと接触を保ち続ける。ハイレベルの企業家たちは，異なるロワーレベル・ネットワークの人びととの取引ないし投資を促進することができるように，ロワーレベル・ネットワークにおける存在を維持する。それぞれのレベルでのネットワークを利用することで，彼らは自らには必要を超え，余った情報を皆と共有し，代わりに同様の情報を受け取る。それぞれのメンバーは自分自身がもう使うことはないが，他人にとってはまだ価値のあるローカル・ネットワークの情報を持っているだろう。したがって，それぞれのメンバーは，他の人が使うことのない情報から優位を引き出している。また，彼らはネットワークを通じて協力関係を形成し，自由な貿易，安価な輸送，資産の保全において相互利益を促進することもできる。

9.3　基礎概念と定義

　ネットワークに関する妥当な定義とは，上述した多様性を受け入れるのに十分に一般的なものでなければならないが，さらに厳密な分析の基盤を形成するのに足り得る具体的なものでなければならない。本章の目的を踏まえる

と，ネットワークとは1つの社会グループのすべての人びとを直接または間接に結びつける高い信頼関係の束として定義されるだろう。リンケージは，2人の人の間の情報フローを示す用語として定義される。それは，諸個人がメッセージを送ったり受け取ったりするという点で双方向のフローである。個人のリンケージはネットワークを構成する基本的要素である。リンケージのあり方が異なれば，ネットワークのあり方も異なる。密度の高いネットワークでは，すべての人は他の人と直接コミュニケートすることができる。他方，密度の低いネットワークでは，人はしばしば他の誰かを通じて間接的にコミュニケートしなければならない。リンケージの結合構造的性質は，ネットワークを類型化する際の1つの基準である。

ネットワークは情報を合成する際に重要な役割を果たす。たいていの経済的意思決定，とくに投資決定はかなり複雑で，単に1つの情報源からのみ得られた情報を頼りに行われることはない。複数の情報源から得られた情報を溜める必要がある。したがって，生産拡大を企図する雇用者は，機械のコストやそれに体化されている最新技術だけではなく，製品価格や原材料価格についても十分情報が必要である。彼自身，そうして問題を調べることもできるが，他の人から情報やアドバイスを得た方がコストはもっと安くすむ場合もある。「何を知っている」のかということよりも「誰かを知っている」ことの方がずっと重要な場合があるが，それはその人が自分の知っていることとのギャップを埋めてくれるからである。いうまでもなく，このことはふさわしい人を知っている場合に限る。ときに，ふさわしい人とは多くの事実を知っている人を指すが，多くの場合そうした人はむしろ有益な事実を知っている他の多くの人々を次々にはっきりと知っている人のことである。そうして人はブローカーとして活躍する。情報を必要としている意思決定者と事実を結局のところ知っている人とを結びつけるのである。

ネットワークが調整するために用いられる資源のフローは，上述した意味でのネットワークそのものではなくて，ネットワークの構成要素であるということに注意を払うことは重要である。1つの工業地帯のなかに存在している異なる複数の工場は，中間財のフローを通じて他の工場とつながるだろ

う。たとえば，革靴の底と甲皮が組み立てラインを通過し，そこで縫い上げられて一足の靴になるときのように，資源のフローはネットワークを形成しているといえる。製品はまた，ネットワークを経由して輸送されるだろう。つまり，輸出財は鉄道のネットワークを経由して輸送され，港へ着くまでの間にさまざまな結節点（行先の違う鉄道が交差する点）を通過するだろう。そのとき，財は定期船に積み替えられ，世界の他の場所へとつながるルートのネットワークを辿るかもしれない。そうしたネットワークと上で定義されたタイプのネットワークとの違いは，後者が情報のフローと関係しており，物的製品それ自体のフローとは関係しないという点にある。物的フローは調整の対象であり，情報フローは調整を可能にする手段である。本章の主題は情報のフローであるが，状況に応じて情報フロー構造が変化するという点を理解するためには，製品のフローの構造も等しく理解しておかなければならない。このことは，本章の最後で，国際貿易フローのモデル化によって説明される。

9.4 情報の質

情報を1つの商品として考えた場合，品質管理という重要な問題に直面する。情報はすべて正しいわけではなく，誤った情報にもとづいた行動は，実際非常に高くつく可能性がある。誤った情報はそれを提供する人の能力不足によるものかもしれない。たとえば，彼の観察結果自体が正しくないかもしれない。また，言語上の問題点，文化的差異のために，メッセージが誤解されて伝わるといったコミュニケーションの失敗のためにそうなることもあるだろう。最後に，その間違いは不誠実のために生じることもある。情報の源泉となる人は，わざわざその情報の妥当性をチェックしないだろう。なぜなら，彼はその結果に苦しむのは他の誰かであることを知っているからである。もっと深刻な場合，彼は意識的に情報を歪め，彼個人の利益になるよう受け手の行動に悪影響を与えようとするだろう。ネットワークは，ベスト・プラクティスの手法の形をとって能力を広めることによって，言語や文化を

標準化し，コミュニケーションにかかわるコストを低減させることによって，またメンバーの間に誠実さというものを奨励することによって，情報の質を高めることができる (Casson, 1997)。

　不誠実さは，契約に含まれている情報をめぐってとくに起こる問題である。契約は単に有利な状況に誘い込むためだけに提示されることもある。不誠実はさまざまな方法によってコントロールすることができる。もし今後も取引する見込みがあれば，啓発された利己心は心に潜む詐欺師に，その取引が行われるまで詐欺行為をやめるよう勧めるだろう。今後も継続的に取引する見込みがあり，いつ最後の取引が行われるのか誰にもわからない場合，誠実な行為は無限に繰り返されるだろう。行為の繰り返しは，一回限りでかつ大きな価値を持つ取引を，小さな価値を持つ反復的取引に分解することによって促すことができる。これはまた，在庫コストを低減させることができるだろう。しかし，その結果として，輸送コストはほぼ間違いなく増加する。しかしながら，こうした工夫は分割不可能な耐久財やインフラの供給など，実用的でない場合が多い。

　もう1つのアプローチは評判メカニズムに投資することである。再び同じ人と取引することはないかもしれないが，一方で，その人を知っている人と取引する可能性は十分にある。ある人に詐欺行為を働けば，噂は他の人に広まり，結果として今後の取引ができなくなるだろう。このことは，詐欺行為をすることを最初から思い止まらせる。ネットワークはそうした情報の伝達を促進するので，ネットワークは評判メカニズムを強化する際に重要な役割を果たすことができる。

　にもかかわらず，この主張には理論上の弱点がある。たとえ啓発されたものであるとしても，利己心の論理とは，騙すという決定がその時の周囲の状況に対する微調整的対応の結果である，というものである。ある取引相手を騙したという事実は，他の取引相手をも騙すということを必ずしも意味しない。なぜなら，後者にかかる物質的インセンティブは，前者のそれと異なるからである。他人の経験を適切な形で移転するためには，評判メカニズムは詐欺行為が起きた状況に関する大量の情報を伝達しなければならない。

評判メカニズムのさらなる弱点は，その詐欺行為が発覚する場合にしか機能しないという点にある。評判メカニズムは詐欺行為を思いとどまらせる場合もあるが，単にもっと巧妙な形の詐欺を案出する努力をするよう促すだけの場合もある。最後に，評判には純粋に有益な価値があるという仮定は，多くの反面教師的なインプリケーションを持っている。たとえば，ビジネスマンは引退する直前に顧客に対し義務不履行を行うだけでなく，最後の取引の価値を最大化しようと，不正にともなう利益を最大化しようとするだろう。仮定に従えば，これは彼らが評判だけにはまったく関心がないからである。

この点において，ネットワーク関係に備わっている高い信頼特性が重要になってくる。高い信頼関係のなかでは，たとえ当事者双方とも詐欺行為を働く物質的インセンティブに直面していても，彼らは互いを信頼することができる。というのも，定義に従えば，ネットワークは高い信頼特性を持つために，ネットワーク外部で取引を行う場合よりも内部で行う方が騙される可能性は低いからである。

高信頼ネットワークの背後にある基本的な考え方とは，人間は物質的なインセンティブだけではなく，感情的なインセンティブにも向かい合っており，そして感情的なインセンティブのなかでも適切なものは人に騙しを引き起こさせる物質的なインセンティブを超えることができる，ということである。もしそれぞれの人が他の人はその種の感情的なインセンティブを正視していることを知っているなら，他の人は騙さないと信じるであろう。この信念は正しい。なぜなら，仮定が正しいからである。誰も騙しを働かず，予測が現実のものとなり，高い信頼の均衡状態が維持される。

9.5 ネットワーク関係を設計する感情的メカニズム

どのような種類の感情的インセンティブが関係しているのだろうか。ここでは取り扱わないが，しっぺ返しの気持ちといった生物学的に追い詰められた感情が，騙しを思いとどまらせる恐れの風潮をつくり上げるのに役立つという考え方もある。被害者は容赦なく相手をおとしめようとする。いわ

ば，自分にとってかなりの実質的コストがかかっても，「五分五分になることさえ」できればとの喜びのためだけにやり通す。騙す人はこのことを潜在的に知っている。たとえ最初にそれを認識していなくても，被害者が怒っていると理解すればすぐさま補償しようとするだろう。このインセンティブはとくに強いといわれる。なぜなら，怒りはごまかすのが難しいからである(Frank, 1988)。

　ネットワークの研究には，若干異なるアプローチが必要である。本章では，生物学的な要因よりもむしろ社会的・倫理的要因を強調する。人間と動物の違い，および文明社会と非文明社会との違いは，人間の文明では生まれながらの生物的感情がコントロールされている点にある。復讐メカニズムは，高度に分業化された複雑な社会ではうまく機能しない。なぜなら，復讐はほぼ間違いなく罪のないグループに対して負の外部性をもたらし，それによってシステム全体がダメージを受けるからである。多くの復讐は自己抑制の欠如を意味する。文明化された社会では，自己抑制した者に対して感情のベネフィットが提供される。社会は，他の人びとに正の外部性をもたらした行動には報酬を与え，負の外部性をもたらした行動には罰を科す。

　信望は感情にもとづく報酬の重要な源泉であり，逆に罪悪感や恥は感情にもとづく懲罰である。目につきやすい公共性の高いサービスは公式的な栄典によって報われ，さほど目立たないサービスは単に賞賛の言葉をもって迎えられるにすぎないだろう。信望は他の人によって与えられるだけではない。それは自分自身に対して向けられるものでもある。いうまでもなく，自尊心は内省的な概念であり，自分自身の成功に対する認識を通じて得られるものである。

　自尊心から得られる感情の報酬は，普通内省している間に生じるものである。内省はめぐりめぐって緊張の緩和を必要とする。なぜなら，日常の意思決定を一時的に先延ばししたときのみ，心は過去の実績に焦点を当てるようになるからである。人は緊張を緩和させる能力に違いがある。緊張の緩和は日常の意思決定に対処することが難しいと感じている人びとにとっては得がたいものである。そうした人びとは緊張を緩和するために，「逃避」する必

要があると感じるが，逃避する際，内省することを避けてしまう。それとは対照的に，対処することはそれほど難しくないと感じる人びとは，緊張を緩和するための時間をより多く持っており，過去の過ちや怠慢を内省することにあまり恐れを抱いていない。なぜなら，過ちや怠慢があまりないからである。能力のある人びとは（その能力は，日常扱っている仕事と関係がある），自尊の気持ちから感情にもとづく最大のベネフィットを得る。それは，彼らが緊張緩和に割く時間を持っているからであり，逃避よりも内省に時間を費やすインセンティブを持っているからである。

　緊張緩和の時間を提供することは，ネットワーク関係の設計にとって1つの重要な側面である。日常の意思決定から生じるプレッシャーを和らげることによって，人は自尊心から報酬を得ることができる。このことは，めぐりめぐって責任を持って行動するインセンティブを高める。緊張の緩和は他の方法でもネットワークを強化する。人は緊張が和らいでいる場合，不誠実になることができないものである。嘘つきは真実を偽ることだけに集中するあまり，不誠実は通常緊張を高める効果を持つ。このことは多くの人びとが直感的に理解するだろう。社交的なイベントは，重要なビジネス取引を交渉するにふさわしい環境を提供する。なぜふさわしいかといえば，リラックスした環境によってすべての当事者が真実を話そうとするためである。

　社交的なイベントは，雰囲気を和らげるためだけではなく，フェイス・ツー・フェイスの接触を提供するがゆえに重要である。不誠実が緊張を高めるとするなら，フェイス・ツー・フェイスで議論すれば，不誠実の兆候を見出すことができる。態度は何らかの影響を受けるだろうし，嘘をつくのが未熟な人は赤面にさえなるだろう。不誠実の兆候は書体が影響を受けるかどうかで，また電話の会話では声やイントネーションを適切にコントロールできるかどうかでも明らかとなろう。にもかかわらず，不誠実の兆候を最も幅広く，最もあらわにするのに役立つのは，フェイス・ツー・フェイスの接触においてのみである。それゆえ，通常は間接的なコミュニケーションの方がずっと安くすむにもかかわらず，フェイス・ツー・フェイスのコミュニケーションの方が好まれるのである。

皆が共有する緊張緩和は会話とともに生まれるが，それは好意的感情をつくり出すうえでも重要である．それは人びとの間の信頼形成を促進する．人は他の人びとが自分と同じように傷つきやすいことを認識している．この互いに傷つきやすいという認識は，共感と利他心を呼び起こす．その結果生じる好意の感情は，感情的報酬のもう1つの源泉である．好意は好意をもって迎えられるという信念もまたそうである．信望を得たいという願望が責任ある行動を通じて報酬を得るよう促す一方，好意を繋ぎ止めておきたいという願望は，忠誠をつくすための重要なインセンティブを与える．したがって，好意の感情を生み育てる機会を提供することは，ネットワークのきずなを強化するためのもう1つの重要な戦略である．

経験の共有は，忠誠心を形成するうえでも重要である．強い感情は脅威によって生み出されるが，共通の脅威の源泉に直面することによって感情的なきずなが創り出される．脅威が大きなものであるほど，それに立ち向かうときの相互サポートは大きくなり，その後に相手に対して抱く忠誠心は強くなる．この種のきずなは，軍国主義に彩られた社会においてとくに重要であるかもしれない．成功したビジネスマンの多くが兵役の経験があるという点がこれまで指摘されており，それがしばしば兵役から学ぶ戦略および組織，リスク計算の重要性に起因すると考えられているが，共通の脅威に直面した際に形成される社会的なきずなの重要性も見過ごしてはならない．軍隊のメタファーは，関与する人びとが直接兵役の経験を持っていないときでさえ，しばしばモチベーションやチームの構築の訓練において頻繁に用いられる．共通の脅威に直面する場合の協力行為は，きずなのメカニズムとして非常に重要なので，チーム・スポーツ競技を通じて意識的に創り出されるほどである．時として，グループのリーダーは敢えて直面する脅威を意識的に誇張し，グループ内の忠誠心を高めることがある．内部紛争はグループ外の人びとに攻撃的な感情を向けることによって抑えられる．

強烈な経験は記憶に残り，後の生活で容易に呼び起こすことができる．幼少の頃の経験は後のそれよりも強く印象に残る傾向があるが，その一因は幼少の頃の方が傷つきやすいためである．人びとは年をとるにつれ，周囲の状

況をそんなに珍しくないと感じるようになり，それに対処する経験を有するようになる。子供を保護する必要性は，親子の結びつきの感情面の重要性を説明している。もっと一般的には，幼少時代における経験の共有は，後の生活で求められ得る信頼を構築するうえで重要なものである。このことは，兄弟や幼少時代の友達関係にも適用される。物資的な利得を考えない幼少時代に築いたきずなは，長い年月を経て一緒に育った人とビジネスをするようになったとき見返りがある。たとえ彼らが育った環境から離れたとしても，状況がそれを必要とする場合には，そのきずなを取り戻すことができるだろう。実際，彼らは地理的に離れれば離れるほど，信頼を用いて国際ビジネス取引を始めるのによりよい立場に置かれるだろう。

　したがって，信頼を生み育てるのは家族だけではない。つまり，学校，大学，地元の教会やスポーツ・チームもすべて信頼の育成にあたってそれぞれの役割を果たすことができる。取引をベースにした移住を持続する民族・人種の結びつきは，家族（さらには人種）だけではなく，宗教や学校，共有された熱意にさえ依存しているのである。

　さらに，一般的にこの分析は，新しいメンバーを指導することや彼らが必要とする訓練を施すことがグループへの帰属意識を高めるうえで重要であることを示唆している。新しいメンバーを支援するネットワークは，長期的にみて，そうしないネットワークよりも成功するようである。長くとどまっていたメンバーが辞めるとき，リーダーシップをとるのはそうした新しいメンバーである。彼らに提供された支援が大きいほど，彼らの能力は高まり，グループの伝統に対する忠誠も高まることになる。

9.6　機能上有用な道徳的価値観

　もし個人が信望を得たいとした願望によって動機づけられるなら，信望を集められるような行動をとるだろう。もし生まれながらにして信望を得ることができるなら，よい行動にすることによって信望を得ようとするインセンティブはほとんどないだろう。人がきちんと行動したいと思うのは，よい行

動を行うことによって信望が得られるからである。何がよいことかを決めるのは，道徳的価値観のシステムである。とはいえ，すべての道徳的価値観がそれにかかわってくるというわけではない。信頼の土台となっている価値観は，誠実や忠誠，勤勉といった伝統的な価値観である。

　グループの大多数がこうした価値観を受け入れるだけではなく，その価値観をすべてのメンバーが受け入れることが重要である。他人が自分の関心を尊重するだろうという安心感をメンバーそれぞれに与えているのは，そうした価値観なのである。もし少数の有力者がそうした価値観と対立する価値観を受け入れているのであれば，こうした安心感は失せてしまう。人びとはグループの他の人びとと交わりたがらないだろうし，グループ活動はストップしてしまうだろう。したがって，成功しているグループは，機能的に有用な伝統的価値観を標準化するだろうし，外部だけでなく内部の批判からも，そうした価値観を守ろうとするだろう。

　誠実，忠誠，勤勉に対する義務は，どのくらい広く適用されるのだろうか。それらは，信頼を共有した，あるいは脅威を一緒に体験した親しい友人にのみ適用されるのだろうか。もしそうであるなら，信頼のネットワークは非常に局地的なものになり得るので，結果として生じる経済活動はほとんど後押しされない。それらは，彼ら自身を同じグループのメンバーとして認識している人びとにのみ適用されるのだろうか。もしそうであるなら，経済は独立したいくつかの部分に分裂し，他との交易あるいは投資のつながりはなくなってしまうだろう。経済的観点からみると，最も効果的に機能する義務は包括的な傾向にある。なぜなら，単独で経済全体を1つのネットワークに統合することができるからである。

　しかしながら，そのような不変的な道徳的価値観を定着させるために必要な感情を生み出すには，1つ問題がある。人は，会ったこともない人びとに対して義務を負うという純粋に知的な意見にはなかなか最大限の努力を持つことはできない。したがって，メンバーを増やしたい，地理的範囲を広めたいと願うグループは，その感情の側面を強化する特別なメカニズムに投資しなければならない。組織化された宗教は，その古典的な例である。道徳的価

値観は，それに対して絶対的に服従している超自然的な権威によって，個人的に是認される。服従に対する報酬は永遠であるかもしれない。つまり，それは報酬が約束される時間の長さの点からみて，強力なインセンティブである。宗教上の信念を持っている人は，親グループから分断されても，ずっとその道徳的価値観とともに生き続けるだろう。宗教上の信念は，したがって遠隔地を植民地化する際に非常に重要なものであった。そこでは開拓者が彼らの道徳的価値観を移植し，対立する現地慣習との妥協を拒むのに成功してきた。

　いうまでもなく，死後の制裁は報酬を待ちきれない人びとにとって，ほとんど意味がない。死後に対する期待それ自体が報酬である場合，報酬のいくつかは直ちに享受され得る。さらに死亡率の高い社会では，少なくとも死後の世界は身近にある。財の海上輸送に携わっていた中世の商人にとって，死は常に隣り合わせだった。さらに死後の概念はネットワークそれ自体が続いていることを示唆している。そのネットワークは王朝のようなものになる。つまり，それは異なる世代間同士，生者と死者の双方を結びつけている。

　非宗教的な社会では，個人的な権威が一人のリーダーに与えられるだろう。そこでは，リーダーの願望が道徳的権威の源泉となる。このことは，もしリーダーが無神論者であるために，自分以外のもっと高い権威を認めないのであれば，潜在的に危険である。

　もう1つの解決策は，国家の憲法といった，フォーマルな枠組み内の掟を尊重するよう教え込むことである。権力の乱用を抑えるために，権力は立法と司法の間で，そして文民と軍隊の間で分割されている。法の最も優れている点は，人格を有していないため，それゆえ個人的なきずなに基盤を置くメカニズムほど短期的に効果が減退しないことにある。実際，公明正大のなかでの公平無私，そして意見の相違に対する寛容さは，双方とも法律にもとづく民主制度の長所と考えられている。しかし，法の範囲内にとどまっている限り，相手に対しきわめて粗暴な振る舞いをしても許されるだろうという意味において，こうした法の強みは同時に最大の弱点でもある。したがって，そのシステムは，法をきわめて仔細な部分にまで整備することに決定的に依

存している．このことは，分業化が進み，調整の複雑性が高まるにつれ，ますます難しくなる．法はますます官僚的になり，そしてコストがかかり，代わりに無秩序がはびこるようになる．

　歴史的には，さまざまなグループが多様なメカニズムを用い，ビジネス・ネットワークを構築してきた．クウェーカー教徒はおそらく有効に機能する価値観を維持する感情のメカニズムを用い，それによってメンバーの繁栄を創り出してきたグループとして最も際立った例であろう．このコンテクストからすると，その他の大多数のビジネス・グループが地域的な活動に終始していたとき，クウェーカー教徒のビジネス・グループが全国組織として傑出した活躍を遂げた点に注目することは興味深い．ずっと世俗的な後の世代ではさほどの熱意はみられないにしても，毎年行われる修養のための礼拝集会や巡回宣教師によって，教義が広められ，それによって改宗者の参加レベルは高く維持されている．

　それとは対照的に，帝国主義が高まりをみせた時代におけるロンドン商人の繁栄は，不偏不党であったイギリスの法律システムに対して寄せられた信頼によるところが大きい．この信頼は，大陸の人びとがロンドンを通じて投機的投資資金を流すことを促した．植民地における誰が誰かもわからない大量の労働者のために資金を提供した無名の不在地主もいた．このようなフェイス・ツー・フェイスのつきあいが否定された世界では，調整は民間投資家に安心感を提供することにのみ腐心する小さな商業銀行家のグループ，肩書きを持った高官，および他の仲介業者を通じて影響を受けた．スチュワードシップ，機密保持，そして既存の制度に対する信頼は，個人の快適な暮し向きに対する懸念を抑制した．

9.7　メンバーが重複・兼務するグループ

　規模の問題に対する代替的なアプローチは，単一の大規模グループという考え方を放棄し，その代わりにメンバーが重複するずっと小さなグループの集合をつくり出すことである．それぞれのグループは非常に小さく個人的な

ものであるが，他のグループと十分に接触し，他のグループに対する敵意を抑えている。それはカリスマ的なリーダーシップを必要とせず，またコストのかかるフォーマルな法的機構も必要としない。しかし，それは内部調整を促進するためだけでなく，グループ外の人びとに対する信頼をつくり出すためにも倫理規準を必要としている。

　ある人びとはいくつかのグループ・メンバーへの特化を決定するかもしれない。そのグループ間の関係をいかに保つかは彼らの責任になる。そのような人びとは，経済システムを調整する重要な役割を果たす。成功している経済は，ネットワークの原理にもとづいて調整され，通常上で指し示したようないくつかの重複している地域および産業グループから構成される。こうしたグループは，もし自給自足経済下で機能しなければならないとしたら，限られた価値観しか持っていないだろう。他方，国際および地域間の貿易システムに統合されていれば，これらのグループはきわめてよく機能するだろう。こうした統合は，高レベルの企業家グループによって影響を受ける。彼らは，それぞれいくつもの地域および産業グループに属している。

　この企業家グループは，国際貿易を遂行するために比較的分散配置されているが，そのメンバーは1つのグループを構成しているために感情にもとづくコミットメントや倫理規準を共有している。そのようなグループのなかには，特定の国や都市と結びつきが深いものもいくつか存在する。メンバー自身はその業務の性格上広く世界を飛び回るが，彼らの家族が生活し，取引のために用いられる制度が基盤としているのはそうした場所である。

　こうした高レベルの企業家グループは，国際貿易および投資の支配をめぐって互いに競争している。グループ内でも競争はあるが，それはグループ間競争とは違う形で相互義務によって規制されている。それぞれのグループ・メンバーは互いに情報を共有しており，他のグループには不必要な情報をも拾い集め，互いに利用している。ある時点でグループ内を循環している情報の総量は専門知識の総体を反映している。グループのメンバーが情報の新しい源泉を開発するか，あるいは既存の情報源が枯渇すると，この専門知識は不安定となる可能性がある。外部環境の変化もまた，あるグループの既

存知識を時代遅れにしてしまう可能性がある。きわめてタイムリーな情報の源泉へのアクセスを改善するグループは，その競争ポジションを改善し，その結果彼らが基盤としている国や都市に繁栄をもたらす。逆に，適切な情報源に対するコントロールに失敗したグループは，最新の情報に精通することができない。結果，彼らの競争ポジションは低下し，基盤とする国や都市は衰退していく。

9.8 企業家精神：変移する環境での判断力のある意思決定

　企業家精神を理解するカギは，意思決定が変移する環境下で行われる点を認識することにある。このことは，経済が絶え間なく変化しているという事実を反映している。変移がなければ，経済は均衡という定常状態に落ち着くだろう。ほとんどの経済学者は，企業家の主要な機能は生産活動を組織化することにあると仮定している。この仮定は誤りである。シュンペーター(1934)は，イノベーションを5つのタイプに識別しており，そのうち2つだけが生産と関係している。しかし，今日の自称シュンペーター主義者は，その他の3つのイノベーションを除くために，生産における技術的イノベーションを強調している。その他の3つのイノベーションのうち，2つは新市場の開発と関係している。つまり，最終財の輸出，新しい供給源からの原材料の調達である。

　ほとんどの市場は，企業家あるいは企業家のグループが市場を築こうと決断したからこそつくり出されたのである。市場は，取引に対する一連の障壁を克服するために考え出された制度である。こうした障壁を克服するために，市場は特定の形態をとる傾向にある。企業家は仲介者として活動し，売り手から購入し，買い手にそれを転売する。そして，買値と売値からマージンをとってコストをまかなうのである。一般の買い手と売り手は，取引のプロセスが彼らにとって非常に簡素化されるので，喜んでこのマージンを支払う。

　取引には主に4つの障壁が存在する。第一の障壁は，取引相手に関する無

知である。それは，便利な中心地に市場を開くことによって克服される。仲介業者はそこで一定の存在感を持っている。したがって，市場に財を持ちこむ売り手は，そこに行けば買いたいと願う誰かがいつもいるだろうということを知っているし，一方買い手は売りたいと願う誰かがいつもいるだろうということを知っている。こうした状況を保証するために，仲介業者は買い手を失望させないよう在庫を有し，そして売り手への支払能力を高めるべく貨幣を蓄えておく必要がある。

　貨幣について言及するならば，それは仲介業者が乗り超えることが必要となる第二の交易障壁をわれわれの前に登場させる。それは，交易業者が本当に買いたいものを明らかにし，代わりに提供することとなるものを記述する際の難しさである。この障壁は展示商品を吟味すること，あるいは少なくともそのサンプル検査をすることと，交換における簡便な支払い手段として貨幣を持つことによって克服される。展示商品は，仲介業者が差し迫った需要を満たすための在庫を抑制する商品からなる。実際，仲介業者は，彼が販売を予定している商品を本国の買い手に宣伝しておくことで，商品に先んじて買い手に広告しているかもしれない。

　次は，交渉価格に関する問題である。競争相手の存在がわかるとすべての人びとは小売店での最適価格を提示しようとする。それで，交渉相手が複数存在すれば，この問題は簡素化される。同じ場所で同じ財を扱う複数の仲介業者の存在は，それぞれの仲介業者の提示する価格が競争的なものであることを買い手や売り手に確信させる。最適価格の探索が容易であることは，価格すべてが最適であることを保証し，その結果，他の価格を実際に調べる必要性をなくすのである。

　最後に，契約履行の強制に関する問題がある。市場において不変的な存在であるために，仲介業者は早く評判を獲得しようとする。一度よい評判を得ることができれば，価値ある資産となり，彼らはその評判を維持するための強力なインセンティブを持つようになる。悪事は千里を駆けめぐるので，誰に対しても誠実であることが結局得をする。これは，顧客の品質保証であり，結局はペイするというサプライヤー保証でもある。もし買い手と売り手

が相手と直接取引をしようとするなら，市場において接触が散発的となり，その結果評判が損なわれれば，互いに相手を十分信用できなくなるだろう。したがって，仲介業者を活用すれば，信頼の連鎖をつくり出すことができる。買い手は前金で支払い，売り手は支払いを延滞する。それにより，仲介業者は評判のない人との取引から生じるリスクを取り除く一方，評判のない人同士は仲介業者を信頼することで取引することができる。

9.9 企業家ネットワークと国際貿易の成長

　歴史的観点からみれば，企業家ネットワークのインパクトのなかで最も劇的なものは，ほぼ間違いなく国際貿易のなかにみられる。西欧の歴史を問題にする限り，最もビビットにそのインパクトが表れるのは，大航海時代とそれに続く産業革命である。しかし，そのインパクトは非常に大きく広範囲にわたり，今日まで続いている（Britnell, 1993; Snooks, 1995）。

　克服された貿易障壁は，何も輸送コスト，関税，外国における業務活動の困難性だけではない。国際関係は不安定であった。貿易が可能なところでは，政治的リーダーの関心は主に税や使用料の徴収にあった。現地の食糧を輸出した商人（彼らは，現地市場で穀物のような必需品の価格を引き上げた），あるいは直接農場からの大量買い付けによって現地の消費者をも「出し抜いていた」商人に対して，一般的な嫌悪感が存在した。同様に，輸入業者も疑いの目に晒されていた。彼らは，新奇なものに対する社会的に無駄な需要を創出しているという清教徒からの批判，および現地の職人の仕事を奪い取ったという労働者階級からの批判を受けた。

　図9.1は，国際貿易をサポートする際の企業家ネットワークの役割を示している。図は，異なる国に属する2つの工業地帯を示している。それぞれの工業地帯には，2つの川下工場と結びついている3つの川上工場がある。それぞれの工場は正方形によって表されている。それぞれの段階で工場の最適規模が異なるので，垂直統合されることはない。したがって，それぞれの工場は独立自営の企業家によって所有・管理されていると仮定される。川上工

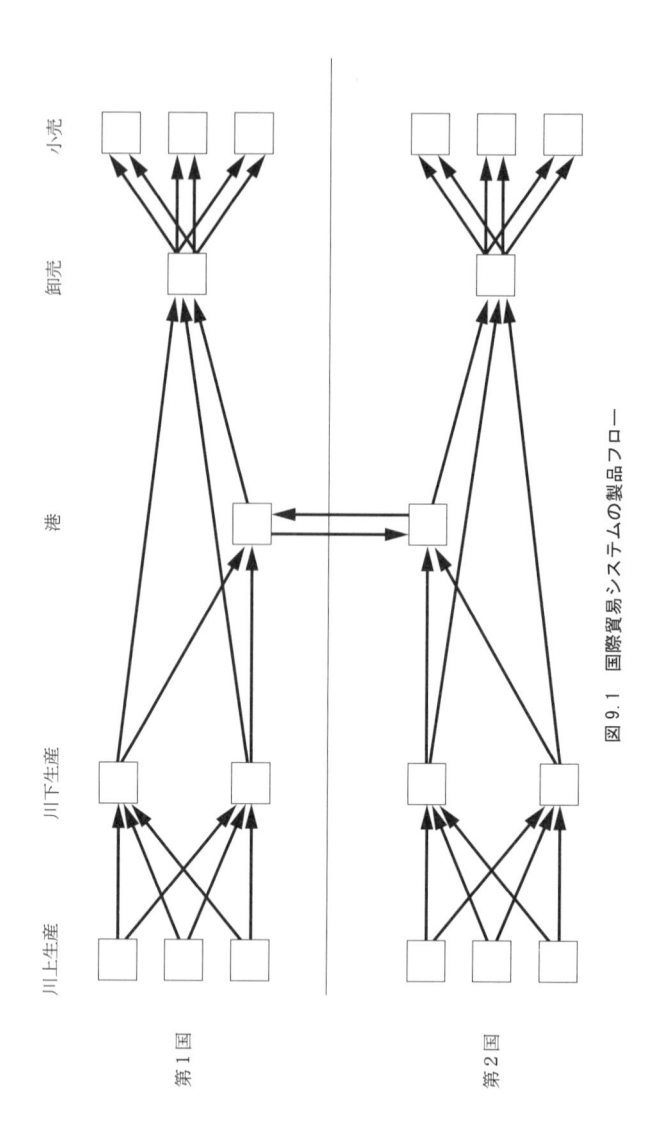

338　第 9 章　国際ビジネスにおけるネットワーク

図 9.1　国際貿易システムの製品フロー

川上生産　川下生産　港　卸売　小売

第 1 国

第 2 国

場から川下工場への中間財のフローは，太い黒線で示されている。矢印はモノが流れる方向を示している。同じ地域内では，すべての川上工場があらゆる川下工場に供給することができる。

　2つの工業地帯は同じ財ではあるが，種類の異なる製品をつくっていると仮定しよう。これらの製品は両方とも両方の国で消費される。ある消費者はある種類を好み，またある人はもう1つの製品を好む。これら2種類の製品は，単にデザインが異なるだけで，製品の出来映えは変わらず，価格もほとんど変わらないかもしれない。あるいはまた，一方の製品は品質の点で他方よりも優れ，プレミアム価格で売られているかもしれない。とはいえ，消費者の一部は，価格が大きく下がるのであれば，他の種類にスイッチする準備がある。この意味で，これら2種類の製品は互いに代替的である。1つ目の製品フローは第1国でつくり出され，2つ目の製品フローは第2国でつくり出される。

　本国市場向けの財は，直接国内の卸売商に送られ，輸出向けの財は一番近い港に送られる。この港は，他の種類の製品が輸入される港でもある。財はこの港から国内の卸売商に搬送される。この卸売商は，現地の小売商から要求された割合に応じて2種類の財を組み合わせ，それらをまとめて発送する。

　情報フローは，図9.2に示されている。情報フローは細い黒線で表されている。情報は，工場間というよりはむしろ人（円で囲まれている）の間を行き来する。情報フローは双方向であり，そのため矢印は両方に向いている。それぞれの地域において，商人M11, M12は情報を扱うことに特化している。彼は情報のハブとして機能している。契約上では，彼は川上の生産者から製品を買い入れ，川下で加工するために「発注」する。彼は生産者と価格および取引量について交渉するが，その際，彼は川上（川下）の生産者から集めた情報を用いて川下（川上）の生産者と交渉をする。彼が処理する情報は，多くの場合，見積価格にコード化される。

　情報フローが製品フローと異なるパターンをみせることには注意すべきである。情報フローは商人によって仲介されるが，製品フローはそうではな

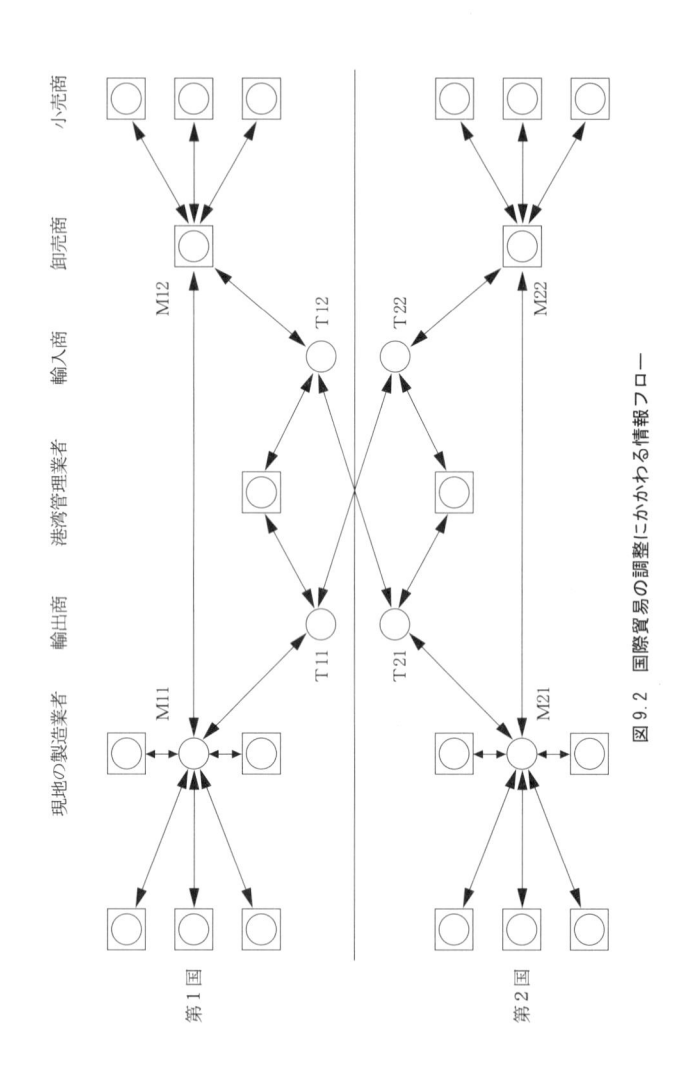

340　第9章　国際ビジネスにおけるネットワーク

図 9.2　国際貿易の調整にかかわる情報フロー

い。商人は情報を扱い，生産者同士の契約締結役として機能するが，彼は実際の製品を扱うわけではない。製品は，川上の生産者から川下へと直接輸送される。商人は，どの製品がどこに運ばれるべきかに関する指示を与える。商人は情報だけを扱っているので，彼を示すサークルはいかなる正方形とも関係しない。

　図には，それぞれの工業地帯においてただ一人の商人と，それぞれの国内市場においてただ1人の卸売商が示されている。実際には，タイプごとに数人の商人が存在し，それら商人はもともとグループを構成しているかもしれない。彼らは互いに競い合う可能性もあるが，現実には共謀の可能性もある。したがって，同じ工業地帯にいる商人たちは，需要が増加傾向にあるときは慣習価格をつけようとするかもしれないが，他方，需要が減少傾向にあるときのために値引きの権利を留保しているだろう。より積極的な側面では，現地の大学と協力してインターンシップ・システムを組織化し，スタッフの「引き抜き」をまとめて禁じることで，「オン・ザ・ジョブ」トレーニングを促進することができるだろう。

　図には，国際貿易に専門的に従事している4人の商人が示されている。それぞれの国に2人の商人（1人は輸出，もう1人は輸入を組織化している）が存在する。国内の商人と同様，これらの商人は，彼らがそのフローを調整している製品を直接扱うわけではない。それぞれの輸出業者は，現地の工業地帯の商人から商品を購入し，そして外国の流通チャネルへ販売する。その際，彼らは買値と売値の間でマージンを得，それにより管理コストをカバーする。これらのコストには，港で徴収される手数料，船賃，そして港への搬出入にかかわる輸送コストが含まれる。したがって，第1国では，輸出商 $T11$ が商人 $M11$ から商品を買い入れ，商人 $T22$ へ売る。そして，$T22$ は卸売商 $M22$ へとその商品を転売する。輸入商 $T12$ は商人 $T21$ から製品を買い入れ，卸売商 $M12$ へ転売する。同様に，第2国では，輸出商 $T21$ が $M21$ から製品を買い入れ，$T12$ へと転売する。他方，輸入商 $T22$ は $T11$ から買い入れ，卸売商 $M22$ へ転売する。

　商人による仲介が複数の段階にかかわっていることに注目すべきである。

国内市場では問屋制前貸人と卸売商の2人の商人がかかわっているが，国際市場では少なくとも4つの段階がかかわっている。本国において問屋制前貸人と卸売商を結びつけているものは輸出商であり，外国においては輸入商である。

　これらすべての段階が正当化されるのは，接する2人の仲介業者が彼を「経由せず」直接ビジネスをしようとしたときに直面すると思われるいくつかの障壁を，それぞれの仲介業者が克服しているからである。国内市場では，普通の人びとが大口の商取引を行う際には，適切な量と価格の決定において卓越した判断力が要求される，そうした困難に直面する。技術レベルや支払い・配送に関して，信頼性が高いかといった情報を集めることも重要である。国際的なコンテクストでは，2つの異なる国に関する知識を組み合わせ，その知識をアップ・デートすることが優位性のカギを握る。確かに，もし重要な情報をフェイス・ツー・フェイスで集めなければならないのなら，時間のかかる旅行を何回もすることになるだろう。もちろん，それは言語の違いを克服するのと同じく単純なものであろう。たとえば，国内業者が外国語を話すことができなければ，輸出業者がその代わりとなろう。しかし，そのことは国際的なコンテクストにおける仲介業者の1つの追加的段階を説明するに過ぎない。契約履行の強制に必要な現地の慣習や法律に関する特別な知識といった，今1つの要素が絡んでくるに違いない。

　図9.3は，国際貿易をサポートするネットワーク構造を示している。そこには，メンバーの重複を伴うネットワークの階層が存在する。それぞれのネットワークはボックスで表され，グループの個人メンバーたちをそのなかに囲んでいる。最も高レベルのネットワークは，国際的な商人たちによって構成されている。図には，このグループ内における追加的な水平レベルおよび垂直レベルのリンクが描かれている。こうしたリンクは，会議や国際見本市における偶発的な出会いから自然に起こる傾向にある。そのようなイベントは外国市場でビジネス取引を開始する1つの伝統的な手法である。異なる国々の輸出商たちは見本市を利用して，非競争的な関係にある商人たちと他の国に関する情報を共有する。同様に，同じ国の輸出商および輸入商たち

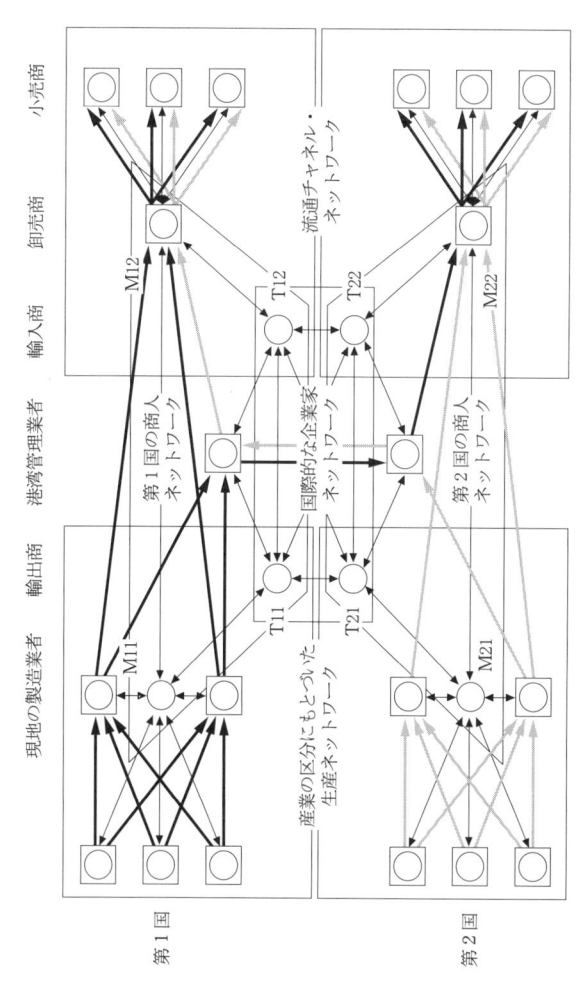

9.9 企業家ネットワークと国際貿易の成長 343

図 9.3 国際貿易：企業家ネットワーク

は，国内産業全体の展望に関する情報を共有する。もっと一般的には，すべての人は他の人がどのようにうまくやっているのかについての評価を形成することができ，したがってより正確に自分自身のパフォーマンスとライバル商人とのそれを比較調査することができる。

　さらに，それぞれの国の商人によって構成されるミドルレベルのネットワークが2種類存在する。それぞれのネットワーク・メンバーの半分は，高レベルのネットワークに属し，残りは低いレベルのネットワークに属している。図は，低レベルのネットワークのタイプには主に2つのタイプが存在することを示している。すなわち，1つは生産にかかわるもの，もう1つは流通にかかわるものである。生産ネットワークのなかでは，問屋制前貸制度の役割が支配的である。前述したように，通常問屋制前貸人の一集団が存在するだろう。彼らは，現地のビジネス・エリートを形成し，お互いに交流がある。彼らはまた，職人的企業家を含む，もっと広いネットワークのなかで支配的グループを形成している。自営の職人たちは，彼らが追求している戦略の総合的重要性からみて，システムにおける企業家のなかでも最も低いレベルに位置している。流通ネットワークのなかでも，卸売商と小売商の間で同様の区別がある。卸売商は本質的に「チャネル・リーダー」であり，卸売商は生産活動への後方リンケージを通した情報に対して卓越したアクセスを持つがゆえに，小売商に条件を指示できる。

　経済的な観点からみれば，異なるレベルの企業家同士の結びつきは，高レベルの企業家のイニシアティブに大きく依存しているということを強調すべきである。彼らは，高い信頼のネットワークのつながりがコントロールの維持という点でコスト的に有効な方法であることを知っている。もし，国際的な商人が国内の商人と交流しなければ，彼らは生産活動を後方統合するか，あるいは流通活動を前方統合するかして，必要なコントロールを握らなければならないであろう。同様に，もし問屋制前貸人が自営の職人と交流しなければ，彼らは自分自身が生産に乗り出すか，職人を従業員として雇わなければならないだろう。このことは，彼らが持ち合わせていない熟練生産方法に関する詳細な知識を必要とするだろう。また，もし卸売商が小売商と交流し

なければ，彼ら自身小売活動を前方統合しなければならず，小売業者を従業員として雇わなければならないだろう．従業員を監督するコストは非常に高いので，代わりに，数回の「握手」やちょっとした友好的なもてなしに投資するほうが安くてすむ．

9.10 ネットワークの結合構造

　留意すべきことは，ネットワークの結合構造はレベルによって異なるということである．低レベルのネットワークでは，ローカルの商人が情報伝達の中心となる．調整は商人と自営職人との間で行われるのであって，自営職人同士で行われるわけではない．自営職人は川上から川下の生産者へ生産物が流れるように手配すべくコミュニケートする必要があるかもしれない．しかし，どの業者を川上および川下の生産者にするのか，それは商人が決めるのである．ハブが存在することで，ネットワークに階層が生まれる．これは典型的な企業の内部に存在するような権限やコントロールの階層ではなく，影響力の階層である．ただし，その効果は価格の設定に際し，自営職人は商人の判断に従うという意味において（商人は自営職人よりも情勢に関するより広い見識を持っているからであるが），同じものである．

　高レベルのネットワークは決して階層的なものではない．なぜなら，すべてのメンバーはそれぞれ互いに直接情報をやりとりすることができるからである．低レベルのネットワークとは対照的に，高レベルのネットワークは民主的かつ平等の責任を有している．このため，専門知識はグループ内に拡散する．すべての人は他の人にとって何が非常に重要なものかを知っている．たとえ社会化にかける時間の点でコストが非常に高くなったとしても，このことは直接的な情報伝達チャネルを維持する強力なインセンティブとなっている．

　ミドルレベルのネットワークは，ハブというよりは車輪の軸に近い．メンバーは近隣のメンバーと直接情報のやりとりをしている．発注者は卸売業者や輸出商人と接触し，卸売業者は発注者や輸入商人と接触するといった具合

である。この構造は，そうした結びつきが国内商品と輸入商品双方に対する流通チャネルを維持するために形成されたという事実を反映している。この機能を支援しない直接的なリンケージ（輸出商人と国内卸売業者のそれや輸入商人と発注者のそれといった）が維持されることは決してない。輸出商人と輸入商人は，単に彼らが共に高レベルのグループに属しているという理由だけでつながっている。

以上の分析は，グループの結合構造と機能の関係を明らかにしている。一般的には，レベルが低くなるほど，そのグループはルーティンな業務を支援することに従事し，ハブから強い影響を受ける。

9.11　高レベルの企業家ネットワークのための場所

企業家は，ビジネスチャンスのある所なら割合どこにでも出向く傾向がある。その活動のレベルが高ければ高いほど，彼らは一ヵ所に留まることはないようである。多くの企業家が，日常的に移住が行われ，外部の影響を強く受け，その土地独特の慣習や伝統の力がさほど強くない比較的オープンな社会から巣立っている。そうした社会では新参者を歓迎し，生まれた場所や家柄よりも能力やコミュニティへの貢献をもとにその地位が決定される。そうしたコミュニティと外部世界とが商業上強く結びつくようになると，野心あふれる若者たちはどこか他のところに生きる機会に目を向けるようになる。

高レベルの企業家たちは，どこに移住しようとも利益機会を進んで追求する。地域の経済において既にある程度の成功を収めている人びとのように，企業家はどこか他の社会ネットワークに（たとえ，そうしたネットワークが排他的であったとしても）「メンバーとして参加する」手段を持っている。実際，多くのケースで，企業家たちは成功を収める以前から自由気ままに動いてきた経歴を持っている。彼の企業家的アイデアは彼らの旅行経験から生まれてきたものかもしれない。歴史的に，そうした経験が兵役，外交，科学的調査研究，工学の仕事に有用であったのだろう。そうした経験は，行商人，家畜商人による巡回取引，あるいは現代の販売代理人と結びつけて考え

ることができよう (Pirenne, 1925; Fontaine, 1996)。

　企業家の流動性を議論する際，最も適切な分析の単位はおそらく地域であろう。ただし，町や都市といった，もっと小さな単位，国民国家といったずっと大きな単位もまた適切であるかもしれない。近代，すなわち輸送に比較的コストがかかり，情報伝達スピードが遅かった時代では，都市は適切な分析単位であった。しかし，時とともに輸送および情報伝達コストが低下すると，より大きな単位が適切になってきた。しかし，現在でさえ，典型的な国民国家は，あまりに人口が多く，しかもその人口は広範囲に分散しており，政府や金融とつながりのある中枢機能を除けば，ネットワーキング単位として効果的に機能していない。したがって，シンガポールのようなコンパクトな都市国家を別にすれば，国家よりも地域を分析の単位とする方がより適切である。

　企業家の流動性を所与とすれば，長期的にも最も成功する地域こそが企業家にとって最も魅力的な場所となろう。なかでも，その地域が情報のハブであることが最も大事な要素である。まさにこうした場所において，主要なイノベーションに不可欠なある種の情報の広範囲な統合が最も容易に行われる。大量の商業情報が価格の形でコード化され，しかもその価格は市場で設定されるので，市場の範囲が1つの重要な要素となる。

　さらに，既存の市場センターは，企業家が革新的な製品を売り出す際にうってつけの場所となる。既存の市場が存在するところに新しい市場を創出することによって，企業家は取引プロセスを簡素化している。なぜなら，1回の訪問で普通の顧客はいくつもの取引を成し遂げることができるからである。この集積の経済性は他の経済性によって強化される。ある市場において，競争の激しさと流動性の程度は双方とも，急な取引で顧客に適正価格を保証する場合重要である。企業家は単に既存の市場に参加するだけで，市場により「深み」を与えることができる。顧客の情報コストを低減することによって，この市場の深化は市場センターをさらに魅力的な取引場所にする。全体としてみれば，これは取引量で測った場合，市場規模に対して収穫逓増をもたらす。顧客が取引をある市場から他の市場に移した場合，移行先の市

場センターは他の顧客にとって辺境的であるが魅力的となる。一方，かつての市場センターは同時にいっそう魅力的でなくなる。このことは，市場センター間の戦略的競争関係を促進する。それぞれの市場センターは辺境の顧客に補助金を与えようとし，そのため辺境内の顧客はもっとよいサービスを受けられるだろうし，若干多くの費用を負担しようとするだろう（Krugman, 1991）。この戦略を最も効果的に演出することのできる市場センターこそが，結局新しい企業家にとって最も魅力的な場所になる。

仲介業者にあまり誠実でないという評判が立っているならば，購入前にその財を検査しなければならない。このことは，市場は貨物輸送の中心に存在しなければならないが，誠実さの水準が高ければ，サンプル取引で十分であるということを意味している。共同一貫輸送の特化が可能になる。鉄道および船舶は貨物の輸送に特化し，ジェット機による旅行やテレコミュニケーションは情報伝達のために用いられる。結果として，積荷の作業が行われたり，原材料の加工が行われる主要な港や鉄道の連絡駅は，もはや市場センターや情報のハブとして魅力的ではなくなる。代わりに，空港やテレコミュニケーションのインフラがより重要になってくる。

サンプル取引のもう1つの効果は，移動しながらの販売が容易になることである。もし代替製品がほとんどないという理由で，顧客が価格を比較することにあまり関心を持っていないのであれば，市場は顧客のいる場所に効果的に分散されるだろう。このことは，集中化というハブの魅力を低減させるが，魅力のすべてをなくしてしまうわけではない。というのは，一方でそれは人びとがハブを訪れるのを思いとどまらせるが，他方でそれは販売代理店が設置される戦略的立地としてハブを存続させるからである。

市場システムにおける集積は，顧客の価格の比較に価値を見出し，財の検査および対面での見積りの受け取りを希望するとき，最も意味を持つ。また，それは市場を創造する企業家が専門的なプロフェッショナル・サービスからのサポートを得るときにも意味を持つ。ハブ周辺の空間——展示センター，会議施設，ホテル——の利用可能性も重要である。たとえ，未熟練のマニュアルサービスを提供する人びととの生活の質が非常に悪いとはいえ，裕

福な企業家とその家族に対して,それなりのレベルの生活を提供しようとすれば,人口密度が高ければ高いほどよい。

いうまでもなく,契約の履行を促進するためには,市場センターが潜在的に複雑な法的問題の解決にあたり十分よく適用される。効率的で誠実な法体系を持っていなければならない。人びとには,市場に参入し,企業を組織する自由がなければならない。ビジネスと政府は効果的にネットワーク化し,明らかに課税と収入のリスクは低くなければならない。ローカルな文化は企業家の移住を歓迎し,ネットワーキングを促進するものでなければならない。企業家の間のネットワーキングは顧客に対するサービスの質全体を向上させるだけではなく,取引量を増加させるよう計画された戦略的投資を協調的に行うことを促す。高度に競争的で非人間的な文化は適切でない。なぜなら,それは大変な利己主義を仮定しており,法律によって不適切に保護される状態が避けられない事態において,不正直を生み出すからである。長期的に最も成功する中心地は,企業家間の信頼レベルを高める文化を有する場所である。

<参考文献>
Best, M.H. (1990) *The New Competition: Institution of Industrial Restructuring*, Oxford: Polity Press.
Brenner, R. (1993) *Merchants and Revolution: Commercial Change, Political Conflict and London's Overseas Traders, 1550-1653*, Cambridge: Cambridge University Press.
Britnell, R.H. (1993) *The Commercialisation of English Society, 1000-1500*, Cambridge: Cambridge University Press.
Bull, A., M. Pitt and J. Szarka (1993) *Entrepreneurial Textile Communities: A Comparative Study of Small Textile and Clothing Firms*, London: Chapman and Hall.
Carter, M.J. (1995) 'Information and the division of labour: implications for the firm's choice of organisation', *Economic Journal*, 105, 385-97.
Casson, M.C. (1995) *Studies in the Economics of Trust*, Aldershot: Edward Elgar.
Casson M.C. (1997) *Information and Organisation: A New Perspective on the Theory of the Firm*, Oxford: Clarendon Press. (手塚公登・井上正訳『情報と組織:新しい企業理論の展開』アグネ承風社, 2002 年)
Chartres, J.A. (1985) 'The marketing of agricultural produce', in J. Thirsk (ed.), *The Agrarian History of England and Wales V: 1640-1750, II Agrarian Change*, Cambridge: Cambridge University Press, 406-502.
Collard, D.A. (1978) *Altruism and Economy*, Oxford: Martin Robertson.
Fontaine, L. (1996) *History of Pedlars in Europe* (trans. V. Whittaker), Oxford: Polity Press.

Frank, R.H. (1988) *Passions within Reason: The Strategic Role of the Emotions*, New York: W.W. Norton. (山岸俊男監訳『オデッセウスの鎖：適応プログラムとしての感情』サイエンス社, 1995 年)

Grassby, R. (1995) *The Business Community of Seventeenth Century England*, Cambridge: Cambridge University Press.

Krugman, P.R. (1991) *Geography and Trade*, Cambridge, MA: MIT Press. (北村行伸・髙橋亘・妹尾美起訳『脱「国境」の経済学』東洋経済新報社, 1994 年)

Leibenstein, H. (1968) 'Entrepreneurship and development', *American Economic Review*, 58, 72-83.

Pirenne, H. (1925) *Medieval Cities: Their Origins and the Revival of Trade* (trans. F.D. Halsey), Princeton, NJ: Princeton University Press. (今来陸郎訳『西洋中世都市発達史：都市の起源と商業の復活』白揚社, 1943 年)

Schumpeter, J.A. (1934) *The Theory of Economic Development* (trans. R. Opie), Cambridge, MA: Harvard University Press. (塩野谷祐一・中山伊知郎・東畑精一訳『経済発展の理論―企業者利潤・資本・信用・利子および景気の回転に関する一研究〈上〉〈下〉』岩波文庫, 1993 年)

Snooks, G.D. (1995) 'The dynamic role of the market in the Anglo-Norman economy and beyond, 1086-1300', in R.H. Britnell and B.M.S. Campbell (eds), *A Commercialising Economy: England 1086 to c.1300*, Manchester: Manchester University Press, 27-54.

Thaler, R.H. and H.M. Shefrin (1981) 'An economic theory of self-control', *Journal of Political Economy*, 89(2), 392-406.

（土井 一生・金崎 賢希）

第 10 章 結論：
国際ビジネスの研究方法の重点課題

サリアンナ・M. ルンダンとの共著

10.1 イントロダクション

　本書では，国際ビジネス研究の新しいリサーチ・アジェンダについて概説してきた。そこでは国際ビジネス研究の経済学的側面に焦点を当てたが，そのインプリケーションが及ぶ範囲は，経済学的側面をはるかに超えている。その射程を明らかにする作業が，本章で論究する重点課題の1つである。

　新しいリサーチ・アジェンダは，4つの大きな研究アプローチの修正を含んでいる点でラディカルである。これらの修正については，第1章で概観したが，本章の 10.2 節において一層詳細に説明する。相対的に静態的で，部分的，決定論的で，狭い経済学的な国際ビジネス論から，環境変移の影響を十分に認識したより動態的でシステム志向的な国際ビジネス論への転換も，こうした修正の1つとして挙げられる。新しいアプローチは，企業家的な活動がグローバル・システム内部にどれほど柔軟性を生み出すかを示し，また経済的要因とともに社会的要因がグローバル・システムの進化の方向をどれほど決定づけるかを説明している。

　しかしながら，本書でわれわれが提示したグローバル・システム的視点が国際ビジネス・モデルへの唯一の接近方法ではない。たとえば，ホワイトリー（Whitley, 1992a, b）は，国家特有なビジネス・システムに関する彼の理論を援用して，ある競合する国際ビジネス論を明確に展開している。同様にポーター（Porter, 1990, 1991）も，競争戦略に関する彼の考え方を拡

張して，彼独自の国際ビジネス論を試みている。このように，対立するモデル間で激しい争いがある。

　国際ビジネスのモデル化をめぐる長年の競合は，国際ビジネスに適用される学問領域が多様であることに端を発している。本書で採用したアプローチは，経済理論を基盤として構築されている。多くの場合，競合するアプローチは他の学問領域を基盤としている。したがって，ホワイトリーは，社会学および社会人類学に着想の原点がある。基盤とする学問領域は同じでも，応用の仕方が異なる場合もある。したがって，ポーターも経済学に研究の基盤を置いているが，経済学から得られた洞察を実践的問題に応用するのに，モデルではなく，「フレームワーク」の利用を提唱している。国際ビジネスにおける学問領域間での競合の性質については，10.3節において検討する。代替的なパースペクティブ間での比較については10.4節と10.5節で，また10.6節では結論を要約する。

10.2　グローバル・システム的視点：要約と再説

　今まで述べてきたように，伝統的な経済学的な国際ビジネス理論と比較すると，グローバル・システム的視点には4つの特徴がある。

部分的視点からシステム的視点への転換
　1970年代には理論的関心の焦点は，MNEの持つ性質にあった。他方，グローバル・システム的視点では，MNEを取り巻く環境も合わせ検討し，MNEを環境との関係性のなかに位置づけようとする。ここが，純粋に企業中心的な国際ビジネスの視点とは異なる点である。国際ビジネス論が将来進展するか否かは，1企業としてのMNEを対象とする現在のモデルに劣らず適切かつ包括的なグローバル経済システム・モデルが入手できるかどうかにかかっている。古いリサーチ・アジェンダでも当然，企業を取り巻く環境の重要性を認識してきた。というのも，環境の変化は企業行動の変化を引き起こす重要な刺激となるからである。たとえば，PLC理論（Vernon, 1966）

によれば，海外市場の成長によって，輸出から FDI へのシフトが発生する可能性がある。環境の変化は通常所与とされる。換言すると，環境は外生的である。議論の単純化のために，所与の環境変化が企業行動に及ぼす影響の説明に，研究上の関心が向けられてきた。システム・レベルの環境変化に対する企業の集団的な反応がフィードバックされて，環境に更なる変化が起こるという事実については，原則的に明確に理解されてはいるものの，分析対象から除外されてきた。もととなったアプローチが悪いわけではない。ただ単に，問題に対する視点が意図的に部分的であったということに過ぎない。

環境変移と情報コストの導入

　システム思考は，新しい現象ではない。1960 年代にエンジニアたちによって定式化されたさまざまな「サイバネティクス」のモデルは，システム思考の重要な例である。これらのモデルは，システム的視点の顕著な特徴であるサブシステム間の相互作用を特徴としている。またそれらは，モデルに動態性を与えるフィードバック・ループをも特徴としている。ポジティブ・フィードバックであれ，ネガティブ・フィードバックであれ，フィードバックはシステムの経時的安定性を規定する性質を持つ。この種のモデル化は，フォレスター（Forrester, 1971）によってグローバル経済に応用された。成長の「黄金時代」の最後の数年間を著作するにあたって，システム論者たちは産業への原材料投入物の枯渇から生じる「成長の限界」を競って主張・認識してきた（Meadows et al., 1974）。これらのモデルは，柔軟性に欠けるとの批判を広く受けた。それらは典型的に，エンジニアが好む「ハードで金縛り」のモデルであり，システムの構造とパラメータは，時間が経過しても固定されたままである。不安定なモデルは，ただ単に，「爆発」もしくは崩壊あるのみである。というのも，これらのモデルのなかの各エージェント，たとえば企業や家計の行動は，あまりにも硬直的すぎて，問題に対し知的な反応ができないからである。

　たとえば，ある資源の稀少性が高まれば，代替製品を開発するという当然の反応が生じる。市場経済において，この代替プロセスは相対価格の変化に

よって導かれる。ほぼ枯渇した資源は価格が上昇し，生産者は代替的な投入物への切り替え，もしくは代わりに異なるタイプの産出物を生産することによって，その資源利用の節約に努める。このような柔軟な反応は，ワルラス的新古典派経済学モデルによって洗練された形で捉えられている。同モデルでは価格調整により，あらゆる財・サービス市場は永続的な均衡状態を維持する。

　しかしながら，ワルラス・モデルにも独自の問題点がある。このモデルによると，ワルラス・モデルがいうところの競売人によって，コストがかかることなくすべての調整が行われる。ところが現実には，情報収集には当然莫大なコストがかかる。実際，かなり多くの情報収集は，現実に実行困難なほどのコストがかかる。これが意味するところは，ほとんどの意思決定は，不確実性の下でなされるということである。情報伝達コストが大きすぎるという事実がなければ，ワルラス的な競売人はコンティンジェント先物契約（contingent forward claim）を導入することで，この問題に対応できるであろう。不確実性に対応する個々のエージェントの努力をすべて調整しようとすれば，膨大なコミュニケーション・コストを負担することになるであろう。実際に，かかわるすべてのコンティンジェント先物契約の価格づけ交渉に関与するのは，まったく非現実的である。それゆえ，ワルラス・モデルがシステム的視点の1つであると言明できない。

　ワルラス・モデルを否定することから生じる問題は，「万物は不確実性の世界の下にある」という姿勢が，あたかも万物は混沌という思潮を促しがちな点にある。ワルラス・モデルに代替するモデルをつくっていくステップが重要なのは不確実性が広く認められても，不確実性がもたらす姿は，時間が経てばしばしば変わらないものとなる，と認識することにつながるからである。これは，経済システムに環境変移を生起するシステム的な原因が存在するためである。環境変移を引き起こす諸要因をシステム・モデルに組み込むことで，システムがいかに振る舞うかの確固たる説明が可能になる。システムのある部分が繰り返しランダムな衝撃にさらされると，所与のタイプの衝撃が生じる可能性を計算することは，いかなる期間であっても可能となる。

合理的な個人は，代替的な意思決定戦略を見極め，最適な戦略を選択するために，情報コストも併わせ考え，この計算された可能性が手に入るとありがたい。関連する衝撃が生じるか否かがわかるまで，決断を見送ることも1つの戦略である。また別の戦略としては，その衝撃が生じるか否かの判断にあたって，あらかじめ用意した尺度を利用することである。決断待ちのコストおよび測定コストを所与とするなら，測定後あるいは測定なしで決断するか否かを決めるのに衝撃発生の確率が使える。

システムの異なる部分は，異なるタイプの衝撃にさらされるであろう。システムの個々の部分は，最もこうむり易いタイプの衝撃に対し，最も効率的に対処できる意思決定手順を採用できる。システムのどの部分にも影響を及ぼす衝撃のタイプがいったん識別されると，原則的にシステムにおいてどれくらい遠くの異なる部分と相互コミュニケーションをとらなければならないか，そしていかなる事柄についてコミュニケーションをとらなければならないかが決定できる。システムの一部から発生したその衝撃が，システムの他の部分へともっと広く転移すればするほど，システムの他の部分と定期的にコンタクトし続けることがますます重要になる。こうした原則その他によって，知性を持ったエージェントは，直面する不確実性によって引き起こされる不都合を最小化するためのシステム構築について重要な予測が得られる。

現代のグローバル経済との関連で，個々の国家，そして個々の市場は，それぞれ独自の異なった環境の変移の源泉に直面している。これらの国や市場で活動している企業は，環境の変移に対する制度的対応の1つなのである。日常的レベルで不確実性をいかに扱っていくかを決めるのが，経営者の仕事である。国境をまたぐことで，さまざまな立地におけるさまざまな衝撃への反応を調整する能力をMNEは獲得した。MNEによる介入がなくても，同様の調整は外部の市場の力によっても達成可能である。MNEの優位性は，特定状況においてさまざまな情報源から得られた情報を総合し，調整を施した反応を展開する能力が市場よりも優れている点にある。

企業家精神と柔軟なシステムの進化

　ワルラス・モデルにはまた，先に触れた代替モデルにも共通するが，別の欠点がある。両モデルともに，グローバル経済の構造は長期的にみて基本的に固定的であると仮定している。したがって，この仮定では新製品という革新を考慮外としている。ワルラス・モデルでは，市場の数を固定する仮定からみて，この制約は明白である。環境変移のモデルの場合，この点は相対的にあまり明白ではない。同モデルの問題点は，すべての衝撃的出来事は基本的に一時的であり，そうした衝撃的出来事の発生を抑制する可能性は時間が変化しても安定的と仮定している点にある。

　代替モデルが満足いくものとなるためには，グローバル・システムにおける製品市場数の変化を考慮に入れなければならない。この要件は単純なやり方，もっと正確にいうと，巧妙なトリックさえすれば充足できる。最初の時点で必要だと考える製品市場すべてをモデルに内包させるという方法で，代替モデルを規定するのである。このモデルの枠組みでは，以前は生産されていなかった製品の生産が開始された場合に，イノベーションが発生することになる。その製品はあまりにもコストがかかりすぎるため，もしくは単に生産技術が発明されていなかったため，それまで生産されなかったのかもしれない。つまり，最初に設定されたモデルのパラメータにすべて依存するのである。新製品の導入により，通常他の製品は陳腐化し，生産停止に追いやられる。シュンペーター (Schumpeter, 1934) が論じているように，イノベーションの本質は「創造的破壊」による構造変化にある。製品構成は経済変化で実現される。最初の時点であらゆる製品をモデルに組み込むこと，およびある製品の生産開始と同時に，別の製品を生産量ゼロまで減産するのを可能にすることで，この構造変化プロセスはモデル化される。

　このアプローチは，きわめて人為的であると批判を受けるであろう。というのも，ほとんどの人びとがまだ生産されてもいない製品を現実に生産すべきか否かを積極的に考慮に入れていないからである。だが，彼らが考慮外とする理由は，このモデルの条件内で容易に説明できる。情報コストがあまりにも大きく，この種の意思決定を定期的に行えないという意味である。

しかしながら，いかなる経済システムにおいても，情報コストが平均的な人びとに比べてきわめて低い人々が存在する。そのような人びとは，「もし〜ならば，どうなるか」というシナリオに関する思索，そしてとりわけ現在入手不可能な製品が生産されたならば何が起こるであろうか，という思索を積極的に楽しんでいるのかもしれない。彼らはそのような思索を楽しんでいるがゆえに，もし現実にその製品を生産したら実際に売れるかどうか，その判断に役立つ情報収集に好奇心が駆り立てられるかもしれない。実際，そのような思索家が事をさらに進め，自らの費用負担で試験的な生産を開始して利益を得られるかどうか，そうした判断材料を市場経済は与えてくれる。彼らは不確実性に直面しても，今すぐにイノベーションを起こすか，それとも事態がどのように展開していくかを見極めるために待つか，こうした評価に際して前述したような意思決定プロセスを用いる。こうした人びとは，この種の判断力のある意思決定を得意とする。というのも，彼らの情報コストは低いため，この種の活動に個人的な比較優位を持つからである。彼らはそのシステムの範囲内で企業家である。そして，彼らの意思決定がシステム構造が時間の経過とともに，どのように進化していくのかを決定づけるのに重要な役割を果たすのである。

　企業家は新製品市場が成功裡に確立すると，次にその市場の適切な組織化を確実なものとしなければならない。第5章で述べたように，取引を実行する総コストができる限り低くなるように，市場全体の情報フローを構造化しなければならない。これは，伝統的な意味での単なる取引コスト最小化の問題ではない。というのも，伝統的アプローチは機会主義によって生み出される問題を過度に強調してきたからである。機会主義から生じる情報コストと，顧客と親しくなったり，顧客に製品仕様を知らせたりするコストのような機会主義が原因ではない情報コストとの双方が情報コストに含まれる場合，むしろトータルな情報コスト最小化に課題がある。企業家は，通常この目的を達成するための特定組織，つまり市場創造型企業を設立することで，情報コストを最小化するであろう。

　生産ではなくマーケティングが，市場創造型企業にとって中核的な活動で

ある。市場創造型企業が，生産活動を行うこともわかる。だが，それは垂直統合の経済性によって得られるメリットが存在する場合に限られる。競争において常に先頭を走り続けるために，製品の継続的な改善が必要なら研究開発 (R&D) 活動をも統合するかもしれない。企業を他の製品ラインへと多角化させるアイデアが，R&D 活動の進展によって生み出されるかもしれない。このようにして，内部的な R&D 活動を介した企業家精神の高まりによって，経済システムの進化が維持されるだけでなく，同様に企業の進化も促進されるのである。

しかしそれでも，この種の公式モデルが達成できる限界はある。扱いやすいモデルが，絶対に生産できると考え得る限りの製品すべてを取り込むことができると断言するのは非現実的である。経済モデルをつくる人が，仮にいくら能力に長けていようとも，グローバル・システム内の何千何百万にも及ぶ競合する企業家たちによって行われる判断を予測できると自負するのは，明らかに馬鹿げている。こうした理由で，このモデルには予測手段としての有用性に限界があるのである。

しかしながら，歴史的な説明となれば事情は明らかに異なる。過去に関する限り，ある特定の時代において実際に生産された製品の範囲は既知である。明らかに，対象となる時間の範囲が長くなればなるほど，生産されていた製品の範囲もずっと広くなっていく。しかし，それまで生産されてきた製品の総数が有限であることに変わりない。

企業家精神から生じるイノベーションの公式モデルの構築は，グローバル・システムの歴史を記すうえできわめて価値がある。グローバル経済の初期構造は，今日のグローバル経済から類推するとかなり制約されていたと解釈できる。今日に比べて技術がそれほど発展していなかったし，それゆえ輸送・通信コストも非常に高かったために，制約は大きかった。したがって，モデル構築者が，対象となる時代をさらに遡るほど，国際分業の発展の度合いはずっと低くなる傾向があり，当時循環していた製品の数はもっと少なかった。実証のための証拠が存在する非常に初期の経済体において，貿易されていた製品の数は，現代を基準とするならばきわめて少なかった。もちろ

ん，諸帝国の興亡と結びついて論争となる歴史的循環は存在する。しかし，それでも全体的な傾向は非常に明白である。

　この傾向がそれほど明らかな理由は，グローバル経済における技術進歩が漸増的であるからである。技術的な知識の累積に関する限り，代々続く個々の文明は，「祖先から受け継いだもの」である。しかしながら，他の技術に比べて重要性がずっと高い技術もある。第8章で示したように，輸送技術の改善は，輸送コストを低下させるうえできわめて重要である。グローバル・システムのパースペクティブに立って任意の製品をみれば，現地市場で生産・販売されている現地製品が，ごく少数の立地で生産され世界中に販売される標準化された世界的製品にどの程度取って代わられるかは，輸送コストが決定する。同様に，通信技術の発展により，とりわけ遠隔地間の通信コストの低下が促進される。IB研究者はすでに，国際ビジネス活動のマネジメントにおける遠距離通信コストの重要性に気づいている。しかし，遠距離通信コストの低下がいかにして事務職の賃金が安い立地へと事務活動をますます集約化させるのかについては，彼らはそれほど熟知してはいないかもしれない。通信コストの低下という傾向はまた，専門コミュニケーション・ハブへの企業家的活動の再配置を促進する。そしてハブで，全世界向けの標準化製品についての革新的な意思決定を導き出すため，全世界から情報が集められ総合される。

社会的要因を経済的動機に統合する

　企業家精神から生じるイノベーションは，単なる利益追求以上の動機によって駆り立てられる，と長い間伝統的に主張されてきた。同様に，MNEにおけるマネジャーと労働者は，単なる「賃金・給与収入に対する欲望」や「仕事をさぼる楽な生活」を超える動機によって，やる気が起こされるという証左もかなり多く存在する。これは，物質的動機は経済システムにおける行動の限られた側面しか説明できないということを示している。道徳的・社会的要因も考慮に入れなければならない。そのような要因は，IB理論に重大な影響を及ぼす。たとえば，第5章で説明したように，取引における機会

主義の役割が「誇張」される可能性がある。なぜなら，ある種の情報に関して，取引当事者が不誠実になるインセンティブが存在しないからである。つまり，詐欺的行為を行う誘因が存在する場合でさえ，自分の行動に対する道徳的・社会的制約ゆえに，取引当事者はその誘惑に屈しないかもしれないと補足されてもよい。企業の境界線はどこで引かれるのか，内部化理論によって提示された，この長年の問題についても大きなインプリケーションがある。社会的・道徳的規範が高く，人びとがこれらの規範を強く尊重する社会，つまり「高信頼」社会では，市場取引において詐欺的行為を行う傾向は低くなろう。機会主義がないということは，中間製品市場を内部化する誘因もまた低くなることを意味している。しかしながら，同時に内部市場は高い効率性を発揮する傾向にある。これは，これら内部市場を管理するマネジャーが誠実かつ勤勉だからである。したがって，内部市場と外部市場の双方とも取引コストは低くなり，内部化に関する意思決定が戦略的重要性を持つことはほとんど存在しないであろう。他方，規範が弱く，これらの規範を遵守しようというコミットメントが弱い社会，換言すると「低信頼」社会では，機会主義が深刻な問題となろう。結果として，外部市場の取引コストは高くなろう。同時に，マネジャーが雇い主を欺き仕事を怠けようとするので，内部市場の取引コストも高くなろう。内部市場および外部市場共に取引コストは非常に高くなるので，どちらを正しく選択するかの重要性は非常に大きい。それゆえ，「低信頼」社会では，内部化に関する意思決定は，「高信頼」社会では存在しない戦略的重要性を有することになる。

　実際，内部化に関する意思決定が，IBにおいてそれほど重要である理由の1つは，取引当事者間の信頼が純粋な国内取引よりも国際取引において非常に低い傾向にあるからである。IB取引の多くには技術移転が含まれており，技術は非常に大きな詐欺的行為の機会を生み出すということも，また別の理由として挙げられる。こうして国際的な技術移転は，内部化に関する意思決定が真に重要になる領域である。逆にいえば，たとえば製造業において，生産の上流段階から下流段階へと流れていく通常の中間製品といった，その品質が調査しやすい通常の有形商品市場，そして国内市場において

10.2 グローバル・システム的視点：要約と再説　361

は，取引コストが非常に小さくなる傾向があるということである。それゆえ，ウィリアムソン（Williamson, 1975）が強調している国内的な多段階生産というコンテクストと比較して，バックレーとカソン（Buckley & Casson, 1976）が注目している国際的な技術移転の領域では，機会主義を強調しすぎることの危険性はやや小さくなる。

　機会主義の問題が重要となる場合，機会主義を減少させるための社会的技法と道徳観は，企業にとってきわめて重要である。「低信頼」社会では，その企業独自の企業文化を創り出すために投資を行っても，企業所有者はその見返りを得られるであろう。誠実さといった労働に関連する伝統的な価値観を教え込んでいる数少ない家族や教育機関出身の人々を雇用することを基本とした適切な採用戦略によって，この企業文化は強化できる。しかしながら，企業所有者は企業文化を従業員にいかに浸透させていくかについて気配りしなければならない。「もっと多くの利益が得られるように一生懸命働くべきだ」といった趣旨の議論は，説得力がないように思われる。しかしながら，その企業の製品固有の社会価値を信じ，言葉ではなく行動によって明確に信念を示すカリスマ的最高経営責任者を登用することは，当然に望ましい効果をもたらすであろう。しかしながら，そのような登用を行うことで，企業の所有者たちは自分たちと並んで最高経営責任者が彼自身のアジェンダを追求することを認めなければならない。したがって，企業所有者は余計にコストを負担することになる点は認識しなければならない。最高経営責任者は，彼の社会的使命感を満たすべく，損失を出しても安い価格でもっと貧しい人びとに製品を売ろうとするかもしれない。たとえそうだとしても，最高経営責任者が信奉する価値観に対して信頼性が得られるために，企業所有者はこれを認めざるを得ないだろう。企業所有者の利益を多少なりとも犠牲にすることなくして，従業員のモチベーションがさらに高まることから生じるずっと大きな利益は得られないであろう。

　企業所有者の利益の「犠牲」の形を変えることで，さまざまな職種の従業員を適切に動機づけできるかもしれない。もっと貧しい消費者に対し補助金を提供すれば，主に賃金労働の従業員にアピールするかもしれない。教育や

医療の慈善事業に企業が貢献すれば，給与所得のマネジャーにずっと大きな刺激を与えるかもしれない。「夢のある」研究に R&D 予算の一部を別に割けば，科学者やエンジニアたちに大きなインパクトを与えるかもしれないなどである。

このように従業員のモチベーションを高める能力は，その企業にとって潜在的な競争優位の源泉である。モチベーションの高い労働者はより高い生産性を示すであろうし，モチベーションの高いマネジャーは，企業の資源をもっと効率的に活用するであろうし，モチベーションの高い R&D スタッフはもっと革新的になるであろう。その国の文化が弱ければ弱いほど，この種の企業文化から生じる価値はますます大きくなろう。

10.3 国際ビジネスのモデル構築をめぐる学際的な競争

本書で提示したいくつかのシステム的視点について，これまでのところ，MNE 行動に対する新たな洞察を得るための装置として主に推奨してきた。これらのシステム的視点は，国際ビジネスの「黄金時代」の終焉以降だけでなく，何世紀も前に国際ビジネス関係が初めて脚光を浴びて以来，国際ビジネス環境がどのような理由で変化してきたのかを説明するのに役立つ。したがって，それは国際ビジネスを展開する企業が彼らなりのやり方で自らをなぜ変えるのかをもっと深く理解するのに一役買う。だがこれ以外にも，これらのシステム的視点から得られるもっと大きな利益，つまりメリットが存在する。グローバル・システム内の他のあらゆる制度の行動の説明のように，同じしっかりした基礎によって，グローバル・システムの一構成要素としての企業の行動の説明をセットできるメリットが生じる。環境変移に対処するための組織が出現する原理は，企業だけでなく，その他あらゆる形態の組織にもあてはまる。同様に，道徳観と社会的要因が自発的な協調の下支えとなるという考え方は，企業内の秩序維持以外にも，社会秩序に関するその他多くの側面を説明してくれる。

したがって，システム的視点は，国際ビジネスが展開される環境全体を内

包しているのである．適切な修正によって，企業行動を説明するのと同じ原理で，政府，労働組合，経営者団体，学校，大学等々の行動を説明できるであろう．これらの制度（組織）すべてが，意思決定まで到達すべく，情報の処理を行いながら，彼らが所有しコントロールする資源を配置する．それらすべての組織が，自分自身の意思決定と，システム内の他の組織の意思決定との間の調整を行うために，他の組織とのコミュニケーションが必要不可欠となる．

たとえば，ある国に初めて投資するMNEの立地に関する意思決定を考えてみよう．伝統的なアプローチであれば，投資に関する意思決定において，現地の労働コストの重要性を間違いなく強調するであろう．輸送コストおよび関税の削減についても，同様の認識が与えられるであろう．これらのコスト削減と天秤にかけられるのが，本国で生産を拡大せずに海外投資をすることで引き起こされる規模の経済性の喪失から生じるあらゆる追加的コストである．しかしながら，海外投資に関するより最近の文献では，その他の立地決定要因を強調する傾向がみられる．1990年代を通じたグローバル市場における環境変移の激化によって，多くの企業が小規模な市場から撤退するようになった．そのために，企業を自国にとどまらせる効果がありそうな要因が，受入国の政策決定者から大きな注目を集めることとなった．政策のポイントは，海外から投資を引きつけることから企業を自国内にとどめておくことへとシフトした．このシフトは国際ビジネスの文献にも反映されている．現地における制度（組織）間の長期的関係が，特定の立地に企業を「埋め込む」ためのポイントの1つとして認識されている．

現地への「埋め込み」から得られる利点は，多くの点で明白である．外資系企業と受入国政府との間の良好な関係は，ひとたび投資を行った後で押しつけられるかもしれない課税強化を防ぐうえで重要である．現地の労働組合と経営者団体との間の良好な関係は，良好な労使関係を確かなものにするという点で重要である．労使関係が悪ければ，ストライキの脅威による賃金上昇もあり得るし，制限的な労働慣行による生産性低下のために，労働コストが上昇することもあり得る．政府，専門家団体および学校との間の良好な関

係は，適切な能力を持った従業員の豊富な現地供給を確かにする，という点で重要である。これらの良好な関係の存在が，長期的にみてきわめて重要であるのは確かなようである。しかしながら，企業のモデル化と同じフレームワークで，企業以外の組織の性質をモデル化できなければ，これらの関連が企業のパフォーマンスにどのような長期的なインパクトをもたらすかについてモデル化することは困難である。

　考え得ることができるほぼすべての制度を内包するグローバル・システムへとアプローチするためには，ある特殊な形態での統合的な社会科学が思い浮かぶ。そのためには，2つの明確な形での知的統合が必要である。一方は，ある一定範囲の多様な理論的洞察を社会システムの内容へと統合することである。他方が，多様な国・地域に関する研究を，単一のグローバルな単位の研究へと統合することである。それゆえ，本書で提示したグローバル・システム・アプローチに向かって進展しようとするこれらの主張を認めることは，グローバル・システム・アプローチを支える制度理論によって統合的な社会科学の基礎が形成可能なことを認めることに等しいのである。

　この主張はあまりにも強烈なために，多くの読者は容認できないかもしれない。本書で提示した経済学の概念に重要な地位を与えることに異議が集まるかもしれない。国際ビジネス研究者の多くにとって，社会科学の一領域と考えられる経済学は「部外者」である。経済学者は，他の社会科学とは分離して経済学の発展を追求する傾向にある。彼らは通常，社会学者，政治学者などの研究成果を無視し，社会科学のいかなる命題も，経済学における定理として証明された場合にのみ確固として確立されるとみなしている。そうした彼らの尊大な姿勢が，経済学で行われていることは無視しても不当でないとするその他の社会科学者の感情の基盤を形成している。

　これらの姿勢は共に誤りである。社会科学の目的がさまざまなタイプの制度（組織）がいかに機能しているのかを説明することにあるとすれば，既知のあらゆる制度（組織）がいかに機能しているのかに関する知識を発展させる権利は，原則的にすべての社会科学者に与えられるべきである。いかなる社会科学であれ，ある特定のタイプの制度（組織）の説明という独占をはか

ることは誤りである。ある1つの命題群（たとえば，経済学の命題群）は社会科学のある領域（たとえば，市場に関連する領域）に応用する，そして別の命題群（たとえば，政治学の命題群）は別の領域（たとえば，政府に関連する領域）に応用するという考え方では，2つの現象（すなわち，政府と市場）の相互に一貫した分析は不可能である。市場を説明する原理を開発した学者が，政府行動も説明できるように，それらを修正・一般化し，同時に政府行動を説明する原理を開発した学者が，その修正・拡張を手掛けて市場行動も説明できるようにする方がはるかによい。これら2つのアプローチ間の競争によって，統合的な諸原理を創発し得る創造的緊張が確立されることが期待される。これらの統合的な原理は，政府行動と市場行動という現象双方を同じ専門用語で説明することになるであろう。

　しかし，だからといって出発点となった2つのアプローチが，終着点である理論的統合において，等しく扱われるというわけではない。実際，それはあまり実情にそぐわない。内部的一貫性が必要であるということは，一方の原理群の抽象度をかなり高め，つまりこれらをきわめて一般的な公理群に変え，他方で，それらがあらゆる特定状況においてどのように解釈されるべきかを示す限定的・条件付き原理群にもう一方の原理群を変えることによって，統合が達成されるということだろう。この方向性を本書でも採っている。経済学の原理群を非常に一般的かつ抽象的な原理群という小さな核，最も顕著な場合には手段的合理性（instrumental rationality）の原則へと分解して，そのうえでその他の社会科学領域をベースとする同様の範囲の原理群と結合させた。サイモン（Simon, 1959）が認知科学および心理学から導出したのであるが，情報処理にはコストがかかるということや，社会学および人類学から導出された「個人は，物質的・利己的目的だけでなく，道徳的・社会的目的も持ち合わせている」という考え方が，これらその他の原理群として含まれている。

　上述した学問領域の競合プロセスは，社会科学における「帝国主義」であると非難される場合もある。経済学の中核的な原理群を取り上げて，それを政治（たとえば，ブキャナン（Buchanan et al., 1978））の「制度派経済学

(institutional economics)」)や法律(ポスナー(Posner, 1981)の法の経済学)に応用する手法ゆえに，とりわけ経済学者は「帝国主義」批判の矢面に立たされる。しかしながら，そのような「帝国主義」を非難するのではなく，経済学と戦うことを決めた社会科学領域もある。エツォーニ(Etzioni, 1989)などの業績を基盤として，社会経済学者たちは社会学の原理群を重要な経済的制度である市場に応用し始めている(研究にはスメルサー(Smelser)とスウェッドバーグ(Swedberg)1994を参照されたい)。市場には，慣行，手続，そして行動基準が存在するという意味で，市場は社会的制度なのである，と彼らは的を射た指摘をしている。換言すると，市場は，企業を含む他のあらゆる経済的制度と同様に，「社会的に埋め込まれて」いるのである(Granovetter, 1985)。経済学からの挑戦を真剣に受け止めることで，彼らは，伝統的な社会学の原理群をずっと実際的かつ適切な用語で再公式化することができた。さらに，経済学がよって立つ基盤を再検討すべく経済学者を刺激したことで，この展開が経済学におけるさらなる精緻化の促進にも役立ち得るのである。

　経済学と社会学との間のコンフリクトは，それぞれの側の「主役たち」が宣告するほど必ずしも激しくはない，ということについても併せて注意すべきである。「相互利益が協働を維持させる」というように，双方の領域で共通する命題もいくつか存在する。現在のところ，これらの類似点は，それぞれの領域で用いられる用語の違いによって覆い隠されている。つまり，同じ内容の命題でも異なる用語によって表された場合，まったく異なって聞こえるかもしれないということである。統合的な社会科学の別の優位性は，そのような重複が回避されることにある。つまり「オッカムの剃刀」の精神で，個々の命題が言明されるのは一度きりになるのである。

　「勝者」を決定する何らかの基準が存在する場合にのみ，統合的な社会科学を構築するために，さまざまな領域間が競合するという考え方は機能しよう。成功を測るための独自の基準が各領域に存在すれば，独自の基準にもとづき，それぞれの領域が「勝者」となることを確かなものとするために，基準が操作されるかもしれない。異なる理論の「成果」をいかに評価すべきか

について，個々の社会科学領域間で深刻な意見の相違が存在するのが現実である。たとえば，実証主義者は客観的な証拠のみで，競合する理論の「勝ち負け」を判断すべきであると信じている。他方，客観性や精密性に疑念を抱く研究者は，代わりに内省的妥当性または単なる直観的アピールを強調する傾向にある。経済学者は実証主義に傾き，価格と取引量が主要な説明対象であると信じている。他方，社会学者は質的証拠にずっと関心を寄せ，内省的妥当性により大きなウェイトを置く傾向にある。社会学理論は通常定量的な予測を提供できないため，経済学者の「テスト」にはパスしない。他方で経済学理論は，しばしば内省的妥当性に欠けるため，社会学者の「テスト」に不合格となる。相対主義者にいわせれば，理論は「普遍的・絶対的」という基準ではなく，「局部的・条件付き」という基準で評価されるべきである。ある他の理論の方がベストであると主張するライバルと直接戦おうとはしないで，自分自身の理論がベストであると主張する人びとにとって，相対主義は実に便利な口実である。それゆえに，理論間の競合的評価についていうなら，極端な相対主義はきわめて虚無的である。

したがって，統合的な社会科学の構築を前進させ続けようとするなら，評価法に関する合意が必要である。いったんそのような合意が形成されさえすれば，個々の領域は本来基盤としていた特定の原理群からの一般化に乗り出すことができる。一般化を追求するため，かなり範囲が狭く特殊的な原理のなかには，棄却されもっと一般的な原理に取って代わられなければならないものもあるだろう。もっと一般的な原理は，異なる領域から「輸入」されるかもしれない。というのも，まったく新しい原理が発見される余地は小さいからである。それゆえ，競合プロセスによって，競合している個々の領域に「転移」効果がもたらされがちである。個々の領域は，創発的な理論統合プロセスのなかで特定の役割を担うことで，その強みを発揮することとなる。これが個々の領域にとって最適な役割，つまり自らの比較優位が存在する役割である。

本書で述べた創発的統合化によって，独特の特化パターンが示唆される。経済学の強みは，その内部整合性にあり，公理的方法によって獲得されたも

のである。心理学の強みは，情報の取り扱いへの心理作用の理解にある。他方，社会学の強みは感情的相互作用に対し，その専門性を発揮する点にあるなどである。個々の領域が独自の強みを発揮するなら，上述の成果が達成されるであろう。経済学から引き出された合理的行為の原理は抽象レベルにまで引き上げられ，そして心理学から引き出された情報コストの原理，および社会学から引き出された道徳的・社会的動機づけの原理によって条件づけられる。これら2つの原理による条件付けは非常に重要である。というのも，それは，行動に関して，本書で述べたグローバル・システム的視点内と伝統的な経済学の教科書のコンテクスト内では，合理的行動の原理が非常に異なるインプリケーションを持つことを意味しているからである。

　理論的進歩がたいてい理論間の競合によってもたらされがちであるということが容認されるなら，次に主に競合するのはどの理論か，そしてそれらの理論の構成概念がいかに機能するかに関する問題が生じる。本書で提示したグローバル・システム的視点にとって，主要なライバルはどの社会科学の領域なのか。すでに示したように，以下の節では，2つの主要なライバルについて議論する。第一のライバルは，マイケル・ポーター（Michael Porter, 1980, 1990）による競争戦略アプローチである。同アプローチは，社会科学全体に対する影響力という点では限界がある。しかし，ビジネス・スクールにおける教育上の枠組みとして広く用いられ，たとえばハメル＝プラハラッド（Hamel and Prahalad, 1994）の業績を通じて，IB研究に非常に大きなインパクトを与えている。第二のアプローチは，リチャード・ホワィトリー（Richard Whitley, 1992a, b）が提示したグローバル経済に対する「国家特有なビジネス・システム」アプローチである。彼のアプローチは，IBに関連する問題を扱っている多くの社会学者および社会人類学者に共通する典型的な反実証主義的な理論スタンスを取っている。これらのアプローチ以外についても議論できるが，主要な論点を明らかにするためには，これら2つのアプローチの具体的比較で十分である。とりわけ，ウィリアムソン（Williamson, 1985）およびノース（North, 1990）によって活性化された新制度学派経済学（Droback and Nye, 1997）は，本書で提示したアプ

ローチに非常に近いので，切り離して議論を行うわけにはいかない。重大な相違点がいくつか存在するが，そのほとんどがテクニカルな性質のものであり，それを説明するためにはかなりの紙幅が必要である。

　これらのアプローチの相対的メリットを最終的に判断するのは時期尚早であろう。というのも，それらのうちどれ1つとして，まだ十分明確に説明されていないからである。さらに，異なる領域で用いられているどの基準でも最高の成果を示せそうな単一アプローチは皆無であり，幾分なりとも，多様なアプローチが残りそうである。しかしながら，本書で提示したアプローチが，将来的な展開に対して最も大きな潜在力を秘めていると判断されても，読者はまったく驚かないであろう。この判断が正しければ，グローバル・システム的視点が，近い将来IBにおいて最も有力なアプローチになるはずである。

10.4　ポーターのフレームワーク

　ポーターのアプローチは，企業から他の種類の制度へと概念を移植したという意味で，他のアプローチよりも本書のアプローチと類似している。したがってポーターは，企業の競争優位に関する研究（Porter, 1980）に続いて，国家の競争優位に関する研究（Porter, 1990）を行い，企業の戦略を分析するために開発した戦略と同じ概念のいくつかを国家に適用している。こうした概念の倹約的な利用によって，ポーターの説明は大きな範囲の経済性を獲得するとともに，読者が必要とする知的投資は低減する。つまり，読者は2つの異なる概念を習得し，それらを関連づける必要がないのである。

　ポーターのアプローチは，経済学に基礎を置くアプローチとも類似している。しかしながら，ポーターの言葉は随分漠然としていて，彼の議論は本書で活用されたものと比較して，それほど公式的なものではない。ポーターは「モデル」と「フレームワーク」を対比させているし，経済学の伝統的な手法を「競争の複雑さを抽象化して，相互作用が徹底的に検討された主要な変数をいくつかに分離する（Porter, 1991, p.97）」モデル構築とみなしてい

る。「モデルのいかなる結論も，その適用については，そのモデルの仮定に適合した特徴を持つ企業や業界という小さなサブ・グループに必然的にほとんど限定される。(1991, p.98)」ポーターは，戦略経営の進展をフレームワークを構築する能力とみなしている。「ただし，このアプローチは，モデルではなくて，フレームワークを構築するものである。産業構造を分析する競争要因アプローチといったフレームワークは，数多くの変数を含んでおり，実際の競争のひどく複雑なさまを理解することを目指している。(1991, p.98)」フレームワークは特定の産業もしくは企業向けにあつらえられたシステムと類似している。「私自身のフレームワークは最適化の考えを包含しているが，一般的な意味での均衡は包含していない。その代わりに，ライバル企業間での永続的な競争的相互作用が生じる継続的に進化する環境がある。加えて，フレームワーク内の多くの変数間の相互作用のすべてを厳密に描くことはできない。」

　ポーターの見解の多くが，企業のモデル化というよりもむしろ産業のモデル化に関連していることに気づくことは重要である。ある産業は多数の企業から構成され，そのすべてがかなり類似した製品を生産している結果，それらの間での代替の価格弾力性はかなり高い。もしその産業が少数の企業から構成されている場合，寡占的相互作用の公式のモデル化はきわめて複雑なものになり，フレームワークに関する主張はかなり強力となる。ポーターは自らの分析の焦点を産業レベルに合わせる傾向にあるが，彼の追随者たちの多くは主に企業レベルに適用している。だが，企業レベルで，モデルではなく，フレームワークの利用に賛成した主張は非常に弱い。

　第2，第3，第6章で示した合理的・戦略的選択モデルは，個々の企業との関連で戦略経営論が提起した多くの問題を議論している。戦略経営の文献で知覚されるもののいくつかは信頼できるが，多くは信頼できないことをそれらの結論は示している。戦略経営のアプローチは，所与の状況下における代替的な戦略のすべてをしばしば検討できず，ある特定の状況で直観的と思われる代替的な戦略の2つ一組の比較に集中している。それゆえ，戦略経営論から導き出された結論は，厳密な経済学的アプローチから得られる結論と

比較して誤った方向に導かれることがある。

　前述したように，経済学的なモデル化の主要な強みの1つは，その公理的な手法にある。通常，仮定は明示される。このことは，国際ビジネスのコンテクストでは，各企業にとって利用可能な戦略すべてを完全に特定化し，それらの詳細をはっきりと書くことを必然的に含んでいる。できるだけ分析を簡潔にするために，厳密な仮定が用いられる。簡潔さは論理的透明性を提供し，結果が楽に理解できることを確かなものとする。対照的に，ポーターは自らの仮定を明示することはあまりない。自分たちの仮定を明示しないでいる者が仮定を明示化している者を批判することは容易である。なぜなら，彼らは，つくられた仮定の一部にある直感でわからない性質を突くことができるからである。だが，それらの厳密な仮定のいくつかを緩めたとしても，主要な結論がまったく頑強なままである可能性はしばしば無視される。しかし，仮定を明示化している者がそうでない者を批判することは難しい。その理由は，仮定が何であるかを確信できないからである。暗黙的な仮定で，いかなる特定の仮定をしても自由に否定され，それゆえ明示的モデルより暗黙的モデルの方が現実的であると勝手に主張され，モデル構築者が退けられてしまう。実際には，暗黙的な仮定は少しもよいものではない。というのも，主要な仮定が暗黙的である限り，そのモデルが論理的に信頼できるか否かのチェックがないからである。

　本書全体を通じて強調してきたように，経済学的方法論では手段的合理性が独自の役割を果たしている。国際ビジネス理論における手段的合理性の役割は，企業が所与の戦略を選択する状況を予測することにある。合理性を仮定することは，間違ったほうに導く心理学の1つとしてではなく，簡潔さへの実践的ニーズに対応したものなのである（Buckley and Casson, 1993）。企業の目標が利潤極大化なら，戦略の選択はその企業の収益・費用構造によって後押しされる。収益・費用構造はその企業を取り巻く環境によって決まる。環境の主要特性を識別することにより，その企業の行動様式を非常に倹約的な方法でモデル化することが可能となる。そのモデル予測は，利潤極大化仮説とモデル構築者が収益・費用構造に課す制約の双方から明らかにな

る。モデルの予測の失敗は，それらの制約を再検討することで対処されるのではなく，理論の中核にある利潤極大化の原則を捨て去ることで解決に向けて努力される。

　経済学の合理的選択理論で用いられる変数は，厳密に経済的な性格のものである必要はない。それらの変数が合理的行為の観点から分析されるということが理論に加えるかどうかの基準である。格好の例が第6章の国際合弁 (International Joint Ventures：IJVs) の分析であり，そこでは満足のいくモデルを生み出すために，市場規模といった経済的要因は技術的・法的・文化的・心理学的要因によって補完されている。

　経済学は，戦略経営の理論家の多くが信じているよりもずっと融通がきく学問領域である。経済理論の汎用性は，その継続的な進化の仕方に反映されている。経済学は，経済学に対する批判を考慮する限り，いわゆる「動く標的」である。多くの場合，経済学に対する批判は経済学の進歩に追いつくことができない。たとえば，20年前にポーターが最初に彼のフレームワークを開発したときよりも産業のダイナミクスを分析することが随分簡単になったことは，そのテーマにおける近年の発展を意味している。とりわけ，今日では非協力ゲーム理論が産業組織の研究に広く用いられている。非協力ゲーム理論は，ポーターの寡占分析によって提起された問題の多く（すべてではないが）について論じている。実際のところ，寡占競争という概念は，ゲーム理論のコンテクストを外れては公式にはっきりと考えを述べることはできないと主張できる。その意味で，ポーターが自らのフレームワークから導き出した結論は，公式のゲーム理論的分析がそれらポーターの結論を論理的に信頼できるかどうか確定するまでは暫定的なものにとどまらざるを得ないのである。

　今日では産業進化のダイナミクスは，第7章で示したリアル・オプション理論を活用することによって正式に論じることができる。リアル・オプション理論は，単純な静態的経済モデルが示唆する以上にマネジャーがしばしば慎重になる理由を説明している。実際，リアル・オプション理論の原則を直観的に理解することは，企業にとって競争優位の主要な源泉の1つであると

10.4 ポーターのフレームワーク

いうことができる。投資の意思決定を下す際に,「上昇傾向」だけでなく,「下降傾向」も進んで考慮する最高経営責任者は, 利潤を生み出すことについて, いつも楽観的な見方をする最高経営責任者よりも長期的な実績を手に入れる傾向がある——たとえその楽観主義者がよき起業家的な多くの人びとの直観的なアイデアに従う傾向があるにしても——。それゆえ, 戦略経営論はリアル・オプション理論の原則を十分に考慮しなければとても完全とはなりそうもない。リアル・オプション理論の原則は, すでに公式化されているので, それらを考慮に入れる最も簡単な方法は, 戦略経営の公式理論のコンテクストのなかにある。個々の企業を考察する限り, この公式理論は本書で説明した理論と共通点があるし, 寡占産業に関する限りは非協力ゲーム理論の要素も含めるだろう。

全般的にみれば, システム的視点のなかで戦略的な重要課題を扱う際に, 公式のモデル化の範囲について, 戦略経営の理論家が非常に懐疑的であったことが示唆されるかもしれない。しかしながら, この批判はポーター自身よりも彼の追随者たちにもっとあてはまる。経済学的モデルは皆がすでに知っていることを合理化する以上のことをする。経済学的モデルを構築するということは, 取り扱うように計画されている事実を単に説明するだけではなく, 斬新な予言を生み出す能力があることを意味する。これらの予言を検証することによって新しい結果がもたらされ, これがめぐりめぐって理論的発展の更なる刺激を提供することになる。これまで注目されてこなかった現象に目を向け, その現象の説明と既知の現象の説明とを統合する経済モデルの能力こそが, モデルの成功を測る真の尺度である。対照的に, 戦略経営論の予測は漠然として曖昧であることが多いので, 新たな実証研究を刺激することがなく, その結果理論開発のスタートが相対的に遅いので, その進歩も刺激されない。

10.5 ホワィトリーのグローバル経済に対する「国家特有なビジネス・システム」アプローチ

本書は，1970年代にアジアの新興工業諸国からの競争が引き起こした西側諸国への衝撃を言及することでスタートした。これらアジアの国々のいわゆる「経済的奇跡」に対する一般的な説明は，国の文化の観点から述べられることが多かった。研究者のなかには，さらに進んでアジア諸国の台頭の原因をアジア諸国すべてに共通する「アジア的価値観」に求める者もいた。たとえば，森嶋（Morishima, 1982）は日本に焦点を当てて，その価値観のルーツを儒教的な価値体系とみなした。

政策論的視点からすれば，アジア諸国の国家特有なビジネス・システムが西側諸国のそれとどのように異なるのかを理解することが重要なのは明白である。経営者と政治家の双方がアジアの成功を下支えした「勝利の方程式」を分離しようと試みてきた（Zysman and Tyson, 1983）。（仮に存在するとして）そうした勝利の方程式を他の国へ移転することができるものなのかどうかを知ることもまた重要である（Gerlach, 1992）。文化的価値観とそれらを具体化した制度的形態の移転については，歴史のなかで十分に立証されており，芸術的および考古学的な証拠によって強く支持されている。そのうえ，多くの米国人は「法の下での自由」といった自らの伝統的な価値観やそれらと結びついた民主的な制度がどの国にも移転できると今だに信じている。にもかかわらず，アジア的価値観は異なると論じられてきた。アジア的価値観はいくつかの民族集団特有の心理状態を反映しているので，西側諸国の人びとには移転できないといわれている。あるいは，アジア的価値観は権力を持っている人間の知恵の単純な考えを反映しているので，ずっと「現実主義的な」もしくは皮肉っぽい西側諸国では支持されないと考えられている。このような異論が正しければ，新しいミレニアムにおける国際関係の安定に深遠なインプリケーションを与えるであろう。

それゆえ，これらの重要課題の分析を容易にする概念的フレームワークが

社会的に求められている。最も直接的なアプローチは単純なステレオタイプ化にもとづくものである。このアプローチは,「アングロサクソン企業」,「アジア的ビジネス・システム」,「地中海文化」,「中国資本主義の精神」などといったコンセプトを採用している（たとえば, Laurent, 1983; Redding, 1991 を参照）。極端な例の1つは, J型企業なる概念で, 1970年代の日本の成功の背景にそれがあると語られる。時に, このアプローチは洗練された分析（Aoki, 1984）によって援護されることもあるが, そんなことは例外的である。このアプローチでは, 論理的な結論を導く際, たとえば中国における経済活動はC型のビジネス・システムによって説明することができ, 韓国と中国の違いは韓国がC型の代わりにK型のビジネス・システムを有している, という事実によって説明することができると示唆する。もちろんこうした説明は, 単なるトートロジーなので, 実のあるものではない。

　説明の要求を適切に満たすには, 概念と定義を開発する必要があり, そのなかで相互に一貫性のある命題が提示され得る。ボーゲル（Vogel, 1991）が示したインフォーマルな比較からハミルトンとビガート（Hamilton and Biggart, 1988）が採用したずっとフォーマルな比較アプローチやジョーンズ（Jones, 1995, 1997）やフォス（Foss, 1997）による理論的な議論まで, この流れにある研究は多岐にわたる。

　文化に関する最も洗練された論述の1つは, ホワイトリー（Whitley, 1992a, b）が提供したものである。彼の2冊の著作は, それぞれ欧州とアジアに焦点を当てているが, 以下ではアジアに関する分析についての批評に絞ることにする。なぜなら, これが本書のテーマに最も妥当するからである。ホワイトリーは, グローバル経済を経済発展に向かってそれぞれの歴史に根づいた経路を辿るさまざまな文化単位の集合とみなしている。ポーターのアプローチや本書で採用しているアプローチと異なり, ホワイトリーの分析では個々の意思決定者が果たす役割は限られている。企業が国の文化の深い影響を受けている場合, 企業は採用できる選択肢をすべて知覚できるわけではなく, それぞれの文化が理に適っていると正当化した選択肢のみを知覚する。それゆえ同じような状況においても, 異なる文化を出自としていれば,

企業の行動はまったく違ったものになるであろう。

　ホワィトリーは「国家特有なビジネス・システム (national business systems, NBSs)」に議論の焦点を合わせている。彼の見解では NBSs はその国の文化の具現である。ある文化のなかで共有され，信じられていることの多くは，経済活動を行う組織にとって最も自然な制度はどのような形態なのかという基本的な問題と関連する。こうした信念は，ある国の NBS の構造に反映されるので，NBS 研究によって NBS を支えているその国の文化について多くのことが明らかにできる。ホワィトリーは，NBSs について単一の簡潔な定義を示していないが，それを 3 つの主要な次元を記述することによって間接的に定義している。その 3 つの次元とは，以下の通りである。

　1．企業の支配的なタイプ
　2．非人格的な市場関係と対極にある企業間の高信頼ネットワーク・タイプの関係の強み
　3．組織内の権限の源泉と特徴——とりわけマネジャーの権限と労働者の服従の特徴——

　これらの次元は，それぞれ多数の別々のカテゴリーに分かれている。このアプローチによって，ホワィトリーは各国に関する事実の概要を提供することが可能となり，各国は 3 次元の文化空間のある特定の地域に位置づけられる。この文化空間のなかには，成長し得る地域もあれば，そうでない地域もある。成長し得る地域はそれぞれ独自の発展経路を提供するが，他の地域よりも明らかに優れている地域はない。各国は特定の地域に固定され，それに関連した経路を辿るように運命づけられている。

　ほんの 3 つの主要次元を識別することによって，ホワィトリーは儒教国と非儒教国の区別といった単一次元の分析のような粗野な過度の単純化を回避している。その一方で，すべての国が他のどの国とも異なって特殊であると考える場合に起こる次元の増殖も回避している。

　ホワィトリーは，アジアのなかでの類似性と同様に，国ごとの文化の違いを強調している。彼がまさに論じているのは，いわゆる「アジア的価値観」についてではなく，国の価値観についてである。正確にいえば，先に言及し

10.5 ホワイトリーのグローバル経済に対する「国家特有なビジネス・システム」アプローチ

た浅薄なステレオタイプ化と闘ううえで，分解の重要性を力説している。けれども，彼自身の分解は国家レベルにとどまっている。国の経済をいくつかの構成要素に分ける方法は多くあるにもかかわらず（Raesaenen and Whipp, 1992; Storper and Scott, 1995），それらのどれもホワイトリーの分析に目立って関係していない。

　大半の国では，首都と地方の間で文化に大きな違いが存在する。地方の地域間にも違いがあり，この違いは移民集団の過去の居住パターンならびに地形が農業のタイプや村落生活の種類に影響することで生まれる。これら文化的相違は経済的成果を考慮する限り，かなり重要になるかもしれない。フェイス・ツー・フェイスのコミュニケーションは国レベルより地域レベルでの方がずっと容易で，多くの「ネットワーク化」が地域レベルで生じるであろう。この点については，第9章の工業地域に関する議論で触れた。地域文化はネットワーク化の形態に影響するかもしれない。開放的で外向きで競争を促進するネットワークもあれば，閉鎖的で内向きで競争を妨げるネットワークもあるかもしれない。グローバル・システム的視点は，国レベルよりも地域レベルの方が文化の影響についてずっとたやすく理解できることを示唆している（Casson, 2000, 第7章も参照）。

　移民パターンは過去だけではなく，現在にも非常にかかわりがある。ホワイトリーが研究したアジアには，民族間の広範囲にわたる緊張に苦しんだ国がいくつかある。とりわけ，いわゆる「華人」ビジネス・コミュニティと在来集団との間の緊張で，華人は大きな富を有している一方，在来集団はしばしば強大な政治権力を握っている。事実，ある時にあるいは20世紀を通じて，どれほど多くの国々が文化的対立に苦しんできたのか，英国を困らせている階級対立，米国を悩ませている人種対立，さまざまな欧州諸国で革命や内戦をもたらしてきた政治対立まで枚挙にいとまがない。

　国家の主な責任は防衛，法律，秩序に関するものであることを忘れるべきではない。文化的要因が国内の立法や対外政策に重要な影響を及ぼすことは疑いもないが，だからといって文化そのものが国家によって独占的に形成されることを意味しない。文化の形成は通常さまざまな社会集団のあちこちに

分かれてなされており，国家に集中していない。民主国家は相互寛容を正当化したり，個人の権利を広く尊重することによって，この多様性を反映するよう努めるであろう。文化を操作し，パワーを持たない集団を犠牲にしてパワーを有する文化集団の利益を促進しようと試みる国家の典型は，全体主義国家である。それゆえ，政治的安定性を考慮する限り，代替的な政治システムが望ましいと信じることは，文化の重要な側面である。しかしながら，このことは必ずしもおよそ国民意識の一部ではなく，異なる集団で支えられている国内政治に関して信じられていることである。

さらに深刻な問題は産業間の違いにかかわるものである。グローバル・システム的視点は，異なる産業にかかわっている人びとの集団間で文化が異なることを示唆している。それゆえ，国の文化が存在する限り，その文化はある程度その国の産業構成を反映する。この産業特殊的アプローチは，C型，K型，J型に関する基本的要因がいくらかでも存在することを否定する。それどころか，この基本的要因は特定の産業にとって技術発展の特定段階で最も適した組織形態と関係がある。各産業はそれぞれ特定の機能的なロジックを持ち，それが経営のベスト・プラクティス・スタイルや所有の最適なパターンを決定する。規模の経済は，各国の鉄鋼産業が少数の巨大企業によって支配されていることを意味し，他方規模の不経済は，印刷産業が通常多数の小規模企業で構成されていることを指している。一般的に，それぞれの産業は独自のいわゆる「レシピ」を持っているものである（Spender, 1989）。経営者はこのレシピを知っており，進んでそれに従う。なぜなら，そのレシピはそれぞれの産業の条件に適していると受け入れられているからである。天然資源の賦存，労働者のスキルなどによって決まる国の比較優位は，その国で支配的な産業を決定し，それゆえその国の典型的な組織形態を決定することになる（Gray and Lundan, 1993）。

ホワイトリーは，この産業特殊的な観点を彼自身の分析に統合しようとはしていない。それどころか，国が違えば同一産業でも異なって組織化されるとか，同じ国では異なる産業でも同じような方法で組織化されると論じることによって，産業特殊的アプローチにわざわざ反駁している。したがって，

ホワイトリーの見方では，国家間の差異が産業間の差異に常にいつでも勝ることになる。その国の企業の性格ならびに企業間の取決めや権限構造の性格は，産業のレシピと何ら関係がなく，国の歴史によって説明できる，と彼は示唆しているように思われる。全体的な結果としては，ホワイトリーは自ら研究した国々における文化的多様性を意味深長に控えめに述べている，ということである。

ホワイトリーの国を中心とするアプローチのもう1つの深刻な問題は，NBSsが時間の経過とともに変化する点である。アジアの経済に関する限り，これはきわめて重大な問題である。その理由は，変化がホワイトリーの著作で取り上げられている急成長諸国の主要な特徴だからである。彼はこの問題を認識しており，各国がそれぞれ特有な変化のダイナミクスを持つことを自明だと仮定することで対応している。したがって，その国の経済の表層的な側面のなかには変化するものもあるかもしれないが，基本的な側面は変化せず，その不変な基本的側面が各国をそれぞれの成長の軌跡に固定し続ける。さらに，ホワイトリーの見方では，いくつかの国が成長する際，一緒に成長することがない。文化的に等距離を保ち続けるか，あるいはバラバラに成長するかもしれないにしても収斂に向かう傾向はない。1990年代にアジアのビジネス・システムが様変わりした状態を照らしてみれば，これはきわめて強烈な結論である。アジアにおける変化は多くの西側の論者が望んでいたよりも遅かったものの，変化は明らかに起きた。どんなにゆっくりであろうとも，アジアのシステムと西側のシステムの収斂をホワイトリーのアプローチに取り込むことは困難である。

各国を独自の発展経路に縛りつけているメカニズムはどのようなものだろうか。ホワイトリーは過去に行っていたのと同じやり方でビジネスをするのが本来は最も効率的であると論じている。イノベーションがラディカルであればなおのこと，新しい制度には過度にイノベーション・コストがかかる。インクリメンタルな変化はコストがずっとかからないうえリスクも小さいが，すべての戦略のなかで最も安上がりなのはまったく変化しない戦略である。だが，これは質問に対する部分的な解答でしかない。初期状態がいかに

して起こるかを説明しておらず，ホワィトリーはこの重要課題を正面から論じていない。しかし，起こりうる2つの主な可能性があるように思われる。

　第一の可能性は，その国の過去におけるいくつかの「その後を決定づける瞬間」に制度が固定されるというものである。このその後を決定づける瞬間――たとえば危機――は本来なら柔軟性のないその国の制度的枠組みを一時的に解放状態にするかもしれないし，新しい制度の発生を可能にするかもしれない。たとえば，侵略者の手による軍事的敗北が伝統的な支配者を退かせ，新たなエリートが政権を握ることになるかもしれない。変化の瞬間はまたたく間に過ぎ去るが，新しいエリートが自分たちの地位を強固にするには十分である。新しいリーダーは歴史を書き換えて自らのパワーの根拠を正当化し，歴代政府の記録を消去さえすることによって，国家の創設者として自らを描こうとする。もしこれがホワィトリーの見方なら，彼が研究した国では，その後を決定づける瞬間が大昔に起こっていなければならない。というのも，彼はアジア的ビジネス・システムが埋め込まれている国の文化があたかも西側諸国と経済的接触をするずっと前に生まれたものであるかのように述べているからである。

　もう1つの可能性は，ビジネス・システムは無数のインクリメンタルな変化に対応してゆっくりと進化しており，その進化はあまりに小さく，かつ頻繁に起きるので，後世になって証拠として再構成できないというものである。システムは原始的なままだが，かなり柔軟になり，記録されないランダムな変化に対応して調節される。しかし，システムがもっと複雑になるにつれて，もっと硬直的にもなる。社会組織は1つの独特な価値観と信念で一体となっているいわゆる「文明」へと進化していく。この文明というものは一体の方向に向かってある種のロジックを持ち，個人の行為の調整を促進する。けれども，文明は役に立つという評価にもとづく価値観や信念のみならず，かなり任意的性格の価値観や信念をも維持するためにも存在している。この見方では，文化は，いわゆる「過去の遺産」を表現しているが，その過去は不可解すぎて厳密な分析の対象になりにくい。

　ホワィトリーとは対照的に，グローバル・システム・アプローチが好む産

業特殊的な観点のなかでは変化の分析が容易に行われる。この見方によれば、戦後のアジアの成長の起源は地方から都会への人口の大量移動にあり、これにより労働力が農業から製造業へ移動した。この労働力供給の変化に貿易の自由化と国際輸送コストの低下が加わることにより、国際的な比較優位の大きなシフトが起こったのである（第1章を参照）。このことを認識した海外の多国籍企業は、アジア諸国にオフショア加工の投資を行うようになった。高い国内貯蓄率と段階的な金融規制緩和や資本流動性の上昇とが、低金利での資金調達を可能にした。この投資がハイテク製造業の労働集約的組立の成長を刺激し、さらには輸出業績を引き上げたのである。

　比較優位のシフトは、ある国の経済環境とその国の産業構造を結びつけるが、他方第4章と第5章で説明した情報コストのロジックが産業構造と組織形態とを結びつける。各産業は環境の固有の変移パターンに直面しており、それに対応して独自の手続きを進化させている。これらの手続はめぐりめぐって独自の組織構造によって支持されている。環境変移パターンや情報コストの水準のいかなる変化も組織構造の変化を誘発する。新しい組織形態が価値あるものと判明するにつれて、タイムラグを伴いながら文化的信念は更新され、新しい現実を反映するようになる。このタイムラグが短いほど、産業の成果はよりよくなる。

　この分析では国の文化ではなく、経済原理が定数であり、それらの原理が比較優位の根本的な原動力ならびに情報コストから制度的形態へのマッピングに影響を及ぼす。変化のルーツは過去というよりもむしろ現在にある。各国のビジネス・システムは変化する状況に継続的に適応し、その適応のスピードと方向性は適応過程が始まった初期の立場にはごく弱い影響しか受けない。

　産業特殊的な観点では、適応のスピードに対する主要な制約は、新しい制度の創設に要する非常に大きなコストと、その結果として起こる国民がすでに手にした制度を最大限利用しようとするインセンティブである。制度は分割不可能な存在であるために、創設する際にも閉鎖する際にも固定費が発生する。NBS のような相互依存的な制度の場合、分割不可能性と非可逆性は

非常に重要である。環境におけるどんな変化も，たった1つでは変化を保証しそうにない。しかし，連続的な変化が生じ，既存の制度が抱える問題が累積するにつれて，変化することのベネフィットが変化することのコストを上回る点まで到達したら，大きな制度的変化が起きる準備が整う。このことは，制度的変化でよくみられるタイムラグについて，経済的諸力というより社会的諸力によって持続される慣性の結果としてではなく，適応コストにもとづく合理的計算の結果としてみなさなければならないことを示している。

前述したように，NBS の概念がホワィトリーの分析の基盤であるにもかかわらず，彼は NBS を公式の言葉で定義していない。変化の要因は明記してはいるが，NBSs が果たす作用については明確に述べていない。この欠点が，彼が産業特殊的アプローチを拒絶するもう1つの帰結である。彼は産業間での違いを軽視しているため，それぞれの産業および暗にそれぞれの企業を「典型的な」産業や「典型的な」企業の小型のレプリカとして扱う傾向にある。ある国のなかの分業が，大きな単位（つまり国）のもっと小さな多数の単位（つまり個々の企業）への単なる細分化ではないと，彼は強調できない。けれども実際は，国民経済は分業によって特許で保護された技術，個別のブランド名，独自の経営慣行などといった特定の特徴を持つ特化した単位（独立した企業や産業）に分解される。異なる産業は互いに補完し合い，相当の中間財フローで結びついている。NBSs によって影響を受ける調整の主要な側面は，これら産業間リンケージの維持である。中間財市場における取引コストを低く抑えることによって，国民経済の全体的な効率性は保証される。しかし，ホワィトリーは産業ごとの異質性を重視していないので，産業間関係における NBS の役割を認識できない。

国民経済が活動をしている国際環境は，本書全体を通じて強調しているように，絶え間ない変化が常態である。その経済がオープンであればあるほど，外部の経済的衝撃に対して脆弱になる。長期的には，ある経済の成功は取り巻く環境の変化に照らして国内の分業を再構築できるかどうかにかかっている。世界経済がより一層グローバルになり，それゆえ相互依存的になるなかで，変化の必要性は絶え間ない。分業の複雑さゆえ，分業を変えること

は難しい課題であり，特別な専門知識が必要となる。

　アジアの経済のような混合経済では，リストラクチャリングの責任はその割合に差はあるものの政府と企業家の間で共有されている。政府は，一般的な「ゲームのルール」を設定することに特化し——たとえば，競争と協調のバランスを決定し，公共財のような輸出市場に関する知識を提供する——，他方，企業家は価格設定，生産量，自らの企業への投資にかかわるもっと特定の問題に特化する。NBS の最も重要な機能の 1 つは，そうした企業家の活動が遂行できるような効率的な枠組みを提供することである。分業に関するホワイトリーの分析は，かなり限定されているうえ，変化よりも静止に力点を置いているため，ホワイトリーは NBS のこの重要な側面を把握できないでいることは残念なことである。

　ホワイトリーが産業の視点を拒んでいることと，自らの理論的な原理を提示することを拒んでいることは，同じ原因から生じているようである。その原因とは，社会科学研究における反合理主義へのイデオロギー的なコミットメントである（この点については，Whitley, 1984 も参照）。産業特殊的な観点は，効率性を原動力とする論理に反映されているように，合理主義者の血筋を受け継いでいるため，この反合理主義へのコミットメントが産業特殊的な観点を拒絶することを求める。また，時々あることだが，たとえ合理的行為の原理によってグローバル・システム・アプローチの合理的行為の議論と同様の結論に至ることがあったとしても，合理的行為の原理にもとづくことを否定するように求める。

　ホワイトリーは，明らかに経済学理論よりも社会学理論の方が優れていると信じており，自著を用いてこれを例証しようとしている。多くの社会学者と同じように，彼もまた，社会の持つ有機的な特性を強調しようとしており，伝統的な新古典派経済学を支えている社会の原子論モデル（atomistic model of society）を認めておらず，競争と対極にある協調の価値を力説する。彼がアジアの社会を称賛する理由は，アジアの社会のなかに彼が共感している有機的思考を，またアジアの制度のなかに，彼が西側の資本主義諸国に欠けていると考えている協調へのコミットメントを見出しているからで

ある。彼は，経済の成果は社会学的ルーツを持っていること，また彼の研究におけるアジア諸国のような有機的社会が原子論原則にもとづく西側諸国を上回ることができることを示すことによって，経済学者の「鼻っ柱を折る」ことを望んでいるのである。

やや陰気な時期には，彼は経済学の原理を原子論的な社会構造に対するある種の疑似科学的弁明とみなしているようにみえる。彼はこの問題の根が合理性の仮定にあると信じているが，残念なことに，これはまったくの間違いである。合理性に通じるいくつかの原則と効率性の関連概念は，厳格な社会科学のモデル化にとって欠かせない。現代の制度経済学は合理的行為が社会原子論を暗示するわけではないことをはっきりと示している。つまり，取引コストの世界における合理的行為は，ホワィトリーが称賛するような社会制度の創出を直接に実現するのである。

合理的行為のモデル化を用いれば，ホワィトリーの議論を格段に直接的かつ倹約的な方法で表現することができるにもかかわらず，彼がそれを拒否しているのは哀れである。彼の拒絶の根底にあるのは，合理的行為の原理を用いることの意味についての門外漢である彼の誤解だということがわかると，さらに哀れである。

NBS の研究方法の前進には，ビジネス・システムの分析において変化に，また変化の担い手としての企業家に，もっと目立った役割を与えることである。このことは，合理的行為アプローチを用い，変化が継続的であると認識するだけで容易に実現し得る。つまり，変化への適応は情報が不断に更新されることを要求し，情報を効率的な方法で更新するには企業家的制度が必要であることを認識するだけである。変化を無視すると，正確な制度理論には決して到達しない。なぜなら，情報を処理し情報を使用する自由を配分することが，制度がかかわることのすべてだからである。NBS の根拠十分な理論は，変化を舞台の中心に据えるのと同時に，変化への対応はコストのかかるプロセスであることを認識することによってのみ構築され得る。

10.6 結 論

　本章は，本書で詳説してきたグローバル・システム観の代案2つを評価してきた。その評価過程の結果が表10.1に要約されている。表10.1はIB理論に望まれる6つの特性を明らかにしているが，それらは左欄に列挙してある。
　そのうち4つの特性は，前章までのグローバル・システム的視点に関する議論で強調してきた。1つ目は，IB理論を公式化すべきであるという点である。これは理論が厳密な方法で考えをはっきりと述べ得ることを意味している。その理論の仮定は明示すべきであるし，その仮定から全体としてわかりやすく論理的なプロセスによって仮説は導かれなければならない。理論全体はあまりに一般的すぎるので，都合よく数式に簡潔にまとめることはできないだろうが，理想的には数式モデルの助けを借りて，その理論の特殊なケースを検討することが可能となるべきである。グローバル・システム的視点はこの基準を完璧に満たしている。他方，ポーターの競争戦略論はそれを部分的にのみ満たしているが，ホワイトリーのNBSs論はそれをまったく満たしていない。
　2つ目の基準は，IB理論は環境変移をはっきりと考慮に入れるべきであるということである。組織が主に環境変移への対応として存在することを認識せずに，組織の完全な説明を行うのは不可能である。組織メンバーは情報をプールするのに協働するが，それは不断に変化し続ける状況に対応してコ

表10.1　グローバル・コンテクストでのIB行動を分析する3つの代替的アプローチの評価の要約

	グローバル・システム	戦略経営	NBS
公式化	優れている	中程度	劣っている
環境変移の強調	優れている	優れている	劣っている
企業家精神	優れている	中程度	劣っている
社会的・経済的要因の統合	優れている	中程度	中程度
業界の競争	劣っている	優れている	劣っている
文化	中程度	劣っている	優れている

ントロール下にある資源配分を最新のものにするためである。この点は，企業，政府，業界団体に適用でき，確かにグローバルな経済システム内のあらゆる種類の組織にあてはまる。ホワィトリーは，さまざまな組織に関する包括的な議論を展開しているにもかかわらず，この根本的な点を決して明示していない。彼は組織の存在を自明とみなしており，組織構造というのはそれが満たす必要のある機能的要件ではなく，歴史的遺産によって決まると仮定しているように思われる。その結果，NBS アプローチは環境変移の扱いが下手だと判断されるに違いない。一方ポーターは，主に企業の競争戦略に対する環境変移のインプリケーションに関心があるが，企業の組織構造に対する広範なインプリケーションも認識していることは疑いない。それゆえ，グローバル・システム的視点と同様に，ポーターのアプローチは環境変移という重要課題を扱うのに成功しているようにみえるに違いない。

　組織は，ある特定の環境変移，すなわち継続しているが，ランダムなプロセスで引き起こされる絶え間ない衝撃的出来事に最善に適応して対処している。だが，組織は直面する環境変移のタイプに影響を及ぼす変化の対処にも適応しているわけではない。この点は，第 1 章で述べたように，1970 年代に西側諸国のビジネスが直面した問題であった。環境変移のタイプが絶えず変化するので，その都度組織形態の変更を迫られ，既存の組織は適応するか，もしくは失敗して滅びるしかすべがなかったのである。たとえば，企業は生き残ろうとするならリストラを断行しなければならなかった。硬直化しすぎていて自分たちのやり方を変えられないような企業は，新たに設立された企業に間違いなく取って代わられた。競争的な市場は，こうした変化を生み出すインテンシブを提供し，市場が創出したインテンシブに対応したのは企業家である。企業家とは，ビジョンを持ち，変化の必要性を認識している人びとを指す。この企業家精神を明示的に認識しなければならないという点が，理論としての妥当性を満たす第三の要件であり，おそらくグローバル・システム的視点が最も強さを発揮するのがこの点であろう。グローバル・システム的視点では，組織内における環境変移へのルーチンな対応と組織自体を変革させる即興的な対応とが明確に区別されている。

10.6 結論

　企業家精神に対するポーターのアプローチには相反する見解が並存している。一方で，彼が競争戦略に関して著していることの多く，とりわけ産業の参入・退出のダイナミクスについては，企業家にとって一種の「手引書」と考えることができる。他方，基本的に誰もが従うことができる教えにまで競争戦略を還元することによって，彼は前述した企業家精神の中核にある即興というきわめて重要な側面を否定している。仮にある業界のどの企業もポーターの教えに文字通り従ったとしたら，非常に奇妙な結果となるであろう。そうはならない理由は，業界のリーダー企業のなかには，即興する機知を持った企業が存在するからである。結果として，企業家の役割分析において，ポーターは中程度の成功しか達成していないとどうしても判断されてしまうのである。

　ホワイトリーは，この第三の基準ではまったく成功していない。彼のシステムや組織に関する見方は変化というより静止を強調している。彼の研究全体にはいわゆる「過去の抑圧的影響」がどっしりと横たわっているのである。この点は彼が企業家を無視していることと直接関連している。先に述べたように，アジアの経済に関するホワイトリーの研究の主要なパラドックスの１つは，実際にほとんど変わらなかったことを強調することよって，アジア諸国が達成した大きな経済変化を説明しているところにある。NBS の静態的ビジョンが企業家にとって余地を残さなかったため，彼は経済的成功におけるアジアの企業家精神の役割を確認できない。

　IB 理論が備えることが望ましい第四の性質は，社会的要因と経済的要因との統合である。ポーターは，伝統的な経済学の道具箱に強く依存しているため，企業行動の社会的な次元に対してはあまり重きを置いていない。しかしながら，彼のフレームワークの柔軟性は，他者が組織行動から得た洞察をポーターのアプローチに組み込めることを意味している。けれども，その結果として誕生した理論は公式化されていないので，経済学と社会学とがぎこちなく混ざり合った状態のままになっている。それで，最近の戦略経営の説明のなかには，ライバル企業に対する態度という点ではきわめて合理的なマネジャーが，同僚たちへの対応という点ではきわめて非合理的になり得ると

主張するものもある。このような見方に具象化された洞察にも有用なものもあるかもしれないが、合理性と非合理性との間の境界が適切に探求され、その２つの行動様式間の切り替えの性質がもっと完全に説明されない限りは、有用な戦略経営論であると主張することはできない。それゆえ、戦略経営論はこの基準についても中程度という評価しか得られない。

同様にホワイトリーも、第四の基準に関して中程度の成功しか納めていない。しかし、その理由はポーターとはかなり異なっている。ホワイトリーは経済学というよりも社会学に基盤を置いているが、経済現象の研究にあたるには自らの社会学的洞察を応用させざるを得ない。この応用が十分でないところにホワイトリーの問題点がある。かなり奇妙な話しだが、彼は経済現象の分析に対してさえ経済理論の厳密性を受け入れなかったからというのが、その理由である。彼は自身の社会学理論を独力で経済学の領域に拡張しようと試みた。これが意味するのは、あるケースでは彼は単に「車輪を取り代えた」だけ、つまり、彼の研究成果を不慣れな経済学の専門用語で表現することで変装を施された成果が生まれたにすぎないのである。もし彼がうまくやっていれば、ついには経済学全体に再度傾注することになったであろう。彼の手法には経済学と社会学のすべての洞察を単一の統合された形に表せるという利点があったであろう。しかし実際には、彼はその課題のほんの一部に努力を傾注したにすぎない。比較優位や情報コストといった重要な概念でさえ、再度の努力の傾注はまったくなかった。結果として、それらは完全に無視され、アジアの経済成長の重要な側面は説明されないままになっている。それゆえ、ホワイトリーは彼の試みのなかで、やや中程度の成功を納めてはいるものの、彼の経済学の社会学的理論は完成にはほど遠い。仮に彼の試みが完成していたとしても、経済学理論と同程度に倹約的であったかどうかは疑わしい。なぜなら、彼は合理的行為を否定していたからである。しかし、両者のリサーチ・アジェンダが完結しないうちに、この重要課題に対する最終的な判断を下すことはできない。

　読者のなかには、これまでの評価がグローバル・システム的視点、およびその経済学的アプローチを贔屓していると異議を唱える人もいるかもしれな

い。理論を評価するために用いた前述した4つの基準は，グローバル・システム的視点が達成しようとしている特性と符合しているではないか，と。ポーターにしてもホワィトリーにしても，グローバル経済システムに関する理論をまだ構築し始めていないということができ，したがって前述した基準に照らしてみると劣っているに決まっている，と。公平な評価であれば，代替的な理論そのものが達成しようとしている特性を考慮に入れているであろう。表10.1の残りの2つの基準はこの重要課題を議論しようとしたものである。

まず第五の基準は，ポーター理論の主要な強みである産業のダイナミクスの分析を反映している。この産業のダイナミクスの分析では，グローバル・システム的視点が劣っているのは間違いなく直ちに認められる。第2章，第3章，第6章，第7章で示したグローバル・システム的視点の公式モデルは，すべて主として個別企業に焦点を当てており，他企業との相互作用が含まれる場合でも，その相互作用は競争的というよりも協力的なものである。たとえば，想定される他企業はすべて合弁パートナー，下請業者，ライセンシーなのである。

次に第六の基準は，ホワィトリー理論の主要な強み，つまり文化に焦点を合わせている理論を反映している。文化は確かにグローバル・システム的視点にも含まれるが，その範囲は限定されている。従業員を動機づける際の企業文化の重要性については，いくつかの章で言及されているものの，体系的に論じられてはいない。ホワィトリーは，経済学の合理的行為のフレームワークでは文化に関する完全な分析が不可能であると判断しているように思われる。しかしながら，この見方は間違っていることが別の著書で例証されている (Casson, 1991; 2000, Ch.1)。文化については，価値観と信念を創り出し，明確に考えを述べるリーダーとそれらを共有するフォロワーとの間の相互作用の問題として，合理的行為の視点からでも分析できる。この相互作用は，価値観や信念の「公共財」的属性を利用するので，効率性を高めることが可能なのである。けれども，そうした洞察を体系的に適用するためには，企業のみならず地域や国家をはじめ，グローバル・システムを構成する

あらゆる種類の制度に対するインプリケーションを考慮する必要がある。

したがって，グローバル・システム的視点の展開がまだ完全ではないことは明らかである。これが，本書のサブタイトルが「新しい理論」ではなく「新しいリサーチ・アジェンダ」となっている理由である。研究課題はたくさん残っている。そのなかの1つに，企業のダイナミクスから産業のダイナミクスへ，また企業の文化から国の文化へと展開するきわめて野心的な研究があるが，これは概念の進歩を通じて新しい研究を前進させるというリスクの高い研究である。他にも，国の数や企業の数を増やすというように，限定的な仮定を緩和することによって，本書で説明したモデルを精緻化するといった，かなり技術的な研究もある。こちらはややリスクが低いが，それ自体としてはあまり要請されていない。研究上の刺激を高めるとすれば，IB分野の内外の別のリサーチ・アジェンダからの絶えざる競争的な挑戦課題がある。先に確認した競合理論はすでに確立されたものだが，新規の参入理論も出現するであろう。たとえば，IB研究の基礎としてのカオス的なグローバル・ダイナミクス・モデルが誰かによって提示されるまでにどれくらいかかるだろうか。

古いリサーチ・アジェンダは，すでにその仕事を終えているので，新しいリサーチ・アジェンダが求められている。IB理論は，重要な事実を説明する力と企業経営や公共政策への妥当性という観点からみて，応用経済学のなかでも最も成功した分野の1つである。こうした強みは，新しいリサーチ・アジェンダによって維持される必要がある。古いアジェンダは新しいアジェンダにとっては「発射台」である。IBにおける進歩は，まったく新しい何かのために既存の基礎を拒絶するのではなく，その基礎を踏まえることから生まれる可能性が最も高い。本書は，その方途を示そうとしたものである。

<参考文献>

Aoki, M. (ed.) (1984) *The Economic Analysis of the Japanese Firm*, Amsterdam: North-Holland.

Buchanan, J.M. et al. (1978) *The Economics of Politics*, London: Institute of Economic Affairs.

Buckley, P.J. and M. Casson (1976) *The Future of the Multinational Enterprise*, London:

Macmillan. (清水隆雄訳『多国籍企業の将来』文眞堂, 1993 年)
Buckley, P.J. and M. Casson (1993) 'Economics as an imperialist social science', *Human Relations*, 46(9), 1035-52.
Casson, M. (1991) *Economics of Business Culture: Game Theoty, Transaction Costs and Economic Performance*, Oxford: Clarendon Press.
Casson, M. (2000) *Enterprise and Leadership: Studies on Firms, Markets and Networks*, Cheltenham: Edward Elgar.
Drobak, J.N. and J.C. Nye (eds) (1997) *The Frontiers of the New Institutional Economics*, San Diego: Academic Press.
Etzioni, A. (1988) *The Moral Dimension: Towards a New Economics*, New York: Free Press.
Forrester, J.W. (1971) *World Dynamics*, Cambridge, MA: Wright-Allen Press. (小玉陽一訳『ワールド・ダイナミックス：システム・ダイナミックス(SD)による人類危機の解明』日本経営出版会, 1972 年)
Foss, N.J. (1997) 'Understanding Business Systems: An Essay on the Economics and Sociology of Organisation', Copenhagen Business School, Mimeo.
Gerlach, M.L. (1992) *Alliance Capitalism: The Social Organisation of Japanese Business*, Berkeley, CA: University of California Press.
Granovetter, M. (1985) 'Economic action and social structure: the problem of embeddedness', *American Journal of Sociology*, 91, 481-510.
Gray, H.P. and S.M. Lundan (1993) 'Japanese multinationals and the stability of the GATT system', *International Trade Journal*, 7(6), 635-53.
Hamel, G. and C.K. Prahalad (1994) *Competing for the Future*, Boston, MA: Harvard University Press. (一條和生訳『コア・コンピタンス経営：未来への競争戦略』日本経済新聞社, 2001 年)
Hamilton, G.C. and N. Woolsey Biggart (1988) 'Market, culture, and authority: a comparative analysis of management and organisation in the Far East', *American Journal of Sociology*, 94 (supplement), S52-S94.
Jones, E.L. (1995) 'Culture and its relationship to economic change', *Journal of Institutional and Theoretical Economics*, 151(2), 269-85.
Jones, E.L. (1997) 'China's strategic preferences', *Agenda*, 4(4), 495-504.
Laurent, A. (1983) 'The cultural diversity of Western conceptions of management', *International Studies of Management and Organisation*, 13(1-2), 75-96.
Meadows, D. et al. (1974) *The Limits to Growth: A Report for the Club of Rome's Project on the Predicament of Mankind*, 2nd edn, New York: Universe Books. (大来佐武郎監訳『成長の限界：ローマ・クラブ「人類の危機」レポート』ダイヤモンド社, 1972 年)
Morishima, M. (1982) *Why has Japan Succeeded?: Western Technology and the Japanese Ethos*, Cambridge: Cambridge University Press.
North, D.C. (1990) *Institutions, Institutional Change and Economic Performance*, Cambridge: Cambridge University Press. (竹下公視訳『制度・制度変化・経済成果』晃洋書房, 1994 年)
Porter, M.E. (1980) *Competitive Strategy*, New York: Free Press. (土岐坤・中辻萬治・服部照夫訳『新訂 競争の戦略』ダイヤモンド社, 1995 年)
Porter, M.E. (1990) *The Competitive Advantage of Nations*, London: Macmillan. (土岐坤他訳『国の競争優位〈上〉〈下〉』ダイヤモンド社, 1992 年)

Porter, M.E. (1991) 'Towards a dynamic theory of strategy', *Strategic Management Journal*, 12 (special issue), 95-117.
Posner, R.A. (1981) *The Economics of Justice*, Cambridge, MA: Harvard University Press. (佐藤岩昭他訳『正義の経済学：規範的法律学への挑戦』木鐸社，1991年)
Raesaenen, K. and R. Whipp (1992) 'National business recipes: a sector perspective', in R. Whitley (ed.), *European Business Systems: Firms and Markets in Their National Contexts*, London: Sage Publications.
Redding, S.G. (1991) *The Spirit of Chinese Capitalism*, Berlin: de Gruyter.
Schumpeter, J.A. (1934) *Theory of Economic Development* (trans. R. Opie), Cambridge, MA: Harvard University Press. (塩野谷祐一・中山伊知郎・東畑精一訳『経済発展の理論——企業者利潤・資本・信用・利子および景気の回転に関する一研究〈上〉〈下〉』岩波文庫，1993年)
Simon, H.A. (1959) 'Theories of decision-making in economics and behavioural sciences', *American Economic Review*, 49, 253-83.
Smelser, N.J. and R. Swedberg (eds) (1994) *The Handbook of Economic Sociology*, Princeton, NJ: Princeton University Press for the Russell Sage Foundation.
Spender, L.C. (1989) Industry Recipes: *The Nature and Sources of Managerial Judgement*, Oxford: Basil Blackwell.
Storper, M. and A.J. Scott (1995) 'The wealth of regions: market forces and policy imperatives in local and global context', *Futures*, 27(5), 505-26.
Vernon, R. (1966) 'International investment and international trade in the product cycle', *Quarterly Journal of Economics*, 80, 190-207.
Vogel, E.F. (1991) *The Four Little Dragons. The Spread of industrialization in East Asia*, Cambridge, MA: Harvard University Press. (渡辺利夫訳『アジア四小龍：いかにして今日を築いたか』中央公論社，1993年)
Whitley, R. (1984) *The Intellectual and Social Organisation of the Sciences*, Oxford: Clarendon Press.
Whitley, R. (ed.) (1992a) *European Business Systems: Firms and Markets in their National Contexts*, London: Sage.
Whitley, R. (1992b) *Business Systems in East Asia: Firms, Markets and Societies*, London: Sage.
Williamson, G.E. (1975) *Markets and Hierarchies: Analysis and Anti-trust Applications*, New York: Free Press. (浅沼萬里・岩崎晃訳『市場と企業組織』日本評論社，1980年)
Williamson, G.E. (1985) *The Economic Institutions of Capitalism*, New York: Basic Books.
Zysman, J. and L. Tyson (1983) *American Industry in International Competition—Government Policies and Corporate Strategies*, Ithaca, NY: Cornell University Press.

（齋藤　泰浩・佐藤　幸志）

監訳者あとがき

　近年，企業の国際化・グローバル化が急進展するに伴って，国際ビジネス研究もまた活発化し，文字どおり百家争鳴，百花斉放を重ねてきた。周知のように，国際ビジネス研究は1960年代に米国で多国籍企業が出現して以来本格化したが，その後欧州，日本，さらにはアジア新興諸国・地域の企業も多国籍化するにつれて，世界的に普及するようになった。このため，現在では世界中の大学で国際経営論，多国籍企業論，国際マーケティング論など，国際ビジネスに関連する講座がごく当然のように開設されている。この国際ビジネス研究の活発化とともに，これまでは主に経済学や経営学の視点から数々の有力な理論やモデルが構築されてきた。

　他方，国際ビジネス研究の対象である多国籍企業は，その生成以来，それを取り巻く環境の激変につれて変容すると同時に，絶えず新しい課題に直面している。このため，国際ビジネスの研究課題も，ますます多様化・複雑化し，その研究分野も広範になり，既存の理論やモデルでは十分に説明できなくなってきた。かくして既存の理論やモデルに代わって新しい理論やモデルの構築が求められるようになってきた。とりわけ，1970年代半ばから80年代にかけての多国籍企業を取り巻く環境の激変は，新しいパースペクティブやコンセプトにもとづく新しい国際ビジネスの理論やモデルの構築を要請するものであった。

　さて本書は，Mark Casson, *Economics of International Business : A New Research Agenda*, Edward Elgar, 2000 を全訳したものである。本書は，1970年代半ば以降の急激な環境変移によって，大きく変容しつつある多国籍企業の行動を分析対象にして，国際ビジネス研究の新しい課題を提示するとともに，その方向性を探ろうとしたものである。著者は，そのような国際ビジネスの大きな研究課題に対して，主に経済学の視点からアプロー

チしている。その意味では，本書は70年代半ば以降の国際ビジネス研究の新しい課題を知るうえで格好の書である。そこで本書の主要な特徴について紹介すると，次のような点を挙げることができよう。

　まず本書は，1970年代半ばから変容し始めた多国籍企業の行動を分析し，その新しいモデルの構築を試みている。70年代半ば以降の多国籍企業は，海外市場参入戦略，組織構造，企業間のネットワーク形成などの面で，それ以前の多国籍企業とは大きく異なっている。本書は国際ビジネスの諸問題を動態的に分析することによって，多国籍企業の新しいモデルを構築しようとしている。次に，本書は国際ビジネス研究の新しい課題を提示し，それらを新たなパースペクティブやコンセプトにもとづいて説明しようとしている。たとえば，グローバル・システム，情報，企業家精神，ネットワークなど，伝統的な国際ビジネス研究では看過されてきたパースペクティブやコンセプトを用いて，多国籍企業の海外市場参入戦略，多国籍企業の組織，国際合弁企業，国際ビジネスのネットワーク形成など，国際ビジネス研究の重要課題に取り組んでいる。さらに本書の特徴は，主に70年代半ば以降の多国籍企業の行動を分析対象にしているとはいえ，基本的には国際ビジネスの重要課題について，長期的な視点から，しかも経済学や国際ビジネス論の有力な理論をベースにして研究するという，きわめてオーソドックスな研究手法を採用している。その意味では，本書は国際ビジネス研究の新しい課題を提示しているといっても，それは最近の経営学的アプローチでみられるような短期思考で，一般読者の目を引きつけるような斬新さやユニークさはないものの，国際ビジネスの研究者にとっては示唆に富む内容となっている。

　著者のマーク・カソンは，現在英国のレディング大学経済学部の教授で，英国を代表する国際ビジネス論や多国籍企業論の研究者である。レディング大学は国際ビジネスや多国籍企業の研究の「メッカ」として有名で，J. ダニング（現レディング大学名誉教授），G. ジョーンズ（現ハーバード・ビジネススクール教授），J. カントウェル（現ラトガーズ大学教授）など，その分野では著名な研究者を擁してきた。しかし，この数年間でダニング，ジョーンズ，カントウェルなどが同大学を離れたため，今はまさにカソンがダニン

グの後を継ぐ形で，レディング大学の国際ビジネス研究の「顔」となっている。彼は，畏友 P. バックレーとの共同研究で構築した内部化理論で脚光を浴びて以来，一貫して国際ビジネスや多国籍企業の諸問題を研究してきているが，近年では本書でも取り上げられているように，それを情報，企業文化，企業家精神などとの関連で研究している。彼は多くの著書や論文を世に出しているが，わが国では P. バックレーとの共著 *The Future of The Multinational Enterprise*, Macmillan, 1976 (清水隆雄訳『多国籍企業の将来』文眞堂，1993 年), *Information and Organization : A New Perspective on the Theory of the Firm*, Oxford University Press, 1997 (手塚公登・井上正訳『情報と組織：新しい企業理論の展開』アグネ承風社，2002 年) の 2 冊が翻訳・出版されている。

　さて，本書を翻訳するに至った事情を少し説明しておきたい。本書の翻訳を思い立ったのは，われわれの日頃の研究仲間にレディング大学でカソン教授に直接・間接的に指導を受けたものが少なからずいることによる。監訳者の一人である大東和，翻訳分担者である藤沢は，1990 年代半ばにレディング大学に留学している。その後，桑名が同大学へ留学する前年の 2000 年に本書が出版されたのを知り，同書が国際ビジネスの新しい研究課題を提示した研究書ということもあり，われわれの研究者仲間の間から本書の翻訳の話が出て，翻訳作業に着手することになったのである。ちなみに，翻訳分担者である斎藤，山田も，現在レディング大学に留学中で，カソン教授の指導を受けている。

　なお，本書の訳業は，まず巻末のメンバーが基本的に 2 人一組で 1 章ずつを担当する形をとり，その訳を相互にチェックするようにした。次に全体の訳を監訳者である大東和，桑名，江夏の順でチェックし，表現上の統一をはかるとともに，加筆・修正を行った。訳業中の不明や難解な言葉や文章については，各翻訳分担者がカソン教授に直接メールで確認したり，当時留学中の桑名を通じて聞いてもらったりした。したがって，極力誤訳や表現上のミスはないように努めたが，それでも思わぬミスがあるかもしれない。読者の方々のご指摘を待ちたい。

最後に，本書の訳業がスタートしてから3年以上の時間が経過してしまった。カソン教授には早くから「日本語版に寄せて」をいただいていながら，本書の出版が遅れてしまったことをお詫びしたい。また，本書の訳業のさまざまな段階で，物的条件と知的資産の両面で*IBI*国際ビジネス研究センターのご支援をいただいた。同センターのスタッフに対し，感謝を申し上げたい。また江夏研究室の溝江慶吾君（早稲田大学大学院博士後期課程在学中）には，校正や索引の作成といったたいへん面倒な作業を手伝っていただいた。訳者一同に代わってお礼を述べたい。さらに，本書の価値を的確に判断され，その出版をお引き受けいただいた文眞堂の前野隆氏に心よりお礼を申し上げたい。本書の訳業が予定より大幅に遅れ，多大な迷惑をお掛けしたにもかかわらず，忍耐強くお待ちいただいた。記して深甚なる敬意と感謝の意を表する次第である。

　なお，本訳書は，平成13～15年度日本学術振興会科学研究費（基盤研究(A)(1)，研究課題名「アジアIT革命の進展とサービス・マルチナショナルズの現状と展望」，課題番号：13303010，研究代表者：江夏健一）による研究成果の一部であることを付言しておきたい。

2004年12月

江夏　健一

桑名　義晴

大東和武司

索　引

[あ]
あいまいさ，理論構築　125
あいまいな境界，企業　18
アジア
　労働市場の柔軟性　14
　国家特有のビジネス・システム　374-376
　技術移転　10
　英国における生産　16-17
暗黙的な情報　198-199
　コミュニケーション・コスト　138-139

[い]
意思決定
　企業家精神　335-337
　経験の蓄積　147
　合理的な——　130-131, 166
　情報の合成　170-172, 194-196
　戦略的な——　23-24, 167-170
　メタ合理性　131-133
意思決定手続
　技術　202
　相関　177-179
異時的最適化　243
移転コスト　88
イノベーション
　MMMs　164, 165
　グローバル経済　222-223
　コミュニケーションの——　309
　シュンペーターの類型　296-297
　創造的破壊　356
　——の源泉　310-313
　——の集積化　292
　プロダクト・サイクル現象　313
移民
　アジア諸国　377
　知識の普及　314

[う]
受入国のライバル企業　51-53
埋め込み
　現地への——　363

[え]
永続的な情報　180

[お]
オプション価格設定，分析手法　250-256

[か]
海外市場参入
　規模と修正可能性　263-264
　契約的なオプション　256-259
　需要の不確実性　259-263
　モデル
　　結論に関する議論　67-68
　　研究へのインプリケーション　69-70
　　——の解法　55-66
　　——の公式化　47-54
　　——の特徴　42-43
　　歴史的発展，理論　43-47
海外直接投資（FDI）
　海外市場参入　56, 60
　情報の獲得　32
海上貿易　301-303
階層，ネットワーク　342-345
外部コミュニケーション　140-144
外部リンケージ　90, 113-115
学習
　合理的な——　144-147
　——する組織　26
学習の棄却　26
革新，対伝統　182-185
確率論的説明　130

合併
　　IJV　215-217, 223
　　海外市場参入　44-45
株主資本主義　28-30
観察, 情報収集　188-189
観察誤差, 兆候とコントロール　185-187
観察コスト　136, 147, 167
感情的メカニズム, ネットワーク　326-330

[き]
記憶
　　情報収集　147-148
　　手続　135-137
　　──の経済学　179-182
記憶コスト　135-136, 147, 167
機会主義
　　経済的動機　359-362
　　取引コスト　154-155, 161
旗艦企業（flagship firms）　166
企業
　　限定された合理性　121-124
　　柔軟な境界　18-21
　　あいまいな境界　18
企業家
　　企業の境界　80-81
　　──心理　295-296
企業家精神
　　オーストリア学派とシュンペーター学派　289-297
　　競争力　16, 387
　　グローバル・システムの観点　356-359
　　社内の──　25, 27
　　判断力のある意思決定　335-337
　　反理論的なスタンス　7
企業家ネットワーク　8
　　国際的な観点　322
　　国際貿易　337-345
　　高レベルの──　346-349
企業規模, 企業家精神　297
企業特殊的な競争優位　14-15
　　柔軟性　25-26
技術
　　経済進化　311
　　知的財産製品　307

特許権　219
技術移転
　　アジア　10
　　アフリカ　11-12
　　国際的な──　360-361
技術的イノベーション　165
技術的な知識
　　IJV　209-211, 219
　　──の蓄積　359
機能的次元, 分業　298-299
脅威の交換　46
境界
　　企業の──　3-4
　　柔軟な──　18-21
　　あいまいな──　18
協議的な経営　25, 139-140
競争
　　企業の境界　81-82
　　経済学的モデル化　351-352, 362-369
競争力
　　──を保持するための政策　15-17
　　──の探求　13-15
協調, ネットワーク関係　329
共同意思決定　132
均衡理論　293
緊張緩和　328-329
金融オプション　246-249

[く]
クウェーカー教徒　333
空洞企業　165
グローバル化
　　変移性　33-34
　　リンケージ・コスト　111-113
グローバル・システム
　　イノベーション　222-223
　　システムによって追求される戦略　93-96
　　モデル化　30-31
軍隊のメタファー　329

[け]
計画対価格　78-79, 84
景気循環の不安定性　292
経験

索　引　399

意思決定　147
　　ネットワーク関係　329-330
経済システム
　　——の進化　300-309
経済的動機，社会的要因　359-362
経済モデル　7
　　新たな分析手法　30-34
　　学問領域間での競合　352, 362-369
　　効率性にかかわる判断　208
経済理論，合理性　128
経済論理　171
契約
　　——の履行　349
　　不誠実さ　325
契約的なオプション　247-248
　　IBにおける——　256-259
経路依存性　190-193
ゲーム理論　372
決定力　172-177
研究開発（R&D）
　　IJV　211-212
　　MMM　357, 358
　　コスト　91-92
　　柔軟性　21
　　立地戦略　93
限定された合理性
　　——の概念　121-124
　　——の幻想　124-128
検索コスト　167, 180

[こ]
公式モデル，IJVの選択　224-226
　　結果の一般化　236-237
　　——の拡張　234-236
　　——の適用　232-234
交渉，意思決定　133
工場システム　304
高信頼社会　360
高信頼ネットワーク　323, 326
行動
　　メタ合理的な——　131
　　リアル・オプション　241
行動理論　122, 123
合理的学習　144-147

合理的経済人　295
合理的行為　384
合理的選択モデル　370
高レベルのネットワーク
　　企業家の——　346-349
　　兼務するグループ　333-335
　　——の民主的性質　345
コール・オプション　246
子会社　45-46
顧客
　　——との対話　140-144
国際合弁事業（IJV）　207-208
　　イノベーション　222-223
　　海外市場参入　45-46, 53-54
　　公式モデル
　　　　結果の一般化　236-237
　　　　市場規模と変移性　226-232
　　　　——の拡張　234-236
　　　　——の選択　224-226
　　　　——の適用　232-234
　　生産ハブ　34
　　折衷戦略　32-33
　　戦略　215-218
　　内部化，戦略的選択　218-222
　　——の利点　21
　　——の類型　208-214
　　リアル・オプション　267-271
国際ビジネス（IB）
　　IJV　232-234
　　オーストリア学派とシュンペーター学派
　　　　共通するコンセプトや考え方　293-294
　　　　限界　295-296
　　　　研究　288-289
　　　　国家からグローバルな観点へ　290-293
　　　　相互補完性　296-297
　　研究方法の課題　351-390
　　これからの研究領域　313-315
　　進化　297-299
　　　　図解分析　300-309
　　　　歴史からの教訓　309-313
　　——におけるリアル・オプション　241-286
　　ネットワーク　319-349
　　リサーチ・アジェンダ　3-9
国際ビジネス学会　1

400　索　引

国内商業，発展　301
国際貿易
　　　企業家ネットワーク　337-345
　　　──の発展　301-303
個人間コミュニケーション・コスト　137-138
コスト
　　　限定された合理性　125
　　　参入戦略　56
　　　リンケージ　88-91
　　　マーケティング　93
　　　生産　92-93
　　　R&D　91-92
コミュニケーション
　　　──におけるイノベーション　309
　　　ネットワークにおける──　320
　　　分業　193-196
コミュニケーション・コスト
　　　外部──　140-144
　　　技術　359
　　　内部──　137-140
　　　──の分析　148
　　　分権化　197-201
　　　立地特殊的──　88-89

[さ]
サービス経済　14
採択性向，参入戦略　63-66
最適化，リアル・オプション理論　242
最適な選択　173
サイバネティクスのモデル　353
産業
　　　──革命　305
　　　──資本主義　292
　　　──特殊的な観点　378, 380-381
　　　──のダイナミクス　389
　　　──のモデル化　370
サンク・コスト　246

[し]
時期の区分選択，IB　299
資源
　　　代替的な──　353-354
資源フロー，ネットワーク調整　323-324
市場機会

　　　兆候を利用した──　186
市場規模，変移性とIJV　226-232
市場構造，海外市場参入　46-47
市場システム
　　　企業の境界　79-80
　　　集積　348
市場センター　347, 348
市場創造型多国籍企業（MMM）　163-166, 203, 357, 358
市場調査，コスト　155
システム・ワイドな組織
　　　トライアングル問題
　　　　　解決策　100-102
　　　　　計算例　104-111
　　　　　単純化の範囲　103-104
　　　　　内部化の最適化　96-99
　　　モデル
　　　　　──の概要　86-93
　　　　　──の拡張　113-117
　　　　　──の再考　84-86
　　　　　──の適用　111-113
　　　歴史的背景　78-82
自尊心，感情の報酬　327
下請　19, 61
実証主義者　367
実験
　　　──による情報収集　188
　　　──による学習　147
資本蓄積　294
社会学理論　5, 366-367, 383-384, 388
社会的要因
　　　経済的動機　359-362
　　　ネットワーク関係　326-330
社交的なイベント，緊張緩和　328
シャドー・プライス　79
宗教
　　　組織化された──　331
集権的な調整　161-162
重商主義政策　314
修正不可能性，リアル・オプション　245-246
集積　348
柔軟性
　　　企業特殊的な競争優位　25-26
　　　企業の境界　18-21

索　引　401

情報収集と環境変移　282-284
生産，MNE　275-282
独占を回避するための——　17-18
内部組織　22-24
——のコスト　26-28
変移性　6, 12-13
立地　24-25
労働市場　14, 17
柔軟なシステム
——の進化　356-359
自由放任（レッセフェール）　25
主観確率　169, 178
主観的思考体系　130
手段的合理性　128, 371
需要の不確実性　259-263
情報
意思決定　168-170
獲得，FDI　32
合理的決定　129-130
柔軟性　22-24
組織，MNE　151-153
品質管理　324-326
副産物としての——　188-190, 195, 204, 283, 284
フロー，国際貿易　339-342
情報経済学　166-170
情報コスト
意思決定　132-133
グローバル・システムの観点　353-355
削減　22-23
断定的な意思決定　357
取引コスト　153-157
理論，MNE　151
リンケージ　88-90
情報収集
観察による——　188-189
記憶　147-148
継続的プロセス　130-131
投資　265-267
変移性と柔軟性　282-284
変化の追跡　152
情報処理
組織構造　159
分業　127-128

人員削減　26, 29, 30, 312
進化モデル　124
進化論
企業の——　184-185
新古典派理論，企業　78
診断スキル　187
信望
インセンティブ　330
ネットワーク関係　327
信頼，経済的動機　359-360
心理学，企業家　295-296

[す]
垂直統合　19
スイッチング・コスト　277
数学的証明，意思決定　171
頭脳流出　214

[せ]
聖ゴドリック（Saint Godric）　299
生産
IJV　213
コスト　92
システム全体のコスト　81-82
柔軟性，MNE　275-282
情報コスト・アプローチ　159-160
分業　308
立地の柔軟性　24-25
生産ハブ　34
設備　271-274
誠実さ
仲介業者　348
——の衰退　27-28
政治的相違，リンケージ・コスト　88-89
製品市場
IBのモデル化　356
企業の境界　82
製品フロー
国際貿易　337-339
中間財の調整　161-163
折衷戦略，IJV　32-33
折衷理論　2, 41
設備，国際ハブ　271-274
専制的経営　139, 198

402　索　引

選択価値，連鎖的手続　172-177
戦略
　　IJV　32-33
　　海外市場参入　57,58
　　市場規模と変移性　226-232
　　調整，グローバル・システム　93-96
　　転換　31
戦略経営　371,372,373

[そ]
創造的破壊　356
相対主義者　367
組織構造
　　コミュニケーション・コスト　198,199
　　柔軟性　22-24
　　情報コスト　202-203
　　――における変化　5
　　変移性　5-6
　　マーケティングと調達　157-161
組織行動，手続　136-137
組織の記憶　137
組織理論
　　メタ合理性　148-149
　　論理的誤り　126-127

[た]
大量生産　306-307
対話
　　顧客との――　140-144
多国籍企業（MNE）
　　情報コスト・アプローチ　151-204
　　生産の柔軟性　275-282
　　――のモデル　1-36
多様性，ネットワーク　321
段階モデル，海外市場参入　44

[ち]
チームの理論　151,320
知識移転　313-315
　　非対称性　115-116
　　リンケージ・コスト　88-89,91
仲介，国際貿易　341-342
仲介業者
　　誠実さ　348

――としての企業家　335
中間財フロー　161-163
調整
　　グローバル・システムの――　75-77,93-96
　　中間財フローの――　161-163
　　MNE の――　151
　　ネットワークの――　320,345
調整コスト，削減　22
地理的コスト，情報の伝達　137
地理的な距離，リンケージ・コスト　88

[て]
帝国主義　305-306,333,365
低信頼社会　360
手続
　　記憶　135-137
　　記憶化　183-184
　　メタ合理性　134-135

[と]
投資
　　規模と修正可能性　263-264
　　国際ハブ　271-274,275
　　需要の不確実性　259-263
　　情報収集　265-267
　　――のタイミング　256-259
特化
　　――の経済性　294
　　生産　308
特許権　219
取引コスト　88
　　情報コスト　153-157
取引コスト分析　152,153
問屋制前貸制度　344

[な]
内省　327,328
内部化
　　海外市場参入　43-44
　　最適化　96-99
　　戦略的選択，IJV　218-222
　　リンケージ・コスト　89-90
内部化理論　85,118

索引　403

内部コミュニケーション　137-140
内部市場
　　企業の境界　83
　　――の開放　19-20
内部組織，柔軟性　22-24
内部リンケージ　90, 113

[に]
人間の本性，企業家精神　295-296

[ね]
ネットワーク
　　概念と定義　322-324
　　感情的メカニズム　326-330
　　経済学的アプローチ　319-322
　　結合構造　345-346
　　高信頼関係　326
　　重複・兼務するグループ　333-335
　　道徳的価値観　330-333
ネットワーク企業　18, 166

[の]
暖簾　114

[は]
バーチャル企業　18
波及効果　12-13
ハブ戦略
　　グローバル市場　33-34
　　リアル・オプション　271-274
判断力のある意思決定　335-337, 357

[ひ]
比較優位　13-15
非金銭的モチベーション　7-8
非契約的なオプション　248
非合理性　124-125
ビジネス・ネットワーク　332-333
非生産活動　44
非対称なリンケージ・コスト　116
評判，取引当事者　156
評判メカニズム　326

[ふ]
フェイス・ツー・フェイスのコミュニケーション　328
不確実性
　　意思決定　167
　　技術的な知識，IJV　219
　　合理的選択　145
　　重要条件　259-263
　　リアル・オプション理論　243-244
普及
　　技術移転　10-12
　　知識の――　313-315
復讐メカニズム　327
不誠実さ
　　契約情報　325
　　ネットワーク関係　328
　　乗っ取り　29
プット・オプション　246
物流ハブ，設備　271-274
不等式，最適な選択　173
ブラック・ショールズの価格設定公式　250
不連続選択モデル　86, 118, 166
プロダクト・サイクル　313
文化
　　独占に対する反感　17-18
　　海外市場参入　46
　　IJV　221
　　ホワイトリーの研究　375-377, 389
分割　19, 312
文化的相違
　　誤った情報　324
　　コミュニケーション・コスト　89
　　メッセージの暗号化と解読　197
分業
　　機能的次元と空間的次元　298-209
　　共同意思決定　122
　　コミュニケーション　193-196
　　情報処理　127-128
分権化，コミュニケーション・コスト　197-201
文明　380

[へ]
ベイズ公式　145
変移する環境，企業家の意思決定　335-337

変移性
　　MMM　203
　　グローバル・システムの観点　352-355
　　グローバル化　33-34
　　市場規模，IJV　226-232
　　情報収集と柔軟性　282-284
　　モデル化　30-31
変化
　　産業特殊的な観点　381-382
　　追跡，情報収集　152
　　予測　22

[ほ]
貿易
　　自由化　12, 308
　　障壁　335-337
ポーター (Porter, M.E.)，IBのモデル化　351, 352, 369-373, 385-389
保管コスト　167, 168
保証コスト　88
ホワイトリー (Whitely, R.)，IBのモデル化　351, 352, 374-384, 385-389

[ま]
マーケティング
　　MMM　203, 357, 358
　　コスト　93
　　組織構造　157-161
　　――の専門知識　209-210
マーケティング戦略，外部コミュニケーション　140-144
マネジメントの革命　309
マルクス主義思想　291
満足化
　　――の概念　121-122

[み]
ミドルレベルのネットワーク　345
民族間の緊張，アジア諸国　377

[め]
明示的な情報　139
メタ合理性　131-133
　　外部コミュニケーション　143

組織理論　148-149
手続とルーティン　134-135

[も]
モチベーション
　　軍隊のメタファー　347
　　非金銭的――　7-8
模様眺めアプローチ　241

[や]
冶金　303

[ら]
ライセンシング協定，IJV　218, 219

[り]
リアル・オプション
　　IJV　267-271
　　金融オプション　246-249
　　柔軟な生産，MNE　275-282
　　投資，情報収集　265-267
　　ハブ戦略　271-274, 275
　　猶予　6
リアル・オプション理論
　　戦略経営　372-373
　　――の原則　242-246
リーダー
　　意思決定　132-133
　　道徳的権威　332
リーダーシップ
　　カリスマ的な――　25
利益等式　55-56
利益の犠牲　361
離散時間型モデル　250
利潤極大化　207, 224-226, 372
立地
　　意思決定　363
　　グローバル・システム　77, 93-96
　　高レベルのネットワーク　346-347
　　――の柔軟性　24-25, 27
立地特殊的なコスト　88-89
リンケージ
　　外部と内部　89-90, 113-115
　　企業の施設　77

情報収集と柔軟性　284
　　　立地戦略　93-96
リンケージ・コスト
　　　グローバル化　111-113
　　　タイプ　88-91
倫理的要因，ネットワーク関係　326-330

[る]
ルーティン
　　　知識ベース，企業　123-124
　　　——の概念　122
　　　メタ合理性　134-135

[れ]
連鎖的手続

オプション価値　172-177
経路依存性　190-193
情報収集　130-131
連続時間型モデル　250

[ろ]
ローカル市場　300-301
ローカルな情報　199
労働市場，柔軟性　14, 17
労働者の移住，熟練　315
ロワーレベル・ネットワーク　322
論理的透明性　125-126

[わ]
ワルラス理論　293, 294, 354, 356

訳者一覧

第1章
今井　利絵（いまい　りえ）
関東学園大学経済学部専任講師
高橋　意智郎（たかはし　いちろう）
実践女子大学国際学部専任講師
　　　　　　　（2005年4月より）

第2章
藤沢　武史（ふじさわ　たけし）
関西学院大学商学部教授

第3章
小林　麻理（こばやし　まり）
早稲田大学政治経済学術院教授
山本　崇雄（やまもと　たかお）
千葉商科大学商経学部助教授

第4章
今井　雅和（いまい　まさかず）
高崎経済大学経済学部助教授
河野　英子（こうの　ひでこ）
東京富士大学経営学部専任講師

第5章
長谷川　容子（はせがわ　ようこ）
近畿大学経営学部助教授

第6章
門田　清（かどた　きよし）
福山平成大学経営学部助教授
米澤　聡士（よねざわ　さとし）
日本大学経済学部助教授

第7章
高井　透（たかい　とおる）
日本大学商学部教授
竹之内　秀行（たけのうち　ひでゆき）
上智大学経済学部助教授

第8章
岸本　寿生（きしもと　としお）
富山大学経済学部助教授
山田　奈緒子（やまだ　なおこ）
早稲田大学産業経営研究所特別研究員

第9章
土井　一生（どい　かずお）
九州産業大学経営学部教授
金崎　賢希（かねざき　まさき）
九州産業大学経営学部専任講師

第10章
齋藤　泰浩（さいとう　やすひろ）
東京国際大学商学部助教授
佐藤　幸志（さとう　こうじ）
山形大学人文学部助教授
（2005年4月より拓殖大学商学部助教授）

監訳者紹介

江夏　健一（えなつ　けんいち）
早稲田大学商学学術院教授，早稲田大学副総長・常任理事，国際ビジネス研究学会会長，日本経済学会連合事務局長・理事，㈳世界経済研究協会理事，IBI 国際ビジネス研究センター最高顧問
主な著書等
『多国籍企業要論』文眞堂（1984年度日本経営科学文献賞受賞），『グローバル競争戦略』（編著）誠文堂新光社，『理論とケースで学ぶ国際ビジネス』（共編著）同文舘，『ワークブック国際ビジネス』（共著）文眞堂，『国際ビジネス研究総論』（訳）文眞堂，『組織理論と多国籍企業』（監訳）文眞堂，その他共著，訳書，論文多数。

桑名　義晴（くわな　よしはる）
千葉商科大学商経学部教授，国際ビジネス研究学会常任理事，IBI 国際ビジネス研究センター顧問
主な著書等
『図説国際ビジネス』（共編著）中央経済社，『理論とケースで学ぶ国際ビジネス』（共編著）同文舘，『最新国際経営論』（共著）中央経済社，『海外市場戦略』（訳）ホルトサンダース，『異文化組織のマネジメント』（共監訳）セントラルプレス，その他共著，訳書，論文多数。

大東和　武司（おおとうわ　たけし）
広島市立大学国際学部教授，国際ビジネス研究学会理事
主な著書等
『国際マネジメント』泉文堂，『平成不況とこれからの企業経営』（共編著）九州大学出版部，『企業システムの探求』（共著）同文舘，『国際ビジネス・クラシックス』（共訳）文眞堂，「九州ベース企業と多国籍化の方向」（『産業経済研究』，貿易奨励会奨励賞受賞），その他共著，訳書，論文多数。

国際ビジネス・エコノミクス
―新しい研究課題とその方向性―

2005年2月20日　第1版第1刷発行　　　　　　　　　検印省略

監訳者	江　夏　健　一
	桑　名　義　晴
	大　東　和　武　司
発行者	前　野　眞太郎
発行所	東京都新宿区早稲田鶴巻町533 ㈱ 文　眞　堂 電話 03（3202）8480 FAX 03（3203）2638 http://www.bunshin-do.co.jp 郵便番号（162-0041）振替00120-2-96437

組版・モリモト印刷　　印刷・モリモト印刷　　製本・イマキ製本
© 2005
定価はカバー裏に表示してあります
ISBN4-8309-4504-4　C3033